鲁山县
优秀文艺成果丛书
郭伟宁 主编

鲁山文化

中国传统文化研究

潘民中 / 著

ZHONGGUO CHUANTONG WENHUA YANJIU
LUSHAN WENHUA

中国文联出版社

图书在版编目（C I P）数据

中国传统文化研究 ：鲁山文化 / 潘民中著. -- 北京 ：中国文联出版社, 2022.6
（鲁山县优秀文艺成果丛书 / 郭伟宁主编）
ISBN 978-7-5190-4865-5

Ⅰ. ①中… Ⅱ. ①潘… Ⅲ. ①文化史－研究－鲁山县
Ⅳ. ①K296.14

中国版本图书馆 CIP 数据核字(2022)第 086828 号

著　　者　潘民中
丛书主编　郭伟宁
责任编辑　王素珍
责任校对　吉雅欣
装帧设计　王熙元

出版发行　中国文联出版社有限公司
社　　址　北京市朝阳区农展馆南里 10 号　　邮编　100125
电　　话　010-85923025（发行部）　　010-85923091（总编室）
经　　销　全国新华书店等
印　　刷　中煤（北京）印务有限公司

开　　本　880 毫米 x 1230 毫米　　1/32
印　　张　16. 75
字　　数　360 千字
版　　次　2022 年 6 月第 1 版第 1 次印刷
定　　价　68. 00 元

鲁山县优秀文艺成果丛书由鲁山县文联组织编写

鲁山县优秀文艺成果丛书编委会

总　序

鲁山物华天宝、人杰地灵，是一方神奇的土地。

她历史悠久，文化底蕴深厚。“鲁”之地名，最远可以追溯至夏代。西周初，鲁山为周公封地，史称西鲁。这里秦汉年间置鲁阳县，后曾置广州、荆州、鲁州，唐贞观元年（627）置鲁山县。鲁山是世界刘姓发祥地，境内有楚长城、汉代冶铁遗址、唐代鲁山花瓷瓷窑遗址和唐代大书法家颜真卿撰文并书丹的《元次山碑》等。鲁山还是中国墨子文化之乡、中国牛郎织女文化之乡、中国温泉之乡、中国长寿之乡、中华名窑花瓷之乡、中国屈原文化传承基地。

这片热土，文脉绵长。先秦时期墨家学派创始人墨子、唐代著名文学家元结、清代中州硕儒张宗泰，中原一步踏入中国新文学殿堂第一人徐玉诺，都来自这片热土的温润与滋养。

进入新时期，鲁山文学艺术事业蓬勃发展。依照中共鲁山县委《关于繁荣发展社会主义文艺的实施意见》，县文联组织带领全县广大文学艺术工作者，致力于创作无愧于时代、无愧于人民的优秀文学作品，创作了大量有筋骨、有道德、有温度的文艺作品，书写和记录人民的伟大实践、时代的进步要求，彰显了信仰之美、崇高之美，弘扬中国精神、凝聚中国力量，成绩可喜可贺。

县文联组织专家学者，选取近年来优秀文艺作品作为“鲁山县优秀文艺成果丛书”结集出版。希望此举能够进一步激励全县文艺家创作更多精品力作，助推社会主义文艺事业繁荣发展，为建设生态文化美丽富强新鲁山贡献文艺力量。

刘　鹏

2021 年 11 月 9 日

序　一眼掘之不尽的文化深井

当下，国人共识，增强文化自信。传统文化回归视野，各地重视程度前所未有。平顶山，作为以“鹰”为标志的魅力之城，文化正焕发新机，为城市的腾飞，提供着坚实支撑。此时此刻，我们应该记住，应该褒扬一位白发飞霜的老者：他，殚精竭虑、倾情痴心；他，舟车海内，遍踏滍汝；他，埋首书斋，宵衣旰食；他，孜孜不倦，无怨无悔，研究挖掘地方历史，宣传弘扬地方文化。

他，就是平顶山市炎黄文化研究会名誉会长、鲁山县炎黄文化研究会顾问、历史学教授潘民中先生。

先生平生爱好，唯藏书读书。藏书之爱，可溯幼年。他的六世祖，嘉庆进士潘业，为其留下一只书箱，箱内古书成为他的至宝。高中时逢“文革”，乡间“破四旧”，古书失落了。巧合的是，先生在学校和一个要好同学，竟又从将被送入火场的书堆中，抢回《三曹诗选》《陶渊明集》《红楼梦》以及多本现代小说。这些书，正好又盈满那只油漆斑驳的书箱。先生如饥似渴地阅读这些“余烬”。高招解禁翌年，他依靠这些压箱功底，以全县文科第一的好成绩，考入开封师院历史系。在那捉襟见肘的艰难岁月，先生时常用节俭下来的助学金，购买心爱之书。几十年间，先生之家，成了图书馆、藏书阁，入目是书，抬腿是书。书把房间逼仄得狭小，于是，先生笑曰，自己的家乃“滍滨万卷楼”；伏案之余，抬眼窗外，绿云缭绕，或谓“湛阪绿云楼”也。其所藏地方文献，占比最重，这为他研究鹰城文化提供了永不枯竭的源泉。

正因先生在平顶山文化领域开山凿石，厥功甚伟，被举为省政协常委、市政协副主席。先生衣着简朴，谨慎谦虚，除了讲话声音洪亮，平时一概轻言细语。先生学富五车，睿智达观，把自己定调为“非官非民，亦官亦民，忧官忧民”，为文化、为民众，不遗余力，奔走忙碌，呐喊鼓呼。他把对地域文化的深刻理解，外化为一种使命和责任，深植在心田，欲罢不能。

我们爱上鲁山历史文化，一为工作之故，一为先生之缘。先生曾婉转语吾辈，宇宙之浩瀚，个人之渺小，自然之无垠，文化之重要；人生苦短，要心无旁骛，打一眼事业的深井；生逢盛世，有幸与文化结缘最好。先生每与我们说起西鲁文化，如数家珍。每每参加文化研讨，我们最爱听先生讲。他思维缜密，逻辑清晰，开言来不疾不徐，铿锵有力，剥茧抽丝，层层递进。更重要的是，先生讲话，有高度，有深度，有温度，高屋建瓴，提纲挈领，每有新意。多少次看他讲前掏出写满密密麻麻字迹的纸片，可见其对每一次所讲的重视。那是提前做了充足准备的。而更为令人感佩的是，回家后，他把所讲内容进一步完善整理，归类入档。

先生成果丰硕，成就卓著，著述近30部。当之无愧，他是平顶山鲁山文化研究的先觉者、先行者，是平顶山难得的文化“活字典”，是一眼掘之不尽的文化深井。常常是，隔些时日见面，冷不丁的，先生就从携带的提兜中掏出新书赠予我们。有时得知先生又出了新书，却尚未赠我们，我们也会觍着脸索要。翻开先生的赠书，仔细端看扉页上先生工工整整所题的“惠存”或者“大雅”，心生惭愧：我们与先生，学识与人品，都难望其项背，先生这么写，仿佛我辈也真成了高尚风雅之人。先生的书，在我们书架上摆满一排，有《滍汝文献录》《河大读史》《漫步中原》《舟车海内》《走进滍汝》《三国史鉴》《墨子里籍考辨》《徐玉诺研究》《绿云楼诗草》《平顶山名胜古迹》《名人笔下的平顶山》《平顶山名胜古迹诗选注》《平顶山历史文化谈片》《平顶山历史文化论丛》《平顶山历史文化三论》《平顶山历史文化续论》《平顶山历史文化续谈》《平顶山三苏文化摭实》《苏东坡与平顶山》《平顶山墨子文化摭实》等，闲来翻阅，每有所获。

鲁山是先生的家乡。先生对这方养之育之的故土，爱之深爱之切也，他曾多次向我们表示，只要有用得到的地方，尽管说。地方文化部门每有邀请，无论是谁，打个电话，先生不提任何条件，慨然应允。他事务繁忙，很多事情，能兼顾则兼顾，不能兼顾，便弃掉别的事儿，回老家。这么多年，我们只记得他回来晚过一次，是2013年7月“中国墨子文化之乡”授牌。事前他就告知，市政协有常委会，他尽可能安排请假。不想，那次常委会，几位副主席都有事未参会，主席于是未允他假。然他记挂着鲁山的授牌，会议一结束即驱车赶了回来。先生回来，没有官架，不摆花架，和蔼可亲，招待周到与否，从不计较。有几次我们邀他回来，接待上多有疏漏，事后想起致歉，先生手却一挥，嘿嘿一笑："没那事儿。"先生是把老家的事儿放在了首位啊。先生因文化而回鲁的次数，大约在百次之多，光为"中国牛郎织女文化之乡"与"中国墨子文化之乡"申报，回来就有二三十次。有几次，还是先生出面，邀请省内外专家，帮助撰写有分量的文章，组织考察活动，协调会议。

这么些年，鲁山的历史文化能够得到很好的挖掘，先生功莫大焉。作为地域文化界的泰斗，他定位家乡曰："一部鲁山史，半部平顶山史。"鲁山诸多重大文化元素能够被揭开神秘的面纱，由无知到有知，由荒芜到繁荣，与先生的大力推介不无关系。无论国家级文化保护单位还是传统村落，无论历史名人还是民间文化，无不凝聚着先生的心血与汗水。从仓颉文化到尧山文化，从楚长城文化到墨子文化、屈原文化，从温泉文化到陶瓷文化，从元结文化、牛皋文化、徐玉诺文化到红色文化，他由浅入深，围着鲁山历史的土壤，拂去鲁山岁月的尘埃，启开鲁山藏宝的大门，触摸着鲁山文化的脉搏。他把自己深邃的思维、宽阔的视野、独到的观点，融入并体现到一篇篇史学文论中，从而让文化产生出无限的魅力，迸发出巨大的亲和力，激发起鲁山人通过文化而挚爱家乡、建设家乡的豪情。

先生所著论文数百篇，写鲁山的最多，篇篇题材出新，立意高远，史料完善，论证充分。大多课题，是多少年来，鲁山人想也未敢想、想也想不到的问题。究其因，都没那个文化修养，没人敢于盘根究底。唯先生皓首穷经，追古溯今，几乎每一篇，都解决一个鲁山历史长河中悬而不决的问题。这些文论有四个显著特点：一是填补鲁山历史文化研究的空白。例如《鲁山为夏人居地考》《关于鲁阳的三个问题》《汉鲁阳故城考辨》《鲁班里籍、姓氏及遗迹考》《鲁阳公、叶公、墨子关系论略》《刘累迁居鲁山原因探微》等这些课题，因地域的局限性，全局的边沿性，先前从未有人触及。有的名为考辨，实乃解疑，像《鲁山县名探源》《邱公城辨疑》《原生“鲁”与克隆“鲁”》，于鲁山，于学界，其学术价值重大，金钱难以衡量。二是提出自己独到的见解。例如《孙坚“治兵鲁阳”为孙吴立国所创下的遗产》《姬旦封鲁与今河南鲁山的疑似周公墓》《梅尧臣〈鲁山山行〉“解题”质疑》等。“孙坚”一文提出，孙坚治兵鲁阳，为孙吴立国锻造出一支武装力量，凝聚起核心人才，为孙吴立国留下一笔不可忽视的遗产。而过去，学界对这一重大事件关注的重点，仅仅是孙坚在打败董卓，收复洛阳所发挥的作用上。梅尧臣的《鲁山山行》，历来解释鲁山要么是东之鲁峰山，要么是西之尧山，先生提出，应是县境内的大山、高山，并非确指某一座山。三是对鲁山历史上一些不准确的说法，通过考据论证，廓清了长期笼罩的疑云。譬如“墨班文化篇”，通过对墨子与鲁班的里籍与姓氏、遗迹遗存、传说故事、民风民俗、相互关联等，考证两人同乡同行同时代人，他们的里籍，当在楚国鲁阳邑。而《寻觅屈原在鹰城的游踪》《犨城屈原庙探源》，厘清了屈原何以与鲁山、平顶山有千丝万缕的联系。四是对一些尚有探讨空间的问题，做深度挖掘补充。例如“尧山文化篇”，先生把这座鬼斧神工之山，放在全国尧文化、鲁山尧山文化背景下，做了深入的研究与探讨，并对其别称的文化意蕴进行解析。正是这些厚重的文字，激起千层巨浪，让石人山复名尧山，使这座混沌之初，即巍然屹立之山，承载起尧之神韵，造化成中华文明之仙山。再有，先生对一些长时段、复杂的人物、事件，进行年表式系统梳理。集中篇名谓“述略”“纪年”“综述”“述论”“事表”者，可归此类。

如今，先生从其大半生心血、洋洋数百万言中，遴选出 30 万有关鲁山的文字，结集出版，可谓鲁山史学界、文化界一大喜事。综览先生著述，从不拉大旗、扯虎皮，除了《平顶山墨子文化摭实》是拿山东社会科学院原院长刘蔚华的《墨子是河南鲁山人》作代序，《平顶山三苏文化摭实》是拿著名诗人臧克家的《仰望苏东坡》作代序外，余皆自序。今先生奖掖乡党作序，乃我辈之荣也。

先生何以能在平顶山、在鲁山的根脉文化里，穷其毕生，挖深挖细挖透，挖得自身也成了一口文化的深井，使鲁山之美，不复仅有外在的空壳，而具了厚重，生了灵韵，蕴出魅力，皆源于他对这方后土的火热情怀，源于他坚韧不拔之内心毅力。他是平顶山乃至鲁山历史文化的播火者、守望者、耕耘者。唯愿施政领导与后学之士，在先生的引领下，能够使鲁山的传统文化，得到很好的传承弘扬和开发利用。

邢春瑜　袁占才

2021 年 9 月 24 日

目录

CONTENTS

第一辑　历史概览篇

第二辑　尧山文化篇

第三辑　墨班文化篇

第四辑　元结文化篇

第五辑　玉诺文化篇

第六辑　名人文化篇

第七辑　民俗文化篇

第八辑　碑刻文化篇

第一辑　历史概览篇

鲁山为夏人居地考[①]

墨学源于夏礼，最先指明这一点的是稍后于墨子的战国思想家庄子。《庄子·天下》言："墨子称道曰：'昔禹之湮洪水，决江河而通四夷九州也，名川三百，支川三千，小者无数。禹亲自操橐耜而九杂天下之川；腓无胈，胫无毛，沐甚雨，栉疾风，置万国。禹大圣也而形劳天下也如此。'使后世之墨者，多以裘褐为衣，以跂蹻为服，日夜不休，以自苦为极，曰：'不能如此，非禹之道也，不足谓墨。'"汉代探究墨学渊源的有淮南子刘安。《淮南子·要略》言："墨子……故背周道而用夏政。禹之时，天下大水，禹身执虆垂，以为民先，剔河而道九岐，凿江而通九路，

① 本文原载《求索》1997年第2期，曾在1997年10月召开的全国墨子研讨会上宣读。

辟五湖而定东海。当此之时，烧不暇撌，濡不给扢，死陵者葬陵，死泽者葬泽，故节财、薄葬、闲服生焉。”汉以降，墨学中绝，至清乾嘉，考据学兴，孙星衍作《墨子注后叙》，发扬淮南子的观点，称：“墨子与孔异者，其学出于夏礼。司马迁称其善守御，为节用；班固称其贵俭、兼爱、尚贤、明鬼、非命、尚同。此其所长，而皆不知墨学之所出。淮南王知之……其识过于迁、固。古人不虚作，诸子之教，或本夏，或本殷，故韩非著书亦载弃灰之法。《墨子》有《节用》。节用，禹之教也。”

儒学源于周礼，与儒学创立者孔子生活于周礼传统浓重的鲁国分不开。以此类推，墨学源于夏礼，墨学的创立者墨翟的生活环境应是保持夏礼的夏人居住之区。鉴于此，1993 年我在给陈金展先生《墨子在鲁山的史料及传说》一书所写《序》中首次提出，“鲁山，古称鲁阳，在‘夏人之居’区域内，经商，历周，至春秋战国时期，仍保有着浓重的夏族勤劳、俭朴、利人之遗风。正是在这种夏文化的氛围里孕育产生了杰出的思想家墨翟。”但限于篇幅，没能对“鲁山为夏人居地”作详细考证，今特撰此文以就教于方家。

一

从周武王所言“有夏之居”到司马迁记载的“夏人之居”，鲁山都在其中。

周武王姬发在灭商之后，对周公旦说："定天保，依天室，悉求夫恶，贬从殷王受。日夜劳来，定我西土，我维显服，及德方明。自洛汭延于伊汭，居易毋固，其有夏之居。我南望三涂，北望岳鄙，顾詹有河，粤詹雒伊，毋远天室。"于是"营周居于雒邑而后去"（见《史记·周本纪》）。从这里我们可以看出，西周初年所营建的东都洛邑及其周围地区原为"有夏之居"。有夏之居的南部有"三涂"。三涂指三涂山，在今河南嵩县。夏禹时三涂山一带居住着涂山氏部落，夏禹娶涂山氏之女生子启。夏启建立了我国历史上第一个君主制王朝——夏朝，标志着我国正式进入文明时代。鲁山位于嵩县之东南，与嵩县毗连。据清嘉庆《鲁山县志》记载："鲁阳于周，为东都近畿地。"从武王所言可知，周代东都洛邑近畿区域显然是以"有夏之居"来划定的。鲁阳属周东都近畿，足见"有夏之居"包括鲁阳。况且，直到今天，从方言角度考察，鲁山县西北部瓦屋、背孜、土门、观音寺、仓头五个乡的全部及梁洼、董周、张店、辛集四个乡之一部之方言，仍与洛阳基本相同。方言是历史遗留下来的可靠证据。说古代鲁阳处于以洛阳为中心的"有夏之居"区域内是有充分根据的。

司马迁《史记·货殖列传》载："颍川、南阳，夏人之居也。夏人政尚忠朴，犹有先王之遗风。颍川敦愿。秦末世，迁不轨之民于南阳。南阳西通武关、郧关，东南受汉、江、淮。宛亦一都会也。俗杂好事，业多贾。其任侠，交通颍川，故至今谓之'夏人'。"司马迁生活于西汉中期，这里所说颍川、南阳，是指西汉前期中期的颍川郡和南阳郡。据《汉书·地理志》载，颍川郡辖县二十:“阳翟、昆阳、颍阳、定陵、长社、新汲、襄城、郾、郏、舞阳、颍阴、崈高、许、傿陵、临颍、父城、成安、周承休、阳城、纶氏。”南阳郡辖县三十六:“宛、犨、杜衍、酂、育阳、博山、涅阳、阴、堵阳、雉、山都、蔡阳、新野、筑阳、棘阳、武当、舞阴、西鄂、穰、郦、安众、冠军、比阳、平氏、随、叶、邓、朝阳、鲁阳、舂陵、新都、湖阳、红阳、乐城、博望、复阳。”二郡接壤，犬牙相交。滍水中下游两岸之父城（治所遗址在今宝丰县李庄乡古城村）、昆阳（治所在今叶县县城）、襄城（治所在今襄城县城）、定陵（治所遗址在今舞阳县北舞渡镇）属颍川郡；滍水中上游两岸之犨县（治所遗址在今鲁山县张官营乡前城村）、鲁阳（治所遗址在今鲁山县昭平台水库中之邱公城）属南阳郡。鲁阳县所辖区域相当于今鲁山县西北部；犨县所辖区域相当于今鲁山县东南部。犨县东临颍川郡之昆阳县，鲁阳县东临颍川郡之父城县。汉承秦制，据马非百先生《秦集史·郡县志》研究，在秦代，犨县、鲁阳就属南阳郡。从而可以说，今天鲁山县所辖区域汉代以前处于夏族分布范围之内。直到汉代，居住于包括鲁阳、犨县及与之相邻的父城、昆阳在内的颍川、南阳两郡民人仍被称为“夏人”，保有夏人忠朴之遗风。

周武王所称“有夏之居”的含义应理解为夏朝的统治中心之所在。司马迁的“夏人之居”是指夏代及其以后夏族后裔居住的地区。综上所言，我们可以明了在夏代鲁山是夏朝统治中心的南部门户，夏代以后直到汉代以前，鲁山是夏族及其后裔集中分布的地区。

二

我们肯定了汉代以前鲁山处在夏族分布区域内，那么居住于鲁山一带的有哪些夏人呢？从现今可以见到的资料看起码有两支：一支是炎帝裔夏人应龙氏；一支是尧裔夏人刘累部族。

《楚辞·天问》言:“洪泉极深，何以填之？地方九则，何以坟之？应龙何画？河海何历？鲧何所营？禹何所成？”这里说的是尧舜时代洪水泛滥，部落联盟首领尧派鲧部落负责治水。鲧用堵塞的办法，结果收效甚微。尧的助手舜就把鲧放逐到羽山。作为部落酋长的鲧，就死在了那里。舜代尧任部落联盟首领后，经过“四岳”的推荐，又派由鲧部落衍生出的禹部落继续治理洪水。禹一改鲧的堵塞法为疏导法，命善于察看水势的应龙氏在前面摸清山川之高下，水道之变迁，规划出疏导各大水系的方案。禹在后面按其规划凿山开河，导泄洪水东流入海，收到事半功倍的效果，最终制服了洪水。应龙氏是一个十分古老的部族，他是由东夷以鹰为图腾之一支西迁后与炎帝之后句龙氏族外通婚形成的氏族。原居于晋北雁（远古鹰、雁不分）门山一带，曾应黄帝之邀参加涿鹿之战，在讨伐蚩尤中立下大功。黄帝为了褒奖其功劳，让其举族迁居自然条件比较优越的中原滍水流域。应龙氏随禹治水之后逐渐与禹部落建立起密切关系，入夏为侯国，即名应国，成为“夏人”的重要组成部分。我们可以把他们称作炎帝裔夏人。其国土在滍水中游两岸，相当于今天鲁山东部及东南部、叶县西北部和宝丰南部，加上新华区、卫东区、湛河区全部。炎帝裔夏人应国存在于夏商两代，到周武王封第四子于应，成为姬姓应国。姬姓应国的公族虽与周天子同姓，但其臣民却差不多都是炎帝裔夏人。

《左传·昭公二十九年》载：蔡墨答魏献子之问，曰：“及有夏孔甲，扰于有帝。帝赐之乘龙，河汉各二，各有雌雄。孔甲不能食，而未获豢龙氏。有陶唐氏既衰，其后有刘累，学扰龙于豢龙氏，以事孔甲，能饮食之。夏后嘉之，赐氏曰御龙，以更豕韦之后。龙一雌死，潜醢以食夏后。夏后飨之，既而使求之，惧而迁于鲁县。”《史记·夏本纪》所载与此大同小异。孔甲是夏朝第十三代国王。尧之后裔刘累在夏为诸侯。刘累迁鲁县之前的故城在洛州缑氏县南 55 里，缑氏县在今偃师。刘累故城正在周武王所说洛汭、伊汭“有夏之居”的中心区域。经过夏代的中前期，刘累之先祖已夏化为尧裔夏人。刘累迁居之鲁县，正是今鲁山县在夏商时代的称法。《后汉书·郡国志》载：“鲁阳有鲁山。”《南都赋》注：“有尧山，封刘累，立尧祠。”刘累迁居鲁县之后，不忘先祖，所以立尧祠于尧山。尧山即民间俗称“石人山”者。张衡《南都赋》称:“远世则刘后甘厥龙醢，视鲁县而来迁。奉先帝而追孝，立唐祀乎尧山。”郦道元《水经注·滍水》载及滍水发源于尧山时也称:“尧之末孙刘累，以龙食帝孔甲。孔甲又求之，不得。累惧而迁于鲁县，立尧祠于西山。”据研究，刘累“迁鲁县”所居之鲁县故城在今鲁山县城西 13 公里昭平台水库中的邱公城遗址，这里正当波水与滍水汇合处，是过去鲁山西部重镇耿集名“御龙城”者之所在。尧裔夏人刘累部族，从夏代后期孔甲时迁来鲁县以后，就在鲁山西北部居住，经商朝，历周朝，千余年生生不息。

不管是从夏初就居住于鲁山东南部的炎帝裔夏人应龙氏，还是自夏末迁居于鲁山西部的尧裔夏人刘累部族，到西汉中期仍保有浓重的夏人忠朴、任侠之遗风。司马迁所称之颍川、南阳居住的夏人，自然包括他们在内。

三

前面我们就文献资料，考察了鲁山为夏人居住地问题。下面再来看看夏人居住鲁山所留下的遗迹。

经多年来的考古发现，在鲁山县境内沙河（古称滍水）及其支流两岸分布着众多的先秦文化遗址。如张官营乡前城新石器时代遗址、库区乡邱公城新石器时代遗址、张店乡西肖楼新石器时代遗址、瓦屋乡汤河新石器时代遗址、鸡冢乡黄土岗新石器时代遗址、赵村乡小窄渠新石器时代遗址、鲁阳镇十里头新石器时代遗址、张良镇贺塘新石器时代遗址、瀼河乡平高城新石器时代遗址、邓寨新石器时代遗址、土门乡北西庄新石器时代遗址、仓头乡下仓头新石器时代遗址等；小古城商周文化遗址、绕角城春秋遗址、磙子营乡沽沱春秋战国遗址、马楼乡宋口春秋战国遗址、鲁阳镇东张庄战国遗址、背孜战国遗址、熊背乡黄岗寺战国遗址等。其中邱公城新石器时代遗址、前城新石器时代遗址、平高城新石器时代遗址、邓寨新石器时代遗址、西肖楼新石器时代遗址、贺塘新石器时代遗址、北西庄新石器时代遗址，都发掘出特征鲜明的龙山文化层。考古学上的龙山文化断代在公元前 28 世纪至公元前 17 世纪之间，就其时间跨度而言，其后半段恰好与夏代的时间跨度公元前 21 世纪至公元前 16 世纪相吻合。虽不敢完全肯定鲁山境内的龙山文化遗址就一定是夏人留下的，但结合文献资料所载鲁山在夏人居住区域内的史实，基本上可以认为鲁山境内的龙山文化遗址是“夏人之居”的文化遗存。对其后的春秋、战国村落遗址，也可以这样来看待。更何况，根据《水经注》所载方位推知，刘累迁居之鲁县就在邱公城遗址之上呢！

除了考古发现外，从地名学角度来考察，也有线索可寻。据清嘉庆《鲁山县志》卷七《地理志》记载：“仓头山，县西北四十里，左有禹王河。南行二十里即五里岭，临滍矣。天桥岭，县西北四十五里，自将军山南行十里，连起三坡，东为天桥岭，如虹状。东南诸山接仓头之东岭，南为禹王冢。”这段话所提到的鲁山地名中有禹王河、禹王冢。考其位置，禹王河是沙河支流七里河的支流，发源于鲁山县仓头乡与宝丰县观音堂乡交界处铁山南麓，自北向南纵贯仓头乡东部，于韩家庄南进入董周乡，在董周乡之沈庄汇入七里河，全长 19 公里，整个流域为鲁山县北部浅山丘陵区。禹王冢在禹王河中游仓头乡李窑村北 400 米处，冢周长 300 米，高 15 米，乡民立有石碑。当地百姓传说禹王河因大禹曾在此治水而得名，禹王冢是大禹治水积劳成疾，病逝后葬此而成。传说虽不可全信，但我们从中可以受到启发。按照民俗学和地名成因的一般规律，可以得出夏禹后裔之一支曾在此定居的结论。他们为了敬奉祖先，就把流经居住地的河流用先祖之名来命名，并隆起先祖衣冠冢以便四时祭祀。因而就出现了禹王河、禹王冢之地名。鲁山有禹王河、禹王冢是鲁山为夏人居住地的最明显也最直接的证据。

鲁山为夏人居住地，深厚的夏文化积淀，为战国初年出生并生活在这里的墨翟创立崇尚夏礼的墨学，提供了必要的文化土壤。

关于“鲁阳”的三个问题[①]

一、鲁山县名探源

今鲁山县，春秋以前名鲁县，战国至隋名鲁阳县，唐以后名鲁山县。鲁、鲁阳、鲁山这三个不同历史时期的命名，均因该县境内有山名“鲁”而得之。以“鲁”为名的山指西起尧山（俗称石人山，又称鲁山），环县西北、北、东北，东至露峰山（亦名露山、鲁山）的外方形山脉。鲁、鲁阳故城在今昭平台水库内邱公城。北魏迁县治于今鲁山县城。鲁县因在鲁山环抱之中而得名；鲁阳县“有鲁山，县居其阳，因名焉”；鲁山县“鲁山俗名露山，城东十八

① 本文原载《求索》2005 年第 4 期。

里，孤高耸拔，为一邑之镇，因以名县”。既然鲁县、鲁阳县、鲁山县皆因“鲁山”而得名，那么“鲁山”之“鲁”的本义是什么呢？

长期以来，人们对“鲁”的释义皆依许慎《说文解字》“鲁，钝词也。从白，鱼声”。汉孔安国对《论语》“参也鲁”的注释即谓“鲁，钝也”。汉刘熙《释名》把许慎对“鲁”字的释义用来解释鲁国这个国名，曰：“鲁，鲁钝也。国多山水，民性朴鲁也。”明清两代《鲁山县志》的纂修者依之，言：“鲁，《释名》曰：‘鲁，鲁钝也。国多山水，民性朴鲁也。’鲁也，本释东鲁，邑宛似之。故邑之士民言多率直，无矫饰。”还说“士多椎鲁之习，民余质朴之风”“民多笨拙，少黠慧，株守田畴，不谙货殖”。这种对“鲁”的解释，是说“鲁”之名源于此地群山阻隔，风气闭塞，民性质直鲁钝。若深究起来，这种对“鲁”的解释是不能令人叹服的。因为泱泱中华，“国多山水，民性朴鲁”者何止东鲁、西鲁，为什么其他地方不以“鲁”名，唯西鲁、东鲁以“鲁”名呢？

其实，以“鲁”名山，以“鲁”名地，自有其来历。考之秦汉隶书及其以前的古文字，“鲁”书作“上止下从”，“旅”也书作“上止下从”，鲁、旅是相通的。“旅”有“祭”义。《尚书·禹贡》“蔡蒙旅平”，《传》曰：“祭山曰旅。”《周礼·天官·掌次》“王大旅上帝”，《注》曰：“大旅上帝，祭于圜丘。国有故而祭，亦曰旅。”可见在上古时代，祭祀山岳，祭祀苍天，以及国之祭祀，都叫作“旅”。鲁、旅相通，那么祭祀当然也可以叫作“鲁”。据《左传·昭公二十九年》载：“陶唐氏既衰，其后有刘累，学扰龙于豢龙氏，以事孔甲，能饮食之。夏后嘉之，赐氏曰御龙，以更豕韦之后。龙一雌死，潜醢以食夏后。夏后飨之，既而使求之，惧而迁于鲁县。”张衡《南都赋》载：“远世则刘后甘厥龙醢，视鲁县而来迁。奉先帝而追孝，立唐祀乎尧山。”可以说，尧山之所以又名鲁山，是因为尧之裔孙刘累在这座山上祭祀尧而获得的。有了“鲁山”这个山名，接着就衍生出了鲁山环抱着的“鲁县”这个地名。按《左传》《史记》行文中所言“刘累迁于鲁县”，似乎鲁县之称早于刘累来迁。这个问题是因后人在记载前代史事时用了后成的地名。即刘累迁来之前这里还不叫鲁山、鲁县，刘累迁到这里立尧祠祭尧发生后，人们才依其意将之称为鲁山、鲁县，但在记述中为了便捷，干脆用后成之名，书作“刘累迁于鲁县”。这种情况在古代史书中是不胜枚举的。当然我们也不排除另外一种可能，即刘累祭尧于尧山之前，尧山已是尧之后裔祭祀尧的圣地，这里已因祭尧而获得了鲁山、鲁县之名。刘累正是冲着鲁山、鲁县是祭祀其先祖尧的圣地而迁来的。至于东鲁之名“鲁”，则是周成王分封时，鲁公伯禽将其父姬旦原封地西鲁之“鲁”带过去而形成的。其源也在西鲁之祭尧。

二、邱公城辨疑

2004 年 5 月，平顶山市成功举办了“世界第四次刘氏宗亲联谊会”。此次盛会之所以选在平顶山市召开，是因平顶山市鲁山县昭平台水库中有一文化遗址名叫邱公城。史志记载邱公城不仅是刘累故邑，而且是刘累墓地之所在。刘累是中华刘姓的先祖，邱公城是刘姓的起源圣地。海内外 700 余名与会刘姓代表是冲着邱公城而来的，是来祭祀刘姓先祖刘累的。

刘累是夏朝第十三代国王孔甲在位时期的人，是尧的后裔。他幼年师从豢龙氏学过养龙术，被孔甲召到王宫负责驯育龙，获赐御龙氏。后来刘累所驯养的龙得病死了一条，他将之做成味道奇美的龙肉汤给孔甲吃了。孔甲还要吃那美味的汤，刘累只得把那活着的龙杀了。刘累害怕孔甲什么时候兴之所至要观看龙，就带着一家老小出奔鲁县，在滍水与波水交汇处定居下来。刘累的居住地世传其名为邱公城。

这里有一个问题，既然是刘累迁居之地，为什么不叫刘累城，而叫邱公城呢？处于滍、汝二河下游的临颍县另有一处刘累遗迹豢龙村，也叫邱公城。为什么刘累的遗迹会叫邱公城呢？清代乾嘉年间，中原考据大家偃师武亿受聘主修《鲁山县志》时就发现了这个问题。他在所修《鲁山县志》卷七《地理志·山川》中引《水经注》：“滍水又东，经鲁阳县故城南。城即刘累之故邑也。有鲁山，县居其阳，故名焉”，之后言：“王莽之鲁县也，其地当为今邱公城。距今县二十余里。以此文承上‘滍水又与波水合’下，邱公城正近滍、波合流之处。‘邱’与‘鲁’音读转易故也。”在这里武氏认为邱公城之“邱”是“鲁”的转音。近年鲁山学界同人在试图解决此问题时又新出一说。他们根据临颍县豢龙村早期是“邱”姓居住地的传闻，认为“刘累养龙的豢龙村早期是‘邱’姓居住地。刘累潜逃鲁山后，为逃避孔甲治罪，当然不能再直称‘刘累’。他为避杀身之祸，就必然隐姓埋名。因居过‘邱’姓住地养龙，熟知‘邱’姓，故改姓‘邱’。因是尧之裔孙，且又曾为豕韦国君，地位显贵，后人当称‘邱公’，所居地也自然称‘邱公城’”。我认为以上两种解释都失之于牵强。其一，从鲁山方言的转音规律看，鲁、邱既不同声，也不同韵，“鲁”音转为“邱”的可能性极小。其二，凭今天临颍豢龙村邱公城居民说以前这里住户都姓邱，就断定刘累奔鲁之后隐姓埋名改姓“邱”，如此现代化的思维，更令人心里不踏实。

其实“邱”应该是“祁”的转音，“邱公城”本应为祁公城。《左传·昭公二十九年》曰：“陶唐氏既衰，其后有刘累。”显然刘累为陶唐之后裔。“陶唐”是尧部落的氏号，“尧”是尧部落首领的谥号。《史记正义》引《帝王纪》曰：“尧帝陶唐氏，祁姓也。”在上古时代，姓、氏有别，氏一再传而可变，姓千万年而不变。刘累是陶唐氏尧帝的后裔，论其本姓当然仍为“祁”。《新唐书·宰相世系表》载：“刘氏出自祁姓。尧帝陶唐氏子孙生子，有文在手曰‘刘累’，因以为名。”很清楚，刘累是名，其姓为祁，御龙是其号。这样一来，我们说刘累迁鲁之后，尤其是他逝世之后，人们依他的姓称他为“祁公”是很正常的事情。刘累既然可以被尊称为“祁公”，那么他居住的城池被叫作“祁公城”也就不言而喻了。“祁”与“邱”同声不同韵。据鲁山方言地名音转多为韵转声不转的规律，“邱”为“祁”的音转是可以肯定的。因此，我们说邱公城就是祁公城，祁公城就是刘累城，“邱”为“祁”的音转。另外，在篆书、隶书中“祁”“邱”字形相近，二者也极易混淆互代。

鲁山刘累故邑世称“邱公城”，“邱公城”作何解是平顶山地方历史文化研究应该回答的问题。弄清这个问题有利于刘累奔鲁及刘姓起源的研究。

三、原生“鲁”与克隆“鲁”

在我国历史上有不少异域而同名的地方。如关中有郑（今陕西华县），中原也有郑（今河南新郑）；晋北有应（今山西应县），豫西有应（今河南平顶山市），鄂北也有应（今湖北应城）；陕西有洛河，河南也有洛河；豫西有澧河，湘西也有澧河。据专家研究，这种现象的形成与上古氏族、部落繁衍迁徙，中古举宗避乱迁徙有关。上古时代，一个氏族从一地迁到另一地，他们会把原居地的地名带到新居住地；一个部落繁衍出几个子部落，这些子部落寻找到各自新的生息之地后会把祖部落居住地的地名带到新的居住地。中古时代的举宗迁徙，情况与此相同。即使在近现代集体移民时仍有这种现象发生。这就是说异域而同名的地方，从地名起源角度讲，有原生地名和复制地名之分。用今天的话讲复制地名可以叫作克隆地名。

河南省鲁山县自古以鲁为名，人们把它叫作“西鲁”，山东曲阜古代也称鲁，人们把它叫作“东鲁”。这两个鲁，哪个是原生的，哪个是克隆的？这个问题长期以来为历史学界及两地士民所关注。河南鲁山名鲁在夏代已经有了，《左传》《史记》对刘累为夏王孔甲养龙“惧而迁于鲁县”都做了明确记载。“鲁”有祭祀之义，河南鲁山之“鲁”系刘累祀尧于尧山而得，起码从刘累迁于此地之后，鲁这个地名就产生了。所以殷墟甲骨文中已有了鲁地名，《殷墟书契续编》载：“鲁受年”，注曰：“鲁也地名。”而今山东曲阜在商代名“奄”，直到周成王“践奄”封伯禽为鲁公之后才称鲁。据史书记载，周武王灭商后进行过一次小规模的分封，其中封其弟姬旦于鲁山之鲁为鲁侯，但留姬旦于朝佐己理政，令其子伯禽至鲁，嗣侯位。两年后武王死去，成王继位。成王年幼，姬旦摄政。商之余孽武庚利用管叔、蔡叔、霍叔对姬旦摄政的不满，勾结三监发动叛乱。奄一带商族祖居地的徐夷、淮夷也乘势而起，拥商反周。经过姬旦东征，成王践奄，最终平定了叛乱。为了镇抚东方以藩屏周，姬旦在完善推广武王生前实施过的分封制实行大分封时，令子伯禽带着“鲁”这个侯国名到奄立国，并由侯升格为公。从此奄成为鲁国之都，有了鲁名。由此可知，西鲁为原生“鲁”，东鲁为克隆“鲁”。

有趣的是，姬旦父子在把西鲁之“鲁”克隆到东鲁的时候，还把西鲁的一些重要历史遗迹也克隆了过去。西鲁有山名鲁山，因刘累祭尧于此而得名。西鲁有河名滍水。滍水中上游为黄帝部落的子部落玄嚣青阳氏繁衍生息之地。史籍有“玄嚣降居于泜水”的记载。《左传》杜预注谓：“泜水，出鲁阳县东，经襄城、定陵，入汝。”杜预所说“泜水”的方位、流向与滍水同，所以《春秋地名考》曰：“泜水即滍水也。”全祖望说“盖音同字异耳”。至清代滍水中游还有湖泊名青阳湖。汉末学者宋衷、皇甫谧都认为玄嚣即少皞。所以西鲁即刘累所奔鲁县为少皞之墟。玄嚣为尧部落的祖部落，刘累奔鲁有寻根问祖的目的在。少皞之墟即刘累故邑位当波水与滍水汇流处。为防洪水，先民沿波、滍汇流处河岸堆筑了弯曲的堤坝，称曲阜。“阜者，茂也。言平地隆跃，不属于山陵也。”伯禽自西鲁移国于奄为鲁公之后，东鲁也有了鲁山、少皞之墟和曲阜等地名。

汉鲁阳故城考辨①

西汉在楚鲁阳邑、秦鲁阳的基础上置鲁阳县，属南阳郡，东汉因之。两汉鲁阳故城应在何处？

新版《辞海》“鲁阳”条释曰：“古邑名，县名。春秋战国楚邑，汉置县。治所在今河南鲁山县城。”《中国历史地图集》也将“鲁阳”标在今鲁山县城关。二书均依《大清一统志》“鲁阳故城，今河南汝州鲁山县治。”而《大清一统志》所言出自顾祖禹《读史方舆纪要》，顾氏曰：“鲁阳城，今县治。战国时楚邑。”往上追溯，唐代地理书似乎已持是说，《括地志》曰：“汝州鲁山县，本汉鲁阳县。”《元和郡县志》曰：“鲁山县，本汉鲁阳县，古鲁县也。”所幸唐代此二书只言“县”之承袭，而未明确说“县治”之承袭，

① 本文原载《平顶山师专学报》1988 年第 1 期。

尚留有余地。

其实，说汉“鲁阳县治在今鲁山县城”是有违史实的。人们均把北魏鲁阳城与两汉鲁阳城混为一谈了。《水经注·滍水注》说得明白：滍水又与波水合，“滍水自下，兼波水之通称也。……滍水又东迳鲁阳县故城南，城即刘累之故邑也。……滍水右合鲁阳关水，水出鲁阳关外分头山横岭下，夹谷东北出入滍。滍水又东北合牛兰水，水发县北牛兰山，东南迳鲁阳城东……牛兰水又东南与柏树溪水合……南注于滍”。《水经注》的作者北魏郦道元曾任过鲁阳太守，因而对鲁阳一带的地理情况，诸如山川、河流、古城遗址，特别熟悉，书入《水经注》中自然可信。在上面所引文字中，郦道元是将汉“鲁阳县故城即刘累之故邑”与其所在北魏当时的“鲁阳城”分而言之的。汉“鲁阳县故城即刘累之故邑”在波水入滍处以东，鲁阳关水入滍处以西，滍水北岸。波水今名荡泽河，源于鲁山背孜石板河，南流经瓦屋、观音寺入截沙河（古称滍水）而建的昭平台水库。鲁阳关水今名瀼河，源于鲁山与南召两县交界处的分水岭，北流经熊背，至瀼河镇入沙河。考汉“鲁阳县故城即刘累之故邑”的地望，应在昭平台水库中今名邱公城岛之处。而北魏鲁阳城在“鲁阳关水入滍处以东，牛兰水以西”，牛兰水今名大浪河，源于宝丰县观音堂乡葛花崖村，南流经梁洼乡、辛集乡，入沙河。考北魏鲁阳城的位置，恰在今鲁山县城。

邱公城正当波水与滍水汇流处以东，鲁阳关水入滍处以西，该地为一古文化遗址。1958 年河南省文物工作队试掘，发现叠压有仰韶、龙山两大文化层。出土有石斧、彩陶片、夹沙陶鼎及三个尖底缸装殓的二次葬。考古学上龙山文化代表新石器时代晚期文化，属父系氏族公社时期。龙山文化下启夏文化，二者关系密切。我们可以邱公城遗址龙山文化层的上面当有夏商文化层的存在，只是由于种种原因而未能保存下来。这与史书所载“刘累居鲁”相吻合。《左传·昭公二十九年》：“刘累，学扰龙于豢龙氏，以事孔甲，能饮食之。夏后嘉之，赐氏曰御龙，以更豕韦之后。龙一雌死，潜醢以食夏后。夏后飨之，既而使求之，惧而迁于鲁县。”《史记·夏本纪》也记有此事。《竹书纪年》载：“帝孔甲七年，刘累迁于鲁阳。”汉鲁阳县的前身是楚、秦鲁阳邑，楚、秦鲁阳邑的前身是三代之鲁县。刘累是尧之后裔，孔甲为夏代中后期的国君。“刘累迁鲁”说明自氏族社会至奴隶社会，鲁已成为一处重要的先民聚居地，后来发展成城邑，汉因之设置了鲁阳县。

“鲁阳”因何而得名？明嘉靖《鲁山县志》载：“县之东十八里，平原突起山峰，为一邑之镇，故县以此名。”此说一出，顾祖禹《读史方舆纪要》随之称：“鲁山在县东北十八里，县以此名。”这种说法作为隋以后“鲁山县”名称之由来尚可，若用以解释汉鲁阳县，就南辕北辙了。按照我国依山傍水地名的命名习惯，山南为阳，水北为阳。因山而得名的“鲁阳”本应在今俗呼为露山的“鲁山”南面，而事实上汉鲁阳故城却在其西十余里之遥。这如何解释？

原来，汉代所指的“鲁山”与今天的鲁山在含义上有区别。《汉书·地理志》在“鲁阳”下记道:“有鲁山。鲁山滍水所出。”班氏明言:“鲁山，滍水所出。”结合许慎《说文解字》“滍水出南阳尧山东北”,《元和郡县志》“滍水出（鲁山）县西大陌山”,《读史方舆纪要》“沙河（即滍水）出莫大岭”，可见滍水发源之山，名称历代有变化。今天称“没大岭”，汉时称“鲁山”。汉鲁阳县之名与古鲁山有关，《水经注·滍水注》在叙述“滍水又东迳鲁阳县故城南，城即刘累之故邑也”之后，说“有鲁山，县居其阳，故因名焉”。清嘉庆《鲁山县志》编纂者武亿、董作栋在其《地理志·山川》所作的“案语”，就此问题作了辨析:“鲁山自汉所指其地，即今县西一百七十余里，俗名没大岭。……诸书记录言滍水源，名或有异，实一山也。没大岭迤北而折于东。”“鲁山自极西而北，而东，亦犹太行之有八陉，其实一太行也。后人随地殊称，混淆莫辨。但依县治之东为鲁山专名，此其疏矣。”“鲁山在东北十八里，县以此名。今者为方志者并依之，盖得其一而未悉也。县东鲁山，虽奇特回秀，比诸没大岭，何异培塿之于泰山！故愚敢于违旧说者，以班《志》所定为审。其实，县之得名由此也。”

武、董二公的“案语”颇有见地，它合情合理地告诉我们：从夏代刘累迁鲁，到汉代置鲁阳县，“鲁山”是西起尧山（俗称石人山），迤逦西北之没大岭、大观音山、焦山，转而东歇马岭，东北青条岭、牛兰山，转而南之露山，这条弧形山脉的总称。刘累所迁居之地——今名邱公城者，正处在这条弧形山脉之南，故楚、秦名之曰“鲁阳邑”汉名之曰“鲁阳县”。魏晋以降，由于种种原因，县治沿滍水东迁至今天鲁山县城所在地。隋以后改名为“鲁山县”，地理学家遂逐渐演绎出一个依县东 18 里之“鲁山”的得名之由来，谬矣！

要之，汉鲁阳故城在今鲁山县城西 25 里昭平台水库中的邱公城岛上。

犨城历史变迁述略①

“犨”在初始应该是一个氏族或部落的名字。这个氏族或部落崇尚白牛，以白牛为图腾。进入文明社会后，这个氏族或部落就成为一个方国。其地望在滍水中游之南。滍水的“滍”是由蚩尤的“蚩”加水旁而来。蚩尤族群是以牛为图腾的，犨氏族或部落当与蚩尤族群有血缘关系。甚至有专家认为“犨”字就来自蚩尤的切音合读，应该说不无道理。古姓中有犨姓，《风俗通》说：“犨姓源于郤犨，郤犨的后人以犨为姓。”郤犨是春秋中期晋国卿大夫，这个说法实在太勉强。犨姓应该来自犨族之国，是以古国为姓。

顾祖禹《读史方舆纪要》称：“昔黄帝方制九州，列为万国。”“禹会诸侯于涂山，执玉帛者万国。成汤受命，其

① 本文原载《平顶山日报》2018 年 9 月 12 日“文化”专栏。

存者三千余国。武王观兵，有千八百国。东迁之初尚存千二百国。”犨国在五帝时代和夏朝为万国之一，不会有什么问题。商朝和西周时期是否还存在，目前虽尚未有确凿的证据，比如说在甲骨文中找到“犨”字，或考古发掘出带“犨”字的器物等，但我认为它是存在的。甚至周平王东迁洛阳之初的千二百国中还有它。只是春秋初年郑庄公小霸，在攻灭应国时一并将犨国灭掉了，成为郑国的犨邑。因此地有犨国国君陵墓，所以也叫“犨陵”。 这就是王先谦在集解《汉书·地理志》时所言：“春秋郑犨陵。”杨伯峻《春秋左传注》“犨本郑邑”的来历。

楚文王十二年（前678），率师出南阳盆地东北伏牛山余脉与桐柏山余脉间隘口，越过滍水，抵达汝水，占领了原本属于郑国的滍水南北地区，史称“封畛于汝”。回师后为了纵深防御的方便，在隘口中心筑方一里小城（在今叶县保安镇东古城村），并从小城向两侧山体筑长城，控制隘口。这段长城是自方一里小城筑起，且以小城为此段长城的门户，因之这段最早的楚长城就叫“方城”。新占领的滍水南北区域叫“方城之外”，犨与叶、应一样，成为楚“方城之外”的邑聚。一百年后的楚共王十六年（前575）春，因内政外交的需要，“楚子（共王）自武城使公子成，以汝阴之田，求成于郑。郑叛晋，子驷从楚子盟于武城”。所谓“汝阴之田”就是“方城之外”汝水南岸的田地。指今宝丰北部、郏县南部一带汝水以南川原。这些田地原本就是郑国的，现在将之作为筹码还给郑国，以换取郑国叛晋从楚。

在这种局面下，楚国为了加强防御，在方城隘口长城北数十里滍水之南，以犨为门户又筑了一道长城。这道长城西南与隘口长城西延后的鲁阳关（地址在今鲁山县熊背乡交口一带）相接，向东南越瀙水（今泌阳至遂平间沙河），与隘口长城东延部分相接。这条长城，盛弘之《荆州记》有记载，为郦道元《水经注·潕水》所引："盛弘之云：叶东界有故城，始犨县，东至瀙水，达比（泌）阳界，南北聊聊数百里。号为方城，一谓之长城。"这条楚方城的外长城，习惯上也叫"方城"。又过了 34 年，楚郏敖四年（前541），令尹公子围为发动政变而清除异己势力，"使公子黑肱、太宰伯州犁城犨、栎、郏，郑人惧。子产曰：'不害。令尹将行大事，而先除二子也。祸不及郑，何患焉？'"不久，公子围果杀郏敖和伯州犁，自己登上王位，史称"楚灵王"。 公子黑肱、太宰伯州犁城犨，并非始筑，而是扩筑加固。犨之城，应该说早在犨国时就有了，被郑国占领称犨邑时仍存在，楚以犨为门户修筑外长城时肯定就修复过。经公子黑肱、太宰伯州犁扩筑加固了的犨城，传留给后世，至今遗迹尚可辨识。经村民实测，古犨城为内外两重，略呈东西长方形。外城东西约长 1700 米，南北宽约700 米，面积约 120 万平方米。内城大致是后来犨城寨的范围，位于外城内略靠西，也呈东西长方形，东西长约 500米，南北宽约 300 米，面积约 15 万平方米。内城西北角夯筑高台地仍存，当为原犨国宫室所在，所以民间有"紫禁城"之说。

古犨城地处滍水之南川原之上，北滨滍水，又有东西犨水环护，方圆数十里土地肥沃，水利条件优越。所以，犨城在春秋战国时期的楚国，不仅交通地位、军事地位重要，而且经济地位也相当突出，甚至成为楚国三大产粮基地之一。《史记·越王勾践世家》载：“犨、庞、长沙，楚之粟也；竟泽陵，楚之材也。越窥兵通无假之关，此四邑者不上贡事于郢矣。”可知，楚国郢都宫廷、官府及居民所食之主粮全靠“犨、庞、长沙”三大产粮基地供应。用今天的话说，犨的粮食生产直接关系着楚国的粮食安全。这种状况，到秦汉时代也仍是如此。秦实行郡县制，置南阳郡，设犨县。秦末农民起义后，南阳太守吕齮将其防御项羽、刘邦的阵线设在滍水一线，明显是不愿轻易丢弃这个可靠的军粮供应基地。刘邦把西进攻秦的突破点选在犨东，也是为了抢占这块产粮区，以保证西进军队有充足的军粮供应。刘邦对犨这块地方是有感情的，后来他与项羽相争，重出关中仍走这里，最后打败项羽，一统天下。《汉书·地理志》载南阳郡辖县三十六，郡治设于宛。三十六县的排序，宛当然排在首位，这是从政治重要性来说的。而宛之后，就是犨。这样排不是无端的。犨县实际上就是南阳郡的经济首县。无独有偶，颍川郡二十县，郡治在阳翟，而阳翟之后就是昆阳。昆阳在犨城东 30 里，与犨县同处于滍水之南的肥沃川原之上。追溯历史，联系到近年对贾湖遗址的发掘，8000 年前贾湖人就已种植水稻了，并拿稻米作酿酒的原料。贾湖遗址在昆阳东 30 里滍水下游南岸，也就是说在犨城东60里，与犨城、昆阳同处于滍水南川原之上。古代犨城的农业发达，是有其渊源的。汉元帝在位时期，寿春召信臣任南阳太守，他“行视郡中水泉，开通沟渎，起水门提阏凡数十处，以广灌溉，岁岁增加，多至三万顷，民得其利，蓄积有余，信臣为民作均水约束，刻石立于田畔，以防分争”。犨县作为南阳郡属县中的产粮重地，自然在召信臣兴修水利所关注的视野之内。东汉、魏晋，犨县沿置不辍。东汉张衡撰《南都赋》有“滍皋香粳”之言。“滍皋”者，滍水沿岸之谓也。犨县不仅在其中，而且占着很大的份额。《晋书·杜预传》载：太康三年（282）杜预在镇南将军任上，“又修召信臣遗迹，激用滍、淯诸水以浸原田万余顷，分疆刊石，使有定分，公私同利。众庶赖之，号曰‘杜父’”。这里明确记载了杜预修复召信臣滍水灌溉系统，获得“公私同利，众庶赖之”效益。滍水灌溉系统犨县居其首。可想而知，犨县的粮食生产是为晋朝用兵江南平定孙吴及十年“太康盛世”发挥过支撑作用的。但随着“八王之乱”的内耗和永嘉祸乱的发生，西晋灭亡，东晋偏安江南，北方沦入十六国纷争。继而江南宋齐梁陈，北方北魏北齐北周，更迭频繁，政区建制变换不定。顾祖禹《读史方舆纪要》称：是时“南北相高，互增州郡，继以五方淆乱，建置滋多。齐主洋尝言：魏末州郡，类多浮伪。百室之邑，遽立州名；三户之村，虚张郡目。循名责实，事归焉有。而隋初杨尚希亦曰：当今郡县，倍多于古。或地无百里，数县并置；或户不满千，二郡分领。民少官多，十羊九牧。盖自正始之际，迄于东西魏之余，州郡纷错，为已甚矣。”可犨县作为县级政区，犨城作为犨县治所，却从舆图上消失了。可想而知，战乱对犨县这片昔日的富庶之区破坏严重的程度。

作为政区消失了的犨城，并没有退出世人的记忆，仍不时有余音袅袅的回响。《水经注》的作者郦道元在北魏宣武帝永平年间任鲁阳郡太守，对滍水水系做过实地考察，于古犨城和流经犨城的滍水支流犨水尤为关注。《水经注·滍水》载：“滍水又东迳犨县故城北。《左传·昭公元年》冬，楚公子围使伯州犁城犨是也，出于鱼齿山下。……滍水又东，犨水注之，俗语谓之秋水，非也。水有二源，东源出其县西南践犊场山东崖下，水方五十许步，不测其深，东北流迳犨县南，又东北屈迳其县东，而北合西源水。……乱流北注于滍。汉高祖入关，破南阳太守吕齮于犨东，即于是地，滍水之阴也。”《魏书·地形志》记载犨地周边的政区情况：“广州（……治鲁阳……），领郡七……南阳郡领县二……南阳、堠城，顺阳郡领县二……龙阳、龙山，定陵郡领县三……北舞阳、云阳、西舞阳，鲁阳郡领县二……山北、河山，汝南郡领县二……汝南、符垒，汉广郡领县二……昆阳、高阳，襄城郡领县二……繁昌、襄城。”却无“犨城”。而“荆州（……治穰城），领郡八……南阳郡领县十……舞阴……襄城郡领县九（……方城）舞阴……翼阳”。顾祖禹说：后魏将犨县“改为翼阳县，属襄城郡”。隋易周祚，取梁并陈，天下为一。《隋书·地理志》

载:“襄城郡，统县八……承休、梁、郏城、阳翟、汝源、汝南、鲁、犨城。”犨城县作为襄城郡的属县又出现了，可惜这个犨城县与秦汉、魏晋的南阳郡属县犨县不是一回事。这个犨城县乃“旧曰雉（滍）阳。开皇十八年改曰湛水，大业初改名焉……后魏置南阳县、河山县，大业初并废入焉。有应山”。可见隋朝襄城郡犨城县是由滍阳县而来，开皇十八年（598）改雉（滍）阳为湛水县，大业初更名犨城县，并将后魏在其东侧不远所置南阳县、河山县撤销并入犨城县。隋犨城县的县治也不在滍水南的古犨城，而在滍水北岸的应都故城即滍阳城。且这个犨城县随着隋朝的灭亡很快就消失了，唐高祖武德四年（621）在应都故城重置滍阳县。贞观元年（627）又撤销滍阳县，并入鲁山县。

自大唐盛世以后宋元明清历代，犨、犨故城、犨城故城，仍时常为文献所记载，但不是作为政区，而是作为古迹。唐《通典》曰:“鲁山，汉鲁阳县。……有汉犨县故城，在今县东南。”《括地志》曰:“汝州鲁山县……犨城在汝州鲁山县东南。”宋《太平寰宇记》称:“汝州鲁山县……犨故城，汉县也，在今县东南，存焉。”《明史稿·地理志》曰:“汝州鲁山县东南有废犨城县。”《清一统志》:“犨城故城在汝州鲁山县东南五十里。”犨虽不再是县级政区了，犨城也不再是一县之治了，但其经济上的重要性仍为人们所瞩目。朱元璋于洪武二十五年（1392）诏令指挥葛川:“伊王于明年出阁河南，你可先于（滍、汝流域）五百里地内屯垦，多种小麦，以便家口就食。”于是葛川奉命率领所部移师汝州、襄城、鲁山、郏县、叶县等处，“设置百户二十，典仪所六，屯垦营盘七十二”，垦种无主荒田，以其收获物及解决本部将士的衣食所需，又供给在洛阳的伊王府。犨城故地军屯营盘比较集中，有张官营、季官营、梁官营、洪营、陈营、吴营、大吴营、小吴营、聂营、小聂营、小营、肖营，还有西邻磙子营乡的磙子营，东邻叶县任店镇辖区内的郭营、王营、高营、宋营、灰河营、柳疙瘩营、汪营、千兵营、辉岭营、史营、中旗营、刘旗营、尚武营、前营、后营、高旗营，及田庄乡的段营、牛营、黄营等，占了七十二营盘的一半还多。明嘉靖四十四年（1565）张官营的张姓营官受命带领部属参加戚继光平倭之役，立下战功，因此张官营张姓祠堂留下楹联：“征倭记宗功，荣膺百户家声远；屯田袭父职，延脉三川世泽长。”横批：“犨河旧家。”明朝犨城故地的营盘一直属汝州卫直管。清朝废除卫所制度，犨城故地的营盘归汝州直管。民国时期，撤销汝州建制，改原汝州的附郭县为临汝县，犨城故地的营盘仍归临汝县管辖，先后为临汝县第七区、第十区。这种状况直到民国二十三年（1934）以后才改变。

在中华五千年文明史上，犨由族而国历时两千余年，由国而邑五百年，由邑而县五百年，最后作为历史古迹存留至今又一千七百多年。它在政治上、军事上辉煌过，更以优越的地理条件和发达的传统耕植业创造出可观的财富，为中华民族的文明进步做出了自己的贡献。

第二辑　尧山文化篇

尧山及其别称的文化解析①

豫西山地的脊梁八百里伏牛山脉，上承秦岭，下延至嵩县、南召、鲁山三县交界处鲁山一侧，崛起一座海拔2153米的山峰。这座山峰即伏牛山脉东段主峰尧山。本文试对古代文献中有关尧山的记载进行梳理，对尧山的得名缘由予以探讨，对尧山的别称做些研究，以就正于方家。

一、古代文献有关尧山记载之梳理

自两千多年前的《山海经》起，历代文献对伏牛山脉东段主峰尧山多有记载。

① 本文原载2010年5月《尧文化与尧山旅游研讨会论文集》。

记载上古社会人文地理状况的奇书《山海经》之《中山经》载："又东北百里，曰大尧之山。其木多松、柏，多梓、桑，多机；其草多竹；其兽多豹、虎、麢、㚟。"在大尧山之前记有"女几山"，女几山在今汝阳县境内，汝阳与鲁山、嵩县相邻。在大尧山之后记有"衡山"，此衡山非今位于湖南境内的南岳衡山，而是位于河南方城境内的雉衡山，方城与鲁山、南召搭界。从而可以肯定大尧山是嵩县、南召、鲁山三县交界处鲁山一侧伏牛山脉东段主峰的名称。

东汉许慎所著我国历史上第一部分析字形考察字源的字书《说文解字》，在解释"滍"字时说："滍水出南阳鲁阳尧山东北，入汝。从水，蚩声。""滍水"今名沙河，是淮河水系沙颍河的上源支流之一，发源于伏牛山脉东段主峰尧山东麓。鲁阳即今鲁山，鲁山汉魏时以鲁阳名县。这里把鲁阳与南阳连书是因为当时的鲁阳县隶属于南阳郡。

三国魏国桑钦著《水经》，载："滍水出南阳鲁阳县西之尧山。"

北宋《元丰九域志》载："汝州鲁山县有尧山、滍水。"

《明史·地理志》载："汝州鲁山县，西有尧山，滍水所出。"

直到清代地理著作《水道提纲》仍明确称："沙河即古滍水，俗曰沙水。源出鲁山县西境之尧山。"段玉裁《说文解字注》也称："今沙河源出鲁山县西境之尧山，东经宝丰、叶县、舞阳县，汝水西北自襄城来会。俗曰沙河，即古滍水也。"

以上文献资料告诉我们，从《山海经》成书的战国时代到清朝末年，两千多年来尧山是世人对位于嵩县、南召、鲁山三县交界处鲁山一侧伏牛山脉东段主峰的本称、正称和雅称。

二、尧山得名缘由探微

两千多年来，众多有关古代地理的文献都将位于嵩县、南召、鲁山三县交界处鲁山一侧伏牛山脉东段主峰称作尧山，那么尧山究竟得名于何时？得名缘由又是什么呢？

一般认为，尧山系因夏代尧之裔孙刘累立尧祠于其上以祭尧而得名。北魏郦道元《水经注》在注《水经》“滍水出南阳鲁阳县西之尧山”时称：“尧之末孙刘累，以龙食帝孔甲。孔甲又求之，不得。累惧而迁于鲁县，立尧祠于西山，谓之尧山。”夏代之鲁县，即后世之鲁阳县、鲁山县。清顾祖禹《读史方舆纪要》也谓：“鲁山县尧山，在县西百四十里。夏孔甲时刘累迁鲁，立尧祠于山上，因名。”按此说，尧山得名于夏代后期夏王孔甲在位时，距今约3500年，得名之由是刘累立尧祠于其上以祭尧。

但也有记载可证，早在刘累立尧祠祭尧之前，此山就已叫尧山了。东汉张衡《南都赋》曰：“远世则刘后甘厥龙醢，视鲁县而来迁。奉先帝而追孝，立唐祀乎尧山。”“刘后”即刘累。“先帝”指尧帝。尧号陶唐氏，“唐祀”即尧祠。这里明确告诉我们，刘累立尧祠之前，此山就已称“尧山”了。也正因为鲁县有尧山，刘累追孝先帝，才“视鲁县而来迁”。张衡是南阳人，他对南阳郡的山山水水、名胜古迹、人文掌故知道得最详细。张衡的表述应该说是言之有据的。《后汉书·郡国志》也载：“鲁阳有鲁山。”《南都赋》注：“尧山，封刘累，立尧祠。”这里说，正因为鲁阳县有一座尧山，刘累才求封到这里，立尧祠以祀尧。

早在刘累立尧祠之前，此山就已叫尧山了，说明什么问题呢？说明此山及其周围地区与尧部落的活动有着密切关系。世人皆知河北定州唐县、望都一带有尧的遗迹尧山，而据《帝王纪》载，那是帝挚封异母弟放勋（尧的名）为唐侯的封地。山西临汾尧的遗迹尧都平阳，于《诗》为唐国。《宗国都城记》载明“唐国，尧帝之裔子所封”。那么河南鲁山尧山是尧的什么遗迹呢？有资料证明这里是尧部落的祖居地和初居地。《大戴礼记·帝系》记载黄帝的主要子部落“青阳降居于泜水”。杜预注《左传》称：“泜水出鲁阳县西，经襄城、建陵入汝，即滍水也。盖音同字异耳。”尧部落是青阳部落繁衍出来的孙部落。由此看来，滍水上游尧山地区当然为尧部落的祖居地。另据《史记·索隐》载尧为“帝喾之子，姓伊祁氏”。尧之得姓源于尧初生时，其母寄于伊长孺家，“故从母所居为姓也”。尧姓中的“伊”当因伊水而得，正像伊尹之得姓于伊水一样。伊水发源于尧山来脉蔓渠山，位于尧山之西，距尧山不远。《帝王纪》载：“尧娶散宜氏女，曰女皇，生丹朱。”《世本》载：

“女皇居汝水之阳。”汝水源于尧山西麓，向北偏东流，距尧山更近。鲁山昭平台水库中有邱公城遗址。邱公城之“邱”不可解。专家考证“邱”为祁的音转，且字形相近。祁为尧的姓。邱公城遗址下部叠压有仰韶文化晚期、龙山时期文化层。其断代与尧帝时期相当。综合这些信息，说尧山及其周围地区为尧部落的初居地，当不为过。如果此说不谬，尧山之名尧山，当然在刘累立尧祠以祭尧之前了。应该说早在舜帝时代，为了纪念尧的功业，就把尧部落初居地的伏牛山脉东段主峰叫作尧山了。至迟到夏初尧山之名就被确定了下来。这样算的话，尧山之名已有4500年左右的历史。

三、尧山别称之解析

位于嵩县、南召、鲁山三县交界处鲁山一侧的伏牛山脉东段主峰，除有尧山这个本名、正名、雅名外，在历代文献中还出现过一些别称。清乾嘉年间中原大考据家偃师武亿编纂嘉庆《鲁山县志》，对尧山的别称进行了搜集罗列。计有鲁山、天息山、高陵山、猛山、还归山、燕泉山、大盂山、大陌山、大龙山、伏牛山、没大岭等。这些尧山别称的含义是什么？除个别前人已有所解释外，大多数还没人深究过。

经研究，尧山的别称可分为三类：第一类是对尧山自然特征的直观表述；第二类系由刘累立尧祠祭尧生发而来；

第三类为尧山这个本名所衍生。大盂山、大陌山、猛山、伏牛山、没大岭属第一类；鲁山、还归山、大龙山属第二类；天息山、高陵山、燕泉山属第三类。

先说第一类。大盂山，前人已做过探讨。清《汝州志》载："大盂山在鲁山县西百五十里，山顶低洼，四周若城，故称。"这里所谓"四周若城"者，指的是民间所说白牛城。盂为周边陡立，中空底平的器皿。站在尧山青龙背下望白牛城，四周山体陡峭，中间空虚，俨然一座城池。用大盂来形容尧山白牛城的形状是比较贴切的。大陌山。"陌"在古汉语中意思是小道。大陌者，指大一点的小道。尧山山体向左侧延伸处有一山垭，自古为滍水上游通向汝水上游的捷径，即今311国道所经之过风楼处。尧山因有此道而被称作大陌山。大陌山在民间俗称没大岭，没是陌的转音，陌大与大陌意思一样。没大岭进一步演化为木札岭，木为没的转音，札为大的转音。猛山，则由尧山众多挺拔耸立、下为圆柱形上为圆锥形石峰而得名。这些石峰，民间称其为将军，尤以大将军的威猛雄壮为最典型。尧山俗称石人山，也由此而来。伏牛山之名起自唐代，《元和郡县志》有记载。一说认为伏牛山是由"伏流坂"音转而来，其实未必然。伏流坂在陆浑县即今嵩县东北，那已是尧山支脉的支脉，用之称尧山是名不副实的。将尧山称作伏牛山一说是从山体大势上看，像一头卧着的巨牛而已。牛头即尧山，尧山主峰上边的玉皇顶和老君台像牛角，下延的两条余脉像盘曲着的牛腿，尧山的来脉古称蔓渠山者为牛脊梁，因称伏牛山。还有一说谓，应龙氏帮助炎黄联军打败蚩尤，黄帝让应龙氏带着蚩尤族俘虏南迁自然条件较好的豫西山地东南麓居住。因此这里的河流就叫滍水，“滍”字是由蚩尤的“蚩”加水旁而来；蚩尤族的图腾为牛，因此这里的山脉就叫伏牛。

再说第二类。鲁山，《汉书·地理志》载：“鲁阳有鲁山，滍水所出。”从方位看，这里所说“鲁山”明显是指尧山。为什么《汉书》把尧山称作鲁山呢？考之秦汉隶书及以前的古文字，鲁、旅为同一个字，这个字的构成是上边为“止”下边为“从”。旅有“祭”义，“祭山曰旅”，《周礼》有“王大旅上帝”之语。鲁、旅相通，自然鲁也有“祭”义。显然，将尧山称作鲁山，系因刘累在其上立尧祠以祭尧而来。还归山。尧山的这个别称很通俗易懂。刘累是尧的裔孙，他带着族人回到先祖尧的初居地，当然是还归了。大龙山。《太平寰宇记》载：“尧山，俗名大陌山。《水经注》云：‘尧孙刘累迁此，故立尧祠于西山焉。’今山亦号大龙山，因扰龙见称。”“扰”在这里是训育的意思，刘累善扰龙，被夏王孔甲赐号御龙氏。大龙山之名是因刘累善扰龙生发出来的。

最后说第三类。天息山，息在古汉语中有“子女”之义。天息山即天子山。尧帝为一代人君，人君即天帝之子。天息山由尧山衍生出来。高陵山。在古汉语中，尧字有“高”的含义。《白虎通》曰：“尧犹嶢嶢也，至高之貌。”高陵山者，即尧陵山也，言尧山因尧而有至高之貌。燕泉山。

燕在古汉语中有“安息”之义。泉为魂灵归处。尧山为尧的灵魂安息之所，故别称“燕泉山”。

综上可知，尧山是古往今来伏牛山脉东段主峰的本名、正名和雅名。尧山之名源于尧部落及其后裔在该地区的活动，至迟在夏代初年就已经确定下来，距今已有四千余年的历史。尧山的别称大多是由尧山之名及刘累立尧祠于尧山以祭尧所生发出来的。

尧山、尧祠、尧的功业、尧的传说[①]

尧　山

鲁山“尧山”之名在历史地理文献中可谓不绝于书。上古地理名著《山海经》之《中山经》对尧山就有记载，称“大尧之山，其木多松、柏，多梓、桑，多机；其草多竹；其兽多豹、虎、麢、㚟”。汉代地理名著班固《汉书·地理志》载：“鲁阳尧山，滍水所出。”汉代鲁阳县即今鲁山县，滍水即今沙河。东汉许慎《说文解字》在解释“滍”字时说：“滍水出南阳鲁阳尧山东北，入汝。从水，蚩声。”历史上鲁山县长期属南阳郡，所以说“南阳鲁阳”。

---

① 本文原载 2010 年 5 月《尧文化与尧山旅游研讨会论文集》，与王宝郑合著。

北魏郦道元《水经注》载：“滍水出南阳鲁阳县西之尧山。”北宋《元丰九域志》载：“汝州鲁山县有尧山、滍水。”自唐以降，鲁山县属汝州，所以说“汝州鲁山县”。《金史·地理志》载：“汝州鲁山县有尧山。”直到清代的《水道提纲》仍称：“沙河即古滍水，俗曰沙水。源出鲁山县西境之尧山。”

尧　祠

鲁山尧山尧祠为夏朝刘累所建，历代都有修葺。其建筑坐西朝东，布局为：前有四柱三门的牌楼山门。中门额书“古尧帝祠”四个汉隶大字。两侧门横额，一为“就日”，一为“瞻云”。取自《史记·五帝本纪》：“尧帝者，放勋。其仁如天，其知如神；就之如日，望之如云。”“就日”谓尧帝之德如阳光普照大地，天下人皆依就于他；“瞻云”谓尧帝之德如祥云之覆渥百姓，天下人仰望他像仰望甘露一样。进山门两侧为东西廊坊，正面是五凤楼。五凤楼高六丈，三重十二檐，雄浑壮观。史载当年尧帝常同“四岳”（四位长老大臣）共商国是。人们将四位大臣喻为四只凤凰，尧帝则是凤中之王。尧帝驾崩，一凤升天，四凤齐鸣。故名“五凤楼”。五凤楼后是尧井亭，亭子中央是一眼水井，叫尧井，山高水高，水势很旺，传说凿水井是尧帝和他的大臣们发明的。尧井后是广运殿。广运殿是尧祠的主体建筑。高九丈，面阔九间，进深三间。外周有柱七十六根，与殿墙形成回廊。殿内有通顶立柱十二根。殿正中神龛内供奉尧帝坐像，高六尺六寸，两侧分立四岳塑像。最后是五间寝宫。尧祠有一副长联：大哉为君，举禹稷契皋益，以水官土官木官金官火官，时亮天功，功归元首；奥若稽古，历虞夏商周秦，而西汉东汉南汉北汉蜀汉，皆承帝祚，祚锡万年。鲁山尧山尧祠毁于明末清初战乱。清代，人们在距鲁山县城较近的眠凤山建尧帝庙以祀尧帝。因此，眠凤山也叫小尧山。

尧的功业

尧制历法：据《尚书·尧典》记载，尧命羲氏与和氏遵循天数，推算日月星辰运行的规律，制定出历法，以便人们生产和生活。尧帝命羲仲住在东方的旸谷迎接日出，辨别测定太阳东升的时刻。昼夜长短相等，南方朱雀七宿黄昏时出现在天的正南方，依此确定仲春时节。这时，人们耕种于田野，鸟兽开始生育繁殖。又命羲叔住在南方的交趾，辨别测定太阳往南方运行的情况，迎接太阳向南归来。白昼时间长，东方苍龙七宿中的火星黄昏时出现在南方，据此确定仲夏时节。这时人们居高以避暑，鸟兽退毛以降温。又命和仲住在西方的昧谷，送别落日，辨别测定太阳西落的时刻。昼夜长短相等，北方玄武七宿中的虚星黄昏时出现在天的正南方，依此确定仲秋时节。这时人们收获于田野，鸟兽换生新毛以备严寒天气的到来。又命和叔住在北方的幽都，观察太阳往北运行的情况。白昼时间最短，西方白虎七宿中的昴星黄昏时出现在南方，据此确定仲冬时节。这时人们居于室内越冬，鸟兽长齐柔软的细毛以御寒。尧帝说："啊！你们羲氏与和氏啊，一周年是三百六十六天。要用加闰月的办法确定春夏秋冬四季而成一岁。由此规定百官的事务，许多事情就都能兴办起来。"

尧以德教天下：尧帝主张以仁德教化天下。首先注重对统治者自身的教育，以"慎厥身，修思永"，追求长治久安；其次以"父义、母慈、兄友、弟恭、子孝"五德来规范家庭伦理关系，以敬授民时教育人们重视生产，以求百姓安居乐业。教育下一代"直而温，宽而栗，刚而无虐，简而无傲"，"声依永，律和声。八音克谐，无相夺伦，神人以和"，以构建和谐社会。还以"试可乃已"的做法，来培养继承人。

尧设刑法：尧帝创设刑法，经舜帝加以完备。《尚书·尧典》载："象以典刑，流宥五刑。"五刑，一般解释为墨刑（刺脸）、劓刑（割鼻）、刖刑（残足）、宫刑（去势）、大辟刑（杀头）。象刑是指象征性的惩罚。就是应当处以墨刑的，让他蒙上黑头巾；犯劓刑的，让他戴上插有一束草缨的帽子；该处以刖刑的，只许他穿麻做的鞋子；当处以宫刑的，让他穿一种遮蔽膝盖的衣裳；犯大辟罪的，让他穿没有领子的布衣。尧主张"慎刑"，即用刑纠民，不求民死，而求民生。

尧创禅让制：尧的父亲帝喾执政时间很长，死后把帝位传给尧的哥哥挚，尧又从哥哥手中接过了帝位。尧执政五十年后，决定不传位给自己的儿子丹朱，而把帝位让给百姓爱戴的有贤有德的舜，创立了禅让制这种全新的权力移交方式。禅让制是旧的氏族文化传统与新的社会意识相结合的产物。禅让制没有退回到氏族民主制的长老崇拜，同时也不同于军事民主制的英雄崇拜。而是由一位开明的帝王经过民主协商，把权力交给一位他所信得过的，大家又倾心爱戴的有贤有德的人。这种传承方法使强权实力退居幕后，给权力移交赋予温文尔雅的形式。尧帝所创造的这种禅让制风范和这种禅让制模式，对中国历史的影响远远超过禅让制本身。尧帝对他所处的时代有深刻的理解，对政治人才有了不起的洞察力，最重要的是他大公无私。他明白把天下交给儿子，将有负天下人；而把天下交给舜，虽有负于儿子，却有利于天下人。

尧的传说

尧帝与鹿仙女：尧山生活着很多鹿群，护卫鹿群的是鹿仙女。鹿仙女心地善良又法力无边。黑龙潭中潜伏着一条黑龙，时常兴风作浪，伤害鹿群。鹿仙女决心制伏黑龙。一天，鹿仙女来到黑龙潭边，黑龙从潭中一跃而出，张牙舞爪扑向鹿仙女。鹿仙女伸手向黑龙一指，黑龙就一下子软瘫在沙滩上，叩头向鹿仙女求饶，表示愿终身为仙女效劳。尧帝受命于危难之时，先是十日并出，禾稼焦枯，继而洪水泛滥，田园淹没。尧帝率领百姓战胜水旱灾害，万民称颂。一天，他忽见一位仙姿绰约的年轻女子凌空从眼前飘过，同行的百姓告诉他，这是鹿仙女。从此，鹿仙女的形象一直萦绕在尧帝的心头，梦寐以求同鹿仙女相会。春天来了，尧帝决心进山访察，当他走过黑龙潭，来到跑马场，遥见一位女子在山谷间翩翩起舞，忽而腾空，忽而遁地，穿石如入虚，履空如平地，身边有一群驯鹿伴着她。尧帝心想，她一定是鹿仙女了，于是健步上前，向她打躬施礼。哪料她竟不答话，抽身躲到一株树边，面含娇羞地装作用木梳梳头。待尧帝将走近时，她把木梳往树上一扎，又转到另一株树后嘻嘻微笑。尧帝也笑着追过来，不觉来到一个僻静处，突然从草丛里蹿出一条巨蟒，口吐红信，目光凛凛，昂首向尧帝扑来。尧帝躲闪不及，摔倒在地。说时迟那时快，鹿仙女见状，一个箭步跃到尧帝身前护住他，举手一劈，那巨蟒浑身颤抖，瘫痪在地。尧帝拱手感激鹿仙女的救命之恩，二人互诉衷情。鹿仙女指着一处说："我常坐在这个台上梳头，大家传为我的梳妆台。"她向对面绝壁上的石阶说："我常从那里拾阶而上，人称仙梯。"她还说她经常骑着黑龙去红枫谷一线瀑处沐浴戏耍。"我喜欢这神奇的大自然，喜欢自由自在地与鹿群为伴。但自从见到你，我打心眼里敬佩你的伟岸大气，甘愿辅助你光大帝业。"尧帝欣喜异常，表示愿与鹿仙女作比翼鸟，和鸣齐飞。

二人遂订立婚约，择定吉日成婚。鹿仙女就成为尧帝的元妃。北宋大诗人梅尧臣慕鲁山尧山之名来游，听了鹿仙女的故事，写诗盛赞尧山美景：“霜落熊升树，林空鹿饮溪。”

尧帝拒礼：尧帝在位七十余年，辛勤操劳国事，仁爱百姓，做了很多有益的事情，生活却非常俭朴。老百姓为了感恩，给尧帝奉送许多东西。可尧帝领情之后，把礼物都原封退还本人。一天，尧帝正忙着处理政事，一个叫墨实的人，专程给尧帝进献一只大红公鸡，说：“这鸡很通人性，啼叫的声音高昂洪亮，时辰报得特别准确。在我们家算是一只宝鸡了。临来时父亲再三叮嘱我一定请尧帝收下。”尧帝听罢笑着说：“这只大红公鸡是你家的宝贝，送给我哪能行呢！你把鸡抱回去，代我向你父亲问好，说我领情了。”忠厚实诚的墨实一听尧帝不收，心里很难受，不管三七二十一，放下鸡扭头就走。尧帝回头一看，大红公鸡在地上直扑棱翅膀，原来鸡腿被绑着哩！尧帝忙解开绳子，大红公鸡一下子腾空而起，就顺着原路飞回去了。时隔不久，有一个叫鲁壮的中年农夫给尧帝献来一匹宝马。这马通身雪白，四蹄墨黑，行似龙腾，立有虎威，日行千里，夜走八百，山河无阻。鲁壮说道：“我这是一匹宝马，别人想看一眼，我都不让，我把它送给你。”尧帝笑着问：“你为什么要把这匹宝马送给我呢？”鲁壮说：“那还用问，因为你是尧帝，你给我们百姓办了那么多好事！”尧帝说：“正因为我是尧帝，才理应给老百姓办事！再说，你献宝马我收下，他送神牛我收下，再有一个人给我灵羊我也收下，不用多长时间，我这里的东西就放不下了，每天尽想着这些宝贝，哪还有心思为百姓办事呢？如此下去，就会误国害民。到那时候，我就不是现在的尧帝了，就成了遗臭万年的昏君了！你想想看，我说得对吗？”鲁壮连连点头，钦佩不已，把宝马又牵了回去。后来，又有一个叫吴宝的采药老人，见尧帝整日操劳国事，为民奔忙，身子一天天消瘦下去，心里很难过，于是，便把自己采集的人参和灵芝送给尧帝。尧帝拗不过老人的好意，只好暂时收下，然后在门上挂了块大木牌，上写：“领情不收物，收物不领情，送礼者请回。”第二天，就打发人把人参和灵芝送还给老人，婉言解释说：“尧帝让我告诉你：领情不收物，收物不领情。你老肯定是想让尧帝领情的，所以让我把这些宝药送还给你。非常感谢老伯伯的厚意。只是多年来尧帝粗茶淡饭习惯了，若吃宝食恐怕将来就吃不得苦了！”吴宝老汉听了此话，更加敬佩尧帝。

尧帝与巢父、许由：尧帝执政五十年，身老体衰，决定实行禅让制，把帝位让给有大贤大德名声的人。他最初想到巢父，巢父才德超群，却无功名利禄之心，很受百姓爱戴。当尧帝表示要把天下让给他时，这位巢父断然拒绝了。接着尧帝又想到一个人，他叫许由。许由，字武仲，嵩山阳城槐里人。为人正直仗义，邪席不坐，邪膳不食，且才智出众。尧帝找到他，要让天下给他，说：“当太阳、月亮升起来，光芒照耀大地的时候，地上的篝火纵然不熄灭，要显出它的光亮来，不是也很难吗？当及时的春雨普降大地，还要用大泽中的水去浸灌田地，那不是徒劳吗？夫子这样的大贤人已经树立起来了，而我还尸位不动，我自己认为是一种缺憾。请你来执掌天下吧！”许由说：“你治理天下，天下已经大治，却要我来代替你，难道我为了名吗？名是实的宾，我是那种有其名无其实的人吗？鹪鹩在深林中筑巢，它能占据的不过是一枝；鼹鼠到大河里喝水，不过喝饱一肚子。你把整个天下给我，我没有什么用。厨子即使闲着，也并不离开厨房去干主持祭祀的事。”这位许由不但没有接受，反而逃走了。他逃到了嵩山之南汝海之北，隐居耕田，表示终身不过问天下大事。尧见许由不接受帝位，又请他担任九州之长，许由听到此话，认为玷污了他的耳朵，竟到一条小河边去洗耳朵。正巧，他的好友巢父牵着牛犊来河边饮水，看到许由在洗耳朵，问他是什么缘故。许由说：“尧要把天下让给我，我拒绝了他，他又请我去当九州长，他的话让我的耳朵不干净，不洗洗怎么办！”巢父说：“你要是居住在高岸深谷之中，人道不通，谁能见到你呢？你故意到处浮游，还不是想听这样的话，求得名誉！你在上游这一洗，恐怕把我牛犊的口也玷污了，我得换个地方饮。”于是，巢父牵着牛逆流而上，让牛饮上游的水。这条小河后来就叫“洗耳河”，它流经汝州市区。汝州城里还有一座“巢由庙”，供奉着高洁的巢父和许由。

话说尧山

尧山是八百里伏牛山东段主峰，淮河西北方向上流径最长支流的源头，外方山发脉之源。她位于我国南北气候分界线上，且一山分黄河、长江、淮河三大流域。

一、关于尧山复名的公案

2008 年 12 月 10 日平顶山市政府通告：根据国务院《地名管理条例》《平顶山市地名管理办法》等法规规定，经市人民政府研究，决定将石人山名称恢复为尧山。“石人山复名尧山”引起了一些争议，支持改名者认为，石人山原本就叫尧山，现在的名字石人山不能反映出其固有的文化底蕴，割断历史传承的脉络，丧失宝贵的人文气韵。反对者认为，石人山在全国已经为人所知，小有名气，恢复为尧山会对景区的知名度产生不良影响。可是，2011 年尧山风景区晋级为国家 5A 级景区。如今已是国家级文化旅游服务标准化示范区、全国资源型城市重点旅游区人文历史旅游项目等。若不是复名尧山，怎么能与“文化”“人文历史”挂钩？

“石人山”是民间对这座山的俗称，这个俗称进入文献甚晚，晚到 1958 年这里成立林场，在打林场成立报告时，依民间俗称称之为“石人山林场”。而在历史地理文献中她一直是被称为尧山的。上古地理名著《山海经》之《中山经》称“大尧之山，其木多松、柏，多梓、桑，多机；其草多竹；其兽多豹、虎、麢、臭”。汉代地理名著班固《汉书·地理志》载：“鲁阳尧山，滍水所出。”汉代鲁阳县即今鲁山县，滍水即今沙河。东汉许慎《说文解字》在解释“滍”字时说：“滍水出尧山矣，入汝。从水，蚩声。”历史上鲁山县长期属南阳郡，所以说“南阳鲁阳”。北魏郦道元《水经注》载：“滍水出南阳鲁阳县西之尧山。”北宋《元丰九域志》载：“汝州鲁山县有尧山、滍水。”自唐以降，鲁山县属汝州，所以说“汝州鲁山县”。《金史·地理志》载：“汝州鲁山县有尧山。”《明史·地理志》载：“汝州鲁山，西有尧山，滍水所出。”直到清代，《水道提纲》仍称：“沙河即古滍水，俗曰沙水。源出鲁山县西境之尧山。”《清史稿·地理志》亦曰：“汝州鲁山，西有尧山，滍水所出。”以五帝之名命名的山，首推黄山，次即尧山了。复名尧山理所当然，既能彰显历史的厚重，又能蓄积文化的张力。

为什么这座山以尧为名？尧山之名与中华刘姓的始祖刘累有关。刘累是《左传》《史记》等文献明确记载的夏代人物，尧的裔孙。《左传》称刘累“学扰龙于豢龙氏，以事孔甲……龙一雌死，潜醢以食夏后。夏后飨之，既而使求之，惧而迁于鲁县”。刘累在尧山设立纪念先祖尧帝的祠庙，东汉张衡《南都赋》中记载：刘累“奉先帝而追孝，立唐祀乎尧山”。《水经注》称：“尧之末孙刘累，以龙食帝孔甲。孔甲又求之，不得。累惧而迁于鲁县，立尧祠于西山，谓之尧山。”清《读史方舆纪要》称：“尧山在（鲁山）县西百四十里。夏孔甲时刘累迁鲁，立尧祠于山上，因名。”夏代刘累在尧山立尧祠以祭尧，是见于现存文献记录的最早的尧祠。究其实，刘累迁鲁，原因有二：其一，刘累的养龙术是从豢龙氏学来的，豢龙氏居于滍水。鲁山滍水支流肥水上游有太灵古祠，是豢龙氏祀大帝所立，唐代仍存，可证。刘累对此地较熟悉。其二，滍水是尧部落的祖部落玄嚣部落的繁衍生息地。黄帝正妃嫘祖生昌意、玄嚣，昌意降居于汝水，玄嚣降居于滍水。昌意生颛顼，颛顼继黄帝为帝。玄嚣生蟜极，蟜极生帝喾，帝喾继颛顼为帝。帝喾生尧，尧继帝喾为帝。滍水就是尧部落的祖居地、初居地。鲁是尧之后裔祭祀祖宗的圣地。鲁县的“鲁”就是祭祀的意思。或者说早在舜帝时代，为了纪念尧的功业，就把尧部落祖居地初居地的伏牛山脉东段主峰叫作尧山了。

至迟到夏初尧山之名就被确定了下来。这样算的话，尧山之名已有 4500 年左右的历史。作为尧裔孙的刘累祭祀尧就也到这座山上。

二、鲁山尧山是天下四大尧山中的翘楚

以五帝命名的山有黄山、尧山。黄山、尧山天下多有，黄山最著名的是徽州黄山。著名的尧山有四：河南鲁山尧山、河北隆尧尧山、陕西蒲城尧山、广西桂林尧山。

河北隆尧尧山海拔 157 米。隆尧县古称尧山县，以境内有尧山，为唐尧所居而得名，有东魏孝静帝武定三年（545）残碑“陶唐采封”为证。金大定十四年（1174）改为唐山县。唐山县在历史上存在近 800 年之久。民国十七年（1928），民国政府将邢台唐山县更名为尧山县。1947 年 8 月隆平、尧山两县合并为隆尧县，各取首字合称而得今名。山巅有尧祠，即尧帝庙，为汉代所建。《城冢记》云：尧于此登山，东瞻洪水，访贤人，故立庙。历代都进行过修葺，并增修舜禹殿，每年官府和民间都要择良辰吉日上山祭祖，因而形成庙会。尧山庙会每年有农历正月十六、四月初一、六月初一、十月初十、腊月初一共 5 次，其中规模最大的是农历四月初一。据清乾隆三十五年（1770）举人韩瑶所撰的“万古流芳”碑记载：“迨至四月上旬，庙门洞开，则四方远近，百里内外，或乘车骑以奔驰，或携

男女以徐步，或千人百人林林起会于庙顶，或五步十步历历叩拜以谢神，迤逦而来，络绎不绝。”

陕西蒲城尧山海拔1080米。蒲城尧山原名“古浮山”，因“昔尧时，洪水为灾，诸山尽没，唯此山若浮”而得名。传尧王在此山治水有功，因而又称其为“尧山”。尧山有“圣母庙”，又称“灵应夫人祠”。传说中的“尧山圣母”，是尧王之女，能呼风唤雨、祛病助产，从善扶正，解忧排险。有关她的传奇故事在民间广为流传。“圣母助唐”就是其中之一。传说唐王命狄青挂帅南征，到某地途中，狂风四起，乌云密布，难辨东西，加之粮草断绝，人马被困。眼前出现一条“黑水河”，哗哗直流，人马如饥似渴，急于饮用，谁知水中有毒，人马上吐下泻，狄青干急无方，只好命部下来到尧山祈求圣母救助，圣母命其到山顶西边的“风云洞”祈云施雨，果真灵验，一阵电闪雷鸣、倾盆大雨之后，晴空万里，道路明晰畅通，士兵们喝了雨水病也好了，屡战屡胜。狄青奏明圣上“多亏尧山圣母赐雨解危”。唐王听后惊喜，便敕封圣母为“灵应夫人”，从此，民间就有“灵应一方”之说。公元640年，唐太宗李世民曾“狩猎于尧山”。蒲城境内的五座唐陵就有四座依尧山堆筑，由此可见，在唐朝尧山圣母就被视为保护神。

广西桂林尧山海拔909米。桂林尧山风景区的尧山，秦时尝筑尧帝庙于山腰，是以谓之尧山。世称尧山者，聚天子之气，囊四海之意，并八荒之势，拱星斗之灵。山腰有田数亩，传为尧帝所赐，年年丰收，人称“天赐田”。田中之水，来自玉乳泉，终年不涸。

三、鲁山尧山的生态

鲁山尧山总面积 260 平方公里，主峰玉皇顶海拔 2153 米。因其特殊的地理坐落，所以山峰奇特，瀑布众多，生态状况良好。尧山异峰如塑，怪石丛呈，四十八将军峰。“大将军万丈高，到不了二将军的腰。”尧山的数百山泉汇成清澈的溪流，从深山幽谷腾跳而出，遇到悬崖绝壁，形成大大小小的瀑布，轻盈飞泻者有之，磅礴潇洒者有之，丈二八尺者有之，高悬数十丈者也有之。滴水穿石，积水成潭。尧山植物种类多，群生种、优势种明显，区系复杂。据初步调查，尧山仅种子植物就有 1211 种，加之根生植物、蕨类植物等总计达 4000 种以上，其中有 40 多种已列入国家和省级保护植物。尧山有大片原始森林和稀世古杜鹃林，千年古木 15 万株以上。丰富的植物资源，为众多的珍禽异兽提供了良好的栖息环境，该区有陆栖脊椎动物 125 种以上，金钱豹、艾叶豹、金雕、大鲵、麋鹿、羚羊、水獭、獐子等二十余种珍贵动物，在这里怡然自乐。还有大量水生动物及非脊椎动物。走进尧山，随处可见松鼠穿梭，鸟雀啁啾，猴子攀树，锦鸡起舞，如同置身天然动物园中。

尧山金钗石斛居于中华九大仙草（金钗石斛、天山雪莲、三两重的人参、百二十年的首乌、花甲之茯苓、苁蓉、深山灵芝、海底珍珠、冬虫夏草）之首的珍贵品种。尧山金钗石斛位于南北气候交汇的伏牛山深处，独有的自然地理条件让其尊享金钗家族至高地位，生长于悬崖峭壁，俗话讲“得虫草易，寻金钗难”，足见其弥足珍贵。金钗石斛素有“千金草”“软黄金”之称，被国际中药界誉为“药界大熊猫”。尧山金钗石斛可泡茶、炖汤、烧菜，老少皆宜，食谱包括石斛瘦肉汤、石斛灵芝炖鸡汤、石斛排骨汤等。

尧山灵芝生长于山林之中，药效最好，号称“琼珍”，其中以赤芝、紫芝为上品。尧山灵芝具有养颜安神、止咳平喘的功效，用于眩晕不眠、心悸气短、神经衰弱、虚劳咳喘、补气养血、延年益寿，治疗慢性中毒、各类慢性肝炎、肝硬化、肝功能障碍，治疗糖尿病，对心肌缺血具有保护作用，可广泛用于高血压、冠心病、心绞痛等的治疗和预防，同时能美白肌肤，李时珍在《本草纲目》中就指出尧山灵芝有“增智慧，好颜色”，是一种具有抗皱、消炎、清除色斑、保护皮肤，灵芝含有抑制黑色素的成分及多种对皮肤有益的微量元素等，这些成分能够通过减少人体自由基，加速细胞的再生，增加皮肤的厚度并增加胶原质，达到丰润皮肤、消除细纹与皱纹的效果。其中的多糖成分能够通过保持和调节皮肤水性，恢复皮肤弹性，使皮肤湿润、细腻。

尧山是著名的避暑胜地，著名的防霾、疗养胜地。尧山全年无霾，碧水蓝天，365 天清新空气和水质吸引着诸多中老年人在此疗养康健。尧山夏季有“清凉世界、自然空调、翠绿欲滴、人间仙境”之称。云雾缭绕，山中多飞泉瀑布和怪石，名胜古迹遍布，山地夏季凉爽。7 月平均气温 21.9℃，夏天气候凉爽宜人，是我国著名的旅游风景区和避暑疗养胜地。云海一年四季都可看见，尤其是春秋两季最美。每当雨过天晴，站在玉皇极顶等处俯瞰，只见万顷白云转眼间汇成一片汪洋大海。云海茫茫，波涛起伏，青峰秀岭出没在云海之上，变成了云海上的小岛。特别是太阳照耀下的云海，更是绚丽动人。“云海、雾凇、雨凇、霞飞流苏、奇花异草、原始森林、奇峰怪石、瀑布流泉”，加之洁净且富含负离子的清新空气，让你在清凉的夏日里流连忘返。

四、鲁山尧山的人文

1．伏牛山名称的来源。炎黄联军战蚩尤，请应龙氏以龙吟助战，打败蚩尤。黄帝命应龙氏带着俘获的蚩尤部落来到豫西。蚩尤部落是以牛为图腾的，于是就称这条山脉为伏牛山。尧山一景白牛城，蚩尤——滍水，犨城犨族图腾白牛犊，都与此有关。

2．刘累立尧祠于尧山，刘累是中华刘姓的始祖。景区山门左侧有刘累亭。尧祠在尧山主峰蛤蟆石东依山就势，前有五凤楼，后有广运殿。自夏朝刘累建祠之后，历商、周、汉、唐均有修葺，五代年间毁于山火。入宋，为祭祀方便，当时县府将尧祠移建于县城西北 30 里眠凤岭南端，元、明、清三代都曾修葺，只是规模要小得多，至今仍存。

3. 尧山镇是墨子故里，墨子是尧山滋养出来的思想伟人。景区山门所对着的山半腰塑一尊墨子像。墨子的尚贤思想源于“尧舜禹汤文武之道”，“尧舜禹汤文武之道”是其论政施治的根基，这些都是故乡尧山奠定的。

4. 土地垭半仙居。范半仙范学俭。范半仙六岁进山，独居深山六十余年的世纪老人。老人虽年近古稀，却身板硬朗，鹤发童颜，记忆力极强。半仙登山爬岭“噌噌”如脚下生风，身轻如燕，爬树攀崖如猿成猴跃灵活自如的仙风道骨。最引人注目的，还是他那留在脑后的清朝发辫以及他那传奇般的经历。老人对尧山的一草一木都了然于胸。胸中装着一盘动态的尧山山水，一卷尧山历史。

5. 寿松是尧山风景区的珍奇古松。位于老君峰下，根植于石缝中，主根盘亘在一块巨石上，树高约 12 米，树干直径约 50 厘米，主枝全分布于面向阳光的东面、南面，整体如一繁体“寿”字，故称寿松，据考证树龄在 800 年以上。清华大学周维权教授在建设部组织的国家级景区验收中称其可与黄山迎客松媲美，应作为“国宝”保护。寿松根植于山半腰的岩石缝中，旁边为一观景平台。站立寿松近旁，远方峰岭逶迤，苍山如画，近处山坡之上，林茂花繁，景色秀丽。寿松是鲁山长寿之乡的形象标志。

五、鲁山尧山与五岳相比，自有其不逊色处

1．论巍峨，尧山 2153 米，北岳恒山 2017 米，西岳华山 1997 米，东岳泰山 1532 米，中岳嵩山 1440 米，南岳衡山 1290 米。尧山为首。

2．论地缘，尧山上承华山，下启嵩山。八百里伏牛山根源于秦岭，华山是秦岭东段主峰，尧山是伏牛山东段主峰。从尧山发脉的外方山东结嵩山。尧山乃嵩山之父。

3．论人文，尧山与泰山、恒山、衡山关系密切。尧山位于西鲁，泰山位于东鲁，西鲁是源，东鲁是流。尧山东麓的应龙氏之国是从北岳恒山西麓迁徙过来的。南岳衡山供奉的是祝融，祝融族群原本在尧山东麓繁衍生息过。尧山文化乃泰山文化、衡山文化之根。

人们论五岳风姿，谓:“恒山如行，泰山如坐，华山如立，嵩山如卧，衡山如飞。”而尧山则合五岳之姿而为舞，七十二峰时行，时坐，时立，时卧，时飞，舞姿翩翩，春舞百花，夏舞绿裳，秋舞红叶，冬舞银蛇。化用“五岳归来不看山，黄山归来不看岳”为“尧山归来不看岳，五岳归来不看山”。

第三辑　墨班文化篇

关于鲁班[①]

鲁班是我国传统文化轴心期——春秋战国时期涌现出来的工匠技艺文化的杰出代表，因其所操持的技艺和发明与人们的衣食住行生活密切相关，而受到汉唐以降中华后裔的尊崇，被尊为“百工祖师”“鲁班仙师”“鲁班爷”，为民间土木工匠世代供奉。

鲁班故里在鲁山

鲁班是哪里人？历来有两种税法：一说是鲁人，一说是鲁国人。说是鲁人者当指“西鲁”，即今河南鲁山，这里

① 本文原载《平顶山工人》2011 年第 5 期。

早在夏代就称鲁，周武王灭商封弟弟周公姬旦于鲁，春秋战国时期为楚国鲁阳邑。说是鲁国人者当指山东曲阜，曲阜在商代叫“奄”，周公辅佐成王，东征“践奄”，占领该地，让儿子伯禽带着鲁的封号到那里就封，那里才成为鲁国之都，有了“鲁”名，是为“东鲁”。在古代典籍中，记载鲁班事迹的文字保存在《墨子》一书中的《鲁问》和《公输子》两篇中。从这些文字记载可以肯定，鲁班与墨子生活于同时、活动于同地，并且操持同一种行业。墨子是西鲁即今河南鲁山人，前人有考证，今人有论定，那么鲁班的故里也应在鲁山。说鲁班故里在鲁山，还因为鲁山鲁班遗迹丰富。在今鲁山与方城、南召交界处有一山名鲁班山，山上有寨名鲁班寨，寨里有庙名鲁班庙。鲁山西南边陲白云山骆驼峰凹腰处有一石刻古棋局，相传为墨子、鲁班对弈的地方。鲁山瀼河黑石头村木匠庄原有一座鲁班庙，历史悠久，相传为鲁班旧居所在，村南有山名风筝山，为墨子、鲁班比赛放木风筝的地方。鲁山背孜井河口有鲁班庙，因庙建在山上又叫鲁山庙。鲁山观音寺有村名鲁窑，相传为鲁班最先在这里挖窑洞供山民居住。此外，鲁山作为鲁班故里除在县城北关和北城墙上建有祖师庙、祖师阁，供奉鲁班，作为城区匠户祭祀鲁班的场所，还在东南、西南、东北、西北四乡布局建有祖师庙，供奉鲁班，作为四乡工匠祭祀鲁班的地方，明清县志有记载。这种对乡里先贤鲁班的深情厚爱和特殊礼遇，是具有原生态的。

鲁班祠庙遍天下

在我国传统社会里，鲁班是百工精湛技艺的化身和土木工匠智慧的神灵。土木建筑行业从业者供奉鲁班比读书人供奉孔子还要普遍。孔子的牌位和塑（画）像一般只供奉在从朝廷到地方的学校里，而鲁班的祠庙、塑像、牌位不仅设在大型兴作的场地和匠户集中的街衢村镇，还深入到每一个匠户的家里。匠户家里设的鲁班牌位供年节私祭和收徒叩拜，匠户集中的村镇街衢建起的鲁班庙宇供工匠们春秋公祭，大型兴作场地建立的鲁班祠庙供工程兴作期间祭祀和遇到困难时祈福祷告。大型兴作场地施工前或施工期间建起的鲁班祠庙在工程完成后也多长期保留下来，成为建筑群的有机组成部分。即使经过百多年来西方工业文明对我国传统习俗的剧烈冲击，长江上下、大河南北，包括港台地区仍保存下来相当数量的鲁班祠庙。现在可查到的鲁班祠庙有天津蓟县鲁班庙、济南千佛山鲁班祠、太原晋祠内的鲁班祠、山西运城关帝庙鲁班殿、山东聊城光岳楼鲁班祠、山海关鲁班祠、河北赵县赵州桥鲁班祠，这些都属于大型兴作场地留下的鲁班祠庙；北京崇文区鲁班胡同鲁班祠、上海鲁班街鲁班祠、福州鲁班祠、温州楠溪江埭头古村鲁班祠、江西南昌西湖区鲁班庙、广东东莞鲁班祠、山东烟台解放路鲁班祠、长沙太平街鲁班庙、河北张家口鲁班庙、江西上饶铅山鲁班庙、云南通海鲁班祠、香港西环鲁班庙、台湾喷鼻港鲁班庙，这些属于匠户集中的街衢村镇建起的鲁班祠庙。在以上这两类鲁班祠庙中，保存最完好的是天津蓟县鲁班庙和济南千佛山鲁班祠。天津蓟县鲁班庙位于蓟县县城中心鼓楼北侧，占地 800 平方米，建筑布局简洁紧凑，由山门、大殿和东西配殿组成。大殿面阔三间，进深一大间出廊，九脊歇山顶，檐下斗拱一斗三升交麻叶，角科宝瓶下出单昂。殿内供奉鲁班和四弟子塑像。据碑记记载，系清初康熙年间兴作清东陵时工匠们为祈求工程进展顺利而建。济南千佛山鲁班祠，建于宋元，如今已开发成千佛山景区三大亮点之一，为此济南还开过鲁班文化研讨会，山东大学还把千佛山鲁班祠开辟为中华传统文化研究与体验基地。改革开放以后，传统文化得到弘扬，在土木工匠聚居的地方近年又新建起两座鲁班庙，一座在北京朝阳区高碑店古典家具一条街中段，一座在河南林州市。高碑店古典家具一条街建鲁班祠有利于弘扬传统，打造品牌，他们依托新建的鲁班庙已举办了五届古典家具文化节，在 2010 年 1 月 7 日还举行了迎请《鲁班经》入祠仪式。河南林州多出石匠，三十多年来林州建筑队走遍全国，建造高楼大厦无数，他们不忘老祖宗，于 1994 年在家乡创建鲁班庙，并树起《创建鲁班庙碑记》，激励自己在技术上精益求精，效益更高。

关于鲁班的封号、节日和著述

鲁班像孔子被封为“大成至圣先师文宣王”，关羽被封为“关圣帝君”一样，也获得有自己的封号，据《绘图鲁班经》记载，鲁班的封号为“北城侯”，居于帝王之下公侯伯子男五等爵位中的第二等，也是不低的。鲁班被封为“北城侯”与大明永乐皇帝朱棣修筑北京城有关。朱元璋以南京为都，北伐推翻元王朝，占领元大都，将之改为北平，封皇子朱棣为燕王，据守北平。朱元璋崩逝后，由皇孙朱允炆继位，年号建文。建文四年（1402）朱棣发动“靖难之役”，将侄子朱允炆赶下皇位，自己当上皇帝，年号永乐，并迁都北平，改北平为北京。从永乐四年（1406）起用 14 年的时间在元大都基础上建筑北京宫城，即今天故宫博物院所在的紫禁城。在开工时先建一座鲁班庙，祭祀鲁班祈求鲁班护佑工程顺利施工。永乐十八年（1420）宫城完竣，精工细作，金碧辉煌，朱棣龙颜大悦，颁诏加封鲁班为“北城侯”，以示尊崇。

以“鲁班”名字命名的节日“鲁班节”，是土木工匠们的大节日，各地鲁班节选定的日子有所不同。天津蓟县鲁班庙以农历正月初七为“鲁班节”，届时举行隆重祭祀活动，这一天可能是鲁班的忌日。鲁班故里河南鲁山则以农历六月十三日为“鲁班节”，这一天据说是鲁班的诞辰纪念日，所有匠户要休工一天，举行祭祀活动。济南千佛山鲁班祠和北京高碑店古典家具一条街新修的鲁班祠也取这一天为“鲁班节”，2010 年的农历六月十三日为阳历 7 月 24 日，这两地都举行了“巧圣鲁班诞辰 2517 周年”纪念会。而云南通海鲁班祠则以农历四月初二日为“鲁班节”，据说这一天是鲁班向当地的工匠赠送《艺经》的日子。尽管各地“鲁班节”的日子有所不同，但工匠们在这一天休工举行祭祀鲁班的活动却是一样的。

有关鲁班的著述，明朝午荣编写的《鲁班经》，是流传至今的一部民间木工行业的专用书，现有几种版本，史料价值较高。另外天津蓟县鲁班庙保存有一通光绪三年（1877）刻立的《重修公输子庙碑记》。北京崇文区鲁班庙旧址出土了一块光绪六年（1880）的《重修仙师公输祠碑记》等。改革开放取得巨大成就以后，官方及时提出了“中华民族伟大复兴”的号召，中华民族伟大复兴其实是中华文化的伟大复兴，为此中国建筑协会将中国建筑工程最高奖定名为“鲁班奖”。为了弘扬鲁班文化，1994 年出版了由王弗主编的《鲁班志》。该书搜罗了历代文献中有关鲁班的记载，设置了《鲁班其人》《鲁班和〈鲁班经〉》《艺文集萃》等篇目，值得一读；2001 年又编辑出版了《鲁班史略》，内容更系统一些。相信随着各地对鲁班研究更加重视，有关鲁班的著述会日渐丰富起来。

鲁班故里在鲁山，在平顶山，这是我们的荣幸和骄傲，我们有责任有义务，把鲁班文化弘扬好，把鲁班的故乡建设好。

鲁班里籍、姓氏及遗迹考①

鲁班是我国民间土木工匠世代供奉的祖师，春秋末年“鲁之巧匠”，史籍多称其为“公输子”“公输般”或“公输盘”。在科技昌明的今天，国家将建筑领域的最高奖取名“鲁班奖”，一些地方因之掀起研究鲁班的热潮。本文试对鲁班的里籍、姓氏及遗迹做点探讨，以就正于方家。

研究鲁班的基本材料

鲁班作为我国传统文化轴心期工匠技艺文化的杰出代表，因其与人们的衣食住行生活关系密切，而受到后世广

① 本文原载《平顶山日报》2010 年 12 月 8 日“文化”专栏。

泛持久的尊崇。不仅民间将之奉为土木工匠的祖师，而且从秦汉到唐宋历代存世文献也多有称述。但若论研究鲁班的基本材料，则无疑数保存于《墨子》之《鲁问》和《公输子》两篇中的记载。

“昔者楚人与越人舟战于江，楚人顺流而进，迎流而退，见利而进，见不利则其退难。越人迎流而进，顺流而退，见利而进，见不利则其退速。越人因此若势，亟败楚人。公输子自鲁南游楚，焉始为舟战之器，作为钩强之备，退者钩之，进者强之，量其钩强之长，而制为之兵，楚之兵节，越之兵不节，楚人因此若势，亟败越人。公输子善其巧，以语子墨子曰：‘我舟战有钩强，不知子之义亦有钩强乎？’子墨子曰：‘我义之钩强，贤于子舟战之钩强。我钩强，我钩之以爱，揣之以恭。弗钩以爱则不亲；弗揣以恭则速狎；狎而不亲则速离。故交相爱，交相恭，犹若相利也。今子钩而止人，人亦钩而止子；子强而距人，人亦强而距子。交相钩，交相强，犹若相害也。故我义之钩强，贤子舟战之钩强。’

“公输子削竹木以为鹊，成而飞之，三日不下，公输子自以为至巧。子墨子谓公输子曰：‘子之为鹊也，不如翟之为车辖。须臾断三寸之木，而任五十石之重。故所为巧，利于人谓之巧，不利于人谓之拙。’公输子谓子墨子曰：‘吾未得见之时，我欲得宋；自我得见之后，予我宋而不义，我不为。’子墨子曰：‘翟之未得见之时也，子欲得宋；自翟得见子之后，予子宋而不义，子弗为，是我予子宋也。子

务为义，翟又将予子天下。’”（《鲁问》）

“公输般为楚造云梯之械成，将以攻宋。子墨子闻之，起于齐，行十日十夜，而至于郢，见公输般。公输般曰：‘夫子何命焉为？’子墨子曰：‘北方有侮臣者，愿借子杀之。’公输般不说。子墨子曰：‘请献十金。’公输般曰：‘吾义固不杀人。’子墨子起，再拜曰：‘请说之。吾从北方闻子为梯，将以攻宋。宋何罪之有？荆国有余于地，而不足于民。杀所不足而争所有余，不可谓智。宋无罪而攻之，不可谓仁。知而不争，不可谓忠。争而不得，不可谓强。义不杀少而杀众，不可谓知类。’公输般服。子墨子曰：‘然乎不已乎？’公输般曰：‘不可，吾既已言之王矣。’子墨子曰：‘胡不见我于王？’公输般曰：‘诺。’

“子墨子见王，曰：‘今有人于此，舍其文轩，邻有敝舆而欲窃之。……此为何若人？’王曰：‘必为窃疾矣。’子墨子曰：‘荆之地，方五千里，宋方五百里，此犹文轩之与敝舆也。荆有云梦，犀兕麋鹿满之，江汉之鱼鳖鼋鼍为天下富，宋所为无雉兔狐狸者也，此犹粱肉之与糠糟也；荆有长松文梓楩楠豫章，宋无长木，此犹锦绣之与短褐也。臣以王吏之攻宋也，为与此同类。’王曰：‘善哉！虽然，公输般为我为云梯，必取宋。’

“于是见公输般，子墨子解带为城，以牒为械，公输般九设攻城之机变，子墨子九拒之，公输般之攻械尽，子墨子之守圉有余。公输般诎，而曰：‘吾知所以距子矣，吾不言。’子墨子亦曰：‘吾知子之所以距我，吾不言。’楚王问其故，子墨子曰：‘公输子之意，不过欲杀臣，杀臣，宋莫能守，可攻也。然臣之弟子禽滑釐等三百人，已持臣守圉之器，在宋城上而待楚寇矣。虽杀臣，不能绝也。’楚王曰：‘善哉！吾请无攻宋矣。’”（《公输子》）

其他文献所言鲁班事迹、技艺，或转述于此，或生发于此，概无例外。因此，《墨子》所载可说是研究鲁班的最基本材料。由此记载鲁班与墨子技艺和思想交锋的材料，我们可以断定鲁班与墨翟同为春秋末期手工工匠出身的智者，二人不仅生活于同时，而且主要活动于同地——楚国。

鲁班的里籍

关于鲁班的里籍，宋代以前有三说。其一“鲁人”。朱熹《孟子集注·离娄章句上》注孟子曰：“离娄之明，公输子之巧，不以规矩，不能成方圆。”谓：“离娄，古之明目者。公输子，名班，鲁之巧人也。”其二“鲁国人”。《文选·西京赋》薛综注“命般尔之巧匠”称：“般，鲁般。一云公输子。鲁哀公时巧人。”其三“敦煌人”。《太平广记》引《酉阳杂俎》称：“鲁般，敦煌人。”近年又冒出一个“滕州人”，说与曲阜争鲁班故里。

“滕州说”最晚出，不值一驳。“敦煌说”虽为晚唐段成式的小说家言，不足采信，但从中是可以看出些端倪的。段成式籍贯临淄（今山东淄博东），距曲阜不远，他不书鲁班为曲阜人，而书“敦煌人”，说明在唐代山东人并不认为鲁班是春秋鲁国人。下边我们重点辩证一下“鲁说”与“鲁国说”的是非曲直。

春秋末期有两处以“鲁”为名的地方，学界称之为西鲁和东鲁。西鲁即当时楚国的鲁阳邑，在今河南鲁山。这里早在夏代就以“鲁县”为名了，《左传》有记载。周武王灭商之后，封周公姬发于此。东鲁即鲁国都城所在的曲阜。其来历为，周武王崩逝之后，年幼的成王继位，周公摄政，东征“践奄”，占领当时以“奄”名国的地区，遂以伯禽为嗣子，将原封地“鲁”之名带到奄，称鲁国，为鲁公。从此，这里也有了“鲁”名，学界称之为东鲁。对此，李亚农著《西周与东周》已有所论。20 世纪 80 年代，曲阜师范大学历史学教授刘蔚华先生为弄清墨子里籍所在，对东鲁与西鲁的关系做了深入细致的研究，撰文《墨子是河南鲁山人——兼论东鲁与西鲁的关系》，经冯友兰先生审读肯定，发表在《中州学刊》1982 年第 4 期上。

那么，鲁班的里籍是在东鲁即鲁国的都城曲阜呢？还是在西鲁即楚国的鲁阳邑呢？

回答这个问题，我们只需仔细阅读《墨子·鲁问》原文，就能一目了然。此篇之所以以“鲁问”作题，是因为该篇不仅以楚国鲁阳邑封君鲁阳文君发问开篇，而且也是以鲁阳文君与墨子君臣问答讨论为主要内容的。基于此，篇中所载子墨子与公输子交锋辩论中叙及的“公输子自鲁南游楚”之“楚”，指的是楚国都城郢（今湖北江陵西北）；

“鲁”应该顺理成章地理解为楚国北部边鄙“鲁阳邑”，而非远在千里之外以曲阜为都的鲁国。清考据学大家毕沅和武亿都是这样认为的。若强说这里的“鲁”指以曲阜为都的鲁国，难免令人费解，因为楚国都城郢并不在鲁国正南，而在曲阜西偏南。即使在今天，曲阜人到南京去可以说“南游南京”，若去襄樊一带，是绝不会笼统说“南游襄樊”的。何况古人对四面八方之方位区分表述是十分讲究的。而“鲁阳邑”则恰位于楚都郢的正北方，将从鲁阳出发往郢表述为“自鲁南游楚”是很准确的。应该肯定地说“鲁阳邑”是鲁班的故里。

至于《礼记·檀弓》所载“季康子之母死，公输若方小，敛，般请以机封”，并不能直接证明鲁班是鲁国人，充其量只能说明鲁班曾到鲁国活动过而已。

鲁班的姓氏

关于鲁班的姓氏，今人多以为他姓公输，“鲁”是因其为“鲁国人”而称的。如钱宗范等编《春秋战国史话》在第九章《科学文化领域的新气象》所列《一个民间的工艺大师——巧匠鲁班》中就说：“鲁班，姓公输，名般，当时人称他为公输子。因他是鲁国人，‘般’与‘班’同音，所以后人称他为鲁班。”张润生等编著《中国古代科技名人传》首列《匠师之祖鲁班》，也称：“鲁班，姓公输，名般，因为他是鲁国人，‘般’与‘班’同音，古时通用，所以人们称他为鲁班。”这种说法在今天影响甚大，以至于造成人们一种思维定势，只在“鲁班姓公输”中考虑问题。

其实不然，东汉高诱给《吕氏春秋》作注称：“公输，鲁般之号，在楚为楚王设攻宋之具也。”我师已故河南大学历史系先秦史名家郭人民先生在其著作《战国策校注系年》中也说：“公输，鲁般之号，名般，鲁之巧人，故称公输子。”据之可知，公输是鲁班的号，般（班）是其名。如此说来，“鲁”才是其姓。“鲁”这个姓当是其家世代居住于自夏以来就以“鲁”为名的楚国鲁阳邑而获得的“以地为氏”的姓。就是说鲁班的后人才以其号“公输”为姓氏的。这从郑樵《通志·氏族略》可以得到证明。郑氏称：“公输氏，鲁公输般之后也”，即“公输”这个姓在鲁班以前没有，是鲁班的后人才以“公输”为氏的。《中国人名大辞典》附《姓氏考略》说：“鲁匠师公输若，其后为氏。”我们从《礼记·檀弓》所载“季康子之母死，公输若方小，敛，般请以机封”，隐约可以感知公输若是公输般的子孙，跟着鲁班学工匠之艺，鲁国需要匠师，鲁班将之带到鲁国为公族服务。从公输若起，才以“公输”为姓。

河南鲁山的鲁班遗迹

鲁班故里在河南鲁山，河南鲁山至今仍保留有不少鲁班的传说和遗迹。

在鲁山，有关鲁班的传说很广泛。一是鲁班学艺出师，给郝员外家换八仙桌面的故事。所刻二龙戏珠图案，特别精致，“人间少有，世上无双”。一是将废料树根疙瘩劈成数千枚木头楔子，解决了建寺工头梁架门窗榫卯不牢固的燃眉之急。一是用鳔将刨花粘成擀面案板的故事。等等。

鲁班留下的遗迹则有：一、鲁山四棵树乡寺上村文殊寺内 3000 年树龄的银杏树被墨子、鲁班合手抽掉一块中心板。至今银杏树身中间仍然留有被抽掉中心板后的空隙和锯茬痕迹。二、鲁山西南边陲白云山骆驼峰凹腰处，有一石刻古棋局，名为棋盘石。相传为墨子、鲁班对弈的地方。墨子止楚攻宋成功，鲁班失去楚王的信任，便怒返故里，要与墨子一决雌雄。两人约定以对弈定胜负，胜者可居大石洞，败者屈居小石穴。结果墨子获胜，入居大石洞，鲁班只得住进小石穴。但鲁班将小石穴修得四壁齐整，光亮洁净。三、鲁山瀼河乡黑石头行政村属下有一个自然村叫木匠庄。据田野调查所得，该村位于鲁阳故城（今昭平台水库中邱公城遗址）南十多里。背岗面溪，山林蓊郁。原有一座鲁班庙，庙中供奉有木雕鲁班像，很古老，相传系鲁班旧居所在。明末战乱，原住户逃难他乡。清初一姓李的木匠慕名来这里，在鲁班庙旁建房居住。一年四季虔诚祭祀祖师鲁班。这里各色木材丰富，李家木匠技艺精湛。所做箱柜桌椅等生活用具，车耧犁耙等生产工具，门窗梁架等建房部件，远近驰名，逐渐叫响“木匠庄”。与木匠庄相邻的自然村是盆窑。该村有古老的烧陶窑址。结合《墨子·鲁问》所载："鲁之南鄙人有吴虑者，冬陶夏耕，自比于舜。子墨子闻而见之。"这里当是吴虑的故里。清代乾嘉考据学大家武亿所修嘉庆《鲁山县志》，是把吴虑作为鲁山先贤收入卷二十二《集传》的。四、盆窑村近旁有山名风筝山。《墨子·鲁问》云："公输子削竹木以为鹊，成而飞之，三日不下，公输子自以为至巧。"《韩非子·外储说左上》载："墨子为木鸢，三年而成，飞一日而败。"相传墨子、鲁班比放风筝之事，就发生在风筝山。后人为纪念他们的比巧活动，还在山上建了一座放鸢塔。五、鲁山背孜乡井河口行政村属下有一个鲁山庙自然村，相传鲁班在该地找到一种珍稀木料，做成木鹊，能飞三日不下。其子孙有一支遂落户这里居住，建庙以祀之，因庙在山上，叫来叫去鲁班庙叫成了鲁山庙。六、鲁山观音寺乡有鲁窑村，相传鲁班最早在这里指导挖窑洞，供山民居住。明初山西洪洞一家鲁姓寻根迁此定居，世代供奉鲁班。

鲁班生活的年代去今久远，史书又没有留下其生平事迹的完整记载。散见于各种文献的只言片语，有时甚至有矛盾之处。比如《古乐府》有句："谁能刻镂此，公输与鲁班。"《汉书·叙传》也称："班输榷巧于斧斤。"公输与鲁班又像是两个人。所以，我说鲁班是西鲁即今河南鲁山人，只是一种可能性，不过是就目前存世资料作全面系统科学论证而得出的一种最大的可能性。

墨子里籍考辨[①]

司马迁作《史记》，在《孟子荀卿列传》末尾附载二十四个字："盖墨翟宋之大夫，善守御，为节用。或曰并孔子时，或曰在其后。"只言墨翟为宋大夫，不载其里籍。东汉高诱注《吕氏春秋》中《当染》《慎大览》两篇时，谓"墨子者名翟，鲁人也"。东晋葛洪著《抱朴子》及《神仙传》，谓"墨子名翟，宋人也，仕宋为大夫"。此后，1400年间，"鲁人""宋人"两说并存。

至清乾嘉间，考据学大盛，毕沅、武亿相继发展高诱"鲁人说"。毕沅《墨子注叙》称"高诱注《吕氏春秋》以为鲁人，则是楚鲁阳，汉南阳县，在鲁山之阳，本书多

① 本文原载《求索》1993年第3、4期合刊。曾在1996年9月召开的"首届豫闽台姓氏源流国际研讨会"上宣读。

有鲁阳文君问答，又亟称楚四境，非鲁、卫之鲁，不可不察也”。武亿《跋墨子》曰：“《汉书·艺文志》：‘《墨子》七十一篇’注云‘墨翟为宋大夫’，而未著其他。惟《吕氏春秋·慎大览》高诱注‘墨子名翟，鲁人也’。鲁即鲁阳，春秋时属楚。古人于地名，两字或单举一字，是其例也。”毕沅、武亿为乾嘉考据学名家，言之有据，此后百年间，“鲁阳说”定于一尊。

清末孙诒让著《墨子后语》在《墨子传略》中仍存“鲁人”“宋人”两说，谓“墨子名翟，姓墨氏。鲁人，或曰宋人”。但在“案语”中指出：“此盖因墨子为宋大夫，遂以为宋人。以本书考之，似当以鲁人为是。”认为《墨子·贵义篇》“墨子自鲁即齐”；《鲁问篇》“（越王）遂为公尚过束车五十乘，以迎子墨子于鲁”；《吕氏春秋·爱类篇》“公输为云梯欲以攻宋，墨子闻之，自鲁往”；《淮南子·修务训》“自鲁趋而十日十夜”并墨子为鲁人之确证。孙氏所列证据对肯定“鲁人说”否定“宋人说”是很有说服力的。不过孙氏所说“鲁人”是指鲁国人。他在“案语”中接着说：“毕沅、武亿以鲁为鲁阳，则是楚邑。考古书无言墨子为楚人者。《渚宫旧事》载鲁阳文君说楚惠王曰‘墨子，北方贤圣人’，则非楚人明矣。毕、武说殊谬。”孙氏“鲁国说”一出，影响颇大，百年来，论墨子者，多从之。

这里要提出的是，孙氏指责“毕、武说殊谬”，不免失之于武断。要论定“墨翟，鲁人也”之“鲁”是鲁国，还是鲁阳，需对有关材料做具体分析。

第一，《渚宫旧事》载鲁阳文君说楚惠王曰："墨子，北方贤圣人。"《墨子·公输篇》载子墨子曰："吾从北方，闻子为梯，将以攻宋。"依孙氏之意，鲁国在楚国的北方，"墨子，北方贤圣人"之"北方"，指的是鲁国。其实，古代不称某国北方境外之国谓北方，而直接称谓"北国"。《诗经·大雅·韩奕》："奄受北国，因以其伯。"《南齐书·周盘龙传》："盘龙父子由是名播北国。"就是明证。"方"在古代指境，四方即四境，方内即四境之内，方外即四境之外。"北方"就是北部境域。鲁阳文君是楚国大臣，他对楚惠王说的"墨子，北方贤圣人"，意即"墨翟是咱楚国北部境域的圣贤人才"。墨子在楚国郢都对公输般说的"吾从北方闻子为梯，将以攻宋"，意思就是"我在楚国北部境域，听说你造云梯，将用来进攻宋国"。"方"的这种含义，即使到了今天，也仍存在着。例如，人们常说的"北方人""南方人"，明确是就我国境域之内而言的。若是一个俄国人，虽然俄国在我国之北，我们也不说他是北方人，而只会说他是俄国人。鲁阳邑是位于楚国北部境域的城邑，"墨翟，鲁人也"之"鲁"当为鲁阳。只有这样才符合"墨子，北方贤圣"的真意。

第二，《吕氏春秋·爱类》云："公输般为云梯欲以攻宋，墨子闻之，自鲁往，见荆王曰：臣北方之鄙人也。""北方"已见前辨，"鄙人"意谓边疆之人，或郊野之人。《荀子·非相》"楚之孙叔敖，期思之鄙人也"。《史记·商君传》"夫五羖大夫，荆之鄙人也"。注曰："鄙人，郊野之人也。”“北方之鄙人”句式与“期思之鄙人”“荆之鄙人”完全相同。只是后者的“期思”“荆”是具体的城邑名或国名，而“北方”是境域方位，但此境域的归属是不言自明的。墨子向荆王自我介绍“臣北方之鄙人也”，双方会意的前提是同为楚国人，只需说“北方”，就能理解是楚国北部境域。很清楚，墨子自言“臣北方之鄙人也”，用今天的话说就是“我是咱国北部边疆鲁阳邑人”。假若墨子是鲁国人，那么他应说:“臣鲁国之鄙人”，即便把“鲁国”省言为“鲁”，也只能是“臣鲁之鄙人”，绝对不会说“臣北方之鄙人”。

第三，今本《墨子·公输篇》曰:“公输般为楚造云梯之械成，将以攻宋。子墨子闻之，起于齐，行十日十夜，而至于郢，见公输般。”关于墨子此行的出发地，《文选·广绝交论》注引《墨子·公输篇》云:“墨子闻之，自鲁往，裂裳裹足，十日至于郢。”《世说新语·文学篇》注引也作“自鲁往，裂裳裹足，日夜不休，十日十夜而至于郢”。且《吕氏春秋》也有:“墨子闻之，自鲁往，裂裳裹足，日夜不休，十日十夜至郢。”《淮南子·修务训》也称“自鲁趋而”。这些材料可证《墨子》原文为“自鲁往”，后人在转抄过程中，误写为“起于齐”。墨子此行的出发地可以肯定为“鲁”，原文又清清楚楚地记载“十日十夜至于郢”。如果此“鲁”是鲁国，那么从鲁国之都曲阜至楚惠王的国都郢（今湖北江陵纪南城）有三四千里，显然不是墨子步行十日可以达到的。而鲁阳（今河南鲁山）距郢不足千里，恰是墨子徒步十日的路程。无可辩驳的事实说明墨子是鲁阳人，而非鲁国人。持“鲁国说”者在这个问题上挖空心思做文章，或说“十日十夜是约数”，并举葛洪《神仙传》把“十日十夜”写作“七日七夜”为证；或说“从把鲁误为齐，可知是齐鲁之鲁”（见孙以楷《墨子年里考辨》）。这是不值得一驳的。首先，“十日十夜”是确定的数量，怎么会是约数呢？打开《辞源》等工具书，不见“十”有约数的释意。至于葛洪《神仙传》将之写作“七日七夜”，实际上七是十的误写。十、七相误的例子向来就有。其次，将鲁误书为齐，并不能说明原著之鲁一定是齐鲁之鲁，最多只能说明，误抄者孤陋寡闻。

除了上述主证，我们还可以从以下六个方面找到墨子里籍不在鲁国而在鲁阳的旁证。

其一，司马迁作《史记》于《太史公自序》中录乃父司马谈《论六家要旨》，六家之中有墨家，且排在阴阳家、儒家之后居第三位。对墨家学说的优劣长短论辩甚详，其字数多于阴阳、儒、法、名四家，仅次于道家。这说明司马氏父子对墨家是很重视的。若墨子的里籍在鲁国，当司马迁“二十南游……北涉汶泗，讲业齐、鲁之都，观孔子遗风，乡射邹、峄”的过程中，不会对墨学创始人的里籍毫不留意；而在《史记》中缺载。如果说秦以后墨学微绝，司马迁时已不知其详，那也不符合实事。司马迁生活于汉武帝时期，上距墨子的生活年代仅三百年。那时三百年的社会变迁，还不至于使墨子里籍的遗迹和流传在民间的口碑材料荡然无存。况且整个战国时期儒墨并称显学，即使经过秦始皇的焚禁私学，也不会把墨子故居遗迹和民间口传材料一扫而光。事实上，秦末儒学与墨学同在焚禁之列，而汉初崇尚黄老，儒学的命运也不比墨学好多少。鲁国能留有孔子的故里，怎么就没有墨子的故里。这从另一角度说明墨子不是鲁国人。

其二，《墨子·鲁问篇》载："鲁祝以一豚祭，而求百福于鬼神。子墨子闻之，曰：'是不可。今施人薄而望人厚，则人唯恐其有赐于己也。今以一豚祭而求百福于鬼神，鬼神唯恐其以牛羊祀也。古者圣王事鬼神，祭而已矣。今以豚祭而求百福，则其富不如其贫也。'""鲁君之嬖人死，鲁君为之诔，鲁人因说而用之。子墨子闻之，曰：'诔者，道死人之志也。今因说而用之，是犹以来首从服也。'"我们从这两段文字所记述的事情可以看出，墨子完全是以外来学者的身份评判鲁国"祭祀求福"和"为死者作诔"两项习俗的。明显是墨子客游鲁国时的言论。若墨子本身就是鲁国人，他对这些属于当地风俗习惯一类事情，是不会如此敏感，发表异议的。

其三，墨翟作为一位学者像孔子一样曾经游学列国。但从现存《墨子》诸篇看，在其接触和涉及的各国国君中能够明确记载名号的，除"鲁阳文君"和"楚惠王"外，别无他人。其中与鲁阳文君的对话最多。《耕柱篇》有两则，《鲁问篇》有五则。一般认为《墨子》中《耕柱》《贵义》《公孟》《鲁问》《公输》这五篇是墨子弟子辑录墨子一生言行而成的。这里面的材料对研究墨子生平和思想，价值最高。为什么其弟子对楚惠王、鲁阳文君等墨子接触过的楚国君臣记忆这么丰富，这么准确？而对齐、鲁、卫、宋、越等国君臣只能笼统言之？解释只有一个，楚国是墨子的里籍所在，弟子们随墨子在楚国居住的时间最久，留下的印象最深刻。

其四，墨翟对楚国的国土资源了如指掌。墨子不仅对鲁阳文君对话称：“今使鲁（指鲁阳）四境之内大都攻其小都，大家伐其小家，杀其人民，取其牛马狗豕、布帛米粟货财，则何若？……夫天之兼有天下也，亦犹君之有四境之内也。”而且与楚王对话称“荆之地，方五千里”，“荆有云梦，犀兕麋鹿满之，江汉之鱼鳖鼋鼍为天下富”，“荆有长松文梓楩楠豫章”。另外，墨子与巫马子对话称：“和氏之璧，隋侯之珠，三棘六异，此诸侯之所谓良宝也。”这些良宝皆楚国所产，墨子谈论起来如数家珍。而对其他国家，甚至任过大夫的宋国，也无如此详尽的了解。这在一定程度上也可作为墨子是楚国鲁阳人的佐证。

其五，《墨子·耕柱篇》载：“叶公子高问政于仲尼曰：‘善为政者若之何？’仲尼对曰：‘善为政者，远者近之，而旧者新之。’子墨子闻之曰：‘叶公子高未得其问也，仲尼亦未得其所以对也。’”《鲁问篇》：“孟山誉王子闾曰：昔白公之祸，执王子闾，斧钺钩要，直兵当心，谓之曰：‘为王则生，不为王则死。’王子闾曰：‘子何其侮我也！杀我亲，而喜我以楚国，我得天下而不义，不为也，又况于楚国乎？’遂而不为。王子闾岂不仁哉！”子墨子曰：“难则难矣，然而未仁也。若以王为无道，则何故不受而治也？若以白公为不义，何故不受王，诛白公然而反王？故曰难则难矣，然而未仁也。”叶公问政、白公之祸是春秋末期楚国历史上发生的重大事件，这两段文字直言“叶公子高问政于仲尼”，“昔白公之祸”，这语气明白不过地告诉我们：墨子是楚国人。他在同弟子谈论本国当代史上发生的事情，所以用不着写明叶公、白公的国别。若墨子是鲁国人，按古代的语言习惯就应该是：“楚叶公子高”“昔楚白公之祸”了。

其六，墨学出于夏礼，这是人们所公认的。《墨子》有《节用篇》。《孟子》称“墨子摩顶放踵，利天下而为之”。节用，禹之教也。孔子称“禹菲饮食，恶衣服，卑宫室”。《庄子》称：“禹亲自操橐耜而九杂天下之川；腓无胈，胫无毛，沐甚雨，栉疾风。”《列子》称：禹身体偏枯，手足胼胝。吕不韦称：“禹忧其黔首，颜色黎黑，窍藏不通，步不相过。”《墨子》有《节葬篇》，《韩非·显学》称“墨者之葬也，冬日冬服，夏日夏服，桐棺三寸，服丧三月”。节葬亦禹法也。《尸子》称禹之丧法“死于陵者葬于陵，死于泽者葬于泽，桐棺三寸，制丧三日”。《淮南子·要略》称“禹之时，天下大水……死陵者葬陵，死泽者葬泽，故节财、薄葬、闲服生焉”。在文字及记述工具不发达的古代，所谓夏礼，主要是通过融汇为风俗习惯而传承的。墨学尊崇和继承夏礼，它只能产生于具有夏文化传统的地区。夏文化的发源地在嵩山周围。“河南省的西部，即黄河中游南岸的伊、洛、汝、颍流域是夏人的最重要的活动中心之一。”“周武王所说的‘有夏之居’就在今天河南西部以嵩山为中心的伊、洛、汝、颍流域。”（黎虎《夏商周史话》）禹都阳城（今河南登封告成镇），夏启大会诸侯于钧台（今河南禹州）。夏代，以颍川为中心，周围包括南阳在内都是夏人居住的地方。经商，历周，至春秋战国，这里仍保有着浓重的夏文化传统。司马迁在《史记·货殖列传》中记载：“颍川、南阳，夏人之居也。夏人政尚忠朴，犹有先天之遗风。颍川敦愿。秦末世，迁不轨之民于南阳。南阳西通武关、郧关，东南受汉、江、淮。宛亦一都会也。俗杂好事，业多贾。其任侠，交通颍川，故至今谓之‘夏人’。”鲁阳北接嵩山、洛汭，东临夏启钧台，在夏族早期活动的区域内，秦汉属南阳，与颍川郡毗连，处于保持着夏禹遗风的“夏人之居”范围之中。司马迁生活的汉武帝时代，鲁阳尚保有夏文化遗风，被称为“夏人”，那么在墨子生活的春秋战国时代，就可想而知了，所以从文化土壤上看，墨学只会产生在这里，墨子只能是鲁阳人。而鲁国是周公长子伯禽的封国，周礼占绝对统治地位。周文化的土壤孕育产生的是崇尚周礼的儒学。因而，孔子说：“吾学周礼，今用之，吾从周。”又曰：“周监于二代，郁郁乎文哉！吾从周。”周之礼尚文，又贵贱有礼法，其事具《周官》《仪礼》《春秋传》。与墨学节用、兼爱、节葬之旨异。若硬把墨子说成是鲁国人，那就难免有移花接木之嫌了。

要之，墨翟不是鲁国人，而是楚国鲁阳邑人，即今河南鲁山县人。

墨子姓氏考 ①

关于墨子的姓氏，从司马迁《史记·孟子荀卿列传》，到东汉高诱《吕氏春秋注》，再到东晋葛洪《抱朴子》，或称“墨翟”，或称“墨子名翟”。总之，一直认为墨子姓墨名翟，没有异议。但到20世纪二三十年代掀起的墨学研究热潮中，墨子的姓氏却成了聚讼热点之一。江瑔著《读子卮言》专刊《论墨子非姓墨》一章，提出“墨家废姓，以墨为道”的说法。其后，胡怀琛著《墨子为印度人辨》，卫聚贤著《古史研究》，则认为“墨子非姓墨，因面黑或衣黑而称墨”。再后，钱穆先生在其所著《墨子》第一章《墨子

① 本文发表于1996年9月18日至20日在郑州召开的“首届豫闽台姓氏源流国际研讨会”，收入河南省中原姓氏历史文化研究会编1997年10月印行的《豫闽台姓氏源流》一书。

传略》中进一步发展“墨子非姓墨”的说法，认为“墨为刑徒之名”，“墨家生活菲薄，其道以自苦为极，故遂被称为墨子”。考察“墨子非姓墨”诸说，实源于元代尹世珍《琅嬛记》所云“墨子姓翟名乌”。清周亮工从之，谓：“墨子姓翟，母梦乌而生，因名之曰乌，以墨为道。”

探究墨子的姓氏，只能从《墨子》一书中找线索。通览《墨子》全书，墨子自称均曰“翟”。如《贵义》篇，子墨子曰：“昔者周公旦朝读书百篇，夕见漆十士，故周公旦佐相天子，其修至于今。翟上无君上之事，下无耕农之难，吾安敢废此！”《公孟》篇，子墨子与程子辨，子墨子曰：“今鸟闻热旱之忧则高，鱼闻热旱之忧则下。当此虽禹汤为之谋，必不能易矣。鸟鱼可谓愚矣，禹汤犹云因焉，今翟曾无称于孔子乎？”《鲁问》篇，子墨子谓公尚过曰：“子观越王之志何若？意越王将听吾言、用吾道，则翟将往，量腹而食，度身而衣，自比于群臣，奚能以封为哉！”正如《论语》中孔子自称曰“丘”，“丘”为孔子名；《孟子》中孟子自称曰“轲”，“轲”为孟子名一样。墨子自称曰“翟”，翟必为墨子名。翟既为墨子名，那么“墨”自然是其姓。这没有什么可疑惑的。元尹世珍“墨子姓翟名乌”之说，纯系道书不经之谈。作为学者的清人周亮工，祖述尹世珍不经之谈，称“墨子姓翟”已够轻率了，20 世纪二三十年代诸学者在尹、周误导下，所作“墨子非姓墨”之论，更是错上加错，令人难以置信。

在肯定墨子姓墨的大前提下，关于墨姓的起源又有两种不同说法。其一谓“墨氏，本墨胎氏，省为墨氏”。《元和姓纂》和《通志·氏族略》主是说，称：“墨子，孤竹君之后，本墨胎氏，后改为墨氏。”近年出版的姓氏书也都备有此说，如史国强著《中国姓氏起源》云：“商朝有附庸孤竹国，其地望在今河北省卢龙县南，孤竹国君名墨胎，是伯夷、叔齐之父。墨胎的后代子孙有的以国为氏，得孤竹氏；有的以祖上名字为姓，遂有复姓墨胎，后省去胎字，成为墨氏。”其二谓“墨氏，本目夷氏，演为墨夷氏，省为墨氏”。顾颉刚《古史辨·禅让传说起于墨家考》说：“近人以墨姓不多见，对墨子的姓氏、祖籍起了很多猜测。我们认为，墨确实是他的真姓氏。而且从这个姓上，可知他是公子目夷之后，原是宋国宗族。”童书业先生《春秋左传研究》中也说，殷宋之后盖有目夷氏或墨胎氏，墨翟即其后也。近年，山东大学中文系张知寒教授将此说作为论证墨子里籍在滕州的佐证，称“公子目夷实为第一代墨夷子，而墨子可能就是出生于小邾国的末代目夷子”云云。

我们不否认墨胎氏、目夷氏演化为墨氏的可能性，但早在墨胎氏、目夷氏出现之前，就已有墨姓了。据王符《潜夫论》载：“舜师纪后，禹师墨如。”作为夏禹之师的墨如已姓墨，墨姓的出现要早于墨胎氏、目夷氏千余年。《周礼注》称：“师，教人以道者之称也。”在部落社会和刚跨入文明门槛的奴隶社会，师是沟通天人、神人关系的职业，掌卜筮、祭祀，“凡国之大事先筮而后卜”。“墨”字的原意是墨书。《礼·玉藻》载：“卜人定龟，史定墨。”其《注》

曰："凡卜必以墨书龟，乃钻之观所拆以定吉凶。"墨如之姓墨，当以其职掌而来。在上古，师这种职业是世袭的，像周至汉的"太史"一样，父死子继，代代相承。据此，我们可以肯定墨如的后裔世世代代在夏族内做着师的工作。夏族作为族姓群体，不仅夏代存在，就是商代、周代，甚至春秋战国时代都存在，所以有司马迁《史记》所言"颍川、南阳夏人之居也"的说法。

墨翟籍贯鲁阳，鲁阳在"颍川、南阳夏人之居"区域之内。我们可以推断墨翟是墨如的后裔。只是到墨翟生活的时代，夏族已经式微，作为夏族师的墨氏家族也已经兼做其他事情才能生存，这就是平常说的墨子出身手工工匠之家的原因。但墨氏家族作夏族师的传统还顽强地存在着。因此，墨翟对夏礼才特别有研究，特别精通，也特别有感情。《庄子·天下》云："墨子称道曰：'昔禹之湮洪水，决江河而通四夷九州也，名山三百，支川三千，小者无数。禹亲自操橐耜而九杂天下之川；腓无胈，胫无毛，沐甚雨，栉疾风，置万国。禹大圣也而形劳天下也如此。'……日夜不休，以自苦为极，曰：'不能如此，非禹之道也，不足谓墨。'"墨家自身的传统和夏族聚居区的风俗习惯，成为墨翟在新的历史条件下创立墨家学说的原始材料。

总之，墨子姓墨名翟，其先祖是禹师墨如。

鲁阳公、叶公、墨子关系论略[①]

鲁阳公公孙宽、叶公沈诸梁、墨学创始人墨翟同是春秋战国之际楚国的杰出人才。公孙宽封于鲁阳，沈诸梁终生任叶尹，墨翟故里在鲁阳。叶（今叶县旧县乡）、鲁阳（今鲁山县昭平台水库邱公城遗址）又都在今平顶山境域之内。叶公、鲁阳公、墨子关系如何？这是学术界尚未研究过的问题。本文试做点探讨，以就正于方家。

鲁阳公公孙宽与叶公沈诸梁的关系

叶公沈诸梁是楚昭王前期左司马沈尹戌的儿子。沈尹

① 本文原载《平顶山师专学报》2001 年第 1 期。

戌是楚庄王的曾孙。从《左传》看沈诸梁在楚国政坛上的活动开始于楚昭王二十五年（前 491），“夏，楚人既克夷虎，乃谋北方。左司马眅、申公寿余、叶公诸梁致蔡于负函，致方城之外于缯关，……为一夕之期，袭梁及霍”[①]。楚惠王十年（前 479）以方城之外的军事力量入郢平定白公胜之乱，身兼令尹、司马二职，达到高峰。终于楚惠王十三年（前 476），“秋，楚沈诸梁伐东夷，三夷男女及楚师盟于敖”[②]。鲁阳公公孙宽是楚惠王早期司马子期的儿子，因封于鲁阳，故称鲁阳公。司马子期是楚平王的儿子，楚昭王的庶兄，楚昭王十年（前 506）吴楚柏举之役，楚败，吴军攻入郢都，子期保护昭王避难于随。舍生忘死，割心与随人盟誓，求得庇护。次年又配合秦国援军大败吴师，使楚昭王得以还都。公元前 489 年，昭王救陈，病逝于城父（今宝丰县李庄乡）。子期参与谋划，“潜师闭途”[③]。迎立昭王之子熊章为惠王。惠王立，子期出任司马，惠王四年（前 485），子期率师伐陈。九年（前 480）伐吴。十年（前 479）秋七月，白公胜发动叛乱，杀令尹子西、司马子期于朝，劫惠王。“子西以袂掩面而死。子期曰：‘昔者吾以力事君，不可以弗终！’抉豫章以杀人而后死。”[④] 公孙宽出身于

① 杨柏峻:《春秋左传注》，中华书局，1981 年版。

② 杨柏峻:《春秋左传注》，中华书局，1981 年版。

③ 杨柏峻:《春秋左传注》，中华书局，1981 年版。

④ 杨柏峻:《春秋左传注》，中华书局，1981 年版。

司马子期这样的忠贞贤良之门，在个人品格上受父亲影响之大是可以想见的。

从世系辈分上看，叶公沈诸梁与鲁阳公公孙宽同为楚庄王的玄孙辈，但若从年龄和从政资历上说，叶公沈诸梁起码与鲁阳公公孙宽的父亲司马子期相当，甚至还要年长于司马子期，政治成熟程度也优于司马子期。这一点我们可以从司马子期的哥哥令尹子西召王孙胜回国为白公并欲将来令其继己为令尹，叶公据理阻止一事上看出来。叶公说："不可。其为人也，展而不信，爱而不仁，诈而不智，毅而不勇，直而不衷，周而不淑。复言而不谋身，展也；爱而不谋长，不仁也；以谋盖人，诈也；强忍犯义，毅也；直而不顾，不衷也；周言弃德，不淑也。是六德者，皆有其华而不实者也，将焉用之？彼其父为戮于楚，其心又狷而不洁。若其狷也，不忘旧怨，而不以洁悛德，思报怨而已。则其爱也足以得人，其展也足以复之，其诈也足以谋之，其直也足以帅之，其周也足以盖之，其不洁也足以行之，而加之以不仁，奉之以不义，蔑不克矣。夫造胜之怨者，皆不在矣。若来而无宠，速其怒也。若其宠之，毅贪无厌，既能得入，而耀之以大利，不仁以长之，思旧怨以修其心，苟国有衅，必不居矣。非子职之，其谁乎？彼将思旧怨而欲大宠，动而得人，怨而有术。若果用之，害可待也。余爱子与司马，故不敢不言。"[①] 对于召任王孙胜一

① 陈桐生译注：《国语》，中华书局，2013 年版。

事，史书没有留下司马子期的态度，但从“余爱子与司马，故不敢不言”看，司马子期与令尹子西所取观点是一致的。叶公对王孙胜本质的分析可谓入木三分，非政治阅历极丰富的人不能言。可惜子西、子期不以叶公之言为然，而后来的事实，均在叶公的预料之中，王孙胜回楚国为白公，酿成“白公胜之乱”，子西、子期被杀，“叶公闻之，曰：‘吾怨其弃吾言，而德其治楚国。楚国之能平均以复先生之业者，夫子也。以小怨置大德，吾不义也，将入杀之。’”[①]看问题是极客观的。叶公平叛成功，拥楚惠王复位，再造楚国。填补政治真空的责任当然就落到了叶公的头上，所以有“沈诸梁兼二事”之事。“二事”即令尹、司马二职。这在楚国历史上是前所未有的。但叶公并不欲久据此位，除了其他因素外，一个主要因素是年事已高。据史料推测，此时的叶公年龄当在 75 岁以上，而子西、子期被杀时的年龄应在 60 岁左右，子期之子公孙宽的年龄估计不低于 35 岁。所以到第二年，即楚惠王十一年（前 478），楚国国内“既宁”[②]对外又取得灭陈胜利之后，沈诸梁与楚惠王研究选拔政治继承人问题。楚惠王有意令尹弟弟子良出任令尹，沈诸梁经周密观察和慎重考虑，认为子良政治上不很可靠，最后确定以子西的儿子公孙宁为令尹。史书没有留下选择司马一职人选的情况，但可能与令尹人选的确定相

① 陈桐生译注:《国语》，中华书局，2013 年版。

② 杨柏峻:《春秋左传注》，中华书局 1981 年版。

类似，有点曲折，不过最终结果是按叶公的意见让子期的儿子，公孙宽接受了司马。叶公把令尹一职让位于子西儿子公孙宁；把司马一职让于子期的儿子公孙宽，自己重返叶邑，仍做叶公，安度晚年。在楚国像叶公这样高风亮节把令尹、司马的职位让位于年轻人，也是没有先例的。

公孙宽之登上政坛，是叶公高风亮节主动推荐和让贤的结果。叶公不仅能主动让贤，而且做到了扶上马送一程。《左传》所载叶公最后一次出征“伐东夷”“盟于敖”就属于这种性质的举措，因为此前数月“楚公子庆、公孙宽追越师，至冥，不及乃还”[①]的事情发生。不仅如此，叶公功成身退，知雄守雌的理念对公孙宽的思想还产生了深刻的影响。若干年后，当楚惠王要封公孙宽战略要地梁邑的时候，公孙宽从长思量，退而求其次，要了鲁阳。《国语》对此记载：“惠王以梁与鲁阳文子，文子辞，曰：‘梁险而在境，惧子孙之有贰者也。夫事君无憾，憾则惧逼，逼则惧贰。夫盈而不逼，憾而不贰者，臣能自寿，不知其他。纵臣而得全其首领以没，惧子孙之以梁之险，而乏臣之祀也。’王曰：‘子之仁，不忘子孙，施及楚国，敢不从子。’与之鲁阳。”[②]公孙宽遂为鲁阳公。

叶公沈诸梁与鲁阳公公孙宽的关系可以说是老一辈政治家关怀培养年青一代政治家的关系。叶公沈诸梁为国选

① 杨柏峻：《春秋左传注》，中华书局 1981 年版。

② 陈桐生译注：《国语》，中华书局，2013 年版。

贤，言传身教，思想引导，对鲁阳公公孙宽的成长、成熟产生了极为有益的促进作用。

鲁阳公公孙宽与墨学创始人墨翟的关系

公孙宽于楚惠王十一年（前 478）接任司马一职，十三年（前 476）“春，越人侵楚以误吴也。夏，楚公子庆、公孙宽追越师，至冥，不及，乃还”。其后史书缺载，不知情况如何？《左传》载公孙宁获封于析，在惠王十年（前 479）巴人伐楚，楚公孙宁大败巴师之日。以此推之，公孙宽获封鲁阳应在其任司马期间“追越师至冥”之后。从上所引公孙宽获封鲁阳时与惠王一番对话的语气判断，其年龄当在 40 岁左右。“追越师至冥”的时间与此大致吻合。鲁阳公的后半生曾谋划伐郑。《墨子·鲁问》载鲁阳公语：“我攻郑顺于天之志，郑人三世杀其父，天加诛焉，使三年不全，我将助天诛也。”[①] 郑人三弑其君指公元前 455 年弑哀公，公元前 423 年弑幽公，公元前 396 年弑濡公，与鲁阳公的年龄不合。“三世”弑其君，天诛才使其“三年不全”，未免太轻了点。我认为“三世”二字为衍文。按前推算，楚惠王十一年（前 478）公孙宽接任司马一职时年龄不低于 35 岁，那么到郑哀公被杀的公元前 455 年，公孙宽的年龄

① 吴毓江：《墨子校注》，中华书局 1993 年版。

在 60 岁左右。这样的年龄还有足够的精力谋划伐郑事宜。应当说鲁阳公也是一个高寿之人，他的晚年极有可能像叶公一样辞去了司马之职，退居鲁阳。

墨翟籍贯，史书无明确记载。清代乾嘉考据大家毕沅、武亿考证为楚国鲁阳邑人。其后虽有学者不同意这种观点，但 20 世纪八九十年代关于这个问题的争论使墨子里籍楚国鲁阳说的论据越来越充分。墨子的生卒年，史书也无记载。学术界虽有多种说法，我认为吴毓江《墨子校注》所附《墨子年世考》的考定更符合实际。吴氏 20 年代毕业于北京大学，从大学时代开始即着手对《墨子》进行研究，积二十年之功，撰成《墨子校注》十五卷。吴氏考定墨子生于楚惠王元年（前 488）至十年（前 479）之间，卒于楚声王六年（前 402）前后，享年 80 岁左右。也就是说，鲁阳公比墨子年长 20 岁至 35 岁。公孙宽获封鲁阳时，墨子为翩翩少年，鲁阳公谋划伐郑之年，墨子年当不惑，创立起自己的学派，当鲁阳公辞去司马一职退居鲁阳时，墨子年近花甲，思想体系高度完备化。

保存到今天的《墨子》五十三篇中《耕柱》《鲁问》《公孟》《公输》等篇为墨子弟子记录言行所成，是研究墨子身世思想的最可靠材料。《耕柱》有墨子与鲁阳公对话两则，《鲁问》有六则，是墨子与鲁阳公关系的真实记录。这些对话肯定不会发生在同一时间，而是相当长时间内，多次接触，反复交谈的精粹，但可以肯定基本上是鲁阳公退居鲁阳前后的思想交流。在这些对话中墨子称鲁阳公为

“主君”[1]，口气是很诚敬的。鲁阳公也颇能心平气和地与墨子讨论问题，二者相处得十分平等融洽。讨论的问题涉及对外战争、仁义治国、忠臣识别等方面。篇幅最多的是对外战争问题。在这个问题上墨子反复举例说明“非攻”的道理。《墨子·鲁问》载：“鲁阳文君将攻郑，子墨子闻而止之，谓阳文君曰：‘今使鲁四境之内大都攻其小都，大家伐其小家，杀其人民，取其牛马狗豕、布帛米粟货财，则何若？’鲁阳文君曰：‘鲁四境之内，皆寡人之臣也。今大都攻其小都，大家伐其小家，夺之货财，则寡人必将厚罚之。’子墨子曰：‘夫天之兼有天下也，亦犹君之有四境之内也。今举兵将以攻郑，天诛其不至乎？’鲁阳文君曰：‘先生何止我攻郑也？我攻郑顺于天之志，郑人三世杀其父，天加诛焉，使三年不全，我将助天诛也。……今又举兵将以攻郑，曰：‘吾攻郑也，顺于天之志。’譬有人于此，其子强梁不材，故其父笞之。其邻家之父举木而击之，曰：“吾击之也，顺于其父之志。”则岂不悖哉！’子墨子谓鲁阳文君曰：‘攻其邻国，杀其民人，取其牛马粟米货财，则书之于竹帛，镂之于金石，以为铭于钟鼎，传遗后世子孙，曰：“莫若我多吾。”今贱人也，亦攻其邻家，杀其人民，取其狗豕食粮衣裘，亦书之竹帛，以为铭于席豆，以遗后世子孙，曰：“莫若我多。”其可乎？’鲁阳文君曰：‘然，吾以

---

① 吴毓江：《墨子校注》，中华书局 1993 年版。

子之言观之，则天下之所谓可者，未必然也。’”[①] 墨子分析得鞭辟入里，很有说服力。鲁阳公听得仔细，探讨深入，吸纳诚恳。

从而可知，鲁阳公与墨子的关系是一位对楚国政治有较大影响力的年长封君与一位出身于本土年纪较轻的学者、学派领袖、思想家之间平等相处开诚布公探讨政治得失的关系。通过这样一种关系，墨子力图用自己的理论和主张说服鲁阳公并影响其政治思想和政治决策。鲁阳公也积极吸纳墨子的理论观点以丰富自己的政治思想并指导自己的政治实践。

墨子与叶公的关系

墨子出生时叶公已年当古稀上下，墨子不惑之年思想成熟，建立起自己的学派时，叶公肯定已经作古，所以在叶公生前二人直接接触的可能性基本不存在，但是作为一位重视实际的学者和思想家的墨子肯定十分重视把本国现当代重要人物和重大事件纳入自己思考和研究的视野。叶公这样一位春秋末年楚国第一流的政治家、军事家及其问政于孔子，平定白公胜之乱等重大政治活动势必要引起墨子的关注。

① 吴毓江：《墨子校注》，中华书局 1993 年版。

事实也正是如此。《墨子·鲁问》中就有墨子与孟山讨论白公胜之乱的记录。叶公问政于孔子更为墨子所重视。公元前489年即楚昭王二十七年，叶公在叶邑接待孔子及其弟子一行，问政于孔子，孔子答："近者悦，远者来。"①这件事受到春秋末和战国年间各主要学派的关注。儒家经典《论语》记载了此事，《尚书大传略说》和《孔子家语》还记载了孔子的学生子贡向孔子求教为什么要答以"近者悦，远者来"。孔子曰："夫叶之地广而都狭，民有离志焉。故曰：'在于附近而来远。'"②法家代表韩非在其著作《韩非子》中对此也有论述，称："仲尼之对，亡国之言也。叶民有倍心，而说之'悦近而来远'，则是教民怀惠。惠之为政，无功者受赏，而有罪者免，此法之所以败也。法败而政乱，以乱政治败民，未见其可也。"③墨子对此也表达了自己的看法。《墨子·耕柱》载："叶公子高问政于仲尼曰：'善为政者，若之何？'仲尼对曰：'善为政者，远者近之，而旧者新之。'子墨子闻之，曰：'叶公子高未得其问也，仲尼亦未得其所以对也。叶公子高岂不知善为政者之远者近也而旧者新是哉，问所以为之若之何也。不以人之所不智告人，所以智告之。故叶公子高未得其问也，仲尼亦未得

① 朱熹：《四书章句集注》，中华书局1993年版。

② 《孔子家语》，上海古籍出版社1991年版。

③ 《韩非子》，中华书局1974年版。

其所以对也。'"[1]表面上看墨子既否定叶公之问，又否定孔子之答。事实上重在指责孔子所答非所问，没有答到根本上。在墨子看来，判定优秀政治的标准为“近者悦，远者来”，是尽人皆知的常识。《墨子·修身》就指出：“近者不亲，无务来远。亲戚不附，无务外交。……是故先王之治天下也，必察迩来远。”[2]但根本问题是怎样才能使“近者悦，远者来”。墨子认为叶公作为一个杰出的政治家，何尝不知道“近者悦，远者来”是优秀政治应该达到的境界，他想了解的是怎样才能形成这种局面，而孔子却没有就此阐述出自己的观点。

“尚贤”是墨子的十大政治主张之一。《墨子·尚贤》称：“古者圣王唯毋得贤人而使之，般爵以贵之，裂地以封之，终身不厌。贤人唯毋得明君而事之，竭四肢之力，以任君之事，终身不倦。若有美善，则归之上，是以美善在上，而所怨谤在下，宁乐在君，忧戚在臣，故古者圣王之为政若此。”[3]将之与楚威王时莫敖子华对叶公的评价“昔者，叶公子高身获于表薄，而财于柱国，定白公之祸，宁楚国之事，恢先君以掩方城之外，四封不侵，名不挫于诸侯。当此之时也，天下莫敢以兵南乡；叶公子高食田六百

① 吴毓江：《墨子校注》，中华书局1993年版。

② 吴毓江：《墨子校注》，中华书局1993年版。

③ 吴毓江：《墨子校注》，中华书局1993年版。

畛，故彼崇其爵，丰其禄，以忧社稷者，叶公子高是也”[①]联系起来看，很难说墨子的“尚贤”观没有受叶公这位贤良政治家政治实践的影响。“非攻”是墨子的又一主要主张。“非攻”即反对战争，特别是侵略战争。我们从昭奚恤对叶公的评价“守封疆，谨境界，不侵邻国，邻国亦不侵，叶公子高是也”[②]可以看出，叶公的行事原则对墨子“非攻”观的形成渗透之深。

可见，墨子与叶公的关系是一代思想家以先辈政治家的政治实践、政治理念为素材，批判继承，吸取升华，形成自己理论观点的关系。通过这一层关系墨子在借鉴了叶公政治遗产的基础上使自己的思想更加精到和缜密。

楚惠王时代生活于平顶山境域的叶公、鲁阳公、墨子都是楚国的第一流人才。他们在政治、军事、思想等方面为楚国的振兴乃至中华民族的文化积累作出了极大的贡献。他们三者以叶公为核心构成了十分密切的关系，叶公在政治上培养了鲁阳公，并把他推到了楚国政治舞台第一线。思想家墨子从叶公的政治实践中汲取了极其丰富的营养。墨子与鲁阳公的关系是同一代思想家与政治家的关系，其发生是以叶公与鲁阳公的关系、墨子与叶公的关系为前提的。

---

① 郭人民:《战国策校注系年》中州古籍出版社 1988 年版。

② 《新序》，上海古籍出版社 1991 年版。

《墨子·鲁问》鲁山方言拾遗①

《墨子·鲁问》与《耕柱》《贵义》《公孟》《公输》诸篇，被学界公认为“墨家后人把墨子一生言行辑聚起来做的，就同儒家的《论语》一般”。是研究墨子本人思想行事最珍贵最可靠的材料。萧鲁阳先生编著《墨子元典校理与方言研究》，从《鲁问》篇中发现八处鲁山方言，并一一进行了比较详细准确的疏解。这对人们更好地理解把握该篇文义大有裨益。但仍有遗漏和释义不全之处，这里试做点拾遗，以补其缺。

① 本文系2004年8月31日至9月2日“墨学与现代社会国际学术研讨会”的参会论文。

一、“不全”——“不全环”

《鲁问》：鲁阳文君曰：“先生何止我攻郑也？我攻郑顺于天之志，郑人三世杀其父，天加诛焉，使三年不全。我将助天诛也。”子墨子曰：“郑人三世杀其父，而天加诛焉，使三年不全，天诛足矣。”

“三年不全”的“不全”，应是鲁山方言“不全环”的简用。鲁山有方言“不全环”，用以指某个事物、某件东西有缺损，不完整。如向某家借某件农具，若这件农具的一个部件或几个部件已经损坏了，缺少了，主人就会说：“这东西不全环，不好使了。”“不全环”也用来指残疾人。若某人残疾，不管是缺胳膊少腿，还是其他，人们都会说“那人不全环”。“不全环”有时简言为“不全”。有一个传统剧目，主角是一位前背锅、后背锣、瘸腿、眇目的县官，老百姓就叫他“十不全”。“不全环”，使用很广泛。

孙诒让《墨子间诂》引《吕氏春秋·本生》高诱注云：“全，犹顺也。”他认为“三年不全，犹《玉藻》云：‘年不顺成。’”其意虽也近似，但终因没从鲁山方言角度考察，而给人的感觉有点隔靴挠痒，不够吃木。“三年不全”，就是“连续三年收成都不全环”，其意思是说“连续三年都收成不好”，即连续三年歉收。

鲁阳文君是楚国鲁阳的封君，在鲁阳住久了，自然而然地融入鲁阳方言的氛围之中，对鲁阳方言不仅能听得懂，而且能熟练运用。墨子是鲁阳人，自幼在鲁阳方言的语言环境中生活，耳闻口说，使用起鲁阳方言来十分自然，二人在对话中用鲁阳方言更易于交流。

二、“钩强”——“钩戗”

《鲁问》载：“昔者楚人与越人舟战于江。楚人顺流而进，迎流而退，见利而进，见不利则其退难。越人迎流而进，顺流而退，见利而进，见不利则其退速。越人因此若势，亟败楚人。公输子自鲁南游楚，焉始为舟战之器，作为钩强之备，退者钩之，进者强之，量其钩强之长，而制为之兵，楚之兵节，越之兵不节，楚人因此若势，亟败越人。公输子善其巧，以语子墨子曰：‘我舟战有钩强，不知子之义亦有钩强乎？’子墨子曰：‘我义之钩强，贤于子舟战之钩强。我钩强，我钩之以爱，揣之以恭。弗钩以爱则不亲；弗揣以恭则速狎，狎而不亲则速离。故交相爱，交相恭，犹若相利也。今子钩而止人，人亦钩而止子；子强而距人，人亦强而距子。交相钩，交相强，犹若相害也。故我义之钩强，贤于舟战之钩强。”

对于公输子与子墨子这一段对话中“钩强”之“强”，诸大家未解其真义。毕沅云：《太平御览》引作“谓之钩拒。退则钩之，进则拒之也。”这里直接用“拒”代“强”，意虽接近，但难免武断。武断源于不解“强”之真义。孙诒让据此曰："退者以物钩之，则不得退；进者以物拒之，则不得进。此作'钩强'无义。凡'强'字，并当从《御览》作'拒'。"这里对文义的理解应该说不算错，但以文义来否定"强"之字义，更武断，更不妥。原因也出自不解"强"之真义。

吴毓江认为："此'钩强'为二物，《备穴》篇与《备高临》篇之'钩钜'或'钩距'，似指一物而言。孙（诒让）比而同之，疑非也。《太平御览》引作'钩拒'者，盖以'钩强'字不经见，而以意改之。《水经注》'钩牵之戏'，《荆楚岁时记》作'施钩'，注云：'公输子游楚，为舟战之器，其退则钩之，进则强之，名曰"钩强"，遂以败越。'字亦作'强'。今仍就本书解释，存待古本参证。诸本作'强'，陈本作'彊'。作'强'者，'彊'之借字。《说文》曰：'强，弓有力也。'《史记·绛侯世家》曰：'材官引彊'，此作名词之'彊'也。《尔雅·释诂》曰：'彊，当也。'当者，抵拒之义，此作动词用之'彊'也。作为钩强之备，即用'彊'名词之义；进者强之，即用'彊'之动词之义也。"吴氏在这里指出："钩强"字不经见，《御览》而以意改之，是很有说服力的。认为"钩强"之"强"是假借字的思路也是很有见地的。对"钩强"之"强"有"抵拒之义"的理解也基本正确，但兜的圈子有点大，不免给人以绕口令的感觉。若从方言角度来认识，那就直截了当多了。

"钩强"之"强"是鲁山方言"戗"的借字。"强"与"戗"是同音相借。鲁山方言中的"戗"，有支、抵、顶、撑的意思。比如，一段墙倾斜了，工匠会说："找一根檩条来戗住。""戗住"就是斜顶住，不让它继续倾斜以致倒下来。"戗"字在工程施工中用得最多。公输班、墨翟都是工匠出身，又都是鲁阳人，他们把既具有钩之使不得退，又具有戗之使不得进，这种双重功用的舟战之械，用鲁阳方言取名"钩戗"是顺理成章的。二人的这段辩难在对钩戗及其功能的理解上丝毫没有障碍，双方都能准确地把握对方的语义。只是墨家后学辑录时借"强"以代"戗"，把"钩戗"写成了"钩强"而已。

至于墨子所说："我钩强。我钩之以爱，揣之以恭。"用了"揣"字，没有直接用"强"字。我认为这个"揣"是"挣揣"之"揣"。"挣揣"也是鲁山方言，指双方相互推让、拒绝时的动作。"挣揣"之"揣"意为"支撑、相拒"。"揣"的这一意与"戗"字相通，今天鲁山人仍在使用。吴氏言："钩钜"是一物，"钩强"是二物。有点想当然，不符合史实。"钩强"也是一物，一物而具有"钩"和"戗"两种功能。

三、"强梁"——"占偏（或占便）"

《鲁问》载：子墨子曰："……天诛足矣，今又举兵将以攻郑，曰：'吾攻郑也，顺于天之志。'譬有人于此，其子强梁不材，故其父笞之。其邻家之父举木而击之，曰：'吾击之也，顺于其父之志。'则岂不悖哉？"《公孟》中也使用有“强梁”一词：“有游于子墨子之间者，身体强梁，思虑徇通，欲使随而学。”

对《公孟》中的“强梁”，孙诒让将“梁”字校改为“良”，且曰：“后《鲁问》篇亦云‘强梁’，然义似不同。”对《鲁问》中的“强梁”，孙诒让注曰：“《老子》云‘强梁者不得其死’。《庄子·山木释文》云‘强梁，多力也。’《诗·大雅》毛《传》云‘强梁，御善也’，孔《疏》云‘强梁，任威使气之说’。”《鲁阳疏解》曰：“强梁不材。鲁山方言，强梁与没材料的合称。强梁指性格刚猛，凡事不让人。”

孙氏注引《庄子·山木释文》云：“强梁，多力也。”若用来解释《公孟》中的“强梁”，还比较切合，但用来解释《鲁问》中的“强梁”就有点走调。孔《疏》“强梁，任威使气之说”，一定程度上接近《鲁问》“强梁”的本义，但仍有距离。《鲁阳疏解》循孔《疏》而来，也难免不到位。

今天鲁山方言中的“强梁”，无《公孟》中“强梁”所表之意。《鲁问》中的“强梁”用的是鲁山方言中的“强梁”。鲁山方言中的“强梁”，不仅有“任威使气”“性格刚猛，凡事不让人”的含义，而且有“蛮横”“故意欺侮人”“故意侵占公共或他人利益”的意思在里边。如两家发生矛盾冲突，一方故意逞强侵犯侵占了另一方，被侵一方就会指责说：“你强梁哩不轻，你不能把人捏死！”在鲁山方言中与“强梁”相近的是“占偏”。遇到上述情况，被侵一方还会说：“你占偏哩不轻，那真是你家的？”单单的

"任威使气"，不包含欺侮侵占性质的"不让人"，人们一般也不会用"强梁"去指责。

现在"强梁"一词已超出了方言的范畴，而具有了通用性，一般辞书对其都有解释，但鲁山方言中的"强梁"之"故意逞强，欺侮侵犯侵占他人"的含义在辞书的解释中是没有的。

方言是区域社会历史演进中存留下来的语言活化石。《墨子》中使用了大量的鲁阳方言，这些方言历经两千余年仍活生生地为今天的鲁山人所使用着。《墨子》鲁山方言的深入研究，必将有助于墨学研究的健康推进。

“尧舜禹汤文武之道”与墨子的“尚贤”思想①

今本《墨子》的《尚贤》三篇，十次以“尧舜禹汤文武之道”发论，八处以“古者圣王为政”代指“尧舜禹汤文武之道”起讲，足见墨子的“尚贤”思想与“尧舜禹汤文武之道”是有一定关系的。本文试对“墨子是怎样通过阐释‘尧舜禹汤文武之道’提出其‘尚贤’主张的”，“墨子‘尚贤’思想的体系架构如何”，“墨子‘尚贤’思想有什么现代意义”三个问题做探讨，以就正于方家。

墨子通过阐释“尧舜禹汤文武之道”确立其“尚贤”思想

众所周知，人类在原始社会末期曾实行军事民主制。

① 本文原载《平顶山师专学报》2003年第3期。

军事民主制是氏族民主制的扩充与推演。部落联盟首领的产生既不是某一部落酋长的世袭，也不是以子代父的世袭，而是由组成该部落联盟的部落酋长会议民主选举出来的。我国历史把这种军事民主制表述为“禅让制”。尧、舜相继担任部落联盟首领的时期是“禅让制”发展最典型、最完备的时期，留下了尧舜禅让的记载和传说。《尚书·尧典》明确记载有尧舜禅让的史实。范文澜先生称：“《尧典》等篇，大概是周朝史官掇拾传闻，组成有系统的记录，其中‘禅让’帝位的故事，在传子制度实行已久的周朝，不容有人无端发此奇想，其为远古遗留下来的史实，大致可信。”据说，尧在部落联盟首领之位，咨询四岳（四个部落酋长），四岳推举虞舜作继位人。舜接受各种考验后，摄位行政。尧死，舜正式继任部落联盟首领。舜后来也照样咨询众酋长，选出禹来摄行政事。舜死，禹继任部落联盟首领。

禹、汤、文、武是我国奴隶制三大王朝夏、商、周的奠基之君。虽然夏、商、周三朝是前后相承的，但若从建立夏、商、周三朝的各自部族的发展史来看，禹、汤、文、武同处于各自部族由原始社会到奴隶社会，由部落到国家的门槛之上。他们的观念虽与尧、舜已有所不同，但禅让的遗风仍在相当程度上影响着他们。《史记·夏本纪》载：“帝禹立而举皋陶荐之，且授政焉，而皋陶卒……而后举益，任之政。十年，帝禹东巡狩，至于会稽而崩，以天下授益。三年之丧毕，益让帝禹之子启，而辟居箕山之阳。”可见，禹在世时仍循着禅让制的轨迹行事，先后由部落酋长会议民主选举过皋陶、益两个继位人。商汤王和周文王、周武王虽然没有在选择继承人上沿袭禅让制，但在选择自己执政的辅佐时却仍遵循了禅让制下不拘出身不拘资格唯贤是举的民主推荐的做法。辅佐商汤治理天下的伊尹原是一个久处社会底层的人，后来成为商汤的开国名相。《史记・殷本纪》载："伊尹……乃为有莘氏媵臣，负鼎俎，以滋味说汤，致于王道。或曰，伊尹处士，汤使人聘迎之，五返然后肯往从汤，言素王及九主之事。汤举任以国政。"辅佐周文王、周武王使"天下三分，其二归周"的姜尚曾长期挣扎于社会底层，在商都朝歌屠牛卖肉，又在孟津卖过酒，年过花甲仍穷困潦倒，最后被周文王选为辅佐。除了姜尚外，还有泰颠、闳夭、散宜生、鬻子等也都被不拘一格地选拔到重要位置上。

墨子生活于春秋末期、战国初期，目睹腐朽没落的奴隶主贵族为一己之私，专门任用那些"骨肉之亲、无故富贵面目美好者"，而许多德才兼备的贤良之士却因没有先天的条件而沦落社会底层的不合理现实，以思想家的睿智进行了深入的理性思考："今王公大人其所富，其所贵，皆王公大人骨肉之亲、无故富贵面目美好者也。今王公大人骨肉之亲、无故富贵面目美好者，焉故必知哉。若不知，使治其国家，则其国家之乱可得而知也。今天下之士君子皆欲富贵而恶贫贱，然女何为而得富贵而辟贫贱哉？曰：莫若为王公大人骨肉之亲、无故富贵面目美好者。王公大人骨肉之亲、无故富贵面目美好者，此非可学而能者也。……

是以使百姓皆放心解体，沮以为善，垂其股肱之力，而不相劳来也。腐臭余财，而不相分资也；隐匿良道，而不相教诲也。若此，则饥者不得食，寒者不得衣，乱者不得治。”于是墨子借助三代圣王尧舜禹汤文武的历史资料，生发出“尚贤而治”的思想。在《尚贤》三篇中，墨子反复阐释“尧舜禹汤文武之道”的精髓在于“尚贤”。“故古者尧举舜于服泽之阳，授之政，天下平。禹举益于阴方之中，授之政，九州成。汤举伊尹于庖厨之中，授之政，其谋得。文王举闳夭、泰颠于罝罔之中，授之政，西土服。故当是时，虽在于厚禄尊位之臣，莫不敬惧而施，虽在农与工肆之人，莫不竞劝而尚意。”曰：“是故古之圣王之治天下也，其所富，其所贵，未必王公大人骨肉之亲、无故富贵面目美好者也。是故昔者舜耕于历山，陶于河滨，渔于雷泽，灰于常阳。尧得之于服泽之阳，立为天子，使接天下之政，而治天下之民。昔伊尹为莘氏女师仆，使为庖人，汤得而举之，立为三公，使之接天下之政，治天下之民。昔者傅说居北海之洲，圜土之上，衣褐带索，庸筑于傅岩之城，武丁得而举之，立为三公，使接天下之政，而治天下之民。是故昔者尧之举舜也，汤之举伊尹也，武丁之举傅说也，岂以为骨肉之亲、无故富贵面目美好者哉。唯法其言，用其谋，行其道，上可而利天，中可而利鬼，下可而利人，是故推而上之。”曰：“是故昔者尧有舜，舜有禹，禹有皋陶，汤有小臣，武王有闳夭、泰颠、南宫括、散宜生。……而天下和，庶民阜，是以近者安之，远者归之。日月之所照，舟车之所及，雨露之所渐，粒食之民，莫不劝誉。”得出“尚欲祖述尧舜禹汤文武之道，将不可以不尚贤”的结论。墨子把“尧舜禹汤文武之道”的精髓阐释为“尚贤”，奠定了其“尚贤”的思想的基石。

墨子“尚贤”思想的体系架构

墨子把从“尧舜禹汤文武之道”中生发出来的“尚贤”思想火花，进行一番理论加工，通过《尚贤》三篇全面完整地回答了什么叫尚贤，为什么要尚贤，怎样尚贤三个问题。

什么叫尚贤？墨子的“尚贤”包括“尊尚贤”和“任使能”两层含义。“尊尚贤”就是“不党父兄，不偏贵富，不嬖颜色。贤者举而上之，富而贵之；不肖者抑而废之，贫而贱之。”“任使能”就是“听其言，迹其行，察其所能”，而慎重地予以所能胜任的职务，即“可使治国者，使治国；可使长官者，使长官；可使治邑者，使治邑”。从而达到“凡所使治国家、官府、邑里者，皆国之贤者”。墨子所倡导尊尚的“贤者”是“厚乎德行，辩乎言谈，博乎道术”的贤能之士，既有德又有才，即德才兼备的人才。正因为德才兼备，才具有治国为官的资格和能力，而不是那些缺德少才单凭血统、钱财、姿色混迹官场的不肖之徒。

为什么要尚贤？墨子认为“尚贤”是为政的根本所在。为什么说“尚贤之为政本”？因为“自贵且智者，为政乎愚且贱者，则治；自愚且贱者，为政乎贵且智者，则乱”。这里的“贵”“贱”不是指身份，而是指德行。“贵者”即贤者，指德行高尚的人；“贱者”即不肖者，指德行卑下的人。德行高尚且智慧丰富的人执政，当然能够达到“治”；反之，让德行卑下且愚蠢无能的人执政，自然只能招致“乱”。为什么贤者为政能够达到“治”，墨子指出：“贤者之治国也，早朝晏退，听狱治政，是以国家治而刑法正。贤者之长官也，夜寝夙兴，收敛关市、山林、泽梁之利，以实官府，是以官府实而财不散。贤者之治邑也，早出莫入，耕稼树艺，聚菽粟，是以菽粟多而民足乎食。故国家治则刑法正，官府实则万民富。上有以絜为酒醴粢盛，以祭祀天鬼。外有以为皮币，与四邻诸侯交接。内有以食饥息劳，将养其万民，外有以怀天下之贤人。是故上者天鬼富之，外者诸侯与之，内者万民亲之，贤人归之。以此谋事则得，举事则成，入守则固，出诛则强。”反之，“若苟贤者不至乎王公大人之侧，则此不肖者在左右也。不肖者在左右，则其所誉不当贤，而所毁不当暴。王公大人尊此以为政乎国家，则赏亦必不当贤，而罚亦必不当暴。若苟赏不当贤而罚不当暴，则是为贤者不劝，而为暴者不沮矣。是以入则不慈孝父母，出则不长弟乡里，居处无节，出入无度，男女无别。使治官府则盗窃，守城则倍畔，君有难则不死，出亡则不从。使断狱则不中，分财则不均。与谋事不得，举事不成，入守不固，出诛不强。”这样从贤者为政必治，不肖者为政必乱两方面论定“尚贤之为政本”的无可置疑。

怎样尚贤？墨子认为：其一，要确立“官无常贵，民无终贱”的观念，在用人问题上打破阶级界限、等级界限、派别界限，实行“有能则举之，无能则下之，举公义，避私怨”的原则。“虽在农与工肆之人”，只要德才兼备，就“任之以事，断予之令”，让其参与国家治理，充分发挥其聪明才智。其二，任用贤者，要给予相应的待遇，即“置三本”。“何为置三本？曰：爵位不高则民不敬，蓄禄不厚则民不信也，政令不断则民不畏也。”“举三者授之贤者，非为赐贤也，欲其事之成。”待遇与责任，权利与义务是相对应的。任用贤者应“以德就列，以官服事，以劳殿赏，量功而分禄”。这样，贤者才会“竭四肢之力以任君之事，终身不倦”。其三。要做到“不贤不富，不贤不贵，不贤不亲，不贤不近”。形成“尚贤”的良好社会氛围。墨子认为：“国有贤良之士众，则国家之治厚；贤良之士寡，则国家之治薄。”怎样才能使贤良之士“众”呢？墨子论述道：“古者圣王之为政也，言曰：‘不义不富，不义不贵，不义不亲，不义不近。’是以国之富贵人闻之，皆退而谋曰：‘始我所恃者，富贵也。今上举义不辟贫贱，然则我不可不为义。’亲者闻之，亦退而谋曰：‘始我所恃者，亲也。今上举义不辟疏，然则我不可不为义。’近者闻之，亦退而谋曰：‘始我所恃者，近也。今上举义不辟远，然则我不可不为义。’远者闻之，亦退而谋曰：‘我始以远为无恃，今上举义不辟远，然则我不可不为义。’逮至远鄙郊外之臣，阙庭庶子、国中之众、四鄙之萌人，闻之皆竞为义。”墨子在这里是把“义”作为“贤”的同义语使用的，就是要形成“不贤不富，不贤不贵，不贤不亲，不贤不近”的社会氛围，使“尚贤”成为社会风气。这样就会人人争做贤者，贤者就会越来越多。

墨子通过《尚贤》三篇揭示了“尚贤”的内涵，论证了“尚贤”的必要性和“尚贤”的可能性，从而构架起自己独特的“尚贤”思想体系。

墨子“尚贤”思想的现代意义

墨子生活的时代虽然已经过去了两千多年，今天的中国社会与春秋战国时期的中国社会已有着诸多明显的差异，但作为先知先觉的大思想家墨子所揭示的社会治理的内在规律性却具有永恒价值，因此墨子“尚贤”思想的一些基本观点，在今天仍不乏启示意义。

一、墨子的“尚贤”思想能够启迪我们增强人才竞争的自觉性。人类已进入21世纪，21世纪是知识经济的时代。知识经济时代的竞争是人才的竞争。一个企业、一个单位、一个地区、一个民族、一个国家，具备人才优势就兴旺发达；丧失人才优势就萧条冷落。其实这个道理早在两千年前墨子就已揭示出来了，“国有贤良之士众，则国家之治厚；贤良之士寡，则国家之治薄”就是这个意思。要想拥有众多的人才，具备人才优势，需要制定优越的人才政策，重视人才，开发人才，吸引人才，保护人才。重视人才，就要像墨子说的把人才视为“国家之珍”“社稷之佐”。开发人才，就要像墨子说的“教之，诲之”“使其学而能”。吸引人才，保护人才，就要像墨子说的“富之，贵之，敬之，誉之”。只有这样才能增强人才竞争力，才能聚集大量的有用人才，打造出人才优势。墨子把这种情况表述为“然后国之良士，亦将可得而众也”。

二、墨子的“尚贤”思想能够启迪我们更好地协调不同利益群体之间的关系，求得社会稳定与发展。改革开放以来，我国正处在由计划经济体制向市场经济体制过渡的转轨期。社会出现不同利益群体之间的差别和矛盾，甚至由于不同利益群体之间贫富差距的拉大，而出现了一些不稳定因素。怎样解决这个问题，是摆在各级领导干部面前的严峻课题。解决这个问题我们可以从墨子“尚贤”思想中求得教益。墨子称:“今也天下之士君子，皆欲富贵而恶贫贱。曰然女何为而得富贵而避贫贱？莫若为贤。为贤之道将奈何？曰：有力者疾以助人，有财者勉以分人，有道者劝以教人。若此则饥者得食，寒者得衣，乱者得治。若饥则得食，寒则得衣，乱则得治，此安生生。”“安生生”是豫西方言，直到今天，民间仍在使用，称“安安生生”，意谓“安稳、平静”。如“安安生生过日子”，即安稳平静地生活。如果形成了通过为贤而能得富贵避贫贱的社会机制，形成了“有力者疾以助人，有财者勉以分人，有道者劝以教人”的社会风尚，那么城市下岗职工、停产半停产企业职工等低收入群体和农村贫困地区人口、负担过重地区人口就能得到抚慰且获得基本社会保障，在相对安稳平静的心态下过日子，从而使不同利益群体之间的关系得到协调。实现差别是均衡基础之上的差别；均衡是差别前提下的均衡。这样既保证社会发展有足够的活力，又保证社会发展有稳定的环境。

三、墨子的“尚贤”思想能够启迪我们探求有效遏制腐败的途径。政治腐败之大者莫过于用人方面的腐败。用人方面的腐败表现为“任人唯亲”即裙带关系，“任人唯钱”即买官卖官，“任人唯色”即权色交易。两千年前，墨子已注意到了这种情况。他论道:“今王公大人有一衣裳不能制也，必藉良工；有一牛羊不能杀也，必藉良宰。故当若之二物者，王公大人未尝不知以尚贤使能为政也。逮至其国家之乱，社稷之危，则不知使能以治之。亲戚则使之，无故富贵、面目姣好者则使之 。夫骨肉之亲、无故富贵、面目姣好者则使之，岂必智且有慧哉！若使之治国家，则此使不智慧者治国家也，国家之乱既可得而知已。且夫王公大人有所爱其色而使，其心不察其智而与其爱。是故不能治百人者，使处乎千人之官；不能治千人者，使处乎万人之官。此其故何也？曰：处若官者爵高而禄厚，故爱其色而使之焉。夫不能治千人者，使处乎万人之官，则此官十倍也。夫治之法将日至者也，日以治之，日不十修，知以治之，知不十益。而予官十倍，则此治一而弃其九矣。虽日夜相接以治若官，官犹若不治，此其故何也？则王公大人不明乎以尚贤使能为政也。故以尚贤使能为政而治者，夫若吾言之谓也；以下贤为政而乱者，若吾言之谓也。”墨子此论把王公大人任用骨肉之亲、无故富贵、面目姣好者必然导致政治败坏的道理说得再精辟再透彻不过了。遏制腐败的根本途径在于规范用人制度，把好用人关，以制度用人，而不是凭个人的亲疏好恶用人，确保做到“尚贤使能”，政治清明。马克思、恩格斯曾指出:“应该由贤人和智者来统治。”墨子的“尚贤”思想与马、恩的观点一样具有极强的现代意义。

墨子的“尚贤”思想源于对“尧舜禹汤文武之道”的生发，经过缜密的归纳演绎，形成一个完整的理论体系。“尚贤”就是“尊尚贤任使能”，尚贤使能是为政之本，尚贤使能必须打破原有的尊卑贵贱界限，且对贤能者“富之，贵之，敬之，誉之”。墨子的“尚贤”思想在今天仍有极为重要的现实意义。

试论墨学对谭嗣同思想的影响①

从老一辈马克思主义史学家到新时期的史学工作者，在研究我国近代资产阶级改良派代表人物时，很少论及墨学对谭嗣同思想的影响，本文试做些探讨以就教于方家。

墨学的衰绝与复兴

墨学自墨翟创立之后，终战国之世，一直处于显学地位，是诸子百家中唯一可与儒学比肩量力的学说。《韩非子·显学》言:“世之显学，儒墨也。”《吕氏春秋·当染》

① 本文系1998年9月28日“谭嗣同及维新运动国际学术讨论会”参会论文，在《平顶山学院学报》1999年第1期发表。

也称：“孔、墨皆死久矣，从属弥众，弟子弥丰，充满天下，王公大人从而显之，有爱子弟随而学焉，无时乏绝。”但墨学作为代表农民、手工工匠等小生产者的思想体系，无法适应新兴地主阶级建立大一统君主专制统治的需要。经秦始皇用丞相李斯“禁私学”议焚百家语，以及汉武帝用董仲舒议“罢黜百家独尊儒术”两次劫难，成了绝学。司马迁作《史记》时，墨翟的籍贯、享年及生平要事，已难言其详。此后1800年间，治墨学者仅晋鲁胜、唐乐台、宋李焘、明米傅山等寥寥数人，但他们的著作也早已散佚无闻。

到清朝中叶乾嘉年间（1736—1820），墨学研究才作为儒学经典考据的副产品得以复苏。1780年汪中校《墨子》全书，又采古书之涉于墨子者别为《表微》一卷；1783年毕沅撰《墨子注》；1793年张惠言著《墨子经说解》；1831年王念孙作《读墨子杂志》。墨学研究的复苏透露出封建专制意识形态经学一统地位动摇的信息。

19世纪40年代，随着鸦片战争爆发和《南京条约》的签订，中国社会开始发生质的变化。这种变化迅速引起意识形态的嬗变，表现为越来越多的学者把研究注意力从经书转向子书，寻求经世致用自强御侮的思想武器。60年代以后洋务运动兴起，西方近代学术天算、格致更多传入，一些学者通过对中国学术宝库的检索，发现子书中的《墨子》与西方学术有不少相通之处。于是，墨学研究在乾嘉复苏的基础上得到振兴，除部分学者顺着考据道路继续对《墨子》进行校勘、考证、训诂外，1845年邹伯奇撰《格术补》，1871年陈澧撰《东塾读书记》，1876 年殷家俊撰《格术补笺》，同年张自牧撰《瀛海论》，1879 年撰《蠡测卮言》，尝试用西方自然科学阐释《墨经》，从而得出“西学源于《墨子》”“太西之艺，出于《墨子》”“泰西之精理名言、奇技淫巧本不能出中国载籍之外”“墨子为西学之鼻祖”诸论断。

在西方学术刺激下的墨学振兴，为谭嗣同吸纳墨学养分，建构激进改良主义思想体系，做了有益的铺垫。

谭嗣同对墨学的吸纳

谭嗣同出身于封建官僚家庭，父亲谭继洵为他设计的前程是通过科举道路跻身官宦队伍。28 岁以前的谭嗣同所受的教育主要是封建正统教育；所读的书籍主要是儒家经典《四书》《五经》，和程、朱等对《四书》《五经》的正统阐释；所做的事情主要是三番五次地参加湖南乡试和接二连三落第。经乾嘉学者整理校注的《墨子》，虽已在学术界得到比较广泛的传播，但仍被封建卫道者视为异端。谭继洵不会让儿子读《墨子》这一类无助于科举仕进的书籍；谭嗣同在反复应试的奔波中也没有时间、精力和机会去读《墨子》一类十分艰涩难懂的书籍。谭嗣同读书领域的拓宽是 29 岁在北京结识吴樵之后，对西学产生兴趣，购买广学会所译西书返鄂，30 岁在其父湖北巡抚署内广泛涉猎经、史、子、集和自然科学书籍。但从他的读书笔记《石菊影庐笔识——东海褰冥氏三十岁以前旧学第四种》之《学篇》《思篇》所引书目来看，此时他仍未涉足《墨子》一书。

谭嗣同与墨学结缘和孙诒让有关。孙诒让生于 1848 年，浙江瑞安人。19 岁中举，但以后五次应礼部试均未能博得一第，遂随父居住南京，潜心研究学术。他以 30 年之功，集毕沅之后百余年间日益完善的墨学研究成果，于 1893 年撰成《墨子间诂》这部在墨学研究史上具有里程碑意义的著作，1894 年夏由吴人毛翼庭以聚珍版印刷三百部，“质之通学”。此书遂在学者间传播，时年 23 岁的梁启超也从孙诒让处得到一部。而这一年正是甲午惨败之年。

1895 年 4 月，中日《马关条约》签订。消息传到湖北，谭嗣同的思想如怒海狂涛，很不平静，决计与唐才常、刘善涵等筹设浏阳算学馆，为救亡图存培养“算学格致”人才。在谭嗣同著作中，最早言及“墨子”的是这一年 7 月他写的《报贝元征》。在《报贝元征》中称说“墨子”者有三处：其一“孟子距杨、墨，而异端不绝于后世”；其二在论述西人的统计学时称“考西学近墨，而墨子法禹，则言必有据”；其三在论及甲午战争之败，民族危亡加剧，而守旧派仍泥古不化“妄援‘距杨、墨’”。观此三处所言墨子，都很肤浅，似是谭嗣同耳食学界称颂墨学所得。应该说此时的谭嗣同尚未真正接触有关墨学的研究性著作。

谭嗣同接触墨学研究著作在 1896 年。这一年其父谭继洵为他捐得候补知府，分发江苏候差，暂住南京。南京是孙诒让撰写和发行聚珍版《墨子间诂》的地方。谭嗣同在对墨学与西学关系密切已有所闻且时间充裕的情况下，寻求孙诒让《墨子间诂》加以研读是可能的事情。他在南京期间经常到上海逗留，经故旧吴樵介绍，结识了梁启超。二人在切磋变法思想交换对西学的看法时肯定会谈及墨子，谈及同样具有维新思想并也曾于1895年在家乡瑞安办过算学馆的孙诒让，谈及孙诒让的大著《墨子间诂》。经梁启超推荐，谭嗣同专心研读了《墨子间诂》当是自然而然的事情。这一年农历三月十四日（公历4月26日），谭嗣同在南京写给唐才常的复信中谈了他正在为撰写“一种冲决网罗之学”，即后来成书的《仁学》搜集资料，关于墨学研究的著作当然也在其搜集之列。他称“迩闻梁卓如述其师南海之说，肇开生面”，接着在论及韩愈“倡君尊民卑之邪说，宜膺笔伐”时言“至其论儒墨，以为孔子必用墨子，墨子必用孔子，不相用不足为孔、墨，虽为迂儒非难，亦足见其尊孔子而不蔽于末流之詹言，诚非株株守一先生之说者所能企及，岂可以其一眚而掩其大德哉？”孙诒让将韩愈论墨子之言收入《墨子间诂》所附《墨子后语·墨学通论》中。很明显，谭嗣同是在读了《墨子间诂》之后发表这一番深刻见解的。这是这一年谭嗣同在结识梁启超之后，通过研读孙诒让《墨子间诂》了解墨学基本观点的直接证据。

恰逢而立之年具有极强爱国主义精神的谭嗣同，遭遇甲午战争惨败和《马关条约》签订这场国家民族大变故，平静的士大夫生活被打破了，宁静的传统观念也被打破了。30岁之后的谭嗣同勇敢地投身于救亡图存的社会变革中，近乎疯狂地从学有成就的不同专业学者那里广泛吸纳一切有异于传统观念的学说，消化融合，构建自己的激进改良主义的思想体系。由孙诒让阐释，经梁启超介绍的墨学精华自然就成为谭嗣同广采博取的主要思想原料之一。

墨学对谭嗣同思想的影响

谭嗣同在吸纳墨学精华之后，于 1896 年着手撰写全面反映其变法思想的理论著作《仁学》，1897 年完成。我们从《仁学》中可以看出墨学对谭嗣同思想的深刻影响。

其一，谭嗣同以墨学两派概括其学说——仁学。谭嗣同把全面反映其维新变法思想的理论著作以“仁学”名之。“仁学”的义源是什么？谭嗣同在《仁学·自叙》中做了说明：“墨有两派：一曰任侠，吾所谓仁也，在汉有党锢，在宋有永嘉，略得其一体；一曰格致，吾所谓学也，在秦有《吕览》，在汉有《淮南》，各识其偏端。仁而学，学而仁，今之士其勿为高远哉！盖即墨之两派，以近合孔、耶，远探佛、法，亦云汰矣。”

其二，谭嗣同以墨学之“兼爱”最合其哲学最高范畴“以太”。“以太”是 19 世纪后期流行在西方物理学中的一个概念，指的是一种弥漫宇宙无所不在作为光的传播媒介的极细微物质。谭嗣同从西方自然科学中借取“以太”这个概念，用来解释所有自然现象和社会现象。用“以太”

作为万事万物的最后本源。小至化学元素的构成，大到宇宙世界的联系，都由“以太”所决定。谭嗣同先在《仁学·自叙》中论及墨学之“兼爱”，称“能调燮联融于孔与耶之间，则曰墨。周秦学者必曰孔、墨，孔、墨诚仁之一宗也。惟其尚俭非乐，似未足进于大同。然既标兼爱之旨，则其病亦自足相消。盖兼爱则人我如一，初非如世之专以尚俭非乐苦人也”。接着在《仁学》中把墨学之“兼爱”与“以太”相联系，称“以太其显于用也，孔谓之‘仁’，谓之‘元’，谓之‘性’；墨谓之‘兼爱’；佛谓之‘爱人如己’‘视敌如友’；格致家谓之‘爱力’‘吸力’。咸是物也”。最后在《仁学》（十四）中提出“兼爱”最合“以太”的观点：“不谓儒之末流，则亦专主体魄以为教。其言曰：‘吾所以异于异端者，法度文为，皆自亲而及疏也。彼墨子之兼爱，乱亲疏之言也。’呜呼，墨子何尝乱亲疏哉？亲疏者，体魄乃有之。从而有之，则从而乱之。若夫不生不灭之以太，通天地万物人我于一身，复何亲疏之有？亲疏且无，何况于乱？不达乎此，反诋墨学，彼乌知惟兼爱一语为能超出体魄之上而独任灵魂，墨学中之最合以太者也。不能超体魄而生亲疏，亲疏生分别。分别亲疏，则有礼之名。自礼明亲疏，而亲疏于是乎大乱。”

其三，谭嗣同以墨子的“利人”作为自己的人生价值取向。在先秦诸子中，墨子是以利人主义著称于世的。谭嗣同在《仁学·自叙》中以利人相标榜，称“吾自少至壮，遍遭纲伦之厄，涵泳其苦，殆非生人所能承受，濒死累矣，而卒不死。由是益轻其生命，以为块然躯壳，除利人之外，复何足惜。深念高望，私怀墨子摩顶放踵之志矣。”墨子后学有任侠一派。这一派重实行，行侠仗义，为利人而奔走。谭嗣同对历史上的任侠之士很推崇，在反对君主专制的斗争中，谭嗣同希望以任侠鼓更化之机，拨乱反正，救国救民。《仁学》（三十四）言：“若其机无可乘，则莫若为任侠，亦足以伸民气，倡勇敢之风，是亦拨乱之具也。西汉民情易上达，而守令莫敢肆，匈奴数犯边而终驱之于漠北，内和外威，号称一治。彼吏士之顾忌者谁欤？未必非游侠之力也。与中国至近而亟当效法者，莫如日本。其变法自强之效，亦由其俗好带剑行游，悲歌叱咤，挟其杀人报仇之气概，出而鼓更化之机也。儒者轻诋游侠，比之匪人，乌知困于君权之世，非此益无自振拔，民乃益愚弱而窳败！言治者不可不察也。”谭嗣同是这样想的，这样说的，也是这样做的。戊戌变法失败，面对顽固派的反扑，他谢绝政治避难的劝诫，视死如归，发誓“各国变法，无不从流血而成。今日中国未闻有因变法而流血者，此国之所以不昌也。有之，请自嗣同始！”如此以身殉国英勇就义之实行，正是其以墨子利人观作为自己人生价值取向的生动体现。

其四，谭嗣同以墨学之“尚贤”作为反对君主专制的思想武器。反对君主专制，提倡民主自由，是谭嗣同政治思想的主要内容。而其反对君主专制，倡导民主自由的思想武器之一就是墨学的“尚贤”观。《仁学》（三十一）称：“生民之初，本无所谓君臣，则皆民也。民不能相治，亦不暇治，于是共举一民为君。夫曰共举之，则非君择民，而民择君也。”凡读过《墨子·尚贤》的便知道这几乎是墨子的原话。《仁学》（四十四）说得更明确：“然为各国计，莫若明目张胆，代其革政，废其所谓君主，而择其国之贤明者，为之民主，若墨子所谓‘选天下之贤者，立为天子’，俾人人自主，有以图存，斯信义为复也。”

观此而知，墨学对谭嗣同思想的影响可谓大且深矣！

综之，19世纪60年代墨学的振兴为谭嗣同吸纳墨学精华做了铺垫。谭嗣同接触墨学在其30岁以后，孙诒让的《墨学间诂》是谭嗣同接触墨学的桥梁。谭嗣同对墨学的吸纳，使之成为其构建激进改良主义思想体系的原料。墨学对谭嗣同思想的影响是巨大且深刻的。

（本文所引谭嗣同语均出于中华书局1981年版《谭嗣同全集》）

以“墨子号”量子卫星升空为契机，大力弘扬墨子文化[①]

一、以“墨子”命名量子卫星，是全面增强中华民族文化自信的有力举措。

文化自信是一个民族自信心的根本和基础。我中华民族自形成到19世纪中期五千年间本来是很具文化自信的。只是到了清朝末年西方入侵，民族危机发生，传统文化遭遇异文化冲击和颠覆之后，文化自信才衰落了。经过改革开放之后近三十年文化智者的努力，本民族的文化传统得以赓续，文化自信心有所增强。

---

① 本文系据2016年9月26日纪念墨子诞辰2496周年座谈会上的发言整理。

其实，中华传统文化既有丰富而又深刻的人类“道”文化精华，诸如儒家的“修齐治平”“仁义礼智信”“忠孝节义”，道家的“天人合一”“道法自然”“返璞归真”等。也不乏人类“器”文化的精粹，如《易经》的二进制，古代天文历法，公输班的精巧，墨子的逻辑学、光学、力学，张衡的地震仪、记里车，后来的四大发明，等等。三国时代蜀国诸葛亮的木牛流马，魏国马钧的十二蹑织绫机、改进指南车、水转百戏、龙骨水车、高效能连弩、发石车等。“马先生之巧，虽古公输般、墨翟、王尔，近汉世张平子，不能过也。公输般、墨翟皆见用于时，乃有益于世。平子虽为侍中，马先生虽给事省中，俱不典工官，巧无益于世，用人不当其才，闻贤不试以事，良可恨也。”李诫的《营造法式》、宋应星的《天工开物》、都江堰、灵渠、大运河等等。

李约瑟《中国科学技术史》“在中国完成的发明和技术发现，改变了西方文明的发展进程，并因而也确定改变了整个世界的发展进程”。从生存环境上着眼分析：“如果中国人有欧美的具体环境，而不是处于一个广大的、北面被沙漠切断，西面是寒冷的雪山，南面是丛林，东面是宽广的海洋的这样一个地区，那情况将会完全不同。那将是中国人，而不是欧洲人发明科学技术和资本主义。历史上伟大人物的名字将是中国人的名字，而不是伽利略、牛顿和哈维等人的名字。”李约瑟甚至说：“如果那样，将是欧洲人学习中国的象形文字，以便学习科学技术，而不是中国人学习西方的按字母顺序排列的语言。”李约瑟在研究中发现，

“由于中国关于技术的发明主要起于实用，往往知其然而不深究其所以然。若与西方相较，中国许多技术发明的背后，缺少了西方科学史上的特殊精神，即长期而系统的、通过数学化来探求宇宙的奥秘。所以中国史上虽有不少合乎科学原理的技术发明，但并未发展出一套体用兼备的系统科学”。

“奇技淫巧”这一提法最早来自《尚书·泰誓》里周武王声讨商纣王的一条罪名：“郊社不修，宗庙不享，作奇技淫巧以悦妇人。”康熙是中国历史上最崇拜西洋科技的帝王，并亲自加以钻研，但研究结果发现那不过都是些“奇技淫巧”，于是他怀着强烈的爱国激情下令禁止此等“污浊之术”以免腐蚀国人纯朴的心灵。

据《汉书·循吏传》记载，“太官园种冬生葱韭菜茹，覆以屋庑，昼夜燃温火，待温气乃生，信臣以为此皆不时之物”。另外，在《论语·乡党第十》中，则有“不时不食”的说法。可见，我国古代，既有反季节种植的实践，也早就有人提倡顺着时令而非逆时令饮食的主张。

二、“墨子故里在鲁山”是鲁山、平顶山、河南乃至全国一宗极其重要的传统文化资源，我们应给予足够的重视。

1. 墨子是人类文明轴心时代的中华文化全能巨人。墨子名翟，春秋末期战国初期楚国鲁阳邑人。墨子是墨家学派的创始人，是战国时期著名的思想家、逻辑学家、教育家、科学家、军事家。墨子是中国历史上唯一一个农民兼工匠出身的思想家，他创立了墨家学说，墨家在先秦时期影响很大，与儒家并称“显学”。其学说承继并发扬了朴素的夏文化的精华。提出“兼爱”“非攻”“尚贤”“尚同”“天志”“明鬼”“非命”“非乐”“节葬”“节用”十大主张。以兼爱为核心，以节用、尚贤为支点。墨子在战国时期创立了以逻辑学、几何学、物理学、光学为突出成就的一整套科学理论。是当时唯一对自然科学有研究的科学家，是唯一一位主张通过加强防御以反对战争消弭战争的军事家。在当时的百家争鸣中，有“非儒即墨”之称。墨子死后，其弟子根据墨子生平事迹的史料，收集其语录，完成了《墨子》一书传世。

2. 秦汉以后墨学中绝，但到了清朝乾嘉时期被先知先觉的学界巨子发掘整理，以迎接中华文明所面临的最惨烈考验，增强了中华民族的文化自信，使颇具优越感的西方人不敢小视中华民族的智慧。清乾隆、嘉庆时期，是清朝海禁大开时期，中西交通发达，从西方引入的一些科学理论，许多方面与墨经中的数学、光学、力学、天文学等理论相吻合，引起了治墨者的关注。同时治墨者发现，墨学的墨辩，是印度因明三段论、西方穆勒名学、近现代兴起的逻辑学的先驱。比如如何立辞、归类、推理等深奥的理论，墨辩中常常运用。百年来，在诸子百家研究成果中，墨子研究占了75%，近二十年来又占了75%的55%。孙中山先生在《民报》创刊号中，故意不理会孔子、孟子、老子、庄子，而独独把墨子推崇为平等、博爱的中国宗师。后来他又经常提到墨子，例如，“仁爱也是中国的好道德，古时最讲‘爱’字的莫过于墨子。墨子所讲的兼爱，与耶稣所讲的博爱是一样的”。

3. 鲁山有丰富的旅游资源，鲁山要以旅游业兴县，自然旅游资源开发是绿叶，文化旅游资源开发是红花。

三、建议鲁山注册创建“墨子文化书院”（或“墨子尚贤书院”“墨子兼爱书院”），作为有效研读、传承、弘扬墨子文化的“道场”。

书院是中国士人围绕着书进行文化积累、研究、创造与传播的文化教育机构，从唐代出现到清光绪二十七年（1901）宣布改制为学堂，历经1200余年。据统计，书院从唐代的59所、五代的13所、宋代的515所，发展到明代的1962所、清代的5863所，除去跨越两朝以上重复统计的1277所，历代新创建书院合计7525所。晚清改制时1606所书院改成了各级各类学堂。进入新世纪中国书院复兴，国学热在今天表现为一定程度的书院热，各地的民间书院如雨后春笋般涌出。今天的书院，就主办方而言，大体上有官办、商办、学者办、民办或合办等多种。汤一介、王守常教授的中国文化书院是学者办的典型。岳麓书院、篔筜书院是官学合办的两种不同的典型。牟钟鉴、王殿卿、颜炳罡、赵法生等在孔子的诞生地泗水县办的尼山圣源书院努力培训青年学人，尤其在当地推动乡村儒学，颇有成效。截至2011年底，我国已新建实体书院591所、网络虚拟书院百余所，修复、重建传统书院674所，合计1360余所。五年后的今天，保守估计，书院总数在2000所以上，已经超过明代。近期以来，山东地区的一些书院做出一些探索，尤其是建于孔子出生地的尼山圣源书院以及遍布全省的尼山书院在此方面做得较为典型。尼山圣源书院是由海内外学人于2008年创建的新型书院，自2013年起，在书院周围村庄展开儒学教育，对改良社会风气，发挥了良好的作用。尼山书院原为祭祀为主的古代书院，2015年以来，山东省文化厅利用这一古老的书院名牌，在全省创建图书馆+书院新文化传播模式，全省县以上图书馆建有尼山书院数十所，开展公益讲堂，教化大众，同样收到了良好的效果。

我们已有墨研中心、墨子学院，但官方色彩有点浓，有点高大上，实事求是说也有点空，还应该有民间性质的墨子书院，由官民合办、企业与文化同人合办，更草根点，也更普及点。办好了，既是文化教育机构，又是旅游景点。

第四辑　元结文化篇

元结与鲁山[①]

2019 年是元结诞辰 1300 周年，逝世 1247 周年。

元结的家庭出身于北魏皇族。北魏皇家乃鲜卑族，本姓拓跋。元结的十二世祖为爵封常山王的拓跋遵。魏孝文帝施行汉化改革，迁都洛阳，改用汉姓，以“元”代拓跋。元结的姓“元”即由此而来。元姓世居洛阳。元结的高祖元善祎由隋入唐任尚书都官郎中，封常山郡公。曾祖元仁基任朝散大夫，袭封常山公。元结的爷爷元利贞任霍王府参军，死时，元结的父亲元延祖才三岁，元结的曾祖元仁基对元结的奶奶说：“要靠这孩子祭祀我了！”因此给元结的父亲起名“延祖”。元延祖由母亲抚养长大，养成清静恬俭的性格，入仕后历魏成（在今四川绵阳市东魏城镇）主

① 本文原载《平顶山日报》2019 年 7 月 17 日“文化”专栏。

簿，调春陵（在湖北枣阳市吴店镇）丞。任春陵丞不久，元延祖十分思怀闲适的生活，说:“人生衣食，可适饥饱，不宜复有所须”，便弃官而去。他从洛阳赴任春陵丞时曾路过鲁山，得知鲁山商余山多产灵药，宜于养生，遂将家安在鲁山商余山。据乾隆《鲁山县志》载:“商余山，（在县城）东南三十五里，今名青山，又名笔架山。南连南召之域，多灵药，唐元延祖之所宅也。三峰峭起，嵯峨捷嵥，往往云烟封麓，微露其顶，若神山浮空，可望而不可即，或梢云冠巘不见其际。”

元延祖得子甚晚，三十几岁还没子息。中华文化以儒家为中心，儒家思想以伦理为中心，伦理观念以孝为中心，孝以传宗接代为中心，所谓“不孝有三，无后为大”。元延祖弃官择居，不能说没有这方面的因素。鲁山商余山所产灵药，或有助于解决不孕不育的问题。元延祖定居鲁山商余山后，采药掇薪，灌畦种田，年近40岁，于开元七年（719）生下儿子元结。元延祖夫妇大喜过望，对儿子甚为娇惯，任其顺性而为。生性聪悟宏达的元结幼年时无拘无束，倜傥不羁，一味地在商余漫山遍野疯跑疯玩，丝毫不说读书学习的事。唐玄宗开元二十三年（735），元德秀来鲁山任县令。元德秀是元结的宗兄，17岁的元结方折节向学，跟着元德秀住进鲁山县衙，元德秀公余指导其读书。元德秀（约695—约754），字紫芝，唐朝河南（今河南洛阳市）人。开元二十一年（733）登进士第，任邢州（今河北邢台）南和县尉，因施政有名升龙武军录事参军，后因车祸伤足辞去军职，于开元二十三年（735）调任鲁山县令。元德秀出身北魏皇族后裔，官宦大家，书香门第。自幼言行处处以古代圣贤为榜样，品德高尚，志向远大，勤奋好学，博览群书，学识渊博，精通音律，有经世之才。为人忠诚厚道，朴实无华，气质儒雅，神态安详，举手投足之间有仁者气度，圣贤之风。为了表达自己的理想和抱负，他还像当年诸葛亮写《梁父吟》一样，写了一篇很有文采的《蹇士赋》来比况自己，受到当世高人称颂。他在鲁山县令任上淡泊名利，廉洁奉公，两袖清风；关爱百姓，主张轻徭薄赋，休养生息；反对增加百姓负担，反对形式主义，反对铺张浪费。受到唐玄宗的表彰，成为盛唐全国县令的典范。元结从宗兄元德秀读书三年，直到开元二十五年（737）元德秀卸任鲁山县令隐居陆浑。元德秀的德行、学识、政绩在元结思想上竖起了标高，奠定了他一生为学为文为人为政的根基。

元结从宗兄元德秀读书三年，在元德秀的悉心指导下，元结刻苦用功，基本掌握了儒家道家经典的要义，且具备了自学深造的能力。元德秀卸任鲁山县令，元结返回商余山，沉潜于两汉古籍，揣摩钻研，二十多岁便能赋诗作文超迈六朝。为了开阔视野，天宝五年（746）元结从商余山出发，经洛阳坐上大运河（当时叫隋河）的船只，一路东下至淮阴间。“其年，水坏河防，得隋人《冤歌》五篇，考其歌义，似冤怨时主。故广其意，采其歌，为《闵荒诗》一篇。”“炀皇嗣君位，隋德滋昏幽。日作及身祸，以为长世谋。……嗟嗟有隋氏，惛惛谁与俦。”借感慨隋炀帝的荒淫无道，民生涂炭，悲悯时政缺失。这是现存《元次山集》中所收元结写得最早的一首诗，证明元结已经学有所成。次年，即天宝六年（747），元结 29 岁。唐玄宗以承平日久，欲广求天下之士，命通一艺以上者，皆诣京师长安。元结与 36 岁的杜甫俱应试。元结著《皇谟》三篇、《二风诗》十首又《二风诗论》一篇以献。《皇谟》三篇论治国之大道;《二风诗》十首含《治风》五首：至仁、至慈、至劳、至正、至理，《乱风》五首：至荒、至乱、至虐、至惑、至伤，是很有点层次的。可是奸相李林甫却对玄宗说：草野之士猥多，恐泄露朝廷机密。实在是怕应试士人斥言其奸恶。乃令尚书省考试，一概不予录取。然后李林甫上表玄宗道贺称“野无遗贤”，糊弄皇上。元结返回商余前，写了一篇告谕一起前来应试士人的《喻友》，申明“人生不方正忠信以显荣，则介洁静和以终老”。“贵不专权，罔惑上下，贱能守分，不苟求取，始为君子。”可见，年届三十而立的元结已经确立了：有机遇走正道以追求显荣，无机遇“贱能守分，不苟求取”的君子人生观。天宝七年（748），三十而立的元结再游长安，曾预宴谏大夫之座，见朝政日坏，遂与长安街头的乞丐为友，作《丐论》以讽当道。从长安归来，元结见一时难以以方正忠信显荣，遂作洁静和终老的打算，以病避世，以酒自肆。天宝九年（750）元结选择“商余之下，肥溪之曲”，建宅习静。他在《述居》一文中称：“天宝庚寅，元子得商余之山。山东有谷，曰余中。谷东有山，曰少余。山谷中有田，可耕艺者三数夫。有泉停浸，可畦稻者数十亩。泉东南合肥溪，溪源在少余山下。溪流出谷，与溙水合，汇于滍。将成所居，故人李才闻而来会。”考元结所建居宅当在马楼探花崖南肥河西岸碾盘庄村一带。天宝九年（750）至天宝十一年（752）在商余山下肥溪之曲宅居三年，考察水、石、草木、虫豸之变化，著成《观化》四篇及《时化》《世化》两篇，“俱饶山野味”，合成《元子》十篇。其间时任河南县令的苏源明曾慕名来访元结，写下《商余操》以志纪念。天宝十二年（753）春季，元结还应乡亲之邀，参加了祈求丰年的民俗祭祀活动，撰写了祭祀之词《演兴》四首，在其《序》中称：“商余山有太灵古祠。传云：豢龙氏祀大帝所立。祠在少余西乳之下，邑人修之以祈田。予因为招、祠、讼、闵之文以演兴。”这条序文给后人留下了早在唐代就有远古豢龙氏居住于滍水中游的记载。豢龙氏为祝融之后，祝融乃颛顼之后，颛顼乃黄帝之后。商余山少余西乳之下的太灵古祠是豢龙氏祀大帝所立，大帝者黄帝之谓也。这一年朝廷令州县举进士，州县将元结的名字报给了礼部。礼部要考校旧作，元结遂将天宝六年以来所写“可戒可劝，可安可顺”的诗文编成《文编》上报。主持这次贡举的礼部侍郎杨浚看了元结的《文编》，很欣赏，说：“一第污元子耳！有司得元子是赖。”次年元结第三次进长安参加进士考试，这一科共录取 56 人，元结“果擢上第”。然后又参加了十月一日皇帝在含元殿“亲试博通坟典，洞晓元经，词藻宏丽，军谋出众”的制科考试，词藻宏丽科问策外，更试诗律赋各一首。登科甲者三人，其中就有元结。元结在长安参加制科考试时，九月二十七日宗兄加恩师元德秀卒于陆浑草堂。元结考试以罢就马不停蹄地奔往陆浑，参加十月十三日元德秀的葬礼。元结哭之甚哀，并作《元鲁山墓表》，以志哀思。

唐朝的进士与明清进士不一样，明清举人一考中进士就由吏部点缺放官了，唐朝的士人取得进士身份后还得有大臣推荐才能任职做官。元结的脾气不会去求人，也没人可求。葬罢宗兄元德秀，元结就又回到了鲁山商余山。天宝十四年（755）十一月，范阳节度使安禄山反，十二月攻陷东都洛阳。父亲元延祖将儿子元结召到身边，戒之曰：“而今逢世多故，不得自安山林；勉树名节，无近羞辱。”不久 76 岁的元延祖病逝，元结将父亲安葬到早已看好并购置下的墓地，与商余隔滍水相对的鲁山北 30 里青岭之下泉陂原。天宝十五年（肃宗至德元年 756）六月潼关不守，唐玄宗自长安延秋门出奔，安禄山陷长安。38 岁的元结举家离开鲁山商余，南迁避难于江南之猗玗洞（在今湖北黄石）。此后二年元结带着全家奔波于襄阳、瀼溪（在今江西瑞昌）。平叛形势大为好转，唐军收复二京。肃宗进长安，上皇李隆基还京。乾元二年（759），九月史思明再陷洛阳。肃宗问天下士，已升任国子司业的苏源明荐举元结可用，遂召诣京师，奉旨于唐邓汝蔡等州招集义军，保全泌南十五城，史思明不敢南侵。朝廷以讨贼功，任命元结为监察御史里行，42 岁的元结终于正式进入仕途。此后又晋升水部员外郎兼殿中侍御史、荆南节度判官、两任道州刺史，最后任容州都督本管经略使。在容州都督本管经略使任上，代宗大历七年（772）元结朝京师，夏四月发病卒于长安旅馆，朝廷赠给元结礼部侍郎衔，冬十一月二十六日归葬鲁山青岭泉陂原，享年 54 岁。三年之后，他的好友颜真卿为其撰写了《唐故容州都督兼御史中丞本管经略使元君表墓碑铭》。该碑现存鲁山一高老校区，系国保单位。

元结生于鲁山，葬于鲁山。现存《元次山集》的三分之一作品是在鲁山商余撰就的。纵观其 54 年人生历程，前 38 年是在家乡度过的，占了三分之二还多。其事业虽主要是后 16 年在南方创建的，但其血脉之根，文化之根，思想之根却深深地扎在家乡鲁山这片沃土之中，吸吮着家乡鲁山的人文养分，滋润着他的家国情怀，激励着他建功立业。

唐代鲁山元结受到宋代苏轼的景仰[①]

唐代著名文学家元结（719—772），字次山，原籍洛阳（今河南洛阳市），其父元延祖以鲁山商余（今河南鲁山马楼乡商余口南山）多产灵药，遂迁居焉。元结生于鲁山，为鲁山人。开元二十三年（735），元结17岁，折节向学，以从兄鲁山县令元德秀为师。天宝六年（747），唐玄宗欲求天下之士，命通一艺以上者皆诣京师，29岁的元结与36岁的杜甫俱应试长安（今陕西西安）。但奸相李林甫则以草野之士猥多，恐窥得其机密，斥言其奸恶，乃令尚书省一概不予录取，却上表欺哄唐玄宗，贺以“天下太平，野无遗贤”。

元结归居商余山，潜心治学，著《元子》十卷，其《文编》受到礼部侍郎杨浚的赏识。天宝十三年（754），杨

① 本文原载《平顶山日报》2014年8月27日“文化”专栏。

浚知贡举，擢元结为进士。次年，“安史之乱”爆发，东京洛阳、京师长安相继沦陷，元结举家逃难，浪迹武昌（今湖北鄂州）猗玗洞，后移瀼溪（今江西瑞昌境内），自号浪士，世称“浪翁”。乾元二年（759），史思明降而复叛，再陷洛阳。唐肃宗诏问天下可用之士，国子司业苏源明举荐元结，元结得到肃宗召见。肃宗命元结于唐邓汝蔡等州招集义军，抵御史思明叛军的南侵。元结率领义军数万人，成功保全豫南十五城，使百姓避免了叛军蹂躏。唐肃宗以功擢升元结水部员外郎兼殿中侍御史，充荆南节度判官。元结为政清明，忠于职守，既仕，或谓“浪者亦漫为官乎，呼为‘漫郎’”。宝应元年（762），代宗李豫即位，元结以老母久病，乞免官归养，代宗许之，拜著作郎，隐居武昌樊水郎亭山下，与渔人、酒徒为邻。渔者呼为“聱叟”，酒徒称为“漫叟”。这一年元结 44 岁。是时孟彦深为武昌令，与元结过从甚密。郎亭西乳有巨石，石顶有窊，元结修以藏酒。孟彦深爱之，命为“抔樽”。元结作《抔樽铭》，言“时俗浇狡，日益伪薄，谁能抔饮，共守淳朴”。抔樽之下有湖，名之曰“抔湖”，“有菱有荷，有菰有蒲”，作《抔湖铭》:“谁游江海，能厌其大？谁泛抔湖，能厌其小？故曰人不厌者，君子之道。于戏君子，人不厌之。虽死千岁，其行可师。可厌之类，不独为害，死虽万代，独堪污秽。或问作铭，意尽此欤。吾欲为人厌者，勿泛抔湖。”湖西南有谷，孟彦深命之曰“退谷”。元结作《退谷铭》，称“干进之客，不羞游之”。次年 9 月，朝廷起用元结为道州（治所在今湖南道县）刺史。元结上任不到50天，共接到朝廷各种征调符牒200余封，且云“失其限者，罪至贬削”。元结以应命则州县乱，违命则自获罪戾，乃作《春陵行》以抒“宁待罪以安民，毋邀功而贼民”之意，并上书请免百姓所负租杂等税，代宗许之。在道州任上，元结移家祁阳（今属湖南省永州市）浯溪。容州（治所在今广西容县）一带发生民变，占据州城经年，州县官吏流徙无着，呈现无政府状态。大历三年（768），朝廷调元结任容州刺史中丞，充本管经略守捉使，使持节都督容州诸军事。元结单车至任，多方抚谕，两月间收复八州县。大历四年（769），元结因母亲亡故，获准辞掉容州职任，为母守孝。大历七年（772），元结守母孝期满，朝京师，遇疾，夏四月二十日卒于长安永崇坊旅馆，荣赠礼部侍郎之衔。十一月二十六日归葬于故里鲁山青岭泉陂原（在今鲁山县梁洼镇泉上村北），好友颜真卿为其撰书了碑铭。

元结人格高洁，心胸豁达，处世端严，智勇双全，文韬武略兼备。30岁作《丐论》，称“古人，乡无君子，则与云山为友；里无君子，则与松竹为友；座无君子，则与琴酒为友”。出则为国为民，尽职尽责；处则与山水相融，尊亲慎友。顺境不骄不躁，无欺无妄；逆境无怨无悔，不卑不亢。文能亲民理政，武可平乱安邦。因之，深受300年后北宋大文豪苏轼的景仰。

宋神宗熙宁四年（1071），在京师颇受重用的殿中丞直史馆判官告院兼判尚书祠部苏轼，因政争遭到御史知杂事谢景温诬陷，请求出任地方官，历通判杭州，知密州，知徐州，知湖州，政绩卓异，招致政敌对他更加凶猛的嫉恨。元丰二年（1079），御史李定再度诬陷苏轼，锻炼成文字狱“乌台诗案”，直欲置之死地而后快。经亲友和正直之士多方营救，朝廷最后作出判决，“责授苏轼黄州团练副使，本州安置，不得签书公事”。说来也巧，这一年苏轼也恰当44岁。黄州与元结当年以著作郎身份闲居之武昌仅一江之隔。苏轼在黄州被监视居住的五年间，曾多次过江到武昌西山拜谒元结胜迹。在其到黄州百日所作《游武昌寒溪西山寺》一诗中，就表达了对元结的景仰之情：“尔来风流人，惟有漫郎叟。”“去人曾几何，绝壁寒溪吼。风泉两部乐，松竹三益友。”“松竹三益友”正是元结在《丐论》中所崇尚的君子人格。苏轼甚至产生了在寒溪买田久居与元结神交为邻的想法，“买田吾已决，乳水况宜酒”。“乳水”即元结《抔樽铭》所指“郎亭西乳”山泉。后来再游武昌西山，苏轼写过一首《西山戏题武昌王居士》，这首诗的《引言》称：“予往在武昌，西山九曲亭上有题一句云：‘玄鸿横号黄槲岘。’九曲亭，即吴王岘山。一山皆槲叶，其旁即元结抔湖也，荷花极盛。因对云：‘皓鹤下浴红荷湖。’座客皆笑，同请赋此诗。”极尽对元结高洁人品的崇敬。宋哲宗元祐元年（1086），苏轼终于摆脱厄运，获准进京。苏轼还朝半月，升为起居舍人，三个月后再升中书舍人，不久又升任翰林学士，知制诰，成为皇帝近臣，参与机密。这年十一月二十九日，苏轼与翰林学士承旨吏部尚书邓圣求同在玉堂值夜班，二人偶话当年游武昌谒元结胜迹旧事。邓圣求早年曾任职武昌，触发共同语言，苏轼遂赋诗《武昌西山》。其《序》曰："嘉祐中，翰林学士承旨邓公圣求，为武昌令。常游寒溪西山，山中人至今能言之。轼谪居黄冈，与武昌相望，亦常往来溪山间。元祐元年十一月二十九日，考试馆职，与圣求会宿玉堂，偶话旧事。圣求尝作《元次山窊樽铭》刻之岩石，因为此诗，请圣求同赋，当以遗邑人，使刻之铭间。"其诗云："春江渌涨葡萄醅，武昌官柳知谁栽。忆从樊口载春酒，步上西山寻野梅。西山一上十五里，风驾两腋飞崔嵬。同游困卧九曲岭，褰衣独到吴王台。中原北望在何许，但见落日低黄埃。归来解剑亭前路，苍崖半入云涛堆。浪翁醉处今尚在，石臼抔饮无樽罍。尔来古意谁复嗣，公有妙语留山隈。至今好事除草棘，常恐野火烧苍苔。当时相望不相见，玉堂正对金銮开。岂知白昼同夜直，卧看椽烛高花摧。江边晓梦忽惊断，铜环玉锁鸣春雷。山人帐空猿鹤怨，江湖水生鸿雁来。请公作诗寄父老，往和万壑松风哀。"

不料此诗一出，苏辙、黄庭坚、张耒等纷纷次韵酬唱，文坛和者竟多达 30 余人，极一时之盛，书写出北宋文坛集体追念中唐文坛俊杰元结的千古佳话。苏轼又专门写了一首《西山诗和者三十余人，再次前韵为谢》，并将这些诗作收集起来，寄给武昌的王文甫，嘱托："西山诗一册，当今能文之士多在内，并拙诗亲写，与邓圣求诗同纳上。"建议刻石勒碑，安放在寒溪元结遗址，或者写于壁上，以作永久纪念。

弘扬“元结文化”，我们应该做些啥？①

今天这个研讨会，因筹备时间比较长，所以大家准备得也就比较充分，从发言的几位同志所讲的情况就可以看出这一点。另外这个会议规格是比较高的，比较高的规格主要体现在论文集所收论文上。第一篇《元结事迹杂考》的作者马驰先生，是陕西师范大学唐史研究所所长、教授，曾任过全国唐史研究会副会长兼秘书长。90 年代我和晓宇主任到西安参加唐史学会年会，马先生把会议组织得非常好，400 人的大型会议，马先生作为秘书长安排得紧凑得体、

① 本文系根据 2016 年 5 月 13 日在鲁山“元结文化研讨会”上的发言整理。

井井有条，我们是领受过教益的。马先生，咱鲁山人，在全国唐代历史研究领域是有相当分量的。另外，论文集中《元结的山水诗与山水游记刍议》的作者霍松林先生，是一个更了不得的人物。马先生是唐代史学界的知名学者，而霍先生则是唐代文学研究领域的全国一号权威。霍先生的“作者介绍”写得不是很详细，其实他的分量是特别重的。现在讲唐诗研究也好，或是当今的诗词创作也好，霍先生都是权威。霍先生是陕西师范大学名誉校长，但凡陕西师范大学召开大型党政会议，都是让霍先生坐在中间，书记和校长是分坐两边的。有这两位先生的文章在论文集里领衔，我们这个研讨会的规格就是非常高的。由于种种具体原因，我们没有请外地专家学者到现场来。

下面我讲这样几点：

第一点，关于“鹰城十大历史名人”的深化研讨问题。改革开放以来，像江浙东南沿海包括山东这些发达地区在做文化产业和文化旅游产业的时候，基本上是四步走：第一步，“祭灵气”。实际上就是研讨。就连山西晋城皇城相府在开发之前，也是反复召开了研讨会的，在晋城召开，在太原召开，在北京召开，先把研究搞上去，挖掘内涵价值，明确历史定位，扩大知名度。不然的话谁知道“陈廷敬”是一个什么样的人，“皇城相府”是一处什么地方？第二步，“扬名气”。搞了充分的、高规格的研讨之后，充分利用现代信息化社会宣传载体、宣传渠道的传播，就把这一个地方的名气扬出去了，也就是我们平常所说的提升知名度。刚才王县长也特别讲到了这一点。前面的这两步可以说都是学术团体和宣传部门就能够做的事情，那么后两步，“聚人气”和“生财气”就不是学术团体力所能及的了。“聚人气”需要硬件建设，“生财气”是开发后产生的效益，在今天来说，就需要有识企业家，来投资文化产业。政府应做好引导，做好服务。

“鹰城十大历史名人”的评定和深化研讨，市里边2002年成立炎黄文化研究会，在评定了“鹰城八景”之后于2004年启动了“鹰城十大历史名人”的评定。通过两年细致的工作，到2006年发布评定结果，接着就开始了“鹰城十大历史名人”的深化研讨，也就是要“祭灵气”，要“扬名气”。2007年在舞钢召开了韩棱研讨会，2008年在郏县召开了张良研讨会，2010年在宝丰召开了冯异研讨会，2012年湛河区召开了李绿园研讨会，2015年新城区召开了牛皋研讨会。在这些研讨会召开之前已经开过刘累研讨会，这是随着刘姓联谊会第一次会议的时候召开了。在叶县召开了叶公研讨会。另外墨子研究，在咱们鲁山已经开过四次国内的国际的研讨会，市图书馆与省图书馆合作还完成了文化部项目“墨子数据库”建设，在座的市图书馆王馆长具体操办了这件事。李绿园研讨会也已开过三届。咱们今天的“元结研讨会”是“鹰城十大历史名人”深化研究中第九个人物的研讨会。剩下的一个，是汝州的孟诜。因为汝州独立出去了，不归平顶山管了，我们就不用考虑了。不过孟诜研讨会也已做了长时间的准备，论文已经汇集起来，但是尚未召开。“鹰城十大历史名人”的评定和深化研讨已产生了持续效应。郏县成立了张良文化研究会，张良文化研究会运作的情况也比较好，参与了省里张姓研究会，还有海内外的张姓张良文化研究会的活动，硬件建设也在强力推进。张良故里张店这个村，已被列入国家历史文化名村，还是国家级传统村落。鲁山则评出了“鲁山十大历史名人”，开了新闻发布会，出了书，今天发的材料里边就有这个本子。宝丰最近也提出了要评“宝丰十大历史名人”的课题，已经在积极酝酿。

“鹰城十大历史名人”“鲁山十大历史名人”的评定和深化研讨，为地方知名度和文化品位的提升搭建了一个很重要的桥梁，发挥了重要的作用。作为学术团体，应该做和要做的已经做了，祭了灵气，扬了名气，剩下的“聚人气”需要硬件建设跟上，需要加大文化产业投资。宁主席在所致欢迎词中讲，最近县里正在积极地谋划大力发展文化产业，这是一个非常好的兆头。这是我说的第一点。

第二点，元结研究的空间尚大，需要做的事情还多。刚才大家在发言中都已经不同程度地提到了元结的历史地位是非常显赫的。在军事上，他参与了平定“安史之乱”，“保全豫南十五城”免遭乱军蹂躏，这个功绩无论怎样讲都不为过。在政治上，他以“仁政爱民”为宗旨施政，体察民生疾苦，着力减轻百姓负担，在道州，在容州有口皆碑，开始放的那个短片，很令人感动。文学上，开“新乐府运动”之先声，系晚唐“韩柳古文运动”的先驱。在人品上，是鲁山地域人文品格的一个标志，这个标志用元结自己的话来说，“人生不方正忠信以显荣，则介洁静和以终老”。儒家文化对世人来讲，既讲进又讲退。跟下棋一样，不能光说进，光想着进弄不好要失败，但你也不能光退。“人生不方正忠信显荣”，告诉我们：进，以什么品格去进，就是“方正忠信”。为人要方正忠信去显荣，不要搞那乱七八糟靠走歪门邪道攫取显荣。这个是很有借鉴意义的，所以我认为这两句话是元结人生观的自我表达。如果客观条件制约不能够以“方正忠信”追求进的话，那么就退，退就“介洁静和以终老”，心里边也心安理得。颜真卿对他的品格的评价是什么呢？是“率性方直，秉心真纯，见危不挠，临难遗身”。“临难遗身”就是临危不惧。“率性方直，秉心真纯，见危不挠，临难遗身”就写在元结墓碑那个碑文里面，颜真卿对他这个朋友人品就是这样评价的。所以我说他是鲁山地域人文品格的一个标杆、标尺，一个标志。“地域人文品格”是指该地域里边的精英，还包括绝大多数人们的品格是什么样的。元结的这个品格可以作为鲁山人文品格的代表。说到这儿，我想剑秀要写鲁山的徐玉诺也好，任应岐也好，就得把这个品格写出来，你写出了这个品格就成功一半了。你仔细想想任应岐他也是这样的品格，徐玉诺也是这样的品格，甚至咱闲谈中你所流露出来的话，你的品格里面也有这个东西。所以，这一个啊，对我们鲁山地方来说这个是很亲切的也是很值得骄傲的。

说到元结研究的现状，当然所有中国文学史、唐代文学史及各种唐诗选本都不可能遗漏对元结的言述。你无论打开哪一本都写到了元结，作为专人研究和专题研究的论文也不少，可专著却不多。研究元结的成果主要集中在21世纪这十多年，你要从百度上百度的话，有关论文102万，但是我怀疑他这102万统计得准确不准确。有时候百度信息也不一定收集好。但是综述讲，从1994年到2010年有研究元结的论文数十篇，这个看来是实事求是的。而作为专著就不多，现在所能见到的改革开放之后出版的，有聂文郁的《元结诗研究》《元结诗解》；有台湾杨承祖的《元结综合研究》《元结研究》。另外一些多为近年的博士论文、硕士论文。对《元次山集》这个原著的整理，至今仍然只有1960年中华书局出版的孙望先生的《元次山集》，也就是今天这会上王涛会长给大家又重新印了一下的这个本子。孙望先生出的这个《元次山集》，一方面是开本很小，另一方面就是纸质差，属于那个年代的草纸。王涛会长把它用现在的纸张印发给每人手中一册，这是一件很好的事情。我们作为家乡的后学，接地气的学术研究课题尚多。一是故里、故居、地望研究。在《元次山集》里边有《述居》一篇，他在这一篇里边说“天宝庚寅，元子得商余之山。山东有谷，曰余中，谷东有山，曰少余。山谷中有田，可耕艺者三数夫。有泉停浸，可畦稻者数十亩。泉东南合肥溪”。这泉眼流出去往东南合到肥溪里边。“溪源在少余山下。溪流出谷，与滶合。”出山谷到商余村之后与滶合然后汇于滍。这是元结在一千多年前他自己说的他故居的周围环境和方位，说得再清楚不过了。可是一千多年来，因地貌山川的变化，即便今天我们拿着这几句话到商余山里头去对，仍然非常困难。我去过三次。其中有一次邢主席专程陪着，但还没有真正找到他《述居》里边所讲故居的具体位置。这个很值得深入研究。甚至有条件的话可以乘航模从天上往下看，可能会看得更清楚些。现在你就是拿着地图在山里边找，还是难以定位。这是一方面。再一方面，他的家族、生平、思想、作品的研究，主要是在商余山里边没有出山时候作品的研究。元结与元德秀、杜甫、颜真卿，元结对金代的大诗人元好问的影响等等这些研究。另外，元结墓、元结碑的研究。因为这个会议准备时间较长，我围绕元结研究写了几个东西，一个是论文集上收了我一篇对元结碑的校勘，我是严格按照校雠学规范对这个“元次山墓碑”或者叫“颜真卿碑”加以校勘的。因为这个碑目前已经是个残碑了，这个碑原本是多少个字，残了多少个字，现在剩下多少个字，能看清的是多少个字？有多种说法，起码有三种以上。我是根据手中的资料、拓片，严格按照校雠学给它过一遍，除了标点，另外缺字的应该是什么，给它补出来。这是我准备的一篇。第二篇我准备了《关于颜真卿撰写元次山墓碑的三个问题》。考证了它到底是多少个字，残掉的是多少，剩下能看清的是多少，看不清的是多少，是关于元次山碑的字数考据的，这是第一个问题。第二个问题，“元次山碑”是元次山墓碑，原本是在墓前立的，是在梁洼镇泉上村，就是刚才学乾说的在元子陵那儿立的。啥时间从那个地方挪到了县城黉学里边？有三种以上说法，元朝的，明万历年间的，还有什么年间的。元次山碑是什么时间移到县城黉学的，我研究一下做了个考证。我的结论是元朝移过来的，不是明朝移过来的。咱刚才片子里还讲万历三十一年移过来的，不是的。还有移到这儿之后盖个亭子保护起来的，是“庆云唐师”，这“庆云唐师”是谁，是个啥人，以往没有弄清楚。这是第三个问题。这个“庆云唐师”是广西人，他的家乡与元结做刺史的那个道州毗邻，只隔了个边界，他上学就是在道州上的，对元结很崇敬。他来到元结故里鲁山任教谕，对元结感情上最亲切，所以他捐出来自己的薪水，建亭保护。我这一篇文章上星期三《平顶山日报》文化版发表了，编辑给改个题目叫《元结碑历史疑云探秘》。我还梳理了一下历代对河南鲁山存世颜真卿撰书《元次山表墓碑铭》所做过的著录、考校、保护等事项，就是做过哪些事情，是“事表”形式的。我把它梳理到 2006 年国保单位获批，从公元 772 年到 2006 年历代做过的事情。历代都为保护这个碑做了大量的事情，为传播这个碑做了大量的事情。此外，我在研究三苏的时候，苦于把鲁山纳不进去。后来继增同志从苏东坡的诗里面找到他崇敬元紫芝即元鲁山这一条。我发现苏东坡在黄州，贬为黄州团练副使期间，经常过江去拜瞻元结遗迹的资料，写出一篇《苏东坡对元结的崇仰》，在网上发表过了。所以我们从研究的角度来说还有大量的活可以做可以干。

第三点，“元结文化”，我们能给后人留点啥。第一，可考虑修复“二元祠”，建成“三元祠”。四川眉山三苏祠是原先三苏居住过的地方，明洪武元年改宅为祠，嘉靖九年侍御史邱道隆命眉州知州莫钝维修扩建，清康熙四年知州赵惠芽重建，之后历代重修扩建，传留至今，不仅是眉山首屈一指的名胜，而且是蜀中最负盛名的人文景观，还是今天全国三苏文化观光的重镇和领头羊。在座的刘继增先生是全国苏东坡研究会的常务理事，是苏东坡研究的专家，这一块他最清楚。鲁山在元至正四年，即公元 1344 年，也就是说比明洪武元年改三苏宅为三苏祠的 1368 年早 24 年，刘毅任鲁山尹（元朝的县长叫尹，不叫知县）创立“二贤祠”，“二贤祠”里边供奉元德秀和元结，实际上是“二元祠”。“二元祠”毁于民国变乱，今天为什么不可以选址重建？若能与元紫芝琴台一并异地重建更好。今天发的材料里边有一册《鲁山文史资料》，就是前些年准备重修琴台时收集到的材料，封面是请人设计的效果图。我们甚至还可以考虑建成“三元祠”，这个“三元”就是把金朝的元好问也列进去。元好问对元德秀和元结是很崇敬的，从族系上讲，又同属一脉，元好问自己所列的家族世系，是把元结作为远祖的。他叙述他的祖宗“唐朝有元结，礼部侍郎”。当然元结到元好问有 500 年，按 30 年一辈，那 500 年得十七八辈，但是他说得很清楚。元好问从他的老家太原北今天的忻州，原先叫秀容，由于蒙古军南下而南逃，翻太行山，过黄河，到豫西，落脚在福昌县的三乡。这个地方在现在的宜阳县和洛宁县交界处，还是一个乡。他落脚三乡的时候，因祖上相传元德秀、元结都是鲁山人，相距不远，于是就翻山过岭到鲁山来拜元德秀琴台，写下长诗《鲁山琴台》，那一年他 28 岁。元好问的主要事业在豫西，在河南，相继任镇平县令，内乡县令，南阳县令，在叶县和襄县有别业，还在嵩山住过，当然也到开封当过中央的官。就因为 28 岁他到鲁山来拜他的老祖宗，写了《鲁山琴台》的诗，写了《箕山》的诗，拿着他写的诗去拜见在朝廷中做礼部尚书的大文化名人赵秉文。赵秉文对他这两首诗给予高度评价，说这两首诗是杜甫以来所没有的，从此元好问踏上了荣显之路。星期一占才主席跟我说这会上有个发言，我这几天都在准备，我看孔凡礼老先生的《元好问资料汇编》，他把元好问遇见了赵秉文和当年苏轼遇见了欧阳修相提并论，有人看重、推荐。这也使我想起来前些年市政协赵玉亭主席经常讲，一个人才的呈现，从机制上说有“三句话”“四个中”：第一，你自己得中；第二，得有人说你中；第三，说你中的人得中。这几乎是个定律，是个规律。你想去显荣，你自己得中，你自己没有本事不中怎么也不行。第二你光自己中没人去推荐也不中，所以得有人说你中。第三光一般人说你中不中，说你中的人得中。苏轼和元好问是两个很好的例子。所以把元好问拉进来并不过分。元好问的老家在忻州，忻州有元好问的墓，保护得还比较好，但是忻州有五台山，忻州的旅游光五台山就把一切都盖住了，所以元好问的墓在忻州也很委屈。假如我们把他请过来，与他的两位老祖宗放在一起，“三元祠”，这个名号打出去恐怕会相当有影响力、吸引力，连中“三元”嘛！第二结合鲁山的城市建设，可考虑建个“元结《大唐中兴颂》文化园”。刚才学乾也提了，光松也提了，在故里那里建个文化园，这些提议都很好。今天鲁山所存颜真卿《元结墓碑》尽管很珍贵，但因为是墓碑开发起来受众会有诸多忌讳，你把它裱裱贴贴挂在屋里？恐怕不像挂其他吉祥条幅那样受欢迎，因为它本身是墓碑。而元结撰文颜真卿书丹的《大唐中兴颂》就不同了，标题响亮吉祥而言简意赅。元结以亲历者的睿思实事求是地记述“安史之乱”的前因后果。这个《大唐中兴颂》只263个字，比一千多个字的《元结墓碑》书写起来也相对容易些。《大唐中兴颂》被誉为：一高简古雅，得雅颂之体；二字正辞严，忠肝义胆，乃左氏遗绪；三金石之音，星斗之文，云烟之字，瑰玮奇特，字迹隆照一世。这263个字它所记的是大唐盛世顶峰转折点，中国封建社会两千多年的顶峰转折点，263个字就把它囊括起来了。这个标题吉祥响亮，内容又实事求是，且很深邃。专门有人研究，颜真卿在书这263个字的时候没有按竖写自右到左的书写顺序，而是自左到右写，这里边也有深意。《大唐中兴颂》虽然书刻于湖南道州浯溪，但家乡把它移回，以壮鲁山文风，是名正言顺的事情，有何不可！除将原本拓摹重刻，还可刻制各种存世名家的摹本。历代名家都摹过他这个本子，所以现在留下来的本子不止一个，原本在道州浯溪，四川剑阁也有个本子。另外在清末的时候研究甲骨文的一位老先生送给宣统一个本子，就藏在故宫里面。把这些本子都收罗来，另邀当今名家和本地书家以自己最擅长的字体去书写，刻制成碑，荟萃于一园，以传至久远。谁都愿意写《大唐中兴颂》，谁都愿意读《大唐中兴颂》，谁都愿意看《大唐中兴颂》。你就是看不进去里边的内容，你光看“大唐中兴”效果就很好。前一段时间在郑州参加张良研讨会还有位叫张祥龙的人是专写颜体的，他送给张良文化研究会一个横幅，是他自己临摹的《大唐中兴颂》，那展开来确实很漂亮，尽管是他自己写的，但是也很漂亮。所以这些活都是可以做的。不说远的，最近的郏县的三苏园，前些年搞《大江东去》碑刻、碑林，现在又搞二期碑林，都是可以学习的。假如能够做上这些事情，把这些东西留给后人，我们也不枉生在这个时代，也不枉今天都坐在这里来研讨元结，能够给后人留一点东西。我每次回鲁山，走鲁平大道到露峰山南边的路段，北望露峰山，心情就激动一番，现在是最好看的季节，山上的树长得很好，真真白白的“露峰耸翠”。在那上边特别是西边的低山包上做这个事情就是不错的一处选址，很显眼。元次山，“次山”嘛，在次峰上，不占瑞云观所在的顶峰，元结也会很高兴。

第五辑　玉诺文化篇

关于1923年的徐玉诺[1]

1923年，徐玉诺29岁，作为文学研究会早期成员（1921年春夏之交入会，入会号排名第56位），其活动虽经90年来的挖掘研究，大关节是清楚了，但一些细节仍难免扑朔迷离。而搞清楚徐玉诺在这半年的活动，对研究其本人乃至当时的中国文坛，都很有意义。因此，本文试做些探讨，以就教于方家。

关于徐玉诺进京及“卖身启事”问题

1923年，徐玉诺进了一趟北京，并在文坛引发“卖身

① 本文发表于2014年11月1日“首届全国徐玉诺文化研讨会”。

启事”的趣谈。从现在可以见到的资料，最早记下这件事的是其好友张默生。张默生（1895—1979），原名张敦讷，山东省淄博市临淄区敬仲镇呈羔村人。默生自幼受身为中国科举制度废除之前最后一科举人、有进步思想的教育家父亲张中立的影响，便笃志力学，执着追求。1924 年，国立北京高等师范文学部毕业，先任教山东省立第一师范并兼齐鲁大学讲师，后去河南淮阳师范，在河南淮阳师范与徐玉诺同事，并成为好友。1928 年 8 月，张默生回到山东，历任曲阜师范校长、济南高级中学校长、烟台中学校长，在曲阜师范和烟台中学任校长时，均曾聘徐玉诺任教；1936 年 8 月，被南京国民政府教育部聘为编辑；1941 年 9 月，出任复旦大学教授；1946 年 8 月去四川，历任北碚相辉学院文史系教授兼系主任、重庆大学教授、四川大学中文系教授兼系主任。1952 年，加入中国民主同盟。1957 年，被错划为“右派”，1979 年 8 月，20 年冤案获得改正；9 月 27 日病逝于成都，终年 84 岁。张默生先生毕生治中国古典文学，尤擅先秦诸子之学，于《庄子》的研究造诣最深，著成《庄子新释》一书，成为国内屈指可数的“庄学”泰斗。张默生先生除研究庄子外，还以善写传记名闻天下，1944 年在东方书社出版了一册《异行传》，风行一时，其中有《记怪诗人徐玉诺》一篇。《记怪诗人徐玉诺》记述道：“民国十年左右罢，那时我正在北平读书，早已读过他的新诗《将来之花园》及在《小说月报》上他所发表的短篇小说了。当时我正迷恋新文艺的作品，无论是小说，是诗，是戏剧，一见有新出版的，就买来阅读。玉诺君的作品，是在我漫读中占着重要的位置的。也许是因为我同班的一位好友，是和玉诺君同乡，而且是开封一师同学的关系。他屡次提及玉诺君不平凡的生活，所以就格外注意了。”“一天，我在阅览室阅报，忽发现报上有徐玉诺的启事。启事中的大意，是说独身漂泊北平，无以为生，愿意找点职业，藉以糊口。上而大学教授，下而各机关录事，均可应聘，月薪十二元，寓西河沿某客栈。我看了他的启事，宛如侦探家破获了什么重要案件似的，急忙去告知我那位同学，请他导我去拜访这位待聘的大学教授或各机关的录事。谁知第二天我们访问他时，他已于先一日偕俄国盲诗人爱罗先珂到东三省去了。”张默生这番记述与事情的发生仅隔 20 年，又是自己所亲历，记忆应该大致不错，只是时间是个“大约”且有意隐去了“同学”的真名实姓，所记启事也只是个大意而非原文，且因为未见着徐玉诺，对其突然来京的缘故不甚了然。

张默生的《记怪诗人徐玉诺》面世 36 年后，王予民、谢照明在 1980 年《奔流》第 4 期、第 5 期上连载《徐玉诺的一生》，对此事做了较为详细的叙述：“1923 年 4 月，鲁迅与周作人正寻觅合适的人送爱罗先珂回国，有一天忽然看到了《晨报》第 7 版《分类广告》的《介绍职业》栏里，登了一个徐玉诺的求职启事：‘徐玉诺君愿充各级学校文学教授，或各报校对及各种书记员，每日可工作 10 个至 14 个钟头，月薪只须 12 元。高师罗绳武启。’这则启事的左侧即为《百物出卖》栏。这则启事登出后，一时传为‘卖身启事’的笑谈。周作人将玉诺接到了八道湾家中，问玉诺缘何到京。玉诺笑笑说：他从河南临颍送一个朋友北上，把朋友送上火车后，似乎还有许多话没说完，就决定把朋友送到郑州。一路上谈论得十分热烈，火车什么时候到的郑州也不知道。当火车从郑州开动时，方才发觉，就索性将朋友送到北京。到京后二人分手，自己才发现身边带的钱还不够买回去的车票，只好将随身的衣物作抵押，寓居前门外西河沿一家最寒碜的小客栈。去高等师范找旧日的同学罗绳武商量办法，罗是个穷学生，也无力接济玉诺。二人商量，由玉诺在《晨报》登个觅职启事，能工作一个月就够南归的路费了。”王予民、谢照明作《徐玉诺的一生》，是下了一番功夫，做过认真调查的，不仅弄清楚了徐玉诺进京的时间是“1923 年 4 月”，而且查出了徐玉诺在《晨报》刊登求职启事的具体位置及启事原文，还通过采集到的“玉诺口述”揭示出其进京的原因，更重要的是使我们明白了张默生所说“我同班的一位好友，是和玉诺君同乡，而且是开封一师同学”的那个人是罗绳武。罗绳武（1903—1995），河南新野县城关镇人。现代著名教育家，其父罗飞声为中国同盟会会员，曾任开封《民立报》主编，为“二次革命”烈士。1919 年爆发五四运动，罗绳武在开封河南省立第一师范上学，是学生代表之一，与军警冲突受伤。后考入北京高等师范国文系，师从钱玄同、李大钊和鲁迅先生。1926 年 4 月 11 日，罗绳武任北伐东路军指挥部政治部“上尉编辑”，参加广东革命政府北伐。1927 年后专事教育工作，历任河南北仓女子中学的教导主任、河南大学教授、中原大学筹备委员会委员、重庆大学教授。中华人民共和国成立后罗绳武先生历任河南开封师范学校和郑州师专校长、郑州大学教授，是河南省政协委员，有《鲁迅在北师大》《民俗学之社会史的研究》《社会发展史纲》等著作。 罗绳武先生因为性格耿直，在 1957 年大鸣放时被错划为“右派”，下放农村，任图书管理员 20 多年。1985 年罗绳武先生获得改正，一直因病在家中休养，直至 1995 年 6 月 9 日去世，享年 92 周岁。《徐玉诺的一生》所称徐玉诺求职启事在《晨报》刊载的具体位置及启事原文，即便不是查阅图书馆所藏原版《晨报》所得，起码也应是从当事人罗绳武口中访谈得来的，因为王予民、谢照明撰述《徐玉诺的一生》时罗绳武先生还健在，住在郑州。但这里边有一个问题，就是徐玉诺为什么会在河南临颍送朋友上火车？徐玉诺的这个朋友是谁？稍后，1987 年 6 月 1 日出版的《河南文史资料》第 22 辑。刊载了一篇署名张洛蒂的文章《徐玉诺在临颍甲种蚕校》，称“1922 年，我在家乡临颍县甲种蚕校读书。这年暑假后，学校来了一位语文老师徐玉诺。他身材魁梧，衣着朴素，态度和蔼，说话家常，像一个憨厚的中年农民”。“1923 年秋天，徐老师送一个朋友到车站去，一去没有回来。原来，徐老师一直送这位朋友到了北平，在旅馆里住了几天，钱花光了，没有办法，只好在《晨报》上登了一则待聘启事：‘本人上自大学教授，下至小学教师等均能胜任。’下边署‘玉诺’二字。”尽管“1923 年秋天”的时间系记忆有误，启事的内容也不够准确，但此文解决了徐玉诺之所以从河南临颍送朋友到北京，是因为当时他在临颍甲种蚕校教书。至于徐玉诺送的这位朋友是谁，仍是个疑问。

王予民、谢照明发表《徐玉诺的一生》之后又过了25年，秦方奇作《徐玉诺年谱简编》（见秦方奇编校《徐玉诺诗文辑存》，河南大学出版社2008年版），言“1922年9月应聘到河南临颍甲种蚕校教书。1923年3月中旬送朋友时因不忍与朋友分别，一同乘火车离开河南到北平。1923年3月底与朋友分手后，徐玉诺才发现身上带的钱不够返程车票，徐玉诺找到早年同学罗绳武借钱，罗此时在北平高等师范读书，无力接济。二人商定由罗在《晨报》上为徐玉诺登载求职启事：‘徐玉诺君愿充各级学校文学教授，或各报校对及各种书记员，每日可工作10个至14个钟头，月薪只须12元。高师罗绳武启。’《晨报》编辑孙伏园故意将这则启事安排在‘百物出卖’栏目，在4月3日、4日连续在第7版刊出，一时传为‘卖身启事’的笑谈。周作人看到这则启事后，就将这位朋友接回家中，并答应帮助”。此文与《徐玉诺的一生》相比，最大的进展：一是明确了徐玉诺“1922年9月应聘到河南临颍甲种蚕校教书”。徐玉诺之所以从河南临颍送朋友上车，正因为他任教于河南临颍甲种蚕校。二是查清了徐玉诺求职启事在《晨报》刊出的日期是1923年4月3日、4日。但称“1923年3月中旬送朋友时因不忍与朋友分别，一同乘火车离开河南到北平。1923年3月底与朋友分手后……”有点不确定，因为哪怕是中旬的最后一天从河南临颍上火车，到北京下车分手，也不至于到 3 月底。但从求职启事刊出的时间“1923 年 4 月 3 日、4 日”看，“3 月底与朋友分手”倒是可信的。这样一来，徐玉诺在临颍送朋友上车的时间只能是 3 月下旬，而非“3 月中旬”。还有，是文不取《徐玉诺的一生》所言启事登在“《分类广告》的《介绍职业》栏里”，而说“《晨报》编辑孙伏园故意将这则启事安排在‘百物出卖’栏目”，恐怕需要斟酌。而最大的遗憾，是徐玉诺送到北京的“朋友”仍不知何许人也。

我分析，就当时的情况而言，徐玉诺所送的朋友，不外乎三种人：第一，文学研究会同人；第二，在北京的原开封河南省立第一师范同学；第三，慕名前来拜访的文学爱好者。若是文学研究会同人，不可能不留姓名；若是慕名前来拜访的文学朋友，徐玉诺这么盛情地将之送回北京，按人之常情，他能不邀徐玉诺到家一坐，哪有连姓名、住址也不留，就这么拜拜了的道理？所以说，这位朋友最有可能是在北京的原开封河南省立第一师范同学。行文至此，我有一个大胆的猜想，徐玉诺从河南临颍送到北京的朋友，不是别人，正是罗绳武。这样说的理由有四：一、罗绳武是徐玉诺在原开封河南省立第一师范读书时最要好的同学，罗绳武在《任情真诚的徐玉诺》一文中曾说：“我们二人‘五四’时期是开封师范的同学，是老朋友了，他是想念我的。我在北平教书时，他曾把他的孩子托我照抚，还一度想把他的家和我的家合在一起。”虽然这是后话，但可见二人的情意非同寻常。二、可想而知，也只有遇到罗绳武这样的老朋友，徐玉诺才会沉浸在友情之中，有说不完的话，达到忘乎所以的程度。三、此时的罗绳武正在北京高师读书，而这一年的春节来得比较迟，2 月 16 日春节，3 月 2 日元宵节，罗绳武家居河南新野，过罢寒假返校途中，先步行到距新野最近的京汉线上的临颍拜访好久不见的老同学徐玉诺，再乘火车进京，是很顺当的。况且，当时的北京高校，对学生的管理相对比较宽松，特别是文科院系，每逢寒暑假学生早走、晚到是常见的事情。四、徐玉诺滞留北京，最先知道的是罗绳武，又是罗绳武为其设法在《晨报》刊载求职启事，且启事的落款径书“高师罗绳武启”。像已有之说，说徐玉诺是在没有办法的情况下去找罗绳武求助的，当然说得通，但也不能排除二人原本就是相偕到京的这种可能。

至于徐玉诺所送的朋友到底是不是罗绳武，当然这只是一个猜测而已，但有这个猜测比没有这个猜测总算进了一步。不过，这种猜测要想成为定论，还有待新资料的发现来小心求证。

关于徐玉诺护送爱罗先珂问题

关于徐玉诺护送爱罗先珂到哈尔滨一事，以上各家都提到了，是周作人见到《晨报》上徐玉诺的求职启事后，邀徐玉诺至八道湾家中，商量确定下来的。至于护送爱罗先珂之事是什么来由，又为什么会是周作人请徐玉诺护送爱罗先珂，研究徐玉诺的都不曾道及，而研究周氏兄弟与爱罗先珂关系的又从不言徐玉诺护送之事。

爱罗先珂是鲁迅结识的第一位 20 世纪 20 年代著名的俄文诗人、作家。爱罗先珂出身于乌克兰农家，四岁时因患麻疹而双目失明，到莫斯科盲童学校读书。后在国际世界语协会的协助下，转赴伦敦皇家盲人师范学校学习。1914 年之后，流浪于日本、泰国、缅甸、印度，用俄文和世界语写诗。1919 年，他被英国殖民当局视为“革命党”和“德国间谍”，先是被拘禁，后又被驱逐，他只好又辗转去了日本，却因参加日本社会主义同盟了该组织的“五一”游行，1921 年被日本政府以“宣传危险思想”罪将其驱逐。当时爱罗先珂想回国去盲校当音乐教师，可他从海参崴抵赤塔时，却被拒绝入境，那时新生的苏俄被称为“饿乡”，除了共产党和外交专使之外，其他人一概不准入境，于是，爱罗先珂只好辗转来到中国，先到上海，后于 1922 年 2 月 24 日，由沪抵京。爱罗先珂此行是到北大教授世界语课程的，北大校长蔡元培是一个世界语爱好者。先前北大已有世界语课，但一向乏人问津，爱罗先珂来了却不同：俄国人、盲诗人，又是周氏兄弟极力推崇的作家，许多学生就非常愿意听课了。蔡元培还怕爱罗先珂是残疾，无人看顾会有诸多不便，考虑到爱罗先珂懂日语，就安排他暂住在精通日语的周氏兄弟在北京的住宅——八道湾 11 号，由周氏一家就近照顾其起居。周氏兄弟热情地把他安排在东屋，那是周作人一家所住的后院的东边。此前鲁迅刚编完爱罗先珂的《童话集》，鲁迅对他和他的作品很是欣赏，不久，他们就结下了深挚的友情。此后，爱罗先珂就在北大马神庙二院每周日上午讲授世界语（一说还有俄国文学），并由周作人代领薪金。当时周作人几乎成了爱罗先珂的专职秘书、向导、翻译，职任代领薪水、换钱、代写书信、记录讲演稿、代发电报、陪同并翻译演讲、陪同出游、饮宴应酬等。爱罗先珂住进八道湾之后，客人渐渐多了起来，也大多由周作人来招待，有的客人索性就住在八道湾的客房。鲁迅在爱罗先珂任教和演讲、参加各种社会活动时也不时陪同在侧。后来周作人回忆："鲁迅尤和他熟习，往往长谈至夜半，尝戏评之曰'爱罗君这捣乱派'。因为他热爱自由解放，喜赶热闹，只要有集会，都愿意参加，并且爱听青年们热烈的辩论，虽然他听不懂。"鲁迅和爱罗先珂对很多问题有共鸣，从他们身上我们似乎仍能嗅到他们那种强烈的、朝气蓬勃的文化品格和文明追求，以及他们诗人般的天性。当时鲁迅正在爱罗先珂帮助下翻译《桃色的云》，而他们合照的照片则记录了这些光影。7 月 3 日爱罗先珂启程赴芬兰参加第 14 次国际世界语大会的年会，周作人往车站送行，原定到了 9 月即返回，所以，他的生活用品如琵琶长靴和被褥等都没有带走。然而，他竟逾期未归，大家颇为之担心，周作人还揣度他"在芬兰呢，在苏俄呢，在西伯利亚呢？"10 月，鲁迅以八道湾的爱罗先珂为素材，创作了《鸭的喜剧》，这是一篇带有纪实性色彩的小说。结构异常简单，内容却丰富深广，爱罗先珂对世界充满了爱心，那是一种博大的爱——他爱一切生物，爱充满活力的生命，爱欢乐的世界，但世界却不尽如人意。爱罗先珂于 11 月 4 日返回，在八道湾周家住到来年 4 月。在中国，尽管爱罗先珂的日程填得满满的，这位盲诗人的精神世界里却低低叫着寂寞。虽说八道湾的生活在他一生中应该算是最温馨的了，他却苦于“于上课读书作文之外，只吃葡萄干梨膏糖和香蕉饼，或者偶往三贝子花园听老虎叫而已”的单调生活。盲诗人时常叹气和诉苦:“唉唉！”“寂寞呀，寂寞呀，在沙漠上似的寂寞呀！”爱罗先珂赴芬兰参加世界语大会时，途经莫斯科，苏俄政府终于弄清了他的身份，也就不再拒绝他要求返国的愿望，所以，爱罗先珂回到北京后不久，就决定离开“寂寞”的中国，他在匆匆旅游了上海和杭州之后，决计起程回俄。爱罗先珂是盲人，路上需要有妥帖的人陪伴护送，周家二兄弟公务繁忙，脱不开身。当周作人说起爱罗先珂即将返俄，但尚未找到合适人相送时，急人所难的徐玉诺提出愿送盲诗人到哈尔滨。周家二兄弟觉得徐玉诺极热情，是位靠得住的朋友，就将送爱罗先珂一事托付给了玉诺。于是就有了周作人请徐玉诺护送之事发生。

当时哈尔滨所在的中东铁路在苏俄掌控之中，只要到了哈尔滨，爱罗先珂就可以很顺利地返回俄国了。1923 年 4 月 16 日徐玉诺陪护着盲诗人爱罗先珂离开北京。关于这一点，刘济献的《徐玉诺年谱》和秦方奇的《徐玉诺年谱简编》都有明确载入，而对于他们的行程却不甚了了。事实上是，徐玉诺陪着爱罗先珂离京之后，乘车到天津，在天津发现有日本便衣警察跟踪监视。他们从天津坐船到大连，又受到日本警察署的盘问，幸有徐玉诺妥善应对，得以乘上日本人控制的南满铁路的火车北上，于24日来到长春，再转车安全到达哈尔滨。徐玉诺在4月24日写的一首《小诗》记下此事："一、因为要争气，——将苦恼踏在脚下；但有种无字形容的难堪，马上就罩在头上，横在心里。二、我要背着我的爱走进这个黑道吗？生活告诉我说：'没法收拾！'势力告诉我说：'你不许动！'我的良心告诉我：'除此以外你没处去。'三、冰的世界也罢；我的主宰！——只要不扰乱我春之梦。——长春下车，北风冰冽，大雪纷飞，连那好争则斗的爱罗先珂先生，也颤抖着叫起'极冷'来！但他尚幻想夜莺在俄国，我呢？——我——没有了心灵和感情——是我债主的傀儡——被搬在这黑道上！——我的剑三兄呵！现在我还能写信给你。——"4月24日长春倒车，是这次行程中的一个重要时间节点。这个时间节点因有徐玉诺《小诗》而留下了明晰的印记。从离开北京到到达长春，他们走了8天。然后从长春到哈尔滨，把爱罗先珂送上回俄国的火车，恐怕最少还得两天。当然，徐玉诺以其诗人的善良、热情，一定程度上抚慰了爱罗先珂这位俄文盲诗人急于回国的寂寞心境。"言必信，行必果"，徐玉诺圆满完成了周氏二兄弟托办的差事。

关于徐玉诺到吉林毓文中学教书问题

周作人请徐玉诺护送爱罗先珂到哈尔滨，是麻烦徐玉诺代劳之事。因此，周作人还为徐玉诺谋得一份工作作为酬报，那就是介绍徐玉诺到吉林毓文中学教书。关于此事，各家的记述有所不同。

张默生先生的《记怪诗人徐玉诺》一文未言及此事。谢照明、王予民二先生的《徐玉诺的一生》称："当周作人说起爱罗先珂即将返国但乏人相送时，玉诺提出愿伴盲诗人去东北。周作人说：'恰好吉林毓文中学正在关内聘教员，文学研究会的朋友王统照已先期前往。你若愿意，不妨到那里教一段书，也可增广见闻。'玉诺就答应了。玉诺一直把爱罗先珂护送到哈尔滨，才折身去吉林毓文中学。"张洛蒂先生的文章《徐玉诺在临颍甲种蚕校》说："当时周作人见到启事，就把徐老师找去，告诉他朱自清在东北某地教书，叫他到东北去找朱自清。他送爱罗先珂到哈尔滨后，就到朱自清那里任教。"刘济献先生的《徐玉诺年谱》（见中国文史出版社2007年出版的《徐玉诺先生的故事》）记载："1923年4月初，徐玉诺在临颍蚕校不辞而别至北京，刊登谋事广告于《晨报》第七版'介绍职业'栏，被周作人等见到，遂将玉诺接至八道湾周家。经周作人介绍，拟去吉林王统照、穆木天所在的毓文中学任教。在北京曾陪爱罗先珂。16日护送爱罗先珂回国而去东北。此后在毓文中学任教至同年七月。”秦方奇先生的《徐玉诺年谱简编》则言之极简：“1923 年 4 月 16 日徐玉诺护送爱罗先珂离开北京，送至哈尔滨后，即到吉林毓文中学任教。”

周作人在请徐玉诺护送爱罗先珂到哈尔滨的同时，曾介绍徐玉诺往吉林毓文中学任教；徐玉诺在把爱罗先珂送到哈尔滨之后就转赴毓文中学，是没有疑问了。但吉林毓文中学是一所什么情形的学校，徐玉诺到吉林毓文中学找谁接头，却是个问题。

吉林毓文中学创办于 1917 年 3 月，创办人韩乃赓。老校址位于吉林市船营区松江中路 191 号，是一个长方形院落，总占地面积 2710 平方米，建筑面积 1125 平方米。布局属传统的三合院建筑，有正房和东西厢房，东侧有回廊相连。1916 年从天津南开毕业的吉林籍爱国青年韩梓飏、张云责、李光汉等进步知识分子回到家乡，于 1917 年积极谋划运作由韩乃赓作校董，创办起一所南开式的中学——私立吉林毓文中学。而就在毓文中学成立的当月，段祺瑞辞职出走天津，使府院之争愈演愈烈，随后八省宣告与北洋政府脱离关系，6 月张勋率辫子军自徐州北上进京。7 月 1 日宣统帝在京宣告复辟。如何救中国？谁能救中国？成为了当时有识之士探讨最多的话题。而当时的毓文中学选择了用进步的教育理念，开启民智，传播先进理念。1919 年五四运动爆发后，毓文中学全体师生于同年 5 月 7 日举行大罢课，5 月 9 日召开公众演说大会，并进行游行示威，展开抵制日货斗争，点燃了吉林人民反帝爱国斗争的熊熊烈火。在新文化运动中，毓文师生站在吉林新文化运动的最前列，积极宣传新思想。毓文中学在张云责和李光汉的指导下出版了《毓文周刊》，这是吉林省内第一个创办校刊的学校，这个校刊一出版就为吉林的新文化运动、五四运动，鸣锣开道，呐喊助威。由此来看，周作人等文学研究会的台柱们关注这所学校，支持这所学校，徐玉诺同意到这所学校任教，就不是贸然的了。

至于徐玉诺到毓文中学的接头人，当以《徐玉诺的一生》所言“文学研究会的朋友王统照已先期前往”为最确。王统照（1897—1957），字剑三，笔名息庐、容庐，作家，山东诸城人。1913 年考入山东省立一中。他的文学创作发轫于此时。七八月间，回乡度假，试写章回体小说《剑花痕》。1916 年，处女作——文言小说《新生活》发表。1916 年，为纪念反对帝制、再造共和一周年，编写话剧《云南起义》，自饰蔡锷。1918 年考入北京中国大学英国文学系，被推选为学报编辑。同年，在《妇女杂志》上发表第一篇白话短篇小说《纪念》。1918 年办《曙光》。1919 年五四运动时，从事新文学创作，参加了火烧赵家楼的示威活动。1920 年冬，与郭绍虞、郑振铎、耿济之等 12 人，发起组织文学研究会。1921 年 1 月参加发起成立文学研究会，曾编辑《曙光》《晨光》等杂志，主编《晨报》的《文学旬刊》。1922 年 7 月，他大学毕业，留校任教。10 月，出版第一部长篇小说《一叶》，被列为文学研究会丛书。1921 年与郑振铎、沈雁冰等发起成立文学研究会。曾任中国大学教授兼出版部主任，《文学》月刊主编，开明书店编辑，暨南大学、山东大学教授。周作人介绍徐玉诺到吉林后找王统照接头，可以从徐玉诺送爱罗先珂在长春下车所写《小诗》中的“我的剑三兄呵！现在我还能写信给你”。“剑三兄”所指就是王统照，“剑三”是王统照的字。说明徐玉诺在将爱罗先珂送达哈尔滨之前曾于长春先期给已达毓文中学的王统照写了信，并附上了这首《小诗》，以示联络。

证清了1923年上半年徐玉诺“进京及‘卖身启事’”“护送爱罗先珂至哈尔滨”“到吉林毓文中学教书”的细节，有利于审视：徐玉诺进京及“卖身启事”凸显了徐玉诺为人处世的鲜明个性；徐玉诺护送爱罗先珂至哈尔滨，既可窥见徐玉诺“热情似火”急人所难的善良品格，又是研究二周在新文学作者群体中的行事、威望和影响力及徐玉诺同新文学台柱周氏兄弟关系的重要事本；徐玉诺到吉林毓文中学教书，则反映出文学研究会内部的良性生态。

论徐玉诺对《歧路灯》的研究

徐玉诺是20世纪20年代对李绿园《歧路灯》进行早期研究为数不多的学者之一。徐玉诺涉足《歧路灯》研究，有其先天的优越条件。首先，徐玉诺家居之河南省鲁山县徐营村与李绿园故里宝丰县宋寨村隔沙河相望。徐营村在沙河北岸，宋寨村在沙河南岸，相距仅十余里。徐玉诺视李绿园为乡里先贤，口称先生而不名，十分崇敬。其次，20年代初徐玉诺一步登上全国文坛后，在学界有相当的声望，与关注《歧路灯》的各位学者冯友兰、董作宾、朱自清、郭绍虞等均有交往。

徐玉诺研究《歧路灯》的文章，有发表于1928年11月11日《明天》杂志第一卷第4期上的给冯友兰的复信题为《〈歧路灯〉及李绿园先生遗事》和发表于1929年8月

11日《明天》杂志第二卷第8期上的《墙角消夏琐记》（一至三）、10月16日第二卷第10期上的《墙角消夏琐记》（十七、十八）（以上文章均已收入河南大学出版社2008年出版的秦方奇编校《徐玉诺诗文辑存》一书），还有书于冯友兰《歧路灯》抄本上的《眉批集录》（见中州书画社1982年出版的栾星编著《歧路灯研究资料》）。归纳起来，徐玉诺在《歧路灯》研究上做了三个方面的工作：一、深入李绿园故里及周围地方，对《歧路灯》的创作环境和抄本存世情况进行田野调查；二、对李绿园的身世作了研究；三、对《歧路灯》文本进行了研究。

在《歧路灯》早期研究者中，徐玉诺是唯一一位做过田野调查的学者。冯友兰兄妹在1927年整理出版《歧路灯》前后，曾多次给徐玉诺写信，询问《歧路灯》抄本及李绿园事迹。为此，徐玉诺至少两次到李绿园故里宋寨村进行访问，实地察看了李绿园少年时代读书的地方“鱼山关公庙”、经常攀附玩耍的石雕辟邪、著《歧路灯》时的住屋和李家祠堂；从李绿园五世孙李明达处得阅李绿园的一些遗著《四谈》抄本、《东郭传奇》残卷、《拾麤集》散段；到宋寨南鲁山张官营亲睹《歧路灯》的张氏抄本和余氏抄本；到宝丰通阅了姬路环家的抄本和马街司家所藏残本。另外，从《国朝中州诗抄·李绿园小传》中得知宝丰杨庄杨淮家收藏有《歧路灯》书稿，徐玉诺还专门了解了杨家“三世孀妇，与世绝缘，无法搜求”的情况。

徐玉诺对李绿园身世的研究，一是考其生年，二是论其家道。关于李绿园的生年，徐玉诺作田野调查时亲眼看过李家祠堂的木主，在回复冯友兰的信中说：“据李家祠堂木主，绿园先生康熙四十六年丁亥十二月初一日寅时生于鲁山水牛屯，乾隆五十五年庚戌六月二十八日巳时寿终于米市胡同京邸。享年八十有四。”但在《墙角消夏琐记》之一《李绿园寄风穴上人诗及其生年》中又据友人所抄《汝州志》李绿园写于乾隆三十八年癸巳《宦途有感风穴上人》诗第二首末联自注“时年六十有九”，对木主上所记生年“康熙四十六年丁亥”纠正道：“按乾隆三十八年癸巳，次年甲午先生七十岁。若自注不错，先生当生于康熙四十三年甲申，享年八十有四，恰好先生卒于乾隆五十五年庚戌。木主所记卒日当然不致有误，生年不同，正是按旧历推算错了。”关于李绿园的家道，徐玉诺依据田野调查所得马街司氏家藏李葛嘉庆十二年十二月十六日所书墨稿：“不寐苦，不寐苦，伤心乾隆岁丙午。长兄病殁汴梁城，客囊羞涩心无主。遍丐诸旧游，酿金廿四五。草草成殓毕，我携侄儿扶榇归仆仆。可怜孀嫂！从此食贫将孤抚。未及十年嫂亦去！父子姑媳葬西郊，此时果否会地府！”发挥《小说考证》据《缺名笔记》言“绿园殁后家道凋零”之说，称“不知绿园在日，已经穷苦不堪”，感叹“绿园家事凋零，何得如此其速！”

徐玉诺对《歧路灯》文本的研究。一是在校阅冯友兰抄本《歧路灯》时，自第二十九回《谭绍闻护脸揭息债，茅拔茹赖箱讼公庭》起，至第三十四回《谭绍闻赢钞夸母，孔慧娘款酌匡夫》止，做了多处眉批，包括“执疑”和“夹注”两类。执疑是其参照“卢本”异文处所提出的怀疑。如对第三十四回原文说道：“我先睡罢。你两个今晚要一定合伙儿好拧我。一个单拧我，我就不依。你说瞎话。”执疑曰：“卢本无此文。只云：‘我与兴官儿睡罢。脱衣解带，抱住兴官，父子俱入梦境。’但诺前读鲁山诸家抄本，均有如此‘拧’字的描写。按《歧路灯》全书，止此一段情文，竭力渲染绍闻闺房之乐，以见光明大道，正合作意。况此段文字，发于性情而止于义理；所谓‘拧’，尤风流蕴藉，别开天趣。卢本不知何故独略此文。”夹注是其读到精彩动情处所发感叹和所作评语。如对第三十一回原文“大儿，你还不叫王忠去磕头去”。夹注曰：“诺到这里把泪流了。往常生死离别，都不能引起我的眼泪。这事却平常，但我一听见孔慧娘的发言，两颊就驰驰地振动，泪热污纸。诺闲记。”对原文“只泪珠鼻液，湿透了一个方砖”。夹注曰：“绿园在《自序》中，极诋《三国》《西游》《水浒》《金瓶梅》四大奇书，似非小说家，不意竟有传真铁笔。”二是将《歧路灯》与《儒林外史》《品花宝鉴》分别作了比较研究。与《儒林外史》比较称：“《儒林外史》有意‘出相’八股先生和孔孟心传之徒，却只见零碎衣钵，不见他们的真相。因为作者既是外道，用攻击的眼光、牢骚的心情，去观察、去表现，当然不能演出他们的精魂。倒不如《歧路灯》这正人正书，要拿八股先生和孔孟心传之徒作青年榜样的，无意攻击，却是深刻的攻击了。”与《品花宝鉴》作比较道:“同样《歧路灯》有意画出吃喝嫖赌地狱，标曰‘这路不能走’，额曰‘其苦不可言’。读《歧路灯》的并不觉得苦，遇见不可走的路反起好奇的思想，想试试那里到底啥滋味。因为李绿园对于下流生活到底是门外汉。”“倒不如《品花宝鉴》无意教训，无意为青年指点迷津。读过《品花宝鉴》的都从心底里涌出‘这路不能走’‘其苦不可言’来。作者李某是深于下流生活的，洞悉此中滋味，故书中兴味越高处，苦痛越深。”从而得出结论“人生理知，不基于格言教训，而基于实际经验。文学须得自我表现能经济的代替经验，方能达到训诫效果。这是《歧路灯》作者所想到做不到的”。应该说是徐玉诺先生开了《歧路灯》比较研究的先河。即便时间已经过去了 80 年，以今天的眼光看，我们也不能不佩服徐玉诺先生研究视角之独到，洞察之深邃。

需要指出的是，由于受资料占有的制约，徐玉诺对李绿园生卒年和家道的研究结论存在失误。关于李绿园的生卒年，徐玉诺依据友人所抄《汝州志》李绿园写于乾隆三十八年癸巳《宦途有感风穴上人》诗第二首末联自注“时年六十有九”系“时年六十有七”的笔误，有道光《汝州志》卷十《艺文志》载李绿园《寄风穴上人二首》末联自注“时年六十有七”为证。同时，李绿园若生于康熙四十三年甲申（1704），无论怎么推算，到乾隆五十五年庚戌（1790）逝世都不是 84 岁，而是 87 岁。因此，不仅李家祠堂李绿园木主所记其卒年是准确的，而且所记其生年也是准确无误的。按《二十史朔闰表》换算，李绿园出生的康熙四十六年十二月初一日为公历1707年12月24日，逝世的乾隆五十五年六月二十八日为公历1790年8月8日，享年84岁。至于李绿园的家道情况，李葛《不寐苦》只是哀叹其长兄李蓏病死开封时的窘况，是“客囊羞涩”，并不能证明李家已“穷苦不堪”“家道凋零”。李蓏是李绿园第一房夫人余氏所生。由于青壮年时的李绿园忙于进取功名，对李蓏失于管教。村里王某会武术，酒后骂街，有辱于李家。李蓏为家人不平，愤而将王某眼睛以生石灰抹瞎。王某诉状到官，李蓏被判充军陕州，后又转至开封服刑，乾隆五十一年（1786）死于开封。李葛去处理大哥的后事，一时“客囊羞涩”也是可能的。而这时李绿园的次子李蘧（李绿园第二房夫人潘氏所生）正飞黄腾达。李蘧于乾隆四十年（1775）考中进士，初任吏部主事，递升文选司员外郎、郎中，乾隆五十二年（1787）出理江南七省漕务，嘉庆五年（1800）在京任工科给事中，嘉庆十一年（1806）任江西督粮道。因性情刚毅，政声远播，而获光耀三代的殊荣，祖父李甲、父李绿园皆诰赠中宪大夫，即便瘐死狱中的长兄李蓏也获朝议大夫敕赠。李蘧还专门划拨祭天四顷归长门李蓏后人享用。可以说李蓏瘐死开封狱中时，正是李家走向辉煌的时期。即使到李葛书《不寐苦》的嘉庆十二年（1807），李蘧还在江西督粮道任上。李蘧于嘉庆十三年（1808）致仕归里后，曾两度主讲山右书院，到嘉庆二十一年（1816）才去世。应该说用《不寐苦》来证明李家“穷苦不堪”是不符合史实的。

关于徐玉诺的几个问题①

徐玉诺的生平，经过20世纪八九十年代王予民、谢照明二位先生的调访整理，写出《诗人徐玉诺的一生》在《河南文史资料》发表；刘济献先生研究梳理撰写《徐玉诺年谱》附于《徐玉诺诗文选》之后由人民文学出版社1987年出版；进入新世纪秦方奇作《徐玉诺年谱简编》发表于《新文学史料》2008年第1期，已基本清晰了，但在一些关节上仍有讨论的余地。本文试就徐玉诺的蒙师徐教诗，“子见南子”风波与徐玉诺任教曲阜师范，徐玉诺获冯玉祥题赠《救国必读》等三个问题做些探讨，以就正于方家。

① 本文原载2013年《徐玉诺研究》总第2期。

徐玉诺的蒙师徐教诗其人

徐玉诺的启蒙老师是同村的徐教诗。徐教诗是什么出身？其身份、作为如何？《徐玉诺年谱简编》在谱系徐玉诺“1905—1911年，11—17岁”情况时称：“1905年，徐玉诺11岁，适逢油坊老板徐教诗（倾向辛亥革命），开门授塾，玉诺的父亲就恳求他少算在油坊帮工的工钱，换取玉诺读私塾的资格。”“1911年，辛亥革命爆发后，鲁山开办新式学堂，老师徐教诗推荐自己的侄子徐言志与徐玉诺同去报考。”这里认定徐教诗的身份是“油坊老板”仅“倾向辛亥革命”。至于一个油坊老板怎么会“开门授塾”，却未作交代。

据中州古籍出版社1994年9月出版的鲁山县地方史志编纂委员会编《鲁山县志》第33篇《人物》第一章《人物传略·徐教诗》载：“徐教诗，字兴斋，清光绪四年（1878）生，鲁山县辛集乡徐营村人。其父徐名琨，务农兼营棉花行生意，家境清贫。教诗幼年入私塾，天资聪敏，勤奋好学，10岁能文，20岁考中廪膳生员。”可知徐教诗出身农家，只是在务农之外兼做点小生意而已。也正因为其父在务农之外兼做点小生意，才有了令其读点书的欲望和可能。在传统科举制度下，徐教诗20岁考中的“廪膳生员”俗称

“秀才”。也正因为徐教诗具备秀才身份，才有了“开门授塾”的资格。有资料证明徐教诗的学历还不止于“廪膳生员”。《河南文史资料》2001 年第 3 期王天奖《河南辛亥起义资料选辑》摘录《大中民报》1912 年 5 月 22 日载《徐教诗之被害》一文言徐教诗“曾在师范学堂毕业，明达大义，热心国事”。这条材料证明，徐教诗在获得“廪膳生员”身份后，适逢清政府实行新政，开办新式教育，又进新式师范学堂修业期满取得毕业资格。当清政府明令废除科举制度，推行新式教育，鲁山县于琴台书院创建高等小学堂后，徐教诗得以出任该校校长。《河南文史资料》2001 年第 1 期王予民、谢照明《诗人徐玉诺的一生》有言:“1911 年，玉诺 17 岁，适逢本家远门叔父徐兴斋（同盟会会员）由鲁山公立小学校长任上返里，与玉诺交谈，见其对答如流，爱其才，遂有引导、提携之意。”“在徐兴斋的支持下，徐玉诺于 1912 年考入鲁山县立高等小学。”鲁山开办新式学堂，据中州古籍出版社《鲁山县志》第一篇《大事记》载:“光绪三十一年（1905）二月，废科举教育，于琴台书院创建第一所高等小学堂。光绪三十三年（1907）在琴台高等小学堂内设师范传习所。”而非始于“1911 年，辛亥革命爆发后”。另外，徐教诗不仅仅是“倾向辛亥革命”，而是正式加入了孙中山先生领导的中国同盟会的革命党人。《鲁山县志·徐教诗传》载“徐教诗中年时期，清政腐败，对外丧权辱国，对内横征暴敛，加之豫西一带连年灾荒，民不聊生。教诗目睹黑暗现实，设想暴动，救国救民。此时，孙中山领导的同盟会在日本成立，‘推翻帝制，建立共和’的呼声遍及全国。消息传来，教诗同契友李跃水（宝丰人）几次莅汴，广交爱国志士，探索革命之道，遂被同盟会吸收为会员”。鲁山县政协文史委所编《鲁山文史资料》（第二辑，1986 年）收录的张文焕撰《徐教诗先生事略》，对徐教诗加入同盟会的情况，表述为“被河南省同盟会支部吸收为同盟会会员”。 中国文史出版社 1986 年 11 月出版的张钫著《风雨漫漫四十年》中《我所知道的河南辛亥革命》言：“1908 年（光绪三十四年）东京河南同盟会支部派杜潜回开封组织同盟会分部。初设机关于开封私立中州公学。借中州公学之掩护，活动甚力，不多时入会者二百余人。”徐教诗应该是在这时“被河南省同盟会支部吸收为同盟会会员”的。徐教诗不仅加入了中国同盟会，而且在河南辛亥革命中献出了生命，《河南通志稿・民国人物・徐教诗》明确记载：“辛亥，武昌军政府派王治军回豫收编民军袭郑，断清军后路。教诗与张文光率杜喜宾等百余人往嵩县收编王天纵。适王已就张钫抚，坚欲归秦。教诗殊失望，经伊阳上店镇，为民团袭击。杜喜宾等力抗得过，教诗与文光稍后，俱受伤被获。为用纸糊塞面，死伊阳狱中。”

徐玉诺的蒙师徐教诗出身清贫农耕之家，在科举时代曾获得秀才功名，清末新政废除科举制度以后受过新式师范教育，任过鲁山高等小学堂校长，对清朝政府腐败无能，对外丧权辱国，对内横征暴敛，深恶痛绝，毅然加入孙中山先生领导的中国同盟会，奔走革命，英勇献身。

徐教诗不仅对徐玉诺进行了启蒙，指引其进入鲁山高等小学堂接受新式教育，而且对徐玉诺跻身新文坛的人生道路及特立独行精神气质的形成影响甚剧。

“子见南子”风波与徐玉诺任教曲阜师范

设在山东曲阜的曲阜师范学校创建于1905年，初名“曲阜县官立四氏初级完全师范学堂”。辛亥革命后，1912年变更为“山东省立曲阜师范学校”，1914年改称“山东省立第二师范学校”。1929年末1930年初徐玉诺曾在该校任教。徐玉诺能够到该校任教，与此前该校发生的“子见南子”风波有着因果关系。

曲阜师范由清光绪三十一年（1905）的考棚改为学堂演变而来。辛亥前学堂由孔府圣裔掌管，两任监督（即校长）均由衍圣公孔令贻的先辈及其本人先后担任。民国建立，改为山东省立第二师范学校后，校长仍由“圣人家”的孔祥桐出任。五四运动后，方交给山东省教育厅统管。1928年，山东省国民政府成立后，教育厅厅长何思源派其同乡、同学且具有新思想的宋还吾担任校长。宋还吾为北大毕业生，左倾国民党员。宋校长到任后，新的学生会由进步学生王宗佩（会长）、张继霖（组织部长）、刘子衡（又名刘位均，学术部长）、仇森林（宣传部长）组成，下属有俱乐部和剧团。宣传革命思想，组织演出具有反封建思想的进步戏剧，编印传单和小册子，向广大佃户、庙户散发，并与他们一起上街游行，喊着“打倒旧道德”“打倒旧礼教”“铲除封建余孽衍圣公府制”等口号。1929年春，由学生马宗俊、张凤来提议，学生会剧团排演了《子见南子》一剧。《子见南子》剧是林语堂根据《论语·雍也》“子见南子”条编写的独幕历史剧，发表在《奔流》月刊1928年10月号上。南子是春秋末年卫国灵公的宠姬，风流娇艳，好出风头，名声不佳。孔子到卫国游说卫灵公，拜见南子，曾与南子同车出行，子路对此很不满意。《论语·雍也》篇的原文是：“子见南子，子路不说（悦）。夫子矢之曰：‘予所否者，天厌之！天厌之！’”意思是说，孔子拜见南子，子路不高兴。孔子指天发誓：假如我做了不正当事的话，老天爷责备我吧！老天爷责备我吧！林语堂所编此剧有一定反封建意图，但战斗性不强。二师学生会接受马宗俊建议，获得宋还吾同意后，在排练中对该剧进行了修改，增加了反对孔府的内容，使之成为既具有很强的反对旧礼教的战斗性，又具有对孔子行为进行讽刺的喜剧性的剧目。1929年6月8日，《子见南子》在二师礼堂正式公演。为加强演出效果和对孔府势力的打击，事前做了充分的宣传准备工作。不仅在曲阜全城大街小巷遍贴海报，而且还特意送票给孔府、颜府和孔氏族人，邀请他们莅临指导。为使剧中人物形象逼真，还特向孔府借用服饰、器用等道具。老百姓好奇，被邀孔氏族人、圣裔们不知底细，都欣然准时前来观看。开幕前，学生会会长王宗佩致开幕词并发表鼓动性演说。当演到孔子拜见南子，南子赠给孔子白璧，孔子接受馈赠，并向南子叩头道谢，为南子的娇艳美色所动，魂不守舍。子路忍不住愤怒，欲出言相讥。孔子向子路发誓，表白自己并无邪念，是正人君子等一系列滑稽情节时。在座的孔氏族人坐不住了，愤而退场。接着，孔教会会长孔繁璞、孔氏族长孔传堉、孔府首领执事官孔继伦等，以“孔氏60户族人”名义，越级向国民党南京政府教育部控告曲阜师范校长及学生会“侮辱宗祖孔子”，又通过国民政府工商部部长孔祥熙将控告状转呈蒋介石。蒋介石接到控告书后，亲自下令对二师参与其事的师生要予以“严究”。教育部于6月26日下发“训令第八五五号”，令山东省教育厅“查明、核办、具报”。时国民政府教育部长为蒋梦麟，乃蔡元培系中人。而蔡元培是民主进步人士，时任国民党中央执委、国民政府委员兼监察院院长，他和蒋梦麟都有同情曲阜二师师生之意。蒋梦麟不好亲自出面，便派能体察自己意图的参事朱葆勤赴鲁，会同山东省教育厅厅长何思源查办此案。何思源与蔡元培有师生之谊，与宋还吾还是曹州同乡、济南六中和北京大学的同学。宋还吾任校长就是他亲自委任的，因之对此案便采取拖延策略。何思源的态度引起孔祥熙的不满，在国民党中央常委会上对何思源提出弹劾。迫于压力，何思源不得不有所表现。遂派山东省教育厅督学张郁光代表他会同朱葆勤到曲阜调查。张郁光中学时积极参加五四反帝运动，20岁考入北京师范大学，参加李大钊领导的“三一八”

爱国运动，曾率同学冲击段祺瑞的执政府。“子见南子”案发生时，张郁光任山东省教育厅督学，受何思源器重，故委派他同教育部参事朱葆勤去曲阜调查“子见南子”案。调查后，向教育部呈报的调查报告结论是：孔府孔氏所控，“查无实据”“该校职教员、学生似无故意侮辱孔子事实”。孔氏族人对此自然不服，再次上告。南京政府上层对此调查处理结果也大为不满。蒋介石由孔祥熙陪同赴青岛路过济南时，特将何思源召至火车站，当面训斥，令其对曲阜二师与事师生“严究”。面对蒋介石的训斥，何思源陷入了进退维谷的困境，为了自保，在蒋介石反复要求“严究”的巨大压力下，便于8月1日以山东省教育厅名义发了“训令第一二〇四号”，将曲阜师范校长宋还吾“调厅”，另有任用；9月9日又宣布将与“子见南子”案有关的二师进步学生、两任学生会会长王宗佩、刘子衡开除学籍，了结了此案。

正因“子见南子”风波，曲阜师范校长一职出缺后，曾在河南淮阳师范与徐玉诺共过事的张默生被任命为新一任曲阜师范校长。张默生一到任，即邀正在河南信阳女子师范学校任教的徐玉诺前往。于是，1929年11月徐玉诺遂绕道新乡百泉奔赴山东曲阜师范。《徐玉诺年谱简编》在谱系徐玉诺“1929年35岁”情况时称：“1929年12月，徐玉诺因不满曲阜人对孔子的膜拜，而影响到今日之教育，遂在与朋友的合影照上题诗讽刺：‘恨煞删诗翁，实惠诗三百。怪哉崇孔令，乐得苍天柏。骸骨无可怜，心嘉知友会。’”

注曰:“据张默生《异行传》记载，那时曲阜师范的学生，因演出林语堂所编的《子见南子》一剧，引起了衍胜公府的反对，闹出了一场大风波，校长也被撤换。”这里“衍胜公府”的“胜”字错了，应为“衍圣公府”。说“徐玉诺因不满曲阜人对孔子的膜拜”，也欠妥。“曲阜人”涵盖得太宽了。经过五四新文化运动洗礼，在当时的曲阜，继续对孔子保持顶礼膜拜态度，反对师范学生演《子见南子》的仅仅是孔氏族人中的上层人物，即“孔教会会长孔繁璞、孔氏族长孔传堉、孔府首领执事官孔继伦等”。据孔德懋《孔府内宅轶事》载:“学生掀起‘打倒孔家店’的新高潮，编印小册子声讨孔府，提出‘打倒孔陶氏’‘解放百户’的口号。学生组织许多庙户、佃户上街游行，在孔府门前示威，高呼口号。孔府的高墙上大街小巷贴满标语，孔林的树上都用粉笔写满口号。有些孔氏族人也卷入反孔运动中，一起游行示威，主要是青年学生。还有姓孔的青年，为表示反孔决心，改别的姓。有个孔少华，当时就改为高少华。其中也有的人后来又改回去了仍姓孔。”可见用“曲阜人”来涵盖“对孔子膜拜”的人群，不太符合事实，有失宽泛。另外，用“讽刺”来判定徐玉诺的六句诗的意旨也不够准确。我琢磨六句诗的意思大致为:“大家都怨恨孔子删削了古诗，却正因为孔子的删削给后人留下了《诗》三百篇的实惠。历代朝廷无不诏令尊崇孔子确实令人奇怪，却使孔庙、孔林保留下了郁郁葱葱的苍天古柏。孔林冢中老夫子的枯骨没有什么值得可怜的，但《子见南子》这桩风波，却造成我们这些知心朋友相会的机缘，为此而打心眼里高兴。”如果我的理解不失原诗本意，从中不仅看不出丝毫“讽刺”的意味，反而使我们感觉出作者既未盲从于《子见南子》的策动者，也未对孔氏族人表示什么同情，而是客观地评价了孔夫子对中华文化的贡献，最多有点调侃而已。说是“讽刺”，言重了。

徐玉诺获冯玉祥题赠《救国必读》

《徐玉诺诗文辑存》（上）书前插页第三面“文字说明”称：“1938 年冬，国民党中央委员会副委员长冯玉祥视察豫西抗战时会见并题赠徐玉诺《救国必读》，徐玉诺在书的扉页题字要求儿女精读此书。”《徐玉诺诗文辑存》（下）附录三《徐玉诺年谱简编》在谱系徐玉诺“1938 年 44 岁”情况时称：“1938 年 6 月，国民党中央军事委员会副委员长冯玉祥视察豫西抗战，在鲁山会见徐玉诺，并把自己的书《救国必读》题赠留念，徐玉诺的孙子徐森现保存着这本书，徐玉诺在书的扉页上手书‘此册于二十七年拜冯副委员长手赐’，同时并题赠《抗日诗歌》及《抗日伟大民众》各一册，西亚、西兰必须精读。”

首先，将《徐玉诺年谱简编》所述“徐玉诺在书的扉页上手书”的内容与插页画面上的手书字迹对照，发现《徐玉诺年谱简编》所述“徐玉诺在书的扉页上手书”的内容，一不完整，二不准确。插页画面上的手书字迹为竖写共四行，内容是：“此册于二七年承冯副委员长手赐，同时并题赠抗战诗歌及抗日伟大民众各一册，西亚、西蕑必须精读。一九二九年十一月十二晨。”原文无标点。“二七年”下为“承”字，而非“拜”字；可能是一时疏忽，“委”字下无“员”字；是“抗战诗歌”，而非《抗日诗歌》；是“西蕑”而 非“西兰”；有落款“一九二九年十一月十二晨”。

其次，“插页说明”认定时间为“1938 年冬”，而《徐玉诺年谱简编》则称“1938 年 6 月”到底是“冬”还是“6 月”？“插页说明”称冯玉祥的职务是“国民党中央委员会副委员长”，而《徐玉诺年谱简编》则谓“国民党中央军事委员会副委员长”，究竟是“中央委员会副委员长”还是“中央军事委员会副委员长”？关于徐玉诺获冯玉祥题赠《救国必读》的时间，徐玉诺在书的扉页上手书仅称“二七年”即“民国二十七年”，没有记明具体的季节或月份。民国二十七年换算成公元纪年为“1938 年”。冯玉祥到鲁山视察是 1938 年的什么季节或哪一月呢？查中州古籍出版社 1994 年出版《鲁山县志》第一篇《大事记》载：“民国二十七年（1938）4 月，冯玉祥来鲁山视察国防工事；在县城召开群众大会，动员抗日。”这个“4 月”准确不准确？所依据的原始记录是什么？不得而知。当时在场亲自聆听了冯玉祥讲话的王永川后来所写《忆冯玉祥将军视察鲁山时在军民联欢会上的讲话》（中共平顶山市委党史研究室编著：《平顶山革命史概览》，中共党史出版社 2007 年版，第

156 页）回忆是“1938 年夏的一天下午”，冯玉祥正在台上作鼓舞人心的讲话，“刷刷刷的大雨下起来了。全场不动。没有一个人离场。接着他又讲了下去”。由此看来，不会是冬天，也不像是 4 月，按公历应该是七八月份的样子。另一位听过他演讲的吴曾三在《冯玉祥将军在鲁山》（《鲁山文史资料》第一辑，第 57 页）一文中回忆说：“抗日战争开始的第二年（1938）秋天，冯玉祥将军曾来豫西视察，宣传抗日工作。到鲁山后住在县民众教育馆。当时任民众教育馆馆长的徐玉诺先生是位新文学诗人，敢于抵制邪恶势力，仗义执言，因此两人谈起话来十分投契。冯先生在鲁山共停留四天。”“他离开鲁山的前一天，在城西关南夹后广场即三月三坑东边，利用还未拆掉的木架戏台，召集广大民众讲话。我清楚地记得他说：‘你们常听说冯玉祥吧！我就是那个老冯，特意来看望鲁山的父老乡亲。……’”按这个说法应该是夏秋之交的样子，应该说不会是“6 月”。至于冯玉祥来鲁山视察时的身份，既不是“国民党中央委员会副委员长”，也不是“国民党中央军事委员会副委员长”，而是国民政府中央军事委员会副委员长。国民政府中央军事委员会的设置有一个演变过程。1928 年 2 月 2 日，中国国民党在南京召开二届四中全会，决定继续北伐，并通过了修订的《国民政府军事委员会组织大纲》，规定军事委员会隶属于国民政府，为国民政府军政最高机关，掌管全国海陆空军。6 月初继续北伐完成，11 月 7 日国民政府明令“军事委员会着即裁撤。”1932 年 1 月 28 日驻上海日军发动“一·二八”事变，国民党中央政治会议决定恢复设置军事委员会，以统摄抗日军事。3月国民党在洛阳召开四届二中全会，通过“军事委员会组织案”，规定军事委员会直属于国民政府，为全国最高军事机关。军事委员会设委员7人至9人，由中央政治会议选定，国民政府特任。3月7日推选蒋介石为委员长，推定的委员中冯玉祥排在蒋介石之后为委员第一位。1935年12月8日，国民党中央执行委员会政治委员会决议在军事委员会内增设两名副委员长，并特任阎锡山、冯玉祥为副委员长。1936年7月设置军事委员会常务委员，军事委员会会议由副委员长负责。1937年7月7日，全面抗战爆发，军事委员会成为中国战时最高领导机构，事实上的战时政府。1938年夏秋之交，冯玉祥正是以国民政府军事委员会副委员长的身份来鲁山视察的。获得冯玉祥赠书两年之后的1940年底即“（民国）二九年十一月十二晨”，徐玉诺在《救国必读》扉页上题写“西亚、西蘭必须精读”的话语。这时全国的抗日战争进入最艰苦的相持阶段，徐玉诺的个人生活也遭遇了窘迫的困境。上一年底因他在所办《民舌日报》上发表讽刺时政的《抗战不足，扰民有余》等文章，开罪了军政当局，报纸被查封，自己也被迫辞去县民众教育馆馆长职务。失业后的徐玉诺于1940年春夏之间流落回原籍种地谋生。困难归困难，翻阅两年前接待冯玉祥将军所获赠书，忆起将军慷慨激昂动员民众抗日演讲的远见卓识，坚信抗日战争一定能够取得胜利，自己的境况也一定会有所改变。让子女精读冯玉祥将军的赠书《救国必读》，既是启示子女要坚强，不要因一时的艰难困苦而沮丧消沉，更是鼓励自己坚持下去，光明就在前边。

综之，徐玉诺的蒙师徐教诗系清末进步知识分子，中国同盟会会员，因参加河南辛亥革命，而献出了年轻的生命。徐教诗不仅对徐玉诺进行了启蒙，指引其进入鲁山高等小学堂接受新式教育，而且应该说对徐玉诺跻身五四运动，为新文学不懈努力的人生道路及其特立独行精神气质的形成都产生了深刻的影响。1929 年末 1930 年初徐玉诺曾至曲阜师范任教，得以任教曲阜师范的机缘是原校长因《子见南子》风波遭撤职，好友张默生接任曲阜师范校长，邀请其前往任教。旁观者清，徐玉诺置身《子见南子》风波发生地后，倒对孔子在中国文化史上的贡献有了比较清醒的思考，对知友有这次相会机会深感欣慰。1938 年国民政府中央军事委员会副委员长冯玉祥来鲁山视察国防工事，徐玉诺参与了接待工作，获得冯将军赠予的《救国必读》，成为其展望抗战胜利前景和鼓舞其和子女战胜困难的精神食粮。

徐玉诺先生三题[①]

近日，鲁山民间徐玉诺文化守护者史大观以鼓书唱词的形式叙写徐玉诺先生生平，成书《爱国为民的大诗人徐玉诺》，约我作序。我将玉诺先生的诗及其人生结局又仔细琢磨琢磨，有了三点新认识。

一、玉诺先生文学身份定位

1. 河南一步迈上全国新文坛的作家。20 世纪 90 年代，于友先、孙广举主持编写《河南新文学大系》给徐玉诺先生文学身份的定位：徐玉诺先生在河南现代文学史上是一

① 本文原载《平顶山教育学院学报》2018 年第 2 期。

步跨入全国新文坛的作家。这个定位，应该说是实事求是的，准确的，贴切的，长期以来为学界所认同。玉诺先生1921年1月7日在北京《晨报副刊》发表处女作短篇小说《良心》，7月30日在《文学旬刊》第9期发表新诗《冲动》，引起全国新文学先锋们的重视，由郑振铎介绍加入新文学团体“文学研究会”，入会序号排在第56位。“文学研究会”是1921年1月4日在北京正式成立的新文学运动最早、影响和贡献最大的文学社团，由郑振铎、沈雁冰、郭绍虞、朱希祖、瞿世瑛、蒋百里、周作人、孙伏园、耿济之、王统照、叶绍钧、许地山等12人发起。其宗旨是“研究介绍世界文学，整理中国旧文学，创造新文学”。 玉诺先生能够在文学研究会成立初期全国有影响的新文学报刊上发表作品，并被引进文学研究会，与新文学巨子们为伍，成为全国新文学第一方阵的一员，当然配得上“河南一步迈上全国新文坛的作家”这个文学身份定位。

2．五四诗人。千禧之年的2000年，平顶山市政协社团文史委员会要将我长期以来搜集到的徐玉诺资料作为《平顶山文史资料第九辑》专辑出版。在斟酌书名的时候，觉得“河南一步迈上全国新文坛的作家徐玉诺”虽好，但作为书名略显长些，不够醒目，最后采纳了我以《五四诗人徐玉诺》作书名的提议。先生是经过五四新文化运动洗礼和锻炼，渴望通过新文学来表述自己的政治苦闷和人生理想，并以新诗成名的青年作家。“五四诗人”这个文学身份定位，既符合史实又能够凸显先生文学成就的时代性和专长性，比较响亮，比较醒目，比较有感召力。

3．中原新诗第一人。在新诗走过百年历程的今天，回顾新诗创始期奠基期的历史：1922 年 6 月上海商务印书馆出版中国新诗史上的第二本新诗人诗作合集，即文学研究会朱自清等八位同人的新诗合集《雪朝》，收诗 187 首，其中徐玉诺的诗有 18 题 48 首；1922 年 8 月之前出版的九部新诗人个人诗集，堪称百年新诗大厦的奠基九柱石，第一胡适《尝试集》，第二叶伯和《诗歌集》，第三胡怀琛《大江集》，第四郭沫若《女神》，第五俞平伯《冬夜》，第六康白情《草儿》，第七李宝梁《红蔷薇》，第八徐玉诺《将来之花园》，第九汪静之《蕙的风》。百年新诗大厦的奠基九柱石中，唯徐玉诺出身中原大地，且其诗集取名《将来之花园》，在九部诗集中对未来最具有企盼力、昭示力和诗格情怀；1925 年 4 月上海商务印书馆出版文学研究会朱自清等 29 位同人的 57 首新诗合集《眷顾》，徐玉诺排在第二，作品占 9 题 11 首。借鉴近年外地乃至全国学界对新诗创始期诗人文学身份定位的成功凡例，我认为：无论从诗作发表的时间先后上说，还是诗作的收获量的多少上说，或从诗作的文学品质的高低上说，可以肯定徐玉诺先生是中国新诗的杰出奠基人之一，堪称“中原新诗第一人”。

有研究者提出，玉诺先生是以发表小说《良心》进入新文坛的，后来也不断有短篇小说问世，是不是定位为“中原新文学第一人”更全面些？当然把玉诺先生的文学身份定位为“中原新文学第一人”也不是不可以，可是尽管玉诺先生的乡土小说成就也很突出，但毕竟只是散见各报刊的单篇，没有机缘结集出版，也就没有形成拳头，在当时新文坛及后世的影响远没有他的诗作大而深。玉诺先生的诗合集和个人专集一经出版，就好评如潮，叶绍钧发表长篇评论《玉诺的诗》《火灾》，周作人发表了《寻路的人——赠徐玉诺君》，于赓虞发表了《读〈将来之花园〉》等等，以至留给鲁迅先生“他是作诗的”印象。后起之秀诗人、散文家和评论家徐迟上初中时购读了《将来之花园》而走上文学道路，这是玉诺先生诗作对后世影响的一个典型例子。因此，在今天纪念新诗百年的语境下，“中原新诗第一人”的定位，更能够彰显玉诺先生文学身份的时代特征和个性特点。

二、玉诺诗的原生基因

被我称作百年新诗大厦奠基九柱石新诗人的新诗都有自己的原生基因。有留洋背景的胡适、叶伯和、康白情、郭沫若，他们是在海外受西诗熏陶之后，来作新诗的。可以说他们的诗的原生基因是西诗。没有留洋经历而自幼濡染中国古典诗词的胡怀琛、俞平伯，则是从作古诗转而作新诗的。胡怀琛 7 岁能诗，10 岁应童子试，不愿作经书试题，于试纸上赋诗云：“如此抡才亦可怜，高头讲章写连篇；才如太白也遭谪，拂袖归来抱膝眠。”在辛亥革命前的清朝末年加入南社，古诗词造诣高。俞平伯是清代朴学大师俞樾曾孙。其父俞陛云，在诗词研究方面亦颇有造诣。俞平伯自幼受父祖教诲，三岁时，曾祖父俞樾即写了一副对联送给他："培植阶前玉，重探天上花。"所以古典诗词功夫极为深厚。这二人作新诗的原生基因是古诗。那么，玉诺先生诗的原生基因是什么呢？要我说，玉诺诗的原生基因是"乡曲儿"。

玉诺先生的家乡地处中原腹地中岳嵩山南麓伏牛山东麓滍汝流域。这个地方乡间，一个人从小到老，会受到乡曲儿（"儿歌"）—瞎话儿（"故事"）—说书（"唱本"）—大戏（官话叫"舞台剧"）这一平民娱乐文艺系统的滋养。一个人从一出生到3岁甚至5岁前，是在爹娘、爷奶的怀抱里、被窝里、坐婆里、摇篮里和牵手蹒跚学步中，听着大人哼曲儿成长的。"月奶奶，黄巴巴，爹织布，娘纺花……""月亮走，我也走。我给月亮赶牲口，一下赶到九月九。开开后门摘石榴，十六树上窝斑鸠。问问斑鸠吃啥饭？臊子面条肉浇头。""小老鼠，上灯台，偷油喝，下不来。叫小妮逮猫来，唧溜儿跑了。"……这些乡曲儿紧贴生活，节奏明快，韵律悠长，语言朴素，活泼动听。一个孩子长到六七岁，朦朦胧胧懂点事了，会热衷于听大人，特别是门前屋后阅历丰富的老人说瞎话儿。《王小儿砍柴》《八百老虎闹北京》《牛郎织女》《索龙王》《宋三才子》等等。这些瞎话儿，往往与家乡地域结合紧密，情节生动，悬念迭出，引人入胜，百听不厌。长大成人了，冬春农闲天，会围坐于背风朝阳的墙角、草屋、火堆旁，听识字人念唱本，或请来说书的说书。“想听文哩《包公案》，想听武哩《杨家兵》，半文半武《三国戏》，五虎上将有黄忠。”有单本小段，也有十天半月念不尽说不完的连本大书，像《封神榜》《列国志》《香山记》《隋唐演义》等。这些小段、大书，或描摹人情世故，或展现波澜壮阔的历史画面，人物形象的塑造，心理活动的刻画，隐含着为人处世的基本道理，无不承载着“仁义礼智信”的传统价值观，隐含着为人处世的基本道理。长成大人娶妻生子，逐渐进入老年了，逢年过节看大戏。《王金豆借粮》《陈三两爬堂》《伍子胥过昭关》《桃园三结义》《关公挑袍》《火焚白雀寺》……大戏是有艺术性的，感染力较强，“会看戏的看门道，不会看戏的看热闹”，图个娱乐是普世的。这个民间文艺系统，对常人来说可能只是娱乐系统，传统价值观的传播普及强化系统，但对潜在文学天赋的人来说，也是一个文学启蒙系统。乡曲儿具有一定的诗性，可以诱发激活人的诗思，使其成长为诗人。瞎话儿、唱本、说书具有很强的故事性，是创作小说必需的构思能力和表现能力的酵母菌。

我说玉诺诗的原生基因是“乡曲儿”。玉诺先生出身豫西鲁山山区贫寒农家，11 岁方入家乡私塾启蒙，读完儒家经典《四书》《五经》，17 岁就走出家乡，到鲁山县城进公立高等小学堂接受新学教育了，没有接受古典诗词熏陶的机会，但 11 岁之前跟着爹娘爷奶倒是听了不少“乡曲儿”，并烂熟于胸的。玉诺诗的原生基因是“乡曲儿”，还可以从他诗的乡曲儿胎记里窥视出来。1921 年 10 月 17 日

《晨报副刊》上发表了署名“玉诺”的诗《鲁山儿歌》（二首）：“板凳倒，小狗咬。谁来了，东庄张大嫂。篮里扤的啥，一篮大红枣。你咋不吃哩？没牙咬。我给你煮煮吧？那太好！……”“旧娘说我织布织得密，新娘说我织布织得稀。旧娘拍我三巴掌，新娘打我十二膀。旧娘饿了吃啥饭，又上五料又上姜。新娘饿了做啥饭，一瓢恶水一瓢糠。……”1921 年是玉诺登上全国新诗坛的第一年，他发表的这两首儿歌，是他婴幼年从爹娘口中听来的原汁原味的“曲儿”，几乎一字无改。1922 年 1 月 5 日发表在《诗》上的《农村的歌》：“我的轮儿滞涩，我的牛儿瘦削，连天连夜的送兵差，饥寒说奈何？绵羊儿正在孕育，藏在树林里，又被支办局找着；羊肉送进了衙门，羊皮羊毛便卖了，还抵不上宰税多！……”这首诗虽然不是原封不动的曲儿，熟悉曲儿的人一读，便会感觉出明显是在套用曲儿的韵律，是从“曲儿”脱胎出来的。1950 年 8 月 16 日署名徐玉诺的诗《小打瓜》发表在《翻身文艺》上：“小打瓜，圆周周；巴掌打，指甲抠。抠出白籽我吃喽，抠出黑籽送朋友。朋友挎个咚咚鼓，敲一声，唱一声；声援朝鲜人民军，打倒美帝保和平。小打瓜，圆又圆；巴掌打，指甲剜。剜出黄瓤我吃完，剜出红瓤送村干。村干拿个小锡锣，敲一番，唱一番，大力支援解放军，打倒美蒋收台湾。”“小打瓜”是过去滍汝流域和西瓜同时种同时收的西瓜品种，个头小，籽粒小，吃时用不着刀切，只用手掌拍一下皮瓤就开了，用手指抠着吃。这首诗是在原曲儿“小打瓜，圆周周；巴掌打，指甲抠。抠出白籽我吃喽，抠出黑籽送朋友”的基础上拓展加工而成的。用原曲儿的节律，赋予新的意蕴。1950 年 11 月 10 日发表在《河南日报》上署名玉诺的诗《西康谣》也是一样。起首是原曲儿:“月亮出来明晃晃，姑嫂连夜洗衣裳。洗得净，浆得光，打发哥哥上西康”，仅把原本的“学堂”改为“西康”，赋予新意，后面的 16 行则继“西康”之新意展开，歌颂解放军入藏。后起之秀豫籍作家李準回忆说：老诗人徐玉诺对河南语言很有研究，“他见面就给我背诵民歌，‘板凳倒，狗娃咬’；‘月亮走，我也走，我给月亮赶牲口’。要我们从这些朴素的民歌中，学习群众语言的节奏和内在旋律”。

正因为玉诺诗是以中原滍汝乡曲儿为原生基因的独特性，其在新诗奠基九柱石中具有既不同于西诗基因又不同于古诗基因的特质，而格外显眼。

三、玉诺先生人生结局的中和性

审视新诗奠基九柱石的人生结局，呈荣耀、凄惨、中和三极分立状态。

以荣耀结局人生者有胡适、郭沫若。二人在中国三千年未有之文化大变局提供的舞台上，以倡文立身，以参政入世。逞其才华，大展拳脚，著书立说，开宗树派，门生遍天下。在背离传统的道路上越走越远，格局越来越大，职位越升越高，浪得身前身后不朽名。新文化运动的大潮过后，胡适 1932 年任北京大学文学院院长兼中国文学系主任。1938 年任中华民国驻美国大使。1945 年，出任中华民国国民政府代表团代表在旧金山出席联合国制宪会议，以中华民国政府代表团首席代表的身份，在伦敦出席联合国教育、科学及文化组织会议，制订该组织的宪章。1946 年 7 月回到北平，任北京大学校长。1957 年 11 月，任台湾中央研究院院长。1959 年，兼任台湾长期科学发展委员会主席。1962 年 2 月 24 日病逝于台北。3 月 1 日蒋介石前往祭吊，并亲书挽联一副:“适之先生千古：新文化旧道德的楷模，旧伦理新思想的师表。”盖棺定论，以著名思想家、文学家、哲学家载入史册。郭沫若 1930 年撰写《中国古代社会研究》，在中国开创了唯物史观派，长期占据中国学术界的主流地位。凭借甲骨文研究成果与王国维、罗振玉、董作宾并称“甲骨四堂”，并于 1948 年当选为第一届中央研究院院士。1949 年，郭沫若当选为中华全国文学艺术界联合会主席。1958 年 9 月至 1978 年 6 月任中国科学院首任院长，中国科学技术大学首任校长、任中央人民政府委员、政务院副总理兼文化教育委员会主任、全国人民代表大会常务委员会副委员长、中国科学院哲学社会科学部主任、历史研究所第一所所长、中国人民保卫世界和平委员会主席、中日友好协会名誉会长等要职，当选第二、第三、第五届全国政协副主席。1978 年 6 月 12 日在北京逝世，当时谥称“我国伟大的无产阶级文化战士”，今天百度以“现代文学家、历史学家”名之。

以凄惨结局人生者有叶伯和、胡怀琛、康白情。这三个人，出身各异，喜好不同，各有建树，但人生结局却同归于凄惨。叶伯和出身成都名门。祖父叶祖诚是清光绪年间五品衔光禄寺署正，诰封朝议大夫。父亲叶大封获过清附贡生功名，以知州候用，但他感到清朝气数已尽，便带着 18 岁的儿子叶伯和东渡日本去求学。叶大封在日本读的是法学，回国后曾一度出任四川省公署秘书长、四川高等检察厅检察长，后来成为成都有名的大律师。在日本求学期间，叶伯和对西方诗歌发生兴趣。为了便于直接阅读，利用业余时间自学英语。对他影响最大的西方诗人是 19 世纪美国浪漫主义诗人爱伦・坡，认为爱伦・坡的诗比很多中国诗“更真实些，缠绵些”。西诗的自由表达对叶伯和的影响很深。叶伯和归国后于 1920 年 5 月在上海远东印刷所出版发行个人新诗集《诗歌集》，收诗 84 首，被称为新诗时代的一只萤。诗集甫一面世，得到了蔡元培、周作人、叶秉诚等人的赞誉。1922 年发起成立四川第一个新文学社团——成都草堂文学研究会，并于当年 11 月 30 日创办会刊《草堂》，这是四川历史上的第一本文学杂志，受到周作人、茅盾的注意和好评，但《草堂》仅办了四期就停刊了。除了新诗，叶伯和喜欢音乐，1912 年就任成都乐歌体育专修学校音乐科教授，撰写了我国有史以来出版的第一部《中国音乐史》，是中国音乐史研究的发轫之作，在音乐界有深远的影响。1914 年又应聘到四川高等师范学校（即今四川大学前身），着手筹建手工图画兼乐歌体操专修科，教授乐歌、音乐史、和声学、乐器使用法等专业课程。十年之后，叶伯和到成都通俗教育馆任音乐部主任，筹建了成都音乐协会，1927 年他还组织过一次贝多芬逝世百年音乐会。叶伯和的前半生相当辉煌，但后半生却非常落寞凄凉。他经历了母亲、祖母、女儿相继在 5 年中去世的“五载三丧”巨大悲痛。1940 年妻子又在乡下病死，他搬到城内锣锅巷居住。住宅不久失盗，茶店子的两间私房又遭火灾，损失惨重。叶伯和本来就体弱多病，在接连的打击之下，生活暗淡，精神崩溃，于 1945 年 11 月 6 日深夜投井自尽，年仅 57 岁。

胡怀琛于光绪十二年（1886）生于皖南泾县东乡龙坦村书香之家，父为贡生，母识文断字。兄弟姊妹六人，胡怀琛最小，幼遭邻村孩童欺吓，性内敛，喜独处。父在外坐馆，由母教其识字读诗启蒙。7 岁能诗，10 岁应童子试，不愿作经书试题，于试纸上赋诗云：“如此抡才亦可怜，高头讲章写连篇；才如太白也遭谪，拂袖归来抱膝眠。”狂放不羁，交卷出场。20 岁再试，因不避清帝讳，被黜。从此深恶科举，不作八股文与试帖诗。后去上海入育才中学（即南洋中学）就读。毕业后以卖文自给，终日笔耕，日写千言，勤奋好学。清宣统二年（1910）受聘于《神州日报》担任编辑，在新思潮影响下毅然剪辫，并以文字竭力鼓吹革命。翌年（1911）与兄胡朴安一起加入南社，旋与柳亚子结成金兰之契。在民国初年编著出版《清季野史》《古今小说精华》等杂书甚多。1920 年胡适新诗集《尝试集》出版后，胡怀琛在《神州日报》发表批评文章，引发讨论半年之久，成为当代文学史上的一桩知名公案。1921 年 3 月胡怀琛在上海国家图书馆出版自己的新诗集《大江集》。后在中国公学、沪江、持志等大学及正风学院担任教授，授中国文学史、中国哲学史等课。民国二十一年（1932）受聘于上海通志馆任编纂。在任教与编辑业余期间又勤于选编、撰写、著述，涉及文学史、哲学、经学、佛学、考据学、地方志、诗歌、小说、传记、评论、杂记等，门类广博，存目多达 152 种，1500 余万字。主要著作有《国学概论》《墨子学辨》《老子学辨》《托尔斯泰与佛经》《文字源流浅说》《简易学说》《中国文学史略》《修辞学发微》《中国诗学通评》《中国民歌研究》《中国小说研究》《中国文学过去与未来》《中国戏曲史》《中国神话》《文艺丛谈》《清季野史》《上海外记》《苏东坡生活》《陆放翁生活》等一百七十余种，并先后由当时商务、世界、广益、崇文、新中国书局出版。胡怀琛一生好学，家境贫困，无恒产，但喜著书、喜购书、喜藏书。初寓上海南市，民国二年（1913）寓所遭战火焚毁，后迁福履里，两次家毁，藏书殆尽。随又倾囊购买，藏书达万卷。民国二十六年（1937）“八一三”战火中，居所又遭炮袭。他先后迁居 26 次，累遭战火灾祸。家难国仇，郁愤深重，染疾不愈。民国二十七年（1938）1 月 18 日卒于寓所“波罗奢馆”，终年 53 岁。

1896 年 4 月 9 日（农历二月二十七日），康白情出生于四川省安岳县来凤乡井家沟一个普通家庭。8 岁始入私塾读书。9 岁时，因不服塾师用“界方”打人而逃学，并质问塾师此举出在哪一部经上。母亲为此一面纺纱，一面比古诓他：“梓儿，我还要靠你呢！你淘气不读书，我怎么能靠你？”他听得惊醒流泪，从此就再也不逃学了。康白情生性张扬，11 岁就参加了洪门哥老会。16 岁小学毕业后，先后在三台县潼川中学、成都省立师范读书，后考入四川工业专科学校应用化学插班。1916 年夏，康白情考入北京高等师范学校，所作的诗中对贫富不均深感不满，萌发了拯救中国的思想，疾呼“人间遍地尽荆榛”，以“敢忘起舞鸡鸣候”来自策。1917 年夏，考入北京大学哲学系就读。北大创立由学生领袖主持“教授会”议事制，傅斯年、罗家伦、张国焘和康白情——分别担任四个“教授会”的“主任”。 1918 年 6 月，李大钊等北大教授组织“少年中国学会”，康白情加入为会员，在《新青年》的影响下，康白情协同傅斯年、罗家伦、毛子水等人以“反对旧文化，提倡新文化”为口号，于是年秋，与傅斯年、罗家伦等人组织“新潮社”，创办《新潮》月刊，任《新潮》干事。1919 年春，北大学生会成立，康白情为学生会领袖之一。“五四”事件发展成全国运动之后，康白情率领北京学生代表团赴南京请愿，当选为全国学生联合会主席。下半年，在接替蔡元培任北大校长的蒋梦麟策划下，学校当局接受社会捐助十余万元，资送了康白情等在五四运动中表现积极的五个学生领袖，前往美国留学。1922 年 3 月上海亚东图书馆出版康白情的个人新诗集《草儿》。俞平伯认为康白情的诗“为诗国开辟了许多新疆土”。1923 年 7 月，康白情拉上加州大学的几个中国同学，发起组织了一个新的政党——“新中国党”，自任“党魁”，热衷政治，荒疏学业。1926 年回国，先任山东大学任文学教授；后在中山大学、厦门大学任教职。抗战期间，随校辗转昆明谋生。40 年代末到广州华南师范大学蛰居。1950 年 1 月至 8 月，康白情入南方大学（今华南师范大学）。9 月任广东文化大学教授兼教务长、文学院院长、系主任。1951 年 2 月到华南联合大学任教授兼文法学院院长、新闻系主任。8 月，调海南岛任师专教授。不久任华南师范学院中文系教授。1958 年 3 月，康白情被划为“右派”,5 月退职离校。8 月，康白情偕夫人黄氏，辗转上海乘船，溯江而上，一路劳顿，肺病复发，心力交瘁，精神抑郁，病倒在船舱。1959 年初，康白情客死巴东旅馆，终年 63 岁。

以中和结局人生者有俞平伯、徐玉诺、汪静之。这三位得益于后半生回归传统，道法中庸，中和善终。俞平伯、汪静之活到耄耋高寿，安然离开这个世界。玉诺先生享年虽比不上二位，但在他的同代人中，也远远超过了平均享年。俞平伯 1919 年毕业于北京大学，后相继在燕京大学、北京大学、清华大学任教。1921 年开始以传统考据的方法研究《红楼梦》，著《红楼梦辨》（后更名《红楼梦研究》）。同时他也研究古典文学，上自《诗经》《楚辞》，下至清人的诗词。1935 年 3 月 17 日俞平伯在清华园寓所成立“谷音社”，被推为社长，明确肯定歌诗曲乐在陶冶人们性情和操守方面的功绩，成立谷音社的目的是“涵咏风情，陶写性情”“发豪情于宫徵、飞逸兴于管弦”，要承担起拯救昆曲的责任。1949 年 1 月，俞平伯与北京文化界、教育界民主人士及北京大学、北京师范大学等院校 30 名教授发表对全面和平书面意见，一致拥护中国共产党。新中国成立后，俞平伯在中国科学院文学研究所供职。1954 年 9 月，俞平伯的红学观点受到非学术的政治批判，然而仍不放弃对《红楼梦》的研究，并出版了《脂砚斋红楼梦辑评》。1956 年，俞平伯晋升为一级研究员。8 月第二次发起昆曲结社，成立北京昆曲研习社。因有 1954 年遭批产生的“免疫性”，“反右”运动俞平伯没再“落难”。“文革”期间被抄家、下乡改造。1986 年 1 月 20 日，中国社会科学院文学研究所为俞平伯从事学术活动 65 周年举行了庆祝会，标志着 1954 年对俞平伯不公正的批判有了结论。并应香港三联书店与香港中华文化促进会的邀请，赴港举办“《红楼梦》研究”学术讲座。1990 年 10 月 15 日逝世，享年 91 岁。

汪静之，1921 年考入浙江省第一师范学校，由于深受五四运动新思潮的影响，是年下半年，与潘漠华发起成立了有柔石、魏金枝、冯雪峰等参加的，由叶圣陶、朱自清为顾问的“晨光文学社”。1922 年 3 月，与潘漠华、应修人、冯雪峰等组织了我国现代文学史上最早的新诗团——湖畔诗社。“五卅运动”后，诗社里的冯雪峰、潘漠华、应修人投身革命，而汪静之却因胆子小被他们劝阻，说：“你从小娇生惯养，吃不起苦，万一被敌人抓住，恐怕会经不起严刑拷打，还不如远离革命，独善其身。”1926 年秋在芜湖一所中学执教，10 月，经郭沫若介绍任北伐军总政治部宣传科编纂，任《革命军报》特刊编辑兼武汉国民政府劳工部《劳工月刊》编辑。1928 年至 1936 年在上海、南京、安庆、汕头、杭州、青岛任中学文教员及建设大学、安徽大学、暨南大学中文系教授。1947 年 8 月任上海复旦大学中文系教授。1952 年调北京人民出版社古典文学编辑部任编辑。1955 年调中国作协，因生性谨慎，为人平和，1957 年“大鸣大放”没说什么过格的话，也就没被打成“右派”。“文革”之初，汪静之敏锐地感到风声不对，就毅然从北京工作单位返回杭州，悄悄在一所普通的民宅隐居下来。1996 年 5 月汪静之接受访问时，身着一件普通的蓝咔叽旧中山装，下摆一个纽扣掉了，露出里面灰色的棉袄，袖上戴着一副酱红色的袖筒，一副不修边幅的样子。“让你吃惊了吧！我不在乎物质享受，况且已经老了。我是教授级待遇，政府真好，养我做隐士。”他一本正经地说，一副心满意足的样子。他受儒家思想的影响很深，生活中远离功名利禄，只求平心静气地为人为文。谈到对诗歌的看法，他说，诗人写诗不从实际出发，连自己都不知在表现什么，怎么能让民众喜欢。诗歌唯有让民众看得懂才会被接受、喜欢，才有它生长的土壤。1996 年 10 月 10 日，汪静之辞世，享年 95 岁。

在以中和结局人生的三位诗人中，玉诺先生出身是最苦的了。汪静之出身安徽绩溪徽商世家，家庭富有。而玉诺先生则出身于豫西鲁山山区贫寒农家。1924 年徐玉诺 30 岁以后，辗转大半个中国，以教书谋生，虽仍在所执教的学校办刊、发文，但基本上已淡出全国性质的文坛。抗战胜利后，咀嚼家国人生盛衰甘苦，思想回归传统，隐身家乡办私塾，教学生《四书》《五经》，传承国学，迎来解放。在已身任豫陕鄂解放区领导的学生恳邀下，参加革命工作。1948 年，出席豫西各界人民代表会议，创办鲁山中学。1950 年出席河南省各界人民代表会议，参与筹备河南省文联，参加农村土改工作队。1951 年，参与戏曲改革，重视地方剧种，编导曲剧《红楼梦》，出席中南区文代会。1953 年调河南省文史馆工作。1954 年当选河南省文联第一届常务委员，出席河南省人民代表大会。1956 年加入中国作家协会。为人真纯，与上下左右为善，德高望重，“反右”运动未受冲击。因遗传原因罹患食道癌，于 1958 年 4 月 9 日病逝于开封，享年 64 岁，归葬鲁山徐营祖茔。

《礼记》称：“喜怒哀乐之未发谓之中，发而皆中节谓之和；中也者，天下之大本也，和也者，天下之达道也。致中和，天地位焉，万物育焉。”注曰：“喜怒哀乐没有表现出来，叫做中；喜怒哀乐情绪发自本，叫做和。中，天下最大的根本（务本）；和，天下能达到道的（乐本）。君子的达到中和，天地都会赋予他应有的位置，万物都会得到养育。”朱自清《山野掇拾》有言：“含忍与自制的人，是个中和的人。”“含忍与自制”可以视作“中和”的现代诠释。玉诺先生的人生结局堪称得“中和”者也！

徐玉诺教迹年表①

22岁（1916年）

8月，以优异成绩考入设立于开封的河南第一师范学堂，至1921年7月毕业。

27岁（1921年）

8月至年底，任鲁山县公立小学校长。

按：鲁山县公立小学校创办于1918年，创办人吴益亭、高超凡、宗宝三，聘荥阳人李欣斋任校长，校址在文庙东院，校门开在学道街路西。徐玉诺为该校第二任校长。

28岁（1922年）

3月至7月，由郭绍虞介绍，任教福州英华书院。

9月至1923年4月初，任教河南临颍甲种蚕业学校。

① 刘济献:《徐玉诺年谱》，下同者不书，不同者另注明。

按：张洛蒂《徐玉诺在临颍甲种蚕校》："1922年，我在家乡临颍县甲种蚕校读书。这年暑假后，学校来了一位语文教师徐玉诺……1923年秋天（当为春天），徐老师送一个朋友到车站，一去没有回来……徐老师走后三四个月，我们突然接到他自福建厦门大学的来信，并附200张稿纸。来信说他到厦大教书，兼编《思明日报》副刊，要我们寄稿。"

29岁（1923年）

4月至7月，任教吉林毓文中学。

8月初，到厦门大学任教，兼任《思明日报》编辑。（秦方奇《徐玉诺年谱简编》，下简书秦《编》）。

按：吉林毓文中学始建于1917年。创办人韩乃赓。1919年五四运动爆发后，毓文中学全体师生于同年5月7日举行大罢课，5月9日召开公众演说大会，并进行游行示威，展开抵制日货斗争，点燃了吉林人民反帝爱国斗争的熊熊烈火。在新文化运动中，毓文师生站在吉林新文化运动的前列，积极宣传新思想，反对旧礼教，创办进步刊物，传播马列主义。1925年"五卅运动"期间，又是吉林五卅运动的策源地。先后有许多革命者来这里教书育人，从事革命活动，如马骏、楚图南、尚钺等。徐玉诺到毓文中学任教是由周作人介绍，以"文学研究会"同人身份前往的。

30岁（1924年）

2月，辞去厦门大学教职，转任厦门集美师范学校。（秦《编》）。

2—8 月，任厦门集美师范学校国文教员。

8 月，任厦门大学编辑部主任。（秦《编》）。

9 月至 1925 年 4 月，任厦门大学编辑部主任。

31 岁（1925 年）

5 月中旬，由厦门大学返回河南开封。（秦《编》）。

8 月至 1926 年春，任教河南大学，兼河南地方自治训练班教授。

9 月 3 日，应冯友兰之邀到中州大学（今河南大学）任教。（秦《编》）。

按：1921 年前后，河南有筹建河南大学之动议，最终以“中州大学”为名，在 1923 年开始招生，1923 年 3 月 3 日，中州大学举行开学典礼。8 月第一次招生，计招大学预科学生 80 名，初中学生 40 名。前留学欧美预备学校庚班，改为大学预科二年级。1924 年 8 月第二次招生，计招大学本科学生 50 名，预科学生 80 名，高中学生 30 名，初中学生 50 名。预校原有的第三届英文科 1924 年秋直接升入中州大学本科一年级。第四、第五届英文科作为中州大学的附属中学。张鸿烈校长以预校为基础设立文、理两科，邀请国内知名学者担任两科主任。第一任文科主任为冯友兰先生，第一任理科主任为曹理卿先生。这是当时河南省第一所也是唯一一所现代意义上的大学，也是河南大学作为大学的开端。1927 年 6 月，在冯玉祥将军的支持下，决定将河南公立法政专门学校、河南省立农业专门学校并入中州大学，成立国立开封中山大学（国立第五中山大学）。后历经省立河南大学、国立河南大学、开封师范学院、河南师范大学等阶段，1984 年恢复河南大学校名。

32 岁（1926 年）

2 月，辞去中州大学教职，携家眷到洛阳省立第四师范任教。因政局不稳学校停课，失业在家。（秦《编》）。

8 月至 1927 年 8 月，任教洛阳河南省立第四师范。

按：洛阳河南省立第四师范学校始建于 1916 年 8 月，初名河南省立河洛道师范学校，1917 年改称洛阳河南省立第四师范学校。

33 岁（1927 年）

夏，只身一人再赴吉林毓文中学教书。不久得到家书，告以大女儿雪荷病重，遂辞去教职，返回洛阳。（秦《编》）。

9 月至年底，在吉林毓文中学教书。

34 岁（1928 年）

2 月至 1929 年秋，任教淮阳省立第二师范学校。其间，曾编辑淮师校刊。

2 月，任教淮阳河南省立第二师范学校，此时淮阳师范人才济济，同事中有李俊民、夏莱蒂、张默生等进步作家。徐玉诺任教“文学概论”“学术文课”和“文学作品课”等三门课程。把母亲和家眷接到淮阳后，在淮阳城东门外买了二亩地、一口井、一头驴，安家。（秦《编》）。

按：清宣统元年（1909）三月，由陈州府创办，初名陈州府初级师范学堂，是河南省创办最早的师范学校之一。

曾先后更名为河南省立师范学校、省立第二师范学校、淮阳中山学校、河南省淮阳师范学校。抗战时期学校曾先后搬迁于鲁山、内乡、西华、周口、项城、西平、鸡公山等地，七易其址。

35岁（1929年）

9月至1930年夏，任教信阳省立第二女师国文教员。12月创办《申女》月刊。

9月，应邀到信阳省立第二女子师范学校任教。11月，应淮阳二师时的同事，时任山东曲阜师范学校校长张默生之邀，绕道新乡百泉赴山东曲阜任教。（秦《编》）。

秋，应山东曲阜师范学校校长张默生之邀，迂道辉县赴曲阜，观赏百泉山水，在当地小学做义务教员十余日。待张默生二次电催，方起身赴鲁，教曲阜师范国文。于第二年初去职。

36岁（1930年）

2月，返回淮阳第二师范任教。3月“中原大战”爆发，学校教学受到冲击，徐玉诺曾躲避到淮阳西边的商水县。秋，再次到信阳省立第二女子师范任教。（秦《编》）。

按：山东曲阜师范学校创建于1905年，是一所历史老校、名校。学校初名“曲阜县官立四氏初级完全师范学堂”，1912年随国体变更为“山东省立曲阜师范学校”，1914年改称“山东省立第二师范学校”。

37岁（1931年）

2月，回淮阳师范任教，并主办刊物《太平车》杂志。

9 月，应马戢武之邀到信阳省立第三师范任教。（秦《编》）。

8 月，去信阳师范任教，至第二年 8 月去职。

38 岁（1932 年）

继续在信阳任教。（秦《编》）。

39 岁（1933 年）

年初，赴烟台山东八中任教，与张默生同事。

秋，应张默生之邀任教烟台八中。（秦《编》）。

按：在徐先生的教育生涯中，这次任教信阳河南省立第三师范算是最长的了，时跨三年 1931、1932、1933，整两个学年 1931—1932 学年、1932—1933 学年，四个学期。陈子英《徐玉诺在省立第三师范》称："1931 年暑期，马戢武先生由厦门大学调任三师任校长，聘徐玉诺先生为国文教员……玉诺先生在校三年，给全校师生留下很深的印象。""我在三师附小读书时，三师毕业的老师就只重视古典文学，而把白话文视为多余。玉诺先生来了后，首先介绍了五四新文化运动产生的新文学，具有划时代精神意义的现实主义文学，并介绍了许多文学大师和他们的作品，如鲁迅、茅盾、叶绍钧等。他并不排斥古典，而是适当的选些有进步意义的古典文作品。"马校长调走不久，徐先生也离开了三师。

马戢武（1888—1958），原名马碧瑞，河南省新野县上港乡岗北村人。出生于书香人家，读过《四书》《五经》。青年时期就有民主革命思想。清宣统元年（1909）到武汉武备堂当新兵，并加入中国同盟会。北京甲种工业专科学校化学科毕业。回河南从事教育工作，曾任开封甲种工业学校校长、信阳省立第三师范校长、私立开封北仓女子中学校长等。抗战胜利后任新野县参议会议长。1931 年在信阳长校省立三师时其父去世，让妻子回家管事，郑重地对妻子说：“中国世道要变，我说不准共产党能不能成事，你在家要一不购置地产，二不放债，三不刻薄佃户。”

40 岁（1934 年）

年初，回到鲁山，任教鲁山简易师范。春任私立鲁阳中学校长（校址在文庙），历时半年。（秦《编》）。

10 月，由烟台八中回河南，任鲁山鲁阳中学校长。

按：1. 鲁山乡村简易师范成立于 1932 年，校址在张良镇泰山庙，校长杨式颢。1933 年学潮后，将校址迁到县城西关。孙光远接任校长。

2. 据张文焕《徐玉诺事迹片段》，徐玉诺回鲁山后曾到鲁山县立师范作报告，而非任教，“1934 年，先生从山东烟台回到鲁山，各机关学校纷纷邀请先生作报告。当时我在鲁山县立师范学校读书。一天校务处门前的布告栏内贴出‘徐玉诺先生来校演讲’的布告。第二天上午停课，同学们齐集操场，整队以待。少顷，先生身着土色中山装，由校长陪同，在一片欢呼声中健步走上讲台，开始了‘读书救国’的长篇讲演。……当年，先生接任鲁阳中学校长”。李守成《我所了解的徐玉诺》则说：“我在鲁山城内上简易师范，1933 年秋季的一天，忽然学校通知师生排队去城东关迎接徐玉诺！……到学校后，在礼堂里，他发表了讲话，题是‘我与鲁山’。……幸运的是，他教我们班的国文课。……徐老师教我们班一学期的课，只讲了两篇小说。”不知“县立师范”与“简易师范”是不是同一所学校？

3. 私立鲁阳中学成立于1933年，刘惠凤、谢翰年、刘民则、张正谊、张再敬、李炳泽为校董，以文庙为校址，第一任校长张再敬。徐玉诺为第二任校长。

41岁（1935年）

年初，母亲去世，徐玉诺在淮阳安葬母亲后守丧。（秦《编》）。

按：徐西兰《回忆父亲徐玉诺》：“父亲在淮阳师范任教期间，小弟西林病故，对他精神刺激很大，由于哀伤过度，父亲也病重了一场。当父亲的病情刚有好转，祖母又得重病，求医问药，更是雪上加霜。父亲无奈只有求助高利贷，给祖母治病。父亲知道祖母的病情并非一般。父亲说：‘就是儿子尽孝也是时间有限。’先向学校请事假多天，昼夜侍在祖母病榻前。为了给祖母医病，父亲磨破铁鞋跑遍淮阳周边，求医买药，凡能请到的名医都请到了。经精心诊断，祖母得的是不治之症，食道癌晚期。那时缺医少药医疗条件困难，就是神仙也无力挽救病人的生命。祖母的病一天天恶化，最后连白开水也咽不下去，骨瘦如柴，奄奄一息。父亲眼看着自己的母亲被折磨的痛不欲生，止不住泪水夺眶而出，仰天长叹：‘我无回天之术挽救慈母，只要让母亲的生命多延长一点时间，能够多陪母亲聊聊天也感觉宽慰。’可是祖母的生命就像一盏油灯将要耗干。最后我父亲在祖母的劝说下才准备料理祖母的后事。父亲亲自跑到市场上。买来一个浴盆和我母亲一起为我祖母洁身洗浴，让祖母干净舒适穿戴周正上路。当天下午祖母安详地驾鹤离去。父亲在朋友们的帮助下为祖母操办了丧事。父亲在祖母入殓的那一刻，泪像断了线的珠子滚滚落下，自言自语祈祷他的母亲一路走好。”

42 岁（1936 年）

秋，应济南市长之聘作为伴读诗友，不久到烟台益文商业专科学校教书。（秦《编》）。

43 岁（1937 年）

2 月，由淮阳赴山东，住齐鲁大学孙伯蔚处。4 月，去烟台商业专科学校任教。8 月去职回开封，途经德州，卢沟桥事变发生，在车站作抗日演说资助伤兵。

春，继续在烟台教书。七七事变爆发，面见豫鲁监察使方觉慧“请求北上抗日”（秦《编》）。

44 岁（1938 年）

6 月，出任鲁山民众教育馆馆长，并创办《民舌日报》宣传抗日。徐玉诺此时还组织了“鲁山县抗战巡回宣传队”到附近各县演出。他所编写的抗日歌谣也被广泛传唱。冯玉祥视察豫西抗战，在鲁山会见徐玉诺，并把自己的书《救国必读》题赠留念，还题赠《抗日诗歌》《抗日伟大民众》各一册。（秦《编》）。

7 月，任鲁山民众教育馆馆长，至翌年 6 月。曾创办油印小报、组织演出队，宣传全民团结抗日。

按：1. 本年6月出任民教馆馆长之前，曾在家乡徐营设馆讲学。据张文焕《徐玉诺事迹片段》载："1938年，先生在故里徐营村设馆讲学，馆址在徐营村徐家祠堂。四方知识青年闻风而来。讲授的课程以古典经文为主。当时正值抗日战争进入艰巨阶段，先生本着'古为今用'的原则，在知识青年中灌输抗日爱国思想。如《论语》'北辰'篇，先生将'北辰'解释为'领袖'；'众星拱之'解释为'拥护领袖，团结抗日'等。"

2. 王予民、谢照明《诗人徐玉诺的一生》称："他创办了鲁山《民众日报》，自任编辑，另有工作人员三人。《民众日报》以刊登前线战况，发表抗日文艺作品，宣传抗日意义，激发群众抗日热情为主要内容。"曾追随徐玉诺在民教馆工作过的张文焕于《徐玉诺事迹片段》中称："先生以鲁山民众教育馆为阵地，创办《民众日报》。"鲁汉《徐玉诺在抗战时期》也称："徐玉诺办《民众日报》。当年民教馆馆员王庆福、林承蔚回忆是《民舌日报》。"（见《平顶山文史资料》第九辑，第143页）。

3. 据孙来运《赵华对徐玉诺的回忆》，鲁山县民众教育馆馆址在琴台。

45岁（1939年）

6月，民众教育馆馆长职被革除。后来《自传》云："我在鲁山民教馆，虽困饿不灰心，被革除仍依依不舍。"7月，任鲁山第一小学校长，至同年12月。

《民舌日报》因发表《抗战不足，扰民有余》等违禁文章被查封，徐玉诺辞去鲁山民众教育馆馆长职务，出任鲁山第一小学校长至年底。（秦《编》）。

46 岁（1940 年）

3 月，在宝丰民众教育馆开“国学讲座”，不久辞去。10 月应邀往迁至鲁山的淮阳师范任教，12 月去职。其间自学天文、佛学、中医、碑帖，并考察研究古代文物。

春夏间，把家眷从淮阳接回老家鲁山徐营居住。10 月，迁居鲁山的淮阳师范教书。（秦《编》）。

按：淮阳师范曾两次迁到鲁山。第一次迁鲁在 1938 年。第二次迁鲁在 1942 年 3 月。

47 岁（1941 年）

2 月，在鲁山城北枣园教私塾，因月粮吃尽，赴洛阳谋事。

年初，为养家糊口，在徐营西边青窑村（应为清水营）教私塾。（秦《编》）。

48 岁（1942 年）

7 月，接到迁往淅川的商丘中学聘书后，携女儿西兰赶牛车前往任教，至翌年元月去职。

夏，接到商丘中学的聘书，徐玉诺带着一大家人赶着牛车到淅川黄河街商丘中学任教一个学期。（秦《编》）。

按：是年上半年，在徐营办私塾学馆，取名“河南私塾”。据程岷源《奇人徐玉诺》（见《徐玉诺先生的故事》第 27 页）称：“省政府迁鲁山后，徐先生一度在家赋闲，应乡人之请，为桑梓服务，他在老家徐营，曾办起一座私塾学馆，定名‘河南私塾’。”

49 岁（1943 年）

2 月，去南阳中学任教，至同年 6 月。6 月后至内乡天明寺宛西乡村联合师范任教，至第二年 8 月。

春，徐玉诺赴在内乡县张集的南阳中学任教。6 月，去南阳宛西乡村联合师范教书，在课堂上宣传抗日，一个学期后学校解聘，学生罢课挽留。（秦《编》）。

按：1. 1933 年宛西四县联合在内乡建立宛西乡村师范学校，彭禹廷被公推为校长。学校占地 50 余亩，房屋近 400 间，聘请了罗卓如、王扶山、孙伏园等国内知名人士前来任教，并经常请山东邹平，河北定县的乡建名家来校讲学，培养了大批自治人才。1937 年抗日战争爆发后，由于宛西安定的局面，加上别廷芳积极为沦陷区学校提供校舍和经费，省内公私立学校后迁至内乡的达 20 余所，仅镇平一县，设立中学，师范和小学 274 座。

2. 孙来运《赵华对徐玉诺的回忆》说，徐先生到宛西乡村联合师范任教是由杨仪山介绍的。杨仪山，鲁山人。曾任建国豫军司令樊钟秀秘书、郜子举济源抗战时 91 军秘书长、别廷芳宛西自治幕僚等，在内乡一带颇有人脉。

3. 刘新择《回忆徐玉诺先生》：“1943 年 6 月，徐先生接到宛西乡师校长袁伯厦的聘书，即亲自执鞭驾驭着他的蹇驴破车，载着妻子张澄臣、儿子西亚、儿媳、女儿西兰和孙女徐留，一路风尘来到了宛西乡师所在地——内乡县天明寺。1943 年秋，开学伊始，学校宣布徐先生担任我们高六班的国文课兼级任教师。……徐先生给我们精选的《国文讲义》，很注意诗文的内容及教育意义。如鲁迅先生的《鸭的喜剧》、夏丏尊译的《爱的教育》中的《义侠的行为》、范仲淹的《严先生祠堂记》、白居易的《赋得古原草送别》、孟郊的《游子吟》以及《黄汉宫女士与侄笺》《触龙说赵太后》《鸡将雏》等。先生时常教育学生要孝敬父母，不要辜负父母养育的一片苦心。他在教材中所选的《游子吟》和《鸡将雏》等，都反映了这种思想。……徐先生讲课，不仅分析教材透彻、精当，而且注意课堂艺术，颇具趣味性、幽默感。他讲课不拘一格，在课堂上有时自问自答，有时口讲指划，有时手舞足蹈，有时低头走来走去，有时将自己的经历和感想穿插其间，能一下子把全体同学的注意力集中起来。……先生很注意发挥学生的个性，所以他的作文命题也别具一格，打破了以往老师命题，学生机械写作，内容受局限，结果千篇一律，味同嚼蜡的旧框框。马山口镇有一个姓王的木匠，手艺高超，是个土发明家。1944 年春季的一天，先生专程去走访了他。第三天的作文课上，先生出了作文题《访王木匠记》。同学们看了，莫名其妙，面有难色。徐先生说：‘你们想写好这篇作文，就利用本周的星期天，到马山口去实地采访一下那位土发明家王木匠，就有写作素材了。这篇作文可以推迟到下周再交。’”

50 岁（1944 年）

上半年，继续任教宛西乡村联合师范。8月，被宛西乡村联合师范解聘后，应邀到镇平县急滩镇中学教书。（秦《编》）。

8 月后，去邓县急滩中学任教，到 1945 年春。

按：急滩镇在邓县，今名汲滩。今仍有汲滩镇中学，系历史名校。

51 岁（1945 年）

春，宛西沦陷，急滩镇中学校长当了维持会会长，徐玉诺离开急滩镇中学，到附近一个徐庄办私塾。秋冬，回到故乡徐营开办小学。（秦《编》）。

春，南阳地区沦陷，乡居办私塾，不久携女儿回故乡，在鲁山各地兼办私塾至 1947 年。

52 岁（1946 年）

继续在故乡开办小学。（秦《编》）。

按：杨清华《关于徐玉诺先生在徐营和鲁山县城办学教书的片段回忆》说："1946 年春至 1947 年冬，先生曾在故里鲁山县辛集乡徐营村办私塾。"

53 岁（1947 年）

春，到徐营北边的盆郭村教私塾。夏，豫西解放，豫西军区司令员韩钧是徐玉诺早年在洛阳师范教过的学生，素知先生学识和为人，多次与豫西行署负责人牛佩琮、高芸生一起亲至徐营拜访先生，请其出山参加革命工作。徐玉诺以鲁山代表身份出席豫西各界人民代表会议。（秦《编》）。

按：1. 年底至来年秋，先生仍在徐营办私塾。郭晋臣口述《徐玉诺先生印象记》:“1947 年底，我在许昌一所中学读一年后，回到家乡。因刚解放，一切尚未就绪。无事可做，听说徐玉诺先生在其故里徐营村开私塾，父亲就送我到徐营跟着徐先生读书。私塾设在村中央一所祠堂里，两间房子，无课桌。每个学生带一个小凳子，上课时，大家都进屋坐在自己的小凳上。不分年级，所学进度大致相同的坐在一片，把书本放在自己的膝盖上读或听徐先生讲。我进私塾后，从《论语》读起，《论语》自己读，包括大字和注释的小字一齐读，读到会背诵为止，徐先生不讲。读完《论语》，接着读《孟子》时，徐先生一篇篇地讲解。稍大一点，进学早的学生读《中庸》《大学》，徐先生也是要讲的。每天上课前都要拜夫子，设三个牌位，分别是孔夫子丘、邵夫子康节、关夫子羽。关羽是武圣人，精通《春秋左传》。拜夫子时要恭恭敬敬地焚香、作揖、叩首。……1948 年底，徐先生到鲁山城里办中学，想让我跟着他去。家里人怕我到了鲁山后离家太远，不方便，还怕徐先生把我带往外地了，不放心，就要我回家了。”杨清华《关于徐玉诺先生在徐营和鲁山县城办学教书的片段回忆》说：“1948 年春在鲁山县城办起一所中学，并任校长。他在徐营村的私塾停办。我是 1948 年二三月间去鲁山县城上初中的，校址在鲁山文庙。”据张舒帆《徐玉诺——鲁山县立中学的奠基人》和 1994 年版《鲁山县志·大事记》，鲁山中学成立于 1949 年 3 月 25 日，徐玉诺任副校长。着手筹备是在 1948 年 11 月。

2. 豫西军区是 1948 年 6 月 7 日才成立的，此前驻鲁山的是豫陕鄂军区。豫陕鄂军区 1947 年 11 月 19 日在鲁山下汤成立，24 日进驻鲁山县城，韩钧时任豫陕鄂后方司令部司令员。1948 年 3 月豫陕鄂军政大学在鲁山成立，韩钧兼任豫陕鄂军政大学副校长。1948 年 6 月 7 日豫西军区成立，韩钧被任命为司令员，但因病未到职，由李成芳任代司令员。韩钧，原名韩水清，1912 年出生于河南新安，1925 年 13 岁考入省立洛阳第四师范学校，系徐玉诺 1926 年任教洛阳河南省立第四师范时教过的学生。1929 年春，以“参加学潮”的罪名，将他开除学籍。1931 年在北平中国大学读书。1932 年在监狱中加入中国共产党，1936 年出狱后创建山西新军，后奔赴豫西敌后开辟抗日根据地。1947 年随陈谢大军南渡黄河，任晋冀鲁豫军区第四纵队副司令员、陈谢兵团副司令员、豫陕鄂军区司令员等职，后调任中共北平市委秘书长兼军管会秘书长。1949 年 3 月 23 日，因操劳过度病逝，年仅 37 岁，被毛泽东称为“娃娃将军”。

3. 豫西行署的全称是“豫西行政主任公署”，成立于 1948 年 6 月 1 日。1947 年 11 月 19 日豫陕鄂行署成立，高芸生任主任。1948 年 6 月 1 日豫西行署成立，李一清任主任，高芸生任副主任。1949 年 2 月 2 日，李一清离职，高芸生任主任。

54 岁（1948 年）

6 月，河南大学进步教授嵇文甫、王毅斋、罗绳武等来到豫西解放区，徐玉诺奉命参与接待。8 月，中原大学在宝丰成立，徐玉诺前往祝贺。冬，奉命筹办鲁山中学。（秦《编》）。

10月，被任命为鲁山县立中学筹委会主任。

按：据《鲁山县志·大事记》，1948年11月，成立鲁山县县立中学筹备委员会，县长李涵若兼主任，徐玉诺任副主任。

55岁（1949年）

3月，任鲁山中学校长，6月去职。8月去淮阳中学任教。

3月，鲁山中学成立，校长由鲁山县县长李涵若兼任，徐玉诺任副校长，主持校务。7月，离开鲁山到淮阳。冬，时任省委委员的牛佩琮到淮阳视察，将徐玉诺接回开封。（秦《编》）。

按：1. 赵志旺《徐玉诺轶事》称："1949年3月1日，鲁山中学在原鲁阳中学校址正式开学。当时县长安俊山兼校长，徐先生是副校长主持工作，学校设有初中、高中、师范3个班级，在校生500多名。"据1994年版《鲁山县志·大事记》，鲁山中学正式成立的时间是1949年3月25日，而李涵若已于3月10日奉调南下，安俊山任县长，所以兼任校长的应该是安俊山。

2. 牛佩琮（1909－1990），山西定襄人。1928年考入北平清华大学经济系。毕业后在清华大学研究院肄业。1933年5月参加中国社会科学联盟北平分盟，同年下半年任清华大学"社联"书记。同时担任《清华周刊》主编，宣传进步思想。1934年6月加入中国共产党，并任中共清华大学支部负责人。1934年11月任中共北平市工作委员会宣传部长。不久，因党组织遭受破坏离开北平。1935年3月由于叛徒出卖被捕入狱。同年夏，因当局无确证被保释出狱后，与党组织失去了联系。任太原绥靖公署秘书及军政训练班主任。利用秘书身份作掩护，给党做了不少有益的工作。1936年在山西新军任太原军政训练班指导员及民政训练团政治部副主任。1937年七七事变后，他参与了创建山西青年抗敌决死队的工作，先后任一总队和一纵队政治主任、副纵队长。积极动员青年抗日，扩大了抗日武装。不久决死纵队转移到上党地区建立抗日根据地，他对决死纵队里面顽固反共势力进行了坚决的斗争，保护和壮大了革命力量，多次配合八路军粉碎了敌人的围攻。1938年9月调任太岳行署主任，中共太岳区区党委常委。1949年5月，牛佩琮任河南省人民政府副主席，1952年7月任中南大区财经委员会副主任。1954年10月调任国务院第五办公室（即后来的财贸办公室）副主任，1955年4月兼任全国人民代表大会常务委员会办公厅副主任，国务院财贸小组副组长。在国务院工作期间，他认真研究党的路线、方针、政策，协助李先念副总理处理财贸战线的日常工作，为国家财贸事业的发展倾注了全部心血。“文化大革命”期间，牛佩琮被诬陷为“叛徒”，遭到残酷迫害和长期监禁，身心受到严重摧残。“文化大革命”后，他的冤案得到了纠正。

56岁（1950年）

3月，在开封参加了河南省各界人民代表会议。27日，省教育厅、河南大学、省文联筹委会三单位联合招待由省内外来汴出席省各界人民代表会议的教育界、文化界知名人士冯友兰、曹靖华等，徐玉诺参加并发了言。会后，徐玉诺留河南省文联筹委会工作。（至此，脱身教育界。）

3 月，参加河南省文联的筹备工作，任组织联络部部长。4 月，出席河南省各界人民代表会议，并代表无党派人士在大会上发言。14 日当选河南省第一届各界人民代表会议协商委员会委员。（秦《编》）。

首届全国徐玉诺文化研讨会学术综述

在全国文艺界学习贯彻习近平总书记文艺工作座谈会讲话精神的大好氛围里，为纪念五四诗人徐玉诺诞辰120周年，由中国现代文学研究会、中共平顶山市委宣传部、平顶山市社科联、平顶山市文联、中共鲁山县委、鲁山县人民政府、平顶山学院伏牛山文化圈研究中心、平顶山市徐玉诺文化研究会联合办主办的首届全国徐玉诺文化研讨会，于2014年11月1日在徐玉诺先生的故乡平顶山市成功召开。来自中国社会科学院、清华大学、北京师范大学、《文艺报》编辑部、河南省文联、河南省文学院、河南大学、日本国立九州大学、平顶山市及鲁山县的60多名专家学者与会，会议共收到学术研究论文及纪念文章20篇。上午举行开幕式，开幕式由平顶山学院伏牛山文化圈研究中心主任张清廉教授主持。首先宣读了中国鲁迅研究会、平顶山市刘氏文化研究会给会议的贺信；然后中共鲁山县委、宣传部部长致欢迎词，接着平顶山市政协副主席、市社科联主席建华先生，中国现代文学研究会副会长、北京师范大学文学院博导刘勇教授，河南省文联副主席、河南文学院院长何弘先生，徐玉诺先生的同事、河南省文联原主席何南丁先生先后发表了热情洋溢缅怀徐玉诺先生的讲话。刘勇教授的讲话对徐玉诺先生在中国现代文学史上的地位给予了充分肯定。与会专家学者亲临徐玉诺先生的故里鲁山县辛集乡徐营村参观了故居纪念馆和徐玉诺先生曾任校长的鲁山县第一高级中学徐玉诺纪念馆。下午进行了广泛而又深入的交流研讨，研讨由中国社会科学院文学研究所研究员、《文学评论》副主编王保生先生和中国新文学学会副会长、《文艺报》理论部主任熊元义教授主持，清华大学文学院博士生导师解志熙教授和河南大学文学院博士生导师刘进才教授作现场点评。与会专家学者相互切磋，相互启发，发言与点评互动，畅所欲言，各抒己见，取得了丰硕的学术成果，把徐玉诺文化研究推进到了一个新阶段。现综述如下：

一、挖掘出一批徐玉诺文化的新材料。新材料的发现是推动一个学术领域不断取得研究新成果的永恒路径。刘涛的《中国时报·前锋报联合版关于徐玉诺的几则新史料》爬梳出1948年5月河南省会开封解放前夕《中国时报·前锋报》联合版上所发表的谈徐玉诺署名文章，有索陶的《一代诗人而今何在？——忆徐玉诺先生》、培麟的《诗人徐玉诺趣事》、叶红的《先进诗人现教古书——我所知道的徐玉诺先生》等。这几则史料反映了40年代后期学界对徐玉诺先生所保持的关注，但不见于《徐玉诺研究文献索引》，尚不为今天徐玉诺及现代文学研究界所知。秦方奇的《徐玉诺主创改编的曲剧〈红楼梦〉辑校》，展示了在旧书网上淘得的1956年河南人民出版社的徐玉诺先生创作的曲剧《红楼梦》剧本。有关回忆文章多称徐先生创作并执导过一些剧团排演《红楼梦》，但始终未见有剧本。这个发现弥补了《辑存》未收徐玉诺长篇剧本的不足，对研究徐玉诺先生戏剧创作实践和戏剧文艺思想极具价值。先生后人徐语愔的《牛把和尚索伽》，文章虽短，却是一个重大发现。鲁山境域广泛流传着清代鲁山县辛集乡民间实有人物索伽被乾隆皇帝封为龙王的故事，也是先生故里一宗重要的民间文化资源，影响深远。这宗民间文化资源滋养过先生幼年的心灵，也为先生终生所眷顾，以至临终之前还念念不忘要为索伽立碑，“必须作歌，颂索伽”。这些新材料的发现，无疑丰富了徐玉诺文化的内涵，必将拓展徐玉诺文化研究的领域。

二、对徐玉诺诗歌成就的研究取得了新进展。本次研讨会所收到的文章中专论徐玉诺诗歌成就和诗人本色的有六篇，另外论及其诗作的有三篇，还有三篇即席发言，是本次研讨会的大宗。其中，杨晓宇的《谈徐玉诺的诗情和诗心》，从深刻解析徐玉诺先生的几首代表作入手，揭示“徐玉诺先生的诗歌，充满着对民众的敬爱，对民生的关心，对国家和民族命运的思考”的情愫，“映照着他那颗透明的诗心”。曲令敏的《诗人即真人——谈徐玉诺和他的诗》，以散文家的灵动思维和细腻笔触，洞悉“诗由古体转向白话，因其语言粗糙，沙米间杂，五四新诗被诟病的很多。唯有徐玉诺的诗得到了不同时期、不同流派的学者大家和读者异口同声的赞赏”，预言“徐玉诺的诗因为扎根大地，深植于美好的人性本源，一定会重新与人相见相知，成为葱葱郁郁的灵魂饭，为更多人所喜爱”。潘民义的《论徐玉诺的诗人本色》，从美学及社会学理论高度，生动泼辣的语言，贯通古今中外、天地人的思辨逻辑，透视出徐玉诺先生是现代中国“具有真性情的诗人”本色，论定徐玉诺先生堪称“极品诗人”“天才诗人”。李建锋的《徐玉诺在诗歌艺术道路上的探寻》一文，则对徐玉诺诗歌的艺术表现手法进行了深入探讨，提出“徐玉诺在诗歌艺术表现手法上的先锋姿态探索值得关注”“徐玉诺在他的诗歌中语言最先用韵，把家乡方言入诗，率先使用象征、比喻、复沓等手法，在现代白话新诗创作中自觉用意象”都具有开先意义。这是由徐玉诺自身特质决定的对中国新诗的贡献。解志熙的《徐玉诺在“明天社”时期的创作再爆发》，历数徐玉诺先生在“明天社”时期（1928 年 10 月—1931 年 9 月）的创作成就，明显构成其第二个创作高峰，“其中贡献出的几篇特别出色的风情诗，蕴含着特别深切的民族风味和格外感人的质朴之美”。这是以往研究所忽视了的，起码是重视不够的，证明徐玉诺先生“并非昙花一现”的新文学作家。人生有光亮的起点，也必然有昏暗的终点。讴歌人生起点和感慨人生的终点，是诗人的永恒课题。肖百容的《面对终点：从恐惧到渴望》以视角独特，发现徐玉诺的“诗歌涉及死亡的比较多，在现代诗歌史上，与闻一多可以称得上是歌咏死亡的双壁”，“徐玉诺对死亡的书写，是一个复杂的过程，交织着恐惧表述和歌唱赞美”，“既描绘了临终时的美妙感受，死神的轻盈美丽，和对彼岸世界的追求”，“显示了他热爱生命，却又憎恨现实的内心世界，折射出传统死亡文化与西方死亡文化在诗人身上奇妙而又奇特的组合”，颇有见地。王予民的即席发言《徐玉诺与民歌的情缘》，对徐玉诺先生早期注意搜集民歌，晚期歌谣体诗歌作了专论；何南丁的《自然之子》回顾了同徐玉诺先生相处的有趣日子，对其诗歌成就给予了很高的评价。赵焕亭的《徐玉诺〈最后咱俩换了换裤子〉引发的思考》一文，对徐玉诺先生的诗作《最后咱俩换了换裤子》做了个案文本洞明肌理的剖析，察微知著，探讨了徐玉诺诗作的系列现象、戏剧元素和妇女形象，并与刘震云《一九四二》中的典型情节作了联系和比较，值得肯定。李学乾的《徐玉诺，鲁山文学界的一面旗帜》，重点讨论了徐玉诺诗歌的特点，认为“具有划时代意义”“言为心声，有感而发”“平白如话，优美自然”“表达自己对人生的思考”。其他对徐玉诺的作品综合研究的文章，也都论及了徐玉诺的诗作。

如高慧敏的《徐玉诺诗文中的良心与人性》，就兼论了徐玉诺的小说和诗歌作品中所蕴含的“良心”与“人性”。杨西仑的《论徐玉诺先生的民生情怀》中论析了先生的诗作《农村的歌》《夜声》《火灾》等。杜光松的《徐玉诺：扎根沃土写新韵》，专设一题《诗歌：乱花渐欲迷人眼》，论述徐玉诺的诗歌深深根植于家乡人文沃土。乔书明的《徐玉诺与九亩阁》，也言及了徐玉诺的诗歌成就，在发言中还展示了自己同台湾著名诗人痖弦通信中所得到的痖弦崇敬徐玉诺，高度评价徐玉诺诗歌成就的文字，对研究徐玉诺的影响很有参考价值。日本学者秋吉收是将徐玉诺研究引进日本学术界的第一人，他的即席发言表示要翻译徐玉诺先生的作品，这样徐玉诺先生的文学成就有望走出国门进入世界现代文学研究界视野。

三、对徐玉诺生平考实的研究有了新突破。本次研讨会收到的论文和其他文章，属于考证研究评述徐玉诺生平行事的有潘民中的《关于 1923 年的徐玉诺》，徐语愔的《徐玉诺及其后人略述》，王锦霞的《徐玉诺的笔名文化》，雷忠杰的《永远的大师》，李涛的《寻访徐玉诺故居》等。潘文探究了 1923 年徐玉诺“进京及‘卖身启事’问题”，提出徐玉诺“因送朋友忘记下车而进京”的“朋友”就是为之写引起周氏兄弟注意的“卖身启事”的罗绳武的合理推断；梳理了徐玉诺“护送爱罗先珂归俄问题”，弄清了这件事的来龙去脉和诸多波折；廓清了笼罩在徐玉诺“到吉林毓文中学教书问题”上的重重迷雾，证实了在毓文中学接应徐玉诺的是王统照而非他人。对研究徐玉诺加入文学研究会后参与活动的情况和研究会内部的生态，多有裨益。徐语愔以先生后人的身份，所披露先生病危、归葬及葬后的家事细节，对研究先生生平行事及家庭伦理思想很有价值。王文则探讨了徐玉诺笔名的文化内涵。雷文、李文对徐玉诺先生在淮阳任国文教师时的爱国爱民事迹予以大力褒扬。

四、其他。会议还收到刘进才教授的《论三十年代的语文通俗化运动》一文，认为 30 年代语文通俗化运动是以《语文》月刊为阵地发起的，是文艺大众化和大众语讨论的深入和发展，同时也开启了民族形式问题讨论的先声。

总结此次研讨会所取得的成果，启示我们信心百倍地展望今后徐玉诺文化研究工作。一应开阔眼界，继续广泛深入挖掘新材料。有了新材料，就会有新话题，就能提出新观点，就能更全面地把握徐玉诺文化的内涵。解放后的情况比较简单和清晰，对新中国成立前三四十年代先生曾经驻足过的地方的书报杂志档案资料，应像篦头发那样下细功夫寻觅，肯定会不断有新收获，哪怕是只言片语都是新发现。二是要加大对先生小说作品的研究力度。此次会议所提交论文，对先生小说成就的研究比较薄弱，下次应扩大这方面的分量，既可作整体研究，也提倡作个案分析，把徐玉诺先生小说创作的成就研究深研究透。三对先生的诗歌代表作、上品、精品，继续作深入研究，研究得越细致越透彻越好。既然大家都认为先生的诗作在同时代诗人中是出类拔萃的，就应该让更多的后人了解、理解、继承。研究成果的发布过程就是推介的过程，就是为继承创新提供营养的过程。四提倡将先生放到时代背景下作深入研究，准确定位其在现代文学史上的贡献；提倡将之与同时代作家作比较研究。有比较就有鉴别，这样的成果越多，他的形象，他的价值就会越明晰。五对先生生平行事的研究，什么时候都不能放松。受先生特立独行性格的决定，受旧社会动荡不定局势的影响，先生的生平行事还有很多环节不够清楚，需要挖掘资料，考证核实，做深入研究。

“文艺创作方法有一百条、一千条，但最根本、最关键、最牢靠的办法是扎根人民、扎根生活。应该用现实主义精神和浪漫主义情怀观照现实生活，用光明驱散黑暗，用美善战胜丑恶，让人们看到美好、看到希望、看到梦想就在前方。”徐玉诺先生正是现代文学史上这样的作家。本次研讨会的召开，是我们贯彻习近平总书记文艺工作座谈会讲话精神的重要举措，全面提升了徐玉诺文化学术研究的层次和水平，搭建起了一个多部门参与、多层次人才沟通交流的平台，对我们平顶山市和鲁山县文化资源的开发利用有很强的引领作用。请允许我代表平顶山市徐玉诺文化研究会和本次研讨会组委会，向各位领导和专家学者表示诚挚的谢意。恳切希望各位专家学者今后一如既往地关心支持我们徐玉诺文化研究会工作！

2014 年 11 月 1 日于河南平顶山

第六辑　名人文化篇

纪念仓颉①

河南鲁山有仓颉祠。据姓氏书，苍姓源自苍颉，而仓姓源自仓官。所以苍颉的苍应为“苍”，而非“仓”。西安碑林有一方东汉延熹五年（162）刻立的“苍颉庙碑”，就是明证。现在人们把“苍”“仓”混为一谈了，不符合史实，应有所区分才是。

一、苍颉的四重身份

1. 上古历史人物。具体说是母系氏族社会向父系氏族社会转变时期（从伏羲到黄帝）的一个氏族首领或部落酋

① 本文系据2018年5月28日中国鲁山“第二届汉字节高层论坛”上的发言整理。

长，被尊为“苍帝”。

2．中国文字的创制者。《荀子·解蔽》称：“好书者众矣，而苍颉独传者壹也。”《吕氏春秋·君守篇》亦记载有：“奚仲作车，苍颉作书，后稷作稼，皋陶作刑，昆吾作陶，夏鲧作城，此六人者，所作当矣。”

3．道教神灵体系中的字祖，被尊为“苍王”。《历代神仙通鉴》：“伏羲时有臣苍颉，姓侯冈，名颉。生而龙颜侈侈，四目电光。幼善画，养灵龟一头。揣摹其纹理，又见群鸟践迹沙地，乃依龟文鸟迹，一画一竖，一点一圈，撇捺钩挑，配聚而成字体。”宋人叶梦得著《石林燕语》记：“京师百司胥吏每至秋天必醵钱为赛神会，‘问其何神？’曰‘苍王’。盖以苍颉造字，故胥吏祖之。余旧有《学校祀苍颉议》。”据此知宋时固尝祀之。

4．汉字文化的永恒符号。秦灭六国之后，秦始皇采纳李斯的建议，“罢其不与秦文合者”，在全国推行简易规整的小篆字体。为了顺应这一“书同文”的文字改革国策，丞相李斯作《苍颉篇》，共7章；中车府令赵高作《爰历篇》，共6章；太史令胡毋敬作《博学篇》，共7章。三人所作共计3篇20章，世称“秦三苍”。汉初，闾里书师合《苍颉》《爰历》《博学》三篇，断60字为一章，凡 55章，共3300字，并称《苍颉篇》。汉扬雄采摭众家之说，辑成《训纂篇》，顺续《苍颉篇》，凡34章，章60字，共2040字。东汉的班固在扬雄续作的基础上又续作了13章，章60字，则为1380字。东汉和帝时，郎中贾鲂又在班固续作的基础上扩充为34章，章60字，则为2040字。称“汉三苍”。魏晋之后，又有张揖《三苍训故》和郭璞《三苍解诂》。这些以仓颉为名的字书亡佚于宋室靖康倾覆之际。清代整理古迹出现了：孙星衍辑《苍颉篇》三卷，梁章钜撰《苍颉篇校证》三卷、《苍颉篇补遗》一卷，任大椿辑《苍颉篇》二卷、《三苍》二卷，任兆麟《苍颉篇补正》二卷、《三苍补正》二卷、黄奭《逸书考苍颉篇》一卷，马国翰辑《苍颉篇》一卷、《三苍》一卷、《训纂篇》一卷、《苍颉训诂》一卷，陶方琦《苍颉篇补本》二卷，陈其荣《增订苍颉篇》三卷，曹元忠《苍颉篇补本续》一卷，诸可宝《苍颉篇续本》一卷，王仁俊《苍颉篇辑补校证》三卷，顾振幅《苍颉篇》一卷、《三苍》一卷，龚道耕《苍颉篇补本续》一卷，臧礼堂《增订苍颉篇》三卷，程廷献《苍颉篇辑本》，陈荛春《苍颉篇逸文》，龙璋《苍颉篇》二卷，王国维辑《重辑苍颉篇》二卷。自《说文解字》，特别是《康熙字典》之后，字书虽不再以“苍颉”为名了，但我们并未忘掉字祖，至今人教版小学语文课本仍有《仓颉造字》一文。

二、苍颉造字是中华文明起源的标志之一

学术界一般将文字的出现作为界定文明的重要标志之一，通常人们把文字出现以后的历史称之为人类文明史，

而把文字出现以前的历史算为史前史。

从 20 世纪开始，世界各国开始对上古文化进行大规模的考古挖掘，集一个世纪以来的考古成果，人们发现文字出现的时间并不长，最多不超过 6000 年。按照文明发展的程度，学术界将中国、印度、埃及、巴比伦四国排在首位，号称“四大文明古国”。在埃及发现的最早文字大约起源于公元前 4000 年，距今 6000 年；古印度的年代大约在公元前 2500 年，距今 4500 年；古巴比伦文化年代大约在公元前 3500 年，距今 5500 年。

中国文字最早出现于何时？如果从商代甲骨文算起只有 3600 年，但商代甲骨文已是相当成熟的文字，中国文字的出现肯定要比商朝早得多。早在何时？考古材料虽然没有明确的证据，但文献记载却非常清楚。中国有字祖，字祖苍颉生活在黄帝时期。《说文解字叙》：“黄帝之史苍颉，见鸟兽蹄迒之迹，知分理之可相别异也，初造书契，百工以乂，万品以察。”这段记录表述的就是苍颉造字的事迹。《说文解字叙》又说：“苍颉之初作书，盖依类象形，故谓之文；其后形声相益，即谓之字。”应该说这是比较符合历史事实的。黄帝至今有 5000 年，也就是说中国文字已有 5000 年的历史。这样在四大文明古国中就文字的产生而言，当排在第三位。我们不是事事非争第一不可，但我们也不愿意坐底。

三、苍颉对中华文明所作出的创始性贡献是值得永世纪念的

1. 苍颉是中国文字创始期中的集大成人物。鲁迅先生在《门外文谈》中指出:“在上古社会里，苍颉也不止一个。有的在刀柄上刻一点图，有的在门户上画一些画，心心相印，口口相传，文字就多起来，史官一采集，便可以敷衍记事了。”

2. 苍颉纪念地集中分布在黄河中下游地区。陕西白水、洛南；山西临汾尧庙镇西赵村（汉唐以来，村中一直建有苍颉祠堂，称作“苍颉圣祠”)、高平羊头山；河南南乐、洛宁、虞城、鲁山；山东寿光、沂南。这些正好是黄帝及其后裔部落的核心活动区域。

3. 汉字蕴含着中华先人的独特智慧，纪念苍颉是对中华文明伟大复兴的期许和自信。汉字具有优美、辨识度高、易懂，关联性强，形象，直观达意，信息量大五个特点。无疑会使其在阅读心理方面较拼音文字具有相当大的优势，使汉字的书面语在感知、理解的各个方面都有较高的速度和效率，能够实现阅读速度、理解速度、记忆速度的协调发展，快速阅读，也是中国为何能崛起的天然因素。汉语不失，华夏永存。

刘累迁居鲁山原因探微①

今河南省鲁山县，早在夏代就以“鲁”为名，称“鲁县”。《左传·昭公二十九年》载：“有陶唐氏既衰，其后有刘累，学扰龙于豢龙氏，以事孔甲，能饮食之。夏后嘉之，赐氏曰御龙，以更豕韦之后。龙一雌死，潜醢以食夏后。夏后飨之，既而使求之，惧而迁于鲁县。”现代《左传》研究权威杨伯峻先生《春秋左传注》认为：“鲁县今在河南鲁山县”，为学术界所取信。鲁县故城在今鲁山县城西 12 公里昭平台水库中央之邱公城遗址。文献有记载，考古有印证，无须多言。这里探究的是为什么刘累未迁于别地，而选择迁于鲁县？

① 本文原载《求索》2001 年第 3 期。

鲁山是尧部落的祖居地

刘累是尧的裔孙。刘累迁鲁的原因之一在于鲁县是尧部落的祖居地。说鲁县是尧部落的祖居地，理由有二。

其一，鲁县所在的滍水上游是尧部落的祖部落玄嚣部落的生息地。

鲁县位于淮河支流滍水上游。滍水今名沙河，发源于豫西山地八百里伏牛山脉东段主峰尧山东麓，自西向东流经鲁山、宝丰、平顶山市区、叶县、舞阳、襄城，与北汝河汇合。滍水又写作“泜水”。西晋杜预注《左传》谓:“泜水出鲁阳县西，经犨城、定陵，入汝。”鲁山县在秦汉魏晋时代名鲁阳。定陵即今舞阳县之北舞渡。《春秋地名考》称:“泜水即滍水也，盖音同而字异耳。”杨伯峻先生的《春秋左传注》也肯定“泜水即滍水，今名沙河。源出河南省鲁山县西没大岭，流经县南，又东经宝丰、叶县、舞阳，合于北汝河”。“没大岭”又名“木扎岭”，是尧山主峰的延伸部分。

按照司马迁《史记·五帝本纪》所排列的五帝世系:黄帝居轩辕之丘，而娶于西陵氏之女，是为嫘祖，嫘祖为黄帝正妃，生二子，其后皆有天下。其一曰玄嚣，是为青阳，青阳降居于江水；其二曰昌意，昌意生高阳。黄帝崩，高阳立，是为帝颛顼也。颛顼崩，而玄嚣之孙高辛立，是为帝喾。帝喾高辛者，黄帝之曾孙也。高辛父曰蟜极，蟜极父曰玄嚣，玄嚣父曰黄帝。自玄嚣与蟜极皆不得在位，至高辛即帝位。帝喾娶陈锋氏女，生放勋；娶娵訾氏女，生挚。帝喾崩，而挚代立。帝挚立不善，而弟放勋立，是为尧帝。史学家研究认为，今本《史记》所载“青阳降居于江水”之“江水”，为“泜水”之误。唐以前的古本《史记》作“泜水”。《大戴礼记》也作：“青阳降居于泜水。”“夏商周断代工程”首席科学家、中国先秦史学会理事长李学勤先生在《李学勤说先秦》一书中即称：“《帝系》说：‘青阳降居泜水。’‘泜水’《史记》作‘江水’，是由于汉代字写草了，这个‘泜’和‘江’字接近。泜水应即今河南沙河，源出鲁山西，流经叶县，入于汝河。”直到清代，鲁山县境内滍水沿岸还有“青阳”地名留存。清嘉庆《鲁山县志·地理志》引《贾文卿墓表》：“归葬县东南青阳湖”，就是明证。

可知，尧部落的祖部落玄嚣部落从黄帝部落衍生出来后是以鲁县所在的滍水上游为栖息地的。

其二，在刘累迁到鲁县以前，鲁县已有以“尧”为称的地名。

今人多据《水经注·滍水》所载：滍水出南阳鲁阳县西之尧山。尧之裔孙刘累，以龙食帝孔甲。孔甲又求之，不得。累惧而迁于鲁县，立尧祠于西山，谓之尧山。《读史方舆纪要》所载：“尧山，在县西百四十里。夏孔甲时刘累迁鲁，立尧祠于山上，因名。”认为鲁县之有尧山，是尧之裔孙刘累立尧祠于其上而得名。岂不知，尧山之名要早于刘累迁鲁事件的发生。东汉以前的记载可以告诉我们这一点。张衡《南都赋》称：“远世则刘后甘厥龙醢，视鲁县而来迁。奉先帝以追孝，立唐祀乎尧山。”《后汉书·郡国志》载：“鲁阳有尧山，封刘累立尧祠。”这两条材料明白无误地告诉我们：鲁县有山名“尧山”在前，刘累立尧祠于其上在后。

在刘累迁鲁之前，鲁县已有以“尧”为称的地名，除了说明此地是尧部落的祖居地之外，应当不会再有其他解释了。

中华儿女根深蒂固的文化传统是祖宗崇拜。由祖宗崇拜传统而引发寻祖追宗意念，由寻祖追宗意念而支配寻根之举。刘累迁鲁就是在寻祖追宗意念支配下所实施的寻根问祖之举。

鲁山是豢龙氏的故里

刘累早年学扰龙术于豢龙氏。刘累迁鲁的原因之一在于鲁县是豢龙氏的故里。

关于豢龙氏部落的来源，《通志·氏族略》曰：“黄帝裔孙飂叔安，生子董父，以扰龙服事帝舜。赐姓曰董，氏曰豢龙。”那么。豢龙氏部落是由黄帝后裔哪一子部落衍生出来的呢？《山海经》载：“颛顼生老童，老童生祝融。”祝融本名重黎，为高辛氏火正，“以淳耀敦火，天地名德，光照四海，故名之曰祝融”。《国语·郑语》载：“祝融，其后八姓，己、董、彭、秃、妘、曹、斟、芈也。”董姓豢龙氏在其中。

颛顼部落从昌意部落衍生出来后，初居于若水。前人多指“若水”为四川的若水，今人疑之，论证“若水”当指汝水，即今天的北汝河，源于尧山西麓嵩县车村，流经汝阳、汝州、郏县、襄城，与滍水即今沙河相汇。在古代“若”“汝”音、字具通。黄帝所居轩辕之丘在今河南新郑，若水（汝水）、泜水（滍水）在轩辕之丘南百余里。古人即以北为上南为下，故有“降居”之称。汝水、泜水相距仅数十里，只有断断续续的丘陵间隔，同属一个地理单元。有材料证明，在原居于泜水流域的高辛氏部落徙居他处之后，泜水流域为颛顼后裔长期占据。《路史》提到颛顼后裔居住地六处，其中之一为鲁阳。鲁阳是鲁县在秦以后的名称。

在夏初，居于滍水流域的颛顼后裔是哪一支呢？回答是祝融八姓之一的董姓豢龙氏。在滍水中上游分布着众多的豢龙氏遗迹。其一，滍水上游昭平台水库淹没了的刘累故邑邱公城北原有一个村镇名耿集。耿集在 1949 年之前位居鲁山四大名镇之首。耿集有“豢龙故里”之称，直到 20 世纪 50 年代初，耿集寨垣门楼上还镶嵌着刻有“豢龙故里”字样的匾额。耿集被称为豢龙故里，肯定不是空穴来风，而是有根据的。这个根据起码是代代相传如此。其二，在滍水中游南岸商余山上有“太灵古祠”，为豢龙氏祀大帝所立。商余山是唐代诗人元结故里。天宝十二年（753）前后，元结在家乡商余山习静时作诗《演兴四首》，其《自序》称：“商余山有太灵古祠。传云：豢龙氏祀大帝所立。

祠在少余西乳之下，邑人修之以祈田。予为《招》《祀》《讼》《闵》之文以演兴。”据专家研究，“太灵”与“大帝”同意，指天神。“传云”泛指书传记载。说明在唐代，人们还能见到商余山太灵古祠为豢龙氏所立的资料。豢龙氏立太灵古祠于商余山，商余山一带必为豢龙氏部落的居住地无疑。其三，在滍水中游北岸应都故城东北大龙山之阳（今平顶山市新新街一带）有“豢龙城”。《路史·国名纪》《太平寰宇记》《读史方舆纪要》均有记载。大龙山之名即由豢龙城而来。

以上材料足以证明：鲁县所在的滍水中上游是豢龙氏的故里。应该说刘累早年“学扰龙于豢龙氏”即在此地。他对这里的山川风土非常熟悉，因之当他在夏朝廷无法待下去的时候，就酝酿出举族迁鲁的行动。刘累迁鲁，不无重投师门进一步学习扰龙技术的用意在里边。

鲁山是龙的重要产地

刘累氏族是以御龙为业的。刘累迁鲁的原因之一在于鲁县是龙的重要产地。

长期从事文物考古工作的学者刘志雄、杨静荣二先生在对大量新石器时代陶器上所绘制的原生龙图案进行缜密研究的基础上，提出了大鲵是龙的主要原型的科学观点。

大鲵在生物学上属两栖纲大鲵科。一般长60—70厘米，大者可长达1.8米，重达数十公斤，是现存最大的两栖类动物之一。其脊背呈棕褐色，有大黑斑，腹部色淡。头宽而扁，口大，锄骨齿成一弧状，鼻孔和眼极小，位于头部背面，无眼睑。躯干粗壮而扁，尾侧扁。四肢甚短，前肢四指，后肢五趾，趾间有微蹼。皮肤光滑，头部疣粒显著，多数成双排列。自颈侧至体侧有皮肤褶。体外受精，卵带呈串珠状，亲体有护卵习性。栖息山谷清澈的溪流中，以鱼、蛙、虾为食。因叫声似小儿啼哭，俗称娃娃鱼，肉可食，味鲜美。在古代典籍中有人鱼、狗鱼、山椒鱼等多种称法。《山海经·北山经》在："决决之水出焉，而东流注于河，其中多人鱼。"《水经注·伊水》载："鲵鱼声如小儿号，有四足。司马迁谓之人鱼。"《尔雅注》："今鲵鱼似鲇，四脚。前似猕猴，后似狗。声如小儿啼。"《本草纲目》："鲵生山溪中，似鲇有四足，长尾能上树，声如小儿啼。"

豫西山地自古就是大鲵的主要产区。发源于豫西山地的洛水（今名洛河）、伊水（今名伊河）流入黄河，滍水（今名沙河）、汝水（今名汝河）流入淮河，均水（老鹳河）、淯水（白河）流入长江。至今诸水上游仍均有大鲵栖息生长。大鲵是一种奇异的动物。它们喜欢生活在僻静优雅的涧溪深处，形态、叫声颇多似人之处。这一切很容易引起先民们的畏惧与联想，将大鲵视作神灵之物，甚至当作人的始祖。先民们在陶器上描绘大鲵的形象，是认为大鲵既然具有人类始祖的身份，必然具有神性，于是试图通过巫术的形式向它表达自己的祈望。大鲵崇拜观念在豫西山地民间表现得十分浓重。

古代先民把大鲵作为龙来崇拜，直到宋代还有这方面的记载。《宋史·程颢传》载："茅山有池，产龙如蜥蜴，而五色。祥符中尝取二龙入都，半途失其一，中使云飞空而逝。民俗严奉不懈。颢捕而脯之。"这里所言产于池中如蜥蜴而非蜥蜴的动物实际上是有四肢能爬行的两栖动物大鲵。元明时代，人们还视"鲵"为"龙"，将二者合称，谓"龙鲵"。鲁县故城以西滍水上游，千山万壑，谷深林密，涧溪潺潺，水质清澈。自然环境和气候条件很适宜大鲵繁殖生息，是大鲵理想的生活之地，事实上也是豫西大鲵的重要产地。今天尧山自然保护区内仍有大鲵生存，并被列入国家二级保护动物。有意思的是尧山还有九龙山、九鱼山、九鲵山之名；曾有大鲵出没的水潭，名黑龙潭、白龙潭。

这些信息无不告诉我们：鲁县确实是原生龙大鲵的重要产地。无怪乎豢龙氏氏族曾择鲁县而居，刘累的御龙氏氏族要迁居鲁县了。

综之，刘累迁居鲁山的原因有三：一、鲁山是尧部落的祖居地，刘累迁鲁是为了寻根问祖。二、鲁山是豢龙氏故里，刘累迁鲁是为了进一步讨教养龙技术。三、鲁山是原生龙大鲵的重要产地，刘累迁鲁是为了保证御龙氏族有龙可御，有业可操。

姬旦封鲁与今河南鲁山的疑似周公墓

周公姬旦获封鲁公之地望

司马迁《史记》对周文王姬昌的儿子、周武王姬发的弟弟姬旦泛称“周公”。为什么姬旦被称为周公？《史记·鲁周公世家》载：“周公旦者，周武王弟也。自文王在时，旦为子孝，笃仁，异于群弟。”后，《集解》引谯周语曰：“以太王所居周地为其采邑，故为周公。”《索隐》曰：“周，地名，在岐山之阳。本太王所居，后以为周公之采邑，故曰周公。即今之扶风雍东北故周城是也。”太王乃古公亶父，是文王姬昌的祖父，周公姬旦的曾祖父。文王的父亲、周公的祖父是公季。文王“追尊古公为太王，公季为王季：盖王瑞自太王兴”。说“盖王瑞自太王兴”，是因为周族在古公亶父时原居于邠（今陕西彬县），被戎狄攻战夺民。古公亶父遂离开邠，迁居到岐下（今陕西岐山县）。邠人举国尽归古公。他国闻古公仁，亦多归之。古公乃贬戎狄之俗，为室屋邑落，使周族兴旺发达起来。以太王所居周地为姬旦采邑，当是文王时的事。

《史记·鲁周公世家》载：武王“十一年，伐纣，至牧野，周公佐武王，破殷，入商宫。已杀纣，告纣罪于天，及殷民间传说。封纣子武庚禄父，使管叔、蔡叔傅之，以续殷祀。遍封功臣同姓戚者。封周公旦于少昊之墟曲阜，是为鲁公。周公不就封，留佐武王”。《周本纪》也载：“武王追思先圣王，乃褒封神农之后于焦，黄帝之后于祝，尧帝之后于蓟，帝舜之后于陈，大禹之后于杞。于是封功臣谋士，而师尚父为首封。封尚父于营丘，曰齐。封弟周公旦于曲阜，曰鲁。封召公奭于燕。封弟叔鲜于管，弟叔度于蔡。余各以次受封。”周武王灭商后，在遍封功臣同姓时，封周公姬旦为鲁公。鲁的地望是“少昊之墟曲阜”。《正义》引《括地志》曰：“兖州曲阜县外城即周公旦子伯禽所筑古鲁城也。”这条注释有点文不对题，既未解释“少昊之墟”，也未说明白周公所封的“曲阜”，更未讲清“少昊之墟曲阜”在哪里？少昊，三国学者宋衷和西晋学者皇甫谧都认为是玄嚣青阳氏。玄嚣是黄帝与正妃嫘祖所生二子中的长子。次子即昌意。《五帝本纪》称：“嫘祖为黄帝正妃，生二子，其后皆有天下：其一曰玄嚣，是为青阳，青阳降居江水；其二曰昌意，降居若水。”《索隐》说：“江水、若水皆在蜀。”众所周知，黄帝部落活动区域在中原，说黄帝二子降居蜀地不可信。《大戴礼记》有“玄嚣降居于泜水”的记载。《左传》杜预注谓：“泜水，出鲁阳县西，经襄城、定陵，入汝。”杜预所说“泜水”的方位、流向与滍水同，所以《春秋地名考》曰：“泜水即滍水也。”全祖望说“盖音同字异耳”。昌意降居之若水，有学者研究认为古汉语若、汝相通，若水即汝水。这样就好了，滍水、汝水是淮河西北方向上源于豫西山地深处的两条流程最远的支流，二水距黄帝部落的核心居住地有熊之墟河南新郑不远，合情合理。玄嚣居住过的少昊之墟位于滍水中上游汝水与滍水汇流处，即原鲁山城西二十五里耿集镇，今昭平台水库中的邱公城岛。为防洪水，先民沿波、滍汇流之夹角河岸堆筑了弯曲的堤坝，称曲阜。“阜者，茂也。言平地隆跃，不属于山陵也。”这里是夏孔甲时御龙氏奔鲁之所在，早在夏代就已名鲁了。可见，周武王灭商之后封周公姬旦为鲁公，是在今河南鲁山之鲁。

伯禽袭爵鲁公及鲁都东迁

《史记·鲁周公世家》载：“武王既崩，成王少，在襁褓之中。周公恐天下闻武王崩而畔，周公乃践阼代成王摄行政当国。管叔及其群弟流言于国曰：‘周公将不利于成王。’周公乃告太公望、召公奭曰：‘我之所以弗辟而摄行政者，恐天下畔周，无以告我先王太王、王季、文王。三王之忧劳天下久矣，于今而后成。武王蚤终，成王少，将以成周，我所以为之若此。’于是卒相成王，而使其子伯禽代就封于鲁。周公戒伯禽曰：‘我文王之子，武王之弟，成王之叔父，我于天下亦不贱矣。然我一沐三捉发，一饭三吐哺，起以待士，犹恐失天下之贤人。子之鲁，慎无以国骄人。’”据此知，武王崩，成王即位，周公摄政。伯禽则袭其父周公的鲁公爵位就封于鲁。伯禽就封之鲁仍为周公初封鲁公之鲁，即少昊之墟河南鲁山之鲁。“鲁公伯禽之受封之鲁，三年而后报政周公。周公曰：‘何迟也？’伯禽曰：‘变其俗，革其礼，丧三年然后除之，故迟。’”因周公初受封少昊之墟为鲁公，是不就封留佐武王的，故伯禽袭爵就封之后用了三年时间“变其俗，革其礼”，然后才到王都向周公汇报。

据《今本竹书纪年》载，成王元年夏六月周公主持安葬武王之后，管叔、蔡叔与武庚作乱叛周。二年，奄（今山东曲阜）地商遗民及徐戎、淮夷也起而响应。三年周公奉成王率王师讨伐管、蔡、武庚之乱，杀管叔、武庚，流放蔡叔。接着东进讨伐奄、徐戎、淮夷。四年占领奄。史称“周公东征，成王践奄”。讨伐奄、徐戎、淮夷的战事，伯禽也参加了。《鲁周公世家》载：“伯禽即位之后，有管、蔡等反也，淮夷、徐戎亦并兴反。于是伯禽率师伐之，遂平徐戎。”正因为如此，五年周公奉成王命伯禽带着鲁公的封号居奄以镇抚之。所以《禽簋》铭文有“成王伐奄侯，因商奄之民，命以伯禽”的记载。这样的话，伯禽在少昊之墟作鲁公五年。而《周本纪》将“周公东征，成王践奄”放在“周公行政七年，成王长，周公返政成王”之后。如此说，伯禽在少昊之墟七年。还有一种说法，《鲁周公世家》之《集解》徐广引《世本》曰“炀公徙鲁”，宋衷曰“今鲁国”。炀公是伯禽次子。伯禽在位四十六年卒，子酋立，是为考公。考公四年卒，立弟熙，是为炀公。炀公筑茅阙门，六年卒。这样的话，就是说伯禽袭爵鲁公，终生都在原封地少昊之墟夏鲁之地。奄曾为商族旧都，周革商命后，奄仍居住着商族遗民，史称“商奄”，故有武庚叛乱奄商遗民起而响应的事情发生。周公在镇压了殷地（今河南安阳）管、蔡、武庚之后，之所以要奉成王东征践奄，就是为了彻底解决奄商遗民反周问题。

周公葬地与河南鲁山疑似周公墓

《鲁周公世家》载：“周公病，将没，曰：‘必葬我成周，以明吾不敢离成王。’”周朝初年，曾两次营建成周洛邑。一次在武王灭商之后回到关中，夜不能寐，思考如何统治东方广大新占领区问题，感觉“‘定天保，依天室，悉求夫恶，贬从殷王受。日夜劳来定我西土，我维显服，及德方明。自洛汭延于伊汭，居易毋固，其有夏之居。我南望三涂，北望岳鄙，顾詹有河，粤詹雒、伊，毋远天室。’营周居于雒邑而后去。”一次在周公奉成王东征践奄归来之后，“成王七年二月乙未，王朝步自周，至丰，使太保召公先之雒相土。其三月，周公往营成周洛邑，卜居焉，曰吉，遂国之。”还是为了巩固对东方原殷商地区的统治。周公遗嘱“葬我成周”，就是要葬在洛邑附近地区，其意思仍然是顾虑对东方的统治问题。周公殁，成王考虑的是他为周朝开辟所做的贡献，仅次于文王、武王，当和他们葬在一地。“周公既卒，成王亦让，葬周公于毕，从文王，以明予小子不敢臣周公也。”所以，关于周公墓，《史记·鲁周公世家》，《正义》引《括地志》：“周公墓在雍州咸阳北十三里毕原上。”《周本纪》，《集解》骃按《皇览》曰：“文王、武王、周公冢皆在京兆长安镐聚东杜中毕原上。”

今河南鲁山团城乡有一巨大古冢。民间称其为“鸡冢”。它北距少昊之墟夏鲁县故城仅十多公里，周围群山环抱。有地方文化研究者说当为“姬冢”，鸡冢乃姬冢之讹，甚至说是“姬旦冢”的省称。对这座疑似周公墓开展研究是很有意思的事情，也有一定的必要性。若按周公遗嘱“必葬我成周”。这里北距成周洛邑不远，在成周洛邑都畿之内，且是周公初封鲁公的核心区域。葬在这里是符合遗嘱要求的。是不是明里葬在了毕原，满足了成王对周公的敬重，暗里却葬在了这里，落实了遗嘱的嘱托！或明里葬在这里，暗里却葬在了毕原。若这种猜测成立，那么陕西毕原周公墓、河南鲁山疑似周公墓，必有一是真冢、一是衣冠冢之别，或彼或此都有可能。要解决这个问题，广泛挖掘文献资料深入论证是一方面，更重要的是用考古发掘结果来证实。还有一种可能，若是炀公才从原封地迁到奄即后来鲁国之地的，那这座古冢就可能是姬伯禽之墓。姬伯禽是第一个就封少昊之墟夏鲁地的鲁公，卒葬此地是顺理成章的事。姬伯禽之墓也可以叫“姬冢”，更何况伯禽之“禽”字又与鸡密切相关呢，民间传为“鸡冢”也是有说次的。

周公作为不就封的鲁公三年，伯禽袭封，鲁公七年后东迁于奄。河南鲁山作为西周鲁公之都仅仅十年；就是按炀公才迁到奄地，也只有六十年。时间太短，没有留下更多的遗迹和文献记载。但鲁公迁奄却把原居地夏鲁县的文化积淀都带到了奄地，于是奄也有了“少昊之墟”“鲁”“鲁国”之名，有了“鲁山”之名，也有了“曲阜”之名。因商奄的“曲阜”之名是移植过来的，所以商奄根本没有曲阜实体的存在。直到东汉末年学者应劭才说“曲阜在鲁城中，委曲长七八里”。我们都去过今山东曲阜，其老城区内哪有七八里长的弯曲的山冈啊？可因为鲁公东迁于奄的鲁国往后绵延了几百年，文化积淀丰厚，后世学者遂往前追寻、层垒、叠加出了《帝王世纪》所列炎帝营都，黄帝徙都，少昊氏登帝位建都等等。究其实那里只有奄为早期商都才是真的、可靠的。

寻觅屈原在鹰城的游踪①

在鲁山县张官营镇西北数里有前城、后城、紫金城三个村子。这里夏商为犨姓侯国，入周称犨邑。公元前678年楚文王“封畛于汝”，拓展疆土于“方城之外”，犨邑成为楚国方城之外的重镇。公元前541年，楚公子围（后即位为楚灵王）以进攻郑国为名，“使太宰伯州犁城犨”，此后犨邑也名犨城。秦汉于此置犨县属南阳郡，魏晋仍之，直到隋朝统一南北，仍有“犨城”县名在使用。犨城有一座屈原庙，是犨人为纪念屈原曾游历寓居此地而兴建的。

屈原约于公元前340出生在楚国贵族屈氏之家，生活于楚成王、楚怀王、楚顷襄王在位时期。这个时期楚国正由强盛走向衰落，内忧外患应接不暇。“博闻强志，明于治

① 此文原载《平顶山日报》2012年9月12日“文化”专栏。

乱，娴于辞令”的屈原二十多岁就被任为楚国宫廷左徒之职，“入则与王图议国事，以出号令；出则接遇宾客，应对诸侯。”很得抱有振兴楚国之志的楚怀王信任，“使屈原造为宪令”。在内部，屈原怀着“竭忠诚以事君”的满腔热忱，以国家利益为重整顿内政，限制贵族的特权以强化王权，深受守旧派贵族的嫉恨。在外部，当时楚国的主要危险来自北方，强邻秦国对楚虎视眈眈，意欲灭之。屈原主张联合实力强大的齐国以抗衡秦国。但这种正确的外交主张却遭到楚国内部亲秦势力的非难。守旧派贵族和亲秦派势力视屈原为眼中钉，遂运动怀王幼子子兰和怀王的宠妃郑袖，肆意毁谤屈原，离间楚怀王与屈原之间的和谐君臣关系。楚怀王听儿子和宠妃的谗言多了，不由他不信，于是就慢慢疏远了屈原，迫使屈原离开郢都，流浪汉江以北地区达五年之久。

楚国疆域中的汉北地区既包括南阳盆地，也包括与南阳盆地毗连的方城之外滍水、汝水流域。南阳盆地西部边沿的丹阳（今淅川、西峡一带）是楚国故都所在。方城之外的滍水、汝水流域是楚族先民曾经繁衍生息过的地方。楚族自认是高阳颛顼之后，其世系为：颛顼生祝融，祝融生季连，季连生鬻熊，子事周文王。鬻熊生熊绎，周成王封熊绎于楚，开辟楚国的历史。颛顼部落曾居于汝水流域，今平煤八矿北有山名高阳，就是颛顼部落栖息此地所留下的印记。祝融及其后裔八姓己、董、彭、秃、妘、曹、斟、芈中的相当一部分也在滍水、汝水流域留下有遗迹。董姓出自豢龙氏，平煤五矿附近地校尉营古有豢龙城，为豢龙氏部落居住地，龙山即因此而得名；鲁山马楼有彭山、彭河，是彭姓始祖彭祖部落所曾居，彭山近旁商余山有豢龙氏供奉“东皇太一”的太灵古祠；湛河区荆山更是楚祖季连部落留居过所遗地名。

屈原游历汉北期间一度落脚犨城。在这里他寻访历史遗迹，缅怀先祖功业。北望高阳，南顾郢都，痛心楚国政治的腐败和国运的危殆，写下了《九章》之《抽思》《想美人》;《九歌》之《东皇太一》《云中君》等不朽篇什，并构思了《离骚》《天问》。《离骚》开篇即申明自己系“帝高阳之苗裔兮”，表达了对祖宗根脉的无限眷念。晋代研究《楚辞》的专家王逸在《天问序》中讲：屈原“忧心愁悴，彷徨山泽，经历陵陆，嗟号昊旻……琦玮谲诡，及古贤圣怪物行事。周流罢倦，休息其下，仰见图画，因书其壁，呵而问之，以泄愤懑，舒泻愁思”。屈原作品中丰富的远古神话传说，以及楚族先人筚路蓝缕的历史材料，大多系游历汉北访问所得，其中不乏寓居犨城之所见所闻。楚怀王三十年（前 299），由于亲秦派误国，楚怀王受骗上当，被秦昭王诱入武关，劫至咸阳，最终囚死于秦，顷襄王即位。怀王死后，屈原“眷顾楚国，心系怀王”，痛责子兰害父，指斥权臣误国。于是“令尹子兰闻之大怒，卒使上官大夫短屈原于顷襄王。顷襄王怒而迁之”。顷襄王四年（前 295），屈原被放逐地处蛮荒的远域江南，连游历文明开化地区汉北的自由也被剥夺了。顷襄王二十一年（前 278），秦将白起继上年攻取西陵之后顺势进犯郢都，屈原闻之欲赶回郢都守城卫国，但未被允许，而郢都沦陷，顷襄王弃郢逃陈。国都的沦陷和宗庙的遭毁，给屈原以致命打击，深感国家命运的无可挽救，人生理想的无法实现，在极度悲愤之中痛下以死殉国的决心。当秦兵入洞庭而掠江南之际，屈原怀着殉国之志，也为保全人格尊严，于五月五日投汨罗江自沉，时年约 63 岁。

屈原殉国的消息传至犨城，犨城父老感念屈原寓居此地时朝夕相处之情，遂自发为其建祠纪念，以寄托哀思。公元前 207 年，沛公刘邦受楚怀王熊心之命西进攻秦，指挥犨东之战时曾至犨城屈原祠祭拜，并一举打败秦南阳守吕齮，逾武关，进咸阳，推翻暴秦。汉高祖刘邦原本楚国人，又以反秦起家，对屈原怀有深厚感情。西汉开国后，官方重修了犨城屈原庙，气势恢宏，远近知名，深受人们敬仰，一年四季前来祭祀拜谒者不绝。在屈原爱国精神和正直操守的启迪感染下，东汉末年犨县涌现出了德行文采堪与屈原媲美的延笃。延笃生逢衰世，坚守节操，虽遭党事禁锢而不屈不挠，“为人臣不陷于不忠，为人子不陷于不孝。上交不谄，下交不黩”，社会声望极高。延笃死后，乡亲把其图像供奉在屈原庙里，与屈原一起享受人们的祭拜。《后汉书·延笃传》对此做了记载。《后汉书·延笃传》关于犨城屈原庙的文字成为存世历史文献中关于屈原庙的最早记录。犨城屈原祠庙比一般认为的湖北秭归屈原故里建于唐元和年间（806—820）的屈原祠庙要早 1000 年。

屈原是 1953 年世界和平理事会公布的世界四大文化名人之一。保护、传承、弘扬屈原文化是整个中华民族的责任。鹰城得天独厚，既为屈原游踪所至，又有最早的屈原庙。在建设华夏历史文明传承创新区战略支点的今天，鹰城何不做点事情以告慰屈原在天之灵！

犨城屈原庙探源①

河南鲁山张官营镇有犨城故城遗址，为秦汉犨县县治之所在。据《后汉书·延笃传》载，犨城有屈原庙。学界公认犨城屈原庙是见于正史记载的最早屈原庙。犨城屈原庙因何而建，建于何时？本文试做探讨，以就正于方家。

犨城屈原庙

清嘉庆元年（1796），由北方考据学大家、原任山东博山县知县武亿和时任鲁山县知县董作栋任总纂的《鲁山县志》编成。该书卷九《地理志·古迹》载："屈原庙：《后汉书·延

① 本文原载《平顶山日报》2015 年 6 月 3 日"文化"专栏。

笃传》：延笃‘永康元年卒于家，乡里图其形于屈原之庙’。”此条记载系袭（清）乾隆八年（1743）直隶汝州知州宋名立任总裁修成之《鲁山县全志》而来。该书卷九《杂志》之《拾遗》载:“屈原庙，据《延笃传》云:‘永康元年卒于家，乡里图其形于屈原之庙。’按此，则鲁旧有屈原之庙矣。”

查中华书局1965年5月第1版《后汉书》卷六十四《延笃传》:“延笃，字叔坚，南阳犨县人。……后遭党事禁锢，永康元年，卒于家。乡里图其形于屈原之庙。”我们试将《后汉书·延笃传》所载延笃“南阳犨县人”“后遭党事禁锢”“卒于家”“乡里图其形于屈原之庙”联系起来看，可知东汉延笃在世时南阳郡犨县有屈原庙。

据《后汉书·郡国志》，南阳郡属荆州，下辖“三十七城”，其中有“犨”，与“鲁阳”“堵阳”，前后连书。“鲁阳”今称鲁山县，“堵阳”乃今方城县，“犨”当距二者不远。问题是犨县地望具体在南阳郡什么位置？（北魏）《水经注》卷三十一《滍水》载:“滍水又东经鲁阳故城南……滍水东经应城南。故应乡也，应侯之国……滍水又东经犨城故城北，《左传》昭公元年冬，楚公子围使伯州犁城犨是也。……滍水又东，犨水注之。俗谓之秋水，非也。水有二源：东源出其县西南践犊山东崖下。水方五十许步，不测其深，东北流经犨县南，又东北屈经其县东，西北合西源水。西源出西南颇山北阜下，东北经犨城西，又屈经其县北，东合右水，乱流注于滍。”因犨城叙犨水，以犨水定犨城之方位，甚详甚确，至今仍然。（清）王先谦《后汉书集解》称：“犨，前汉县，三国魏因，《晋志》因。”隋以后，作为政区的犨县之名消失，其地并入鲁山县。故（唐）李贤为《后汉书》作注，于《延笃传》曰：“犨，音昌犹反，故城在汝州鲁山县东南也。屈原，楚大夫，抱忠贞而死。笃有志行文彩，故图其像而偶之焉。”

以鲁山县城为参照，犨县故城在“鲁山县东南”，东南多远？（清）顾祖禹《读史方舆纪要》卷五十一《河南汝州鲁山县》言：“犨城，县东南五十里。春秋时楚邑，昭公元年楚公子围使伯州犁城犨。又《史记》：‘沛公与秦南阳守吕齮战于犨东。’汉置犨县，属南阳郡。建武初遣岑彭击荆州群贼，下犨、叶等十余城。晋初为犨县属南阳国。”王先谦《后汉书集解》引《清一统志》曰：“犨城故城今鲁山县东南五十五里。”“五十里”“五十五里”相差无几，大致位置不差。1992 年新修《鲁山县志》第二十八篇《文化》第十一章《文物古迹》第二节《文化遗址》载：“犨城，春秋战国时建。地处今张官营乡前城北。遗址长 1200 米，宽约 1000 米。”今遗址之上及周边有前城村、后城村及紫金城村。犨城屈原庙就在这地方。

犨城屈原庙是见于正史记载的最早屈原庙

屈原在中国历史特别是中国文学史和文化史上名声很大，但世间供奉屈原的祠庙却并不多，为人们所熟知的屈原祠庙一在湖北秭归，一在湖南汨罗。

湖北秭归，相传为屈原故里，因而有屈原祠庙。尽管学界对秭归屈原故里一说不以为然，但从民俗学层面而言民间是颇为肯定的。据《嘉庆重修一统志》卷三百五十《宜昌古迹》“祠庙”条记载，秭归“三闾大夫祠有三：一在归州东二里相公岭，祀楚屈原，以宋玉配。一在归州西十里大江滨，唐元和间建，号清烈祠。一在兴山县北，即屈原宅”。秭归一带为屈原故里的说法起源颇早，《水经注·江水》引《宜都记》即言：“秭归，盖楚子熊绎之始国，而屈原之乡里也。”《宜都记》为东晋袁山松著，起码说东晋时就有此说了。相公岭之三闾大夫祠已不存。唐代清烈祠为王茂元任刺史时建，《文苑英华》所录王茂元撰《楚三闾大夫屈先生祠堂铭并序》云：“元和十五年，余刺建平之再岁也，考验图籍，则州之东偏十里而近，先生旧宅之址存焉。爰立小祠，凭神土偶，用表忠贞之所诞，卓荦之不泯也。”这座唐建清烈祠，1978 年修建葛洲坝水利枢纽时，迁至向家坪，后因建三峡大坝，再迁至秭归县新县城凤凰山屈原故里景区内，按原貌重建。兴山县北屈原宅之三闾大夫祠，在秭归老城东北 30 公里的屈坪，原为祀屈原之姐的女媭庙，后因并祀屈原而改名屈原庙，也说建于唐元和年间。可以说，秭归之屈原祠庙源于东晋时的屈原故里说，而始建于唐代元和年间。

湖南汨罗，是屈原怀石自沉之所在，建有屈原祠庙。因有司马迁《史记·屈原贾生列传》屈原“自沉汨罗以死”

的明确记载，所以汨罗之屈原祠庙的建立比秭归要早。《水经注》卷三十八《湘水》引罗含《湘中记》云："汨水又西为屈潭，即汨罗渊也。屈原怀沙自沉于此，故渊潭以屈为名。昔贾谊、史迁，皆尝经此，弭楫江波，投吊于渊。渊北有屈原庙，庙前有碑，又有《汉南太守程坚碑》寄在原庙。"罗含，生于西晋惠帝元康二年（292），卒于东晋简文帝咸安二年（372）。 字君章，号富和，东晋衡阳郡耒阳县（今衡阳市耒阳市）人。出身于仕宦之家，曾祖曾任临海太守，祖父蜀汉建兴时为临安太守，父罗绥延熙时为荥阳太守。罗含历任郡主簿、郡从事、州主簿、征西参军、州别驾、尚书郎、郡太守、郎中令、散骑常侍、廷尉、侍中、长沙相等职。所著《湘中记》（又称《湘中山水记》）三卷，是一部关于湖南地理的著作，全书虽佚，但内容广为古籍称引。所言"庙前有碑"当指建庙时所立，惜未录其文字，不得而知其立庙时间。后人根据"又有《汉南太守程坚碑》寄在原庙"猜测该庙建于汉代，也不无道理。《汉南太守程坚碑》有的本子称《江南太守程坚碑》。历史上确有"江南郡"。《史记》卷一二九《货殖列传》："衡阳、九江、江南、豫章、长沙，是南楚也。"裴骃《史记集解》于"江南"下引徐广曰："高帝所置，江南者，丹阳是也。秦置为鄣郡，武帝时改名丹阳。"程坚的官职若是"江南太守"，那他可能就是西汉初年人。不过西汉初年的"江南郡"在长江下游，不辖汨罗一带，所以"江南"有误，当为"汉南"。而历史上的"汉南郡"出现在唐代，治所在今陕西安康。晋人罗含《湘中记》不当有唐地名。我疑“汉南”后脱失一“郡”字，应该是《汉南郡太守程坚碑》。“南郡”西汉、东汉，直到刘备时都存在，属荆州。治所原在江陵，赤壁战后，刘备将其治所迁至公安。汨罗距之不远。据《后汉书》卷十四《赵孝王良传》载，安帝元初五年（118）南阳程坚由郎中改任赵惠王傅。鱼豢《典略》《先贤行状》记其事。任南郡太守当在其晚年。《海内先贤传》曰：“故南郡太守南阳程坚，本履仁孝，秉志清洁，少让财兄子，仕郡县，居贫无资，磨镜自给。”《程坚碑》内容失载，不知所言何事，但可以肯定此碑不会是为屈原祠而刻的，所以称“寄”，“寄”者寄存之谓也。为什么会将刻成的碑寄存在屈原祠，当因世事变迁，无法运至应该树立的地方了。若将程坚任赵惠王傅时按 30 岁计，到他 70 岁时已是桓帝末年，天下扰攘在即。正因为如此，才会有《程坚碑》寄存屈原庙的事情发生。不管怎么说，因汨罗屈原庙寄存有《汉南郡太守程坚碑》，证明《程坚碑》制成之时，庙已存在，大致不错。

与秭归、汨罗屈原祠庙相较，可以肯定地说犨城屈原庙是见于正史记载的最早屈原庙。这已成为当今屈原研究界的共识。中国屈原学会会长、北京语言大学方铭教授《光明日报》2012 年 6 月 18 日《国学》版《屈原故里　倾听学者的声音》讲：“根据《后汉书·延笃传》记载，在东汉时期，南阳地区即有屈原庙，这是现存历史文献中关于屈原庙的最早记载。”2013 年 2 月 18 日他又在《光明日报》

“国学”版发文《屈原与时代的连接点》进一步强调：“延笃家乡南阳犨县的屈原庙，是我们今天所知正史中最早记录的屈原庙。这说明最迟在东汉时期，就已经开始修建永久性的以纪念屈原为目的的庙宇祠堂了。”中国屈原学会副秘书长中国政法大学黄震云教授在《屈原的故里与籍家》也称：“以理恒之，（犨县）屈原庙建成的时间应该很早，最迟在东汉。”

犨城屈原庙探源

犨城为何而立屈原庙？王先谦《后汉书集解》于《延笃传》“永康元年卒于家，乡里图其形于屈原之庙”下引周寿昌语曰：“案笃为南阳人，楚汉之际南阳属楚，故有屈原庙也。”此言以延笃故里犨城属南阳郡，而南阳郡在秦统一六国之前为楚国版图，因之得有屈原庙，固然有理，但未免失之于笼统。若深究犨城得立屈原庙的原因，我意不外乎三：一犨城为屈原先人居地，因祖及孙立有屈原庙；二犨城为屈原后人居地，为尊祖敬宗而立屈原庙；三犨城有屈原遗迹，世人为纪念屈原而立屈原庙。就这三种可能试做分析如下：

首先说犨城为屈原先人居地。众所周知，屈姓出于楚王族，楚武王熊通封子瑕于屈，瑕之子孙遂以屈为姓。屈与昭、景合为楚国王族三姓。屈氏在楚廷世任“莫敖”。莫敖是楚国掌管王族事务的重臣，有自由参与国政与军事决策的资格。姜亮夫先生在《楚辞学论文集》之《〈史记·屈原列传〉疏证》一文中，“以马骕据《春秋经传》及杜注为屈原所列世系，稍作补遗如下：武王——屈瑕——屈重——屈完——屈荡——屈到——屈建——屈生——屈伯庸——屈原”。屈氏旁支人物见于史籍的尚有屈御寇、屈巫——屈狐庸、屈荡——屈申、屈固、屈罢、屈丐。除屈丐大致与屈原同时外，其他均为屈原的先人或先世族人。其中屈瑕、屈重、屈荡、屈到、屈建、屈生均曾任莫敖，“故其后至为繁昌”。从屈生任莫敖的楚灵王四年（前537）到屈原出生的楚宣王三十年（约前340），中间隔着二百年，以三十年一世人计，当历七世人。屈原这七世先人很难说就没有居住犨城者，只是史籍阙如而已。另外，屈氏多有在犨城周围地区任职者，这也为屈原先人居住犨城增添不少可能性。屈巫为申尹，称“申公巫臣”，申在今河南南阳。屈御寇为息尹，称息公，息在今河南息县。屈家人的事功也多立于犨城周围地区。屈御寇受楚成王之命，以申、息之师戍商密，抵御秦军的入侵，商密在今河南淅川。屈完受楚成王之命在召陵以理拒齐桓公的八国之师，订立“召陵之盟”，召陵在今河南漯河市。屈罢受楚平王之命“简东国之兵于召陵”，安抚当地百姓，施舍贫困，救济穷人，抚育年幼孤儿，奉养有病老人，收容鳏寡孤独，救济灾难，宽免孤儿寡母的赋税；赦免罪人，禁治奸邪，提拔被埋没的贤才，礼待新人，尊重旧人，赏有功，睦亲族，任用贤良；与四邻友好，让百姓休养生息五年，以备用兵。屈生受楚灵王之命，与令尹“如晋逆女。过郑，郑伯劳之于菟氏”，菟氏在今河南尉氏西北。屈原的这些先人有子孙留居犨城当不无可能。这里还应特别注意：屈建在任莫敖之后改任令尹，与伯州犁同朝为官，犨城就是伯州犁扩筑起来的。楚康王十二年（前548），令尹屈建率楚军灭舒鸠，将俘虏的舒鸠遗民迁至犨城北山，监视居住，使此山留下舒山之名。按照楚国的传统做法，屈建会留一子孙居住犨城，来行使监督舒鸠遗民的责任。

其次说犨城为屈原后人居地。屈原沉江，其后人流落南方，有“一子一女”说、“二子”说、“三子”说、“四子”说等，各有所据，各支谱牒叙其流脉甚清。但从大的方面来说，《汉书·高祖本纪》及《娄敬传》载有“徙楚昭、屈、景三姓于关中，而北疆乃见楚姓。”这个“北疆”当指关中地，而中原不在其列。中原纳入楚国版图三四百年，早已普遍楚姓。徙至关中的三姓人家，恐怕也只是巨族大户而已，大量的旁支别属仍会居于原地。我们不排除屈原的后人也有被徙入关中者，即便徙入关中的屈原后人，经过汉高祖都关中到西汉末年的变乱，二百年间屈原后人流徙回中原犨城的可能性也很难说不存在，只是确切的支撑材料尚未被发现而已。

再来说犨城有屈原遗迹。据姜亮夫先生《屈原事迹续考》所列《屈子年表》：“怀王十二年（前317）甲辰，二十七岁。（左徒）屈原东使于齐。齐湣王败赵、魏军，秦亦败韩，与齐争长。屈原为楚东使于齐，以结强党，秦惠王患之。”“怀王十七年（前312）己酉三十二岁。楚与秦战丹阳，大败。秦虏楚大将屈丐，取汉中郡。楚王悉发国中兵袭秦，复败于蓝田。韩、魏闻之，袭楚至邓。楚引兵归，割两城与秦平。怀王复起用屈原以使于齐，齐楚复交。”屈原两次出使齐国，往返必经犨城，在犨城驿馆住宿。据《左传·襄公二十九年》记载:“春王正月，公在楚。夏四月，葬楚康王，公及陈侯、郑伯、许男送葬，至于西门外，诸侯之大夫皆至于墓。公还，及方城。……”这条材料告诉我们春秋战国时期，楚国与齐、鲁二国使节往还所走为方城道。而犨城为方城的外关，二者相距80里，正好是一站路程。犨城北滨滍水，是过河渡口所在。过了滍水，朝郏、阳翟（今河南禹州市）、大梁（今河南开封市）方向，便可直通鲁国、齐国。屈原作为国使，往返四次驻节犨城，是犨城驿馆的骄傲，当然也就成为屈原的重要遗迹。在两次使齐之间，则是屈原被怀王疏远而放逐汉北的五年。“汉北”自然包括“方城之外”的滍水、汝水流域，甚至说只有这里才是真正意义上的“汉北”，因为南阳盆地诸水都是汉水的支流，东北出方城塞之后的滍水、汝水才是淮河水系。而滍汝地区恰是楚族先人繁衍生息过的地方。楚族自认是高阳颛顼之后，其世系为颛顼生祝融，祝融生季连，季连生鬻熊，子事周文王。鬻熊生熊绎，周成王封熊绎于楚，开辟楚国的历史。颛顼部落曾居于汝水流域，今平煤八矿北有山名高阳，就是颛顼部落栖息此地所留下的印记。

祝融八姓己、董、彭、秃、妘、曹、斟、芈及陆终六子中的相当一部分也在滍水、汝水流域留有遗迹。董姓出自豢龙氏，平煤五矿附近古有豢龙城，为豢龙氏部落居住地，龙山即因此而得名；鲁山马楼商余山有豢龙氏祠大帝的太灵古祠，《元次山集》有记载。湛河区荆山更是楚祖季连部落留居过的地方。犨城是滍水中游重镇，又处于交通要道之上，屈原此间寓居犨城是理所当然的事情，有迹可寻。这些遗迹便成为后世建立屈原庙的依托。

犨城屈原庙立于何时？有这样两个时间节点值得考究：

一、屈原自沉汨罗之后至陈胜、吴广起义之前。秦末农民大起义，无论是首义之陈胜、吴广，还是继义之项羽、刘邦，都是原楚国人，起义爆发地也均在原楚国版图上，且无不以恢复楚国相号召。陈胜、吴广举义大泽乡，一入据陈，就听三老、豪杰皆曰："将军身被坚执锐，伐无道，诛暴秦，复立楚国社稷，功宜为王。"这就是当时社会的民心所向。陈胜顺应民心，"乃立为王，号为张楚"。"张楚"者，张大楚国之谓也。《史记・项羽本纪》载："项梁闻陈王定死，召诸别将会薛计事。……居鄛人范增，年七十，素居家，好奇计，往说项梁曰：'陈胜败固当。夫秦灭六国，楚最无罪。自怀王入秦不反，楚人怜之至今。故楚南公曰："楚虽三户，亡秦必楚也。"……今君起江东，楚蜂午之将，皆争附君者，以君世世楚将，为能复立楚之后也。'于是项梁然其言，乃求楚怀王孙心民间，为人牧羊，立以为楚怀王，从民所望也。"后来，刘邦、项羽在楚怀王的旗号下完成灭秦大业。我们从“自怀王入秦不反，楚人怜之至今”，可以想见犨城民人在怜悯楚怀王之时，会对当年力主联齐抗秦的屈原产生怀念之情。在这种感情的支配下，自发地依托屈原遗迹立庙祭祀，便是自然而然的事情了。何况，楚南公所言“楚虽三户，亡秦必楚”之“三户”，历来就有指“楚三大姓昭、屈、景”之说，屈原是楚国屈姓最晚出的抗秦派爱国名臣，世人记忆犹新，是颇具感召力的。

二、刘邦“犨东之战”前后。秦末农民大起义的兵锋所指是西进关中，推翻秦王朝。为此，陈胜、吴广一经占领陈，就命“铚人宋留将兵定南阳，入武关。留已徇南阳，闻陈王死，南阳复为秦。宋留不能入武关，乃东至新蔡，遇秦军，宋留以军降秦”。项梁立楚怀王熊心之后，命项羽西进攻秦。“项羽攻襄城，襄城坚守不下。已拔，皆坑之。”项羽西进受阻，“还报项梁”。项梁军被秦将章邯攻破后，“当是时，秦兵强，常乘胜逐北，诸将莫利先入关。独项羽怨秦破项梁军，奋，愿与沛公西入关。怀王诸老将皆曰：‘项羽为人僄悍猾贼。项羽尝攻襄城，襄城无遗类，皆坑之，诸所过无不残灭。且楚数进取，前陈王、项梁皆败。不如更遣长者扶义而西，告谕秦父兄。秦父兄苦其主久矣，今诚得长者往，毋侵暴，宜可下。今项羽僄悍，不可遣。独沛公素宽大长者，可遣。’卒不许项羽，而遣沛公西略地。”刘邦引兵西，袭陈留，得秦积粟。“与秦南阳守齮战犨东，破之。略南阳郡，南阳太守齮走，保城守宛。”这一战，史称“犨东之战”，是刘邦灭秦的关键一战。我们从怀王诸老将一致推举刘邦主领西进攻秦所称“沛公素宽大长者”“扶义而西”“毋侵暴，宜可下”可以推想，刘邦在犨东之战前后依托犨城屈原遗迹为之立庙祭祀，既祈祷攻秦胜利，又示人以义师形象，当是不错的选择。

要之，河南鲁山犨城故城屈原庙是见于正史记载的最早屈原庙。该屈原庙因屈原的先人或后人曾在此居住，或屈原两次出使齐国在此驻节及屈原被放逐汉北五年间寓居于此，留有遗迹，而得以建立。立庙时间大约在屈原殉国之后至秦末农民大起义之前，或刘邦受楚怀王熊心之命西进攻秦在犨东大败秦南阳守吕齮前后。

刘邦西汉发迹于鲁山境域述论①

鲁山境域地处中原，位于豫西山地东麓，中岳嵩山之南，滍水流域。北与河洛盆地毗连，南与南阳盆地相接，控扼南北、东西大道，战略地位重要，历史文化积淀丰厚。不仅是举世公认的刘姓发源地，而且刘邦在其创业过程中曾在该境域活动。刘邦西汉王朝的发迹与鲁山有着密切的关系。

刘邦是在反秦起义中发迹，通过四年楚汉战争，打败项羽，建立汉王朝的。

秦二世二年（前208）六月，沛公刘邦受反秦共主楚怀王心之命，从薛地（今山东滕州市）一路西进攻秦。次年四月刘邦所部进入颍川郡（治所在今河南禹州市）境。颍川是秦统一前韩国版图，其南部的郏城、父城、昆阳、襄城都在平顶山境域。事先张良与韩王成所部反秦力量千余人已

① 本文原载《平顶山工业职业技术学院学报》2006年第3期。

到颍川开展斗争。一度占领数城，但不久都又被秦军攻取，只得“往来为游兵于颍川”。沛公攻克颍川，与张良取得联系，“遂略韩地”。沛公欲走崤函道西进关中，但在洛阳遭赵将司马卬阻挡，只得走轘辕关折回颍川，决定改走武关道。沛公让韩王成留守阳翟（今河南禹州市），偕张良南入平顶山境域，经郏城、父城（宝丰县李庄乡古城），渡过滍水来到犨城（今鲁山县张官营西前后古城）。犨城属南阳郡，北滨滍水，南依伏牛山余脉青唐山，扼塞宛洛古道夏路孔道（叶县常村经孤石滩至方城独树间山谷），战略地位重要。秦南阳太守吕齮率重兵布防于犨城东南。六月，沛公“与南阳守齮战犨东，破之。”吕齮大败而逃，退守宛城（今河南南阳市）。沛公挥师一路进击，包围宛城。经犨东大败，吕齮胆气已丧，困守宛城月余，不敢出战。沛公围而不攻。秋七月，“南阳守齮降”。沛公引兵而西，“诸所过毋得掠卤，秦人喜，秦军解，因大破之”。于是过武关，逾峣关，攻破秦军最后一道防线蓝田关。冬十月，沛公至灞上，秦王子婴素车、白马，系颈以组，封皇帝玺符，降轵道旁，举国而降，秦灭亡。犨东一战，不仅是打通武关道的决定性战役，而且是灭秦的关键一战。没有犨东之战的胜利，就打不通武关道，打不通武关道，就不会有推翻秦王朝的大成功。

秦末农民起义爆发后，就确定了走武关道入关灭秦的战略。公元前 209 年 8 月，陈胜入陈（今河南淮阳）称王，建立张楚政权，立即派铚人宋留将兵西进，欲定南阳，入武关。宋留军已进入南阳郡境，腊月，陈胜遇害的消息传至军中，宋留无心恋战，不复西进。“南阳复为秦有”，宋留降秦，秦二世将之车裂以殉。公元前 208 年 3 月，项梁也曾派项羽西进南阳，欲入武关攻秦。项羽进至襄城，秦军坚守不下。项羽攻克襄城，一怒之下把城内军民不分男女老幼悉数坑杀。项羽的暴行招致秦境军民的拼死抵抗，无法继续西进而还。沛公是在反秦义军前两次失败之后受命西进的。沛公受命西进攻秦时，楚怀王“与诸将约，先入定关中者王之。当是时秦兵强，常乘胜逐北，诸将莫利先入关。独项羽怨秦破项梁军，奋，愿与沛公西入关。怀王诸老将皆曰：‘项羽为人慓悍猾贼。项羽尝攻襄城，襄城无遗类，皆坑之，诸所过无不残灭。且楚数进取，前陈王、项梁皆败。不如更遣长者扶义而西，告谕秦父兄。秦父兄苦其主久矣，今诚得长者往，毋侵暴，宜可下。今项羽慓悍，不可遣，独沛公素宽大长者，可遣。’卒不许项羽，而遣沛公西略地，收陈王、项梁散卒。”沛公果然不负众望，犨东一战大获全胜，“诸所过毋得掠卤，秦人喜”，乘势围降宛城，奠定了灭秦的基础。与宋留南阳失利，项羽襄城受挫相比，沛公犨东战胜显得更加不易，更加宝贵，更加重要。

秦灭亡后，楚汉相争开始。汉王刘邦出汉中，据关中，占河南，聚集五六十万大军，一鼓作气东进到项羽所都彭城（今徐州市），但因不慎，被项羽的三万人打败，自公元前 205 年 5 月退守荥阳，与项羽相持至次年 4 月。汉王刘邦欲与项羽割荥阳以西为汉而不得，5 月以纪信为替身，守荥阳，汉王得与数十骑逃遁关中，准备重整旗鼓，再出崤函东进。这时辕生说服汉王改变战略，南出武关。辕生说："汉与楚相距荥阳数岁，汉常困。愿君王出武关，项王必引兵南走，王深壁，令荥阳、成皋间且得休。使韩信等辑河北赵地，连燕、齐，君王乃复走荥阳，未晚也。如此，则楚所备者多，力分；汉得休，复与之战，破楚必矣！"汉王刘邦从善如流，于是出兵宛、叶间。行至宛城，项羽果然闻风而动南下阻击汉王。汉王坚壁清野，不与作战。彭越在项羽后方游击，破下邳，杀薛公。项羽回兵东击彭越。6 月，汉王自宛城移兵北上，经叶至犨，驻兵犨西，稍事休整，然后穿过平顶山境域，迅速进占成皋。待项羽折兵西围成皋，来往奔波，战斗力锐减，汉王乃渡河而北，调动韩信大军复与楚战，从而彻底扭转战局。此后，汉王转入真正的攻势，而项羽则步步退守，直至兵败垓下，乌江自杀。可见，汉王刘邦出兵武关，在宛、叶间活动，吸引项羽主力南移，是扭转自身被动局面的关键，从而奠定了最后战胜项羽，建立汉王朝的基础。

正因为刘邦在西进攻秦及楚汉战争中反复周旋于鲁山境域，所以在此留下了有关刘邦的遗迹和名胜。

三杰村名：鲁山有以被称为"汉初三杰"的张良、萧何、韩信为名的张良镇、萧何村、韩信村，相传是刘邦率军经过鲁山时张良、萧何、韩信屯兵之处，历代相沿为名。

刘邦诗碑：鲁山县张良镇刘家藏有一块刘邦诗碑。篆书，诗四句，句七字。落款汉王刘邦，时间是汉三年腊月二日。

孙坚“治兵鲁阳”为孙吴立国所创下的遗产[①]

汉献帝初平元年三月，长沙太守孙坚率部北上，与后将军袁术会于鲁阳（位于今河南鲁山西 12 公里昭平台水库中的邱公城遗址）。袁术“表坚行破虏将军，领豫州刺史”，孙坚“遂治兵于鲁阳城”[②]，展开对董卓的讨伐攻势，几经交战，终于打败董卓。董卓西逃关中。孙坚祭扫汉室宗庙，修复汉皇诸陵，初平二年三月，引军还驻鲁阳。陈寿著《三国志·吴书》，用以记述孙坚“治兵鲁阳”的文字，占了孙坚本传三分之一的篇幅。“治兵鲁阳”成为孙坚 37 岁

① 本文原载《许昌学院学报》2011 年第 30 卷第 4 期。

② 陈寿:《三国志》，中华书局 1959 年版，第 1096 页。

短暂生涯的辉煌顶点。孙坚“治兵鲁阳”为孙吴立国江东创下哪些遗产？本文试对孙坚“治兵鲁阳”的背景进行揭示，对孙坚“治兵鲁阳”所创立的功业进行梳理，对孙坚“治兵鲁阳”为孙吴立国所奠定的根基做些探讨，以就正于方家。

孙权“治兵鲁阳”的背景

孙权“治兵鲁阳”的背景有三重。

其一，董卓祸国，关东州郡起兵以讨董卓，是其大背景。

中平六年（189）四月丙辰，汉灵帝崩逝，郁积东汉一代的宦官集团与外戚集团的矛盾总爆发，为争夺掌控小皇帝而互相厮杀。军阀并州牧董卓乘机进入洛阳，控制朝政，专擅废立。“董卓性残忍，一旦专政，据有国家甲兵、珍宝，威震天下，所愿无极，语宾客曰：‘我相，贵无上也！’侍御史扰龙宗诣卓白事，不解剑，立梽杀之。是时洛中贵戚，室第相望，金帛财产，家家充积，卓纵放兵士，突其庐舍，剽虏资物，妻略妇女，不避贵戚；人情崩恐，不保朝夕。”[①] 当此之时，那些世受汉室恩宠，对汉朝廷怀有深厚感情，且手握一方大权的州郡大员，为汉室的危亡忧心

① 司马光：《资治通鉴》，中华书局 1956 年版，第 1906 页。

如焚，“是时，豪杰多欲起兵讨卓者。”[①] 初平元年（190）正月，关东州郡皆起兵讨卓，共推渤海太守袁绍为盟主。加入这个讨卓联盟的有河内太守王匡、冀州牧韩馥、豫州刺史孔伷、兖州刺史刘岱、陈留太守张邈、广陵太守张超、东郡太守桥瑁、山阳太守袁遗、济北相鲍信等。孙坚正是在这样的大背景下起兵北上鲁阳的。

孙坚少为县吏，以讨破会稽妖贼许昌起家，受到汉朝廷重视，进入地方官吏序列，历盐渎、盱眙、下邳三县丞。后在中郎将朱俊提携下参加镇压黄巾军，立下战功，升任别部司马。中平三年（186）追随司空、行车骑将军张温，西讨边章、韩遂于凉州。时任中郎将的董卓，拒讨无功。孙坚数董卓三宗罪状，建议张温按军法处斩董卓，以激励军心。张温虽未采纳，孙坚却因此而受到朝廷肯定，得拜议郎。“时长沙贼区星自称将军，众万余人，攻围城邑，乃以坚为长沙太守。”[②] 孙坚讨平区星及零、桂二州的附和者。“汉朝录前后功，封坚乌程侯。”[③] 孙坚对汉朝廷感恩戴德是不言而喻的。所以，才有不远两千里北上“治兵鲁阳”的勤王之举。

其二，后将军袁术屯驻鲁阳是孙坚治兵鲁阳的具体背景。

袁术同讨卓联盟的盟主袁绍同出于四世三公门生故吏

---

① 司马光:《资治通鉴》，中华书局 1956 年版，第 1907 页。

② 陈寿:《三国志》，中华书局 1959 年版，第 1095 页。

③ 陈寿:《三国志》，中华书局 1959 年版，第 1095 页。

遍天下的汝南袁家，是袁绍的从弟，“以侠气闻，举孝廉，除郎中，历职内外，后为折冲校尉、虎贲中郎将”[1]。董卓专制朝廷，为安抚袁氏兄弟，拜袁绍渤海太守，以袁术为后将军。袁术感觉董卓终将加祸于己，遂从洛阳出走，来到属于南阳郡的鲁阳屯驻，以待时机。初平元年（190）春正月，关东州郡牧守以袁绍为首，组成讨卓联盟，袁术起而响应，加入其中，仍屯驻鲁阳，与屯驻河内的王匡、屯驻邺的韩馥、屯驻颍川的孔伷，以及聚集在酸枣的刘岱、张邈、张超、桥瑁、袁遗、鲍信、曹操诸军，构成对董卓所盘踞洛阳的半圆形包围之势。孙坚的卑微出身无法与袁术的显赫家世相比。来到袁术的驻地鲁阳时，孙坚手中的军队“众数万人”[2]，而此时袁术的军事实力也不过数万。孙坚虽不是投靠袁术，却不能不恭维袁术，以借其“后将军”声威。于是，将自己经过南阳斩杀董卓体系南阳太守张咨，所获取南阳郡的控制权拱手让给袁术。袁术由是得据南阳。孙坚得到的回报是袁术“表坚行破虏将军，领豫州刺史”[3]。孙、袁结盟，孙坚得以“治兵于鲁阳城”[4]。王夫之《读通鉴论》对此论道：“孙坚之因袁术也，犹先主之因公孙瓒也，固未可深责者也。汉高帝尝因项梁矣，唐高祖

① 陈寿：《三国志》中华书局 1959 年版，第 207 页。

② 陈寿：《三国志》中华书局 1959 年版，第 1096 页。

③ 陈寿：《三国志》中华书局 1959 年版，第 1096 页。

④ 陈寿：《三国志》中华书局 1959 年版，第 1096 页。

下李密而推之矣，以项氏世为楚将，而密以蒲山公之后，为天下所矜也。天下之初乱也，人犹重虚名以为所归，故种师道衰老无能为，而金人犹惮之。袁氏四世五公之名，烜赫宇内，孙坚崛起，不能不藉焉。彼公孙瓒之区区，徒拥众枭张耳，昭烈且为之下，而况术乎？”①

其三，鲁阳重要的战略地位也是孙坚“治兵鲁阳”的地理背景。

鲁阳地处宛、洛之间，背依伏牛山，为伏牛山张开之双臂所环抱，地势险要。东汉一代鲁阳属南阳郡，位于南阳郡辖区之东北部边沿，与国都洛阳所在的河南郡毗连。既是南阳郡东北部重镇，又为洛阳的南部门户，控扼宛、洛孔道，战略地位十分重要，有北不得此，则不能得志于宛、襄；南不得此，则不足以争衡于伊、洛的形势。

孙坚将南阳郡的控制权让给袁术，袁术得以据有南阳郡，犹以鲁阳为治所。曹操曾为反卓联盟策划：“使袁（术）将军率南阳之军军丹、析，入武关，以震三辅。”② 鲁阳既控扼洛、宛孔道，当然也就控扼由洛阳经南阳、武关至关中这条沟通长安、洛阳两都间之南道。曹操看得到这一招，董卓何尝看不到这一招。董卓也十分重视鲁阳这个战略要地。所以对反卓盟军的其他驻地均不在意，而对袁术、孙坚屯驻的鲁阳却觊觎再三。

---

① 王夫之:《读通鉴论》，中华书局 1975 年版，第 274 页。

② 陈寿:《三国志》，中华书局 1959 年版，第 7 页。

孙坚早年追随朱俊讨击黄巾时，“汝、颍贼困迫，走保宛城。坚身当一面，登城先入，众乃蚁附，遂大破之。”① 应该说他对这一带的地理形胜是有所体验的，深知其地位重要。这正是孙坚“治兵鲁阳”，将鲁阳作为进讨董卓后方基地的客观原因。

孙坚治兵鲁阳所创立的功业

孙坚治兵鲁阳所创立的功业使其 37 岁的短暂人生达到辉煌的顶点。

首先，以从容不迫的大将风度，严整的军纪，震慑了董卓军队的试探性进攻。《三国志·吴书·孙破虏传》载：孙坚治兵鲁阳城，“当进军讨卓，遣长史公仇称将兵从事还州督促军粮。施帐幔于城东门外，祖道送称，官属并会。卓遣步骑数万人逆坚，轻骑数十先到。坚方行酒谈笑，敕部曲整顿行陈，无得妄动。后骑渐益，坚徐罢坐，导引入城。乃为左右曰：‘向坚所以不即起者，恐兵相蹈藉，诸君子不得入耳。’卓兵见坚士众甚整，不敢攻城，乃引还。” ②

其次，进军梁东，与卓将徐荣接战失利，机智突围，重整旗鼓，合战阳人，大破卓军。《三国志·吴书》本传

① 陈寿:《三国志》，中华书局 1959 年版，第 1094 页。

② 陈寿:《三国志》，中华书局 1959 年版，第 1096 页。

载："坚移屯梁东，大为卓军所攻，坚与数十骑溃围而出。坚常著赤罽帻，乃脱帻令亲近将祖茂著之。卓骑争逐茂，故坚从间道得免。茂困迫，下马以帻冠冢间烧柱，因伏草中。卓骑望见，围绕数重，定近觉是柱，乃去。"① 围攻孙坚的卓将是徐荣。《后汉书·董卓列传》载："孙坚亦率豫州诸郡兵讨卓。卓先遣将徐荣、李蒙四出虏掠。荣遇坚于梁，与战，破坚，生擒颍川太守李旻，烹之。卓所得义兵士卒，皆以布缠裹，倒立于地，热膏灌杀之。"② 梁东失利之后，形势是非常严峻的，全赖孙坚坚毅机智，终于反败为胜。"坚复相收兵，合战于阳人，大破卓军，枭其都督华雄等。"③

再次，坚守阳人，不战而屈卓军，义正词严斥责袁术断绝军粮的鄙劣行径，以期再次向卓军发起进攻。裴松之注引《英雄记》载："坚讨董卓，到梁县之阳人。卓亦遣兵步骑五千迎之，陈郡太守胡轸为大督护，吕布为骑督，其余步骑将校都督者甚众。""军到广成，去阳人城数十里。日暮，士马疲极，当止宿，又本受卓节度宿广成，秣马饮食，以夜进兵，投晓攻城。诸将恶惮轸，欲贼败其事。布等宣言'阳人城中贼已走，当追寻之；不然失之矣'，便夜进军。城中守备甚设，不可掩袭。于是吏士饥渴，人马甚疲，且夜至，又无堑垒。释甲休息，而布又宣言相惊，云：

① 陈寿：《三国志》，中华书局1959年版，第1096页。

② 范晔：《后汉书》，中华书局1965年版，第2328页。

③ 陈寿：《三国志》，中华书局1959年版，第1096页。

‘城中贼出来。’军众扰乱奔走，皆弃甲，失鞍马。行十余里，定无贼，会天明，便还，拾取兵器，欲进攻城。城守已固，穿堑已深，轸等不能攻而还。”[①] 正当孙坚准备乘势进击卓军之时，有人进言袁术离间其与孙坚的关系，称：“坚若得洛，不可复制，此为除狼而得虎也。”[②] 引发袁术对孙坚的猜忌，停止了对孙坚所部的粮草供给。“阳人去鲁阳百余里，坚夜驰见术，画地计校，曰：‘所以出身不顾，上为国家讨贼，下慰将军家门之私仇。坚与卓非有骨肉之怨也，而将军受谮润之言，还相嫌疑！’术踧踖，即调发军粮。坚还屯。”[③] 新一轮的进攻很快就打响了。

又次，拒绝董卓求和，进据太谷，迫使董卓放弃洛阳，西逃关中。孙坚接连获胜，对董卓产生了极大震撼。裴松之注引《山阳公载记》称：“卓谓长史刘艾曰：‘关东军败数矣，皆畏孤，无能为也。唯孙坚小戆，颇能用人。当语诸将，使知忌之。’”[④] “卓惮坚猛壮，乃遣将军李傕等来求和亲，令坚列疏子弟任刺史、郡守者，许表用之。坚曰：‘卓逆天无道，荡覆王室，今不夷汝三族，悬示四海，则吾死不瞑目，岂将与乃和亲邪！’复进军大谷，距洛九十里。”[⑤]

① 陈寿:《三国志》，中华书局 1959 年版，第 1098 页。

② 陈寿:《三国志》，中华书局 1959 年版，第 1098 页。

③ 陈寿:《三国志》，中华书局 1959 年版，第 1097 页。

④ 陈寿:《三国志》，中华书局 1959 年版，第 1098 页。

⑤ 陈寿:《三国志》，中华书局 1959 年版，第 1097 页。

大谷为中平元年汉灵帝所设洛阳外围八关之一，位于洛阳东南大谷口，两岸陡绝，山径崎岖，可以戍守，得此即可居高临下雄视洛阳。“卓自出与坚战于诸陵墓间。卓败走，却屯黾池，聚兵于陕。”[①] 董卓自初平元年二月丁亥，逼汉献帝刘协西迁长安后，自己仍留住洛阳指挥抵御关东州郡对他的讨伐。在孙坚的沉重打击下，至此才不得不放弃洛阳西逃关中。

最后，收复洛阳，修复被卓军盗掘过的汉诸皇陵，祭扫汉室宗庙，追击卓军于新安、渑池间，还驻鲁阳。董卓西逃，留吕布于洛阳。孙坚振旅“进洛阳宣阳城门，更击吕布，布复破走。坚乃扫除宗庙，平塞诸陵，分兵出函谷关，至新安、黾池间，以截卓后”[②]。董卓在留住洛阳期间，悉烧宫庙官府居家，二百里内无复孑遗。又使吕布发诸帝陵及公卿以下冢墓，收其珍宝。使东汉一代近二百年间聚全国之力建起来的国际性大都市洛阳化为废墟。裴松之引《江表传》载:“旧京空虚，数百里中无烟火。坚前入城，惆怅流涕。”[③]引《吴书》曰:“坚入洛，扫除汉宗庙，祠以太牢。”[④]

长沙太守孙坚抱着讨伐国贼董卓捍卫汉朝廷威严的赤诚之心，不远两千余里北上，加入反卓阵线，治兵鲁阳，

① 司马光:《资治通鉴》，中华书局 1956 年版，第 1920 页。

② 范晔:《后汉书》，中华书局 1965 年版，第 2328 页。

③ 陈寿:《三国志》，中华书局 1959 年版，第 1099 页。

④ 陈寿:《三国志》，中华书局 1959 年版，第 1099 页。

展开对董卓乱军的正面进攻，打败董卓，收复洛阳，成为反卓联盟诸路军队中唯一一支主动出击董卓并取得大胜的军队。孙坚这一功业在举国上下产生了巨大而深远的政治影响。

孙坚治兵鲁阳为孙吴立国江东奠定了根基

三国史界对孙策开辟江东，为孙吴立国奠定了基础，有普遍共识，而对孙坚治兵鲁阳为孙吴立国江东构筑起根基，却极少言及。其实孙坚治兵鲁阳不仅为孙吴立国江东锻炼出了一支基本武装力量，凝聚起核心人才群，更重要的是赢得了良好的政治声誉，构筑起孙吴立国江东的根基。

首先说孙坚治兵鲁阳为孙吴立国江东锻炼出一支基本武装力量。

孙坚在长沙太守任上虽曾镇压了有众万余人，自称将军的“长沙贼”区星，并与荆州刺史王叡联手越境讨平了“帅徒众”响应区星的“零、桂贼”周朝、郭石，但其手中实际掌握的军队也只有以两三千人为额的郡兵。举兵北上讨卓，过荆州杀刺史王叡，兼并其州兵，“比至南阳，众数万人”[①]，过南阳，斩太守张咨，收其郡兵两三千人，“前到

① 陈寿：《三国志》，中华书局1959年版，第1096页。

鲁阳，与袁术相见……遂治兵于鲁阳城”[①]。孙坚就是凭借这数万人的军队进击洛阳，打败董卓的。这支原本仅为州郡地方武装的军队，在同董卓作战中受到了锻炼，成为一支特别能作战的武装力量。“还驻鲁阳”得到休整后，受袁术之命“征荆州，击刘表”[②]。孙坚靠着这支军队，击破刘表部将黄祖于樊、邓间，“追渡汉水，遂围襄阳”[③]，可见战斗力是极强的，战果也是极辉煌的。仅因孙坚“单马行岘山”，才“为祖军士所射杀”[④]。遽失统帅，应该说其军队会有所散失，但也不会太多。孙坚死后，这支军队由其侄子孙贲领着，仍追随于袁术。袁术辗转到寿春，以孙策母舅吴景为丹杨太守。孙策投奔吴景，“因缘招募得数百人。兴平元年，从袁术。术甚奇之，以坚部曲还策。”[⑤]陈寿在这里没有明确记载袁术“以坚部曲还策”的具体数字，但在其后记述“（袁）术表策为折冲校尉，行殄寇将军”时称：“兵财千余，骑数十匹，宾客愿从者数百人。”[⑥]这个数字得到裴松之注引《江表传》“术以坚余兵千余人还策”[⑦]的印证。可

① 陈寿：《三国志》，中华书局1959年版，第1096页。

② 陈寿：《三国志》，中华书局1959年版，第1100页。

③ 陈寿：《三国志》，中华书局1959年版，第1100页。

④ 陈寿：《三国志》，中华书局1959年版，第1100页。

⑤ 陈寿：《三国志》，中华书局1959年版，第1101页。

⑥ 陈寿：《三国志》，中华书局1959年版，第1102页。

⑦ 陈寿：《三国志》，中华书局1959年版，第1103页。

以想见，孙坚死后所遗留下的原本数万人的军队，由孙贲带着跟随袁术入陈留，受到袁绍、曹操合击，损失是极为惨重的。尽管剩下的这千余人的武装人数虽不多，却是久经考验和磨炼忠诚于孙氏父子事业的精粹之师。孙策正是靠着这支基本武装力量，“渡江转斗，所向皆破，莫敢当其锋，而军令整肃”，“据会稽，屠东冶，乃攻破虎等”①，而打开江东局面的。从而“尽更置长吏，策自领会稽太守，复以吴景为丹杨太守，以孙贲为豫章太守；分豫章为庐陵郡，以贲弟辅为庐陵太守，丹杨朱治为吴郡太守。彭城张昭、广陵张紘、秦松、陈端等为谋主”②，成为立足江东的军事政治集团。以致引起曹操的重视，“表策为讨逆将军，封为吴侯”③。

其次说孙坚治兵鲁阳为孙吴立国江东凝聚起一个核心人才群。

孙坚治兵鲁阳为孙吴立国江东凝聚起一个核心人才群。这个人才群包括孙坚的妻弟吴景、侄子孙贲，战将程普、黄盖、韩当、朱治等。

吴景：《三国志·吴书·孙破虏吴夫人传》载：“景常随坚征战有功，拜骑都尉。”④可知，吴景是参加过孙坚治兵鲁

① 陈寿：《三国志》，中华书局1959年版，第1104页。

② 陈寿：《三国志》，中华书局1959年版，第1104页。

③ 陈寿：《三国志》，中华书局1959年版，第1104页。

④ 陈寿：《三国志》，中华书局1959年版，第1195页。

阳，进击董卓诸战役的。吴景在孙策开辟江东中发挥了十分重要的作用。在孙策尚未脱离袁术之前，“袁术上景领丹杨太守，讨故太守周昕，遂据其郡。孙策与孙河、吕范依景，合众共讨泾县山贼祖郎，郎败走。会为刘繇所迫，景复北依术，术以为督军中郎将，与孙贲共讨樊能、于糜于横江，又击笮融、薛礼于秣陵。时策被创牛渚，降贼复反，景攻讨，尽禽之。从讨刘繇，繇奔豫章，策遣景、贲到寿春报术。术方与刘备争徐州，以景为广陵太守。”① 孙策是靠吴景与袁术周旋，而进退转还谋求发展的。吴景是孙策军事政治集团形成的主要参与者。在孙策脱离袁术独立之后，“术后僭号，策以书喻术，术不纳，便绝江津，不与通，使人告景。景即委郡东归，策复以景为丹杨太守。”② 孙策委吴景方面大任，成为孙策军事政治集团的主要支撑。

孙贲：《三国志·吴书·孙贲传》载：孙贲字伯阳，原为郡督邮守长，其父羌与孙坚为同胞兄弟。“坚于长沙举义兵，贲去吏从征伐。”③ 可见，孙贲也是鲁阳治兵讨伐董卓历练出来的人才。“坚薨，贲摄帅余众，扶送灵柩。后袁术徙寿春，贲又依之。”④ “术表贲领豫州刺史，转丹杨都尉，行征虏将军，讨平山越。为扬州刺史刘繇所迫逐，因将士众

① 陈寿:《三国志》，中华书局 1959 年版，第 1195 页。

② 陈寿:《三国志》，中华书局 1959 年版，第 1195 页。

③ 陈寿:《三国志》，中华书局 1959 年版，第 1209 页。

④ 陈寿:《三国志》，中华书局 1959 年版，第 1209 页。

还住历阳。顷之，术复使贲与吴景共击樊能、张英等，未能拔。及策东渡，助贲、景破英、能等，遂进击刘繇。繇走豫章。策遣贲、景还寿春报术。值术僭号，署置百官，除贲九江太守。贲不就，弃妻孥还江南。时策已平吴、会二郡，贲与策征庐江太守刘勋、江夏太守黄祖，军旋，闻繇病死，过定豫章，上贲领太守。”①孙坚遇难后，孙贲从袁术，存实力，平山越，击刘繇，协助孙策征刘勋、黄祖，为孙策开辟江东，拓展局面，形成鼎立一方的军事政治集团作出的贡献可谓大矣。

程普：“程普字德谋，右北平土垠人也。初为州郡吏，有容貌计略，善于应对。从孙坚征伐，讨黄巾于宛、邓，破董卓于阳人，攻城野战，身被创夷。”②在孙坚凝聚起来的人才群里，程普的资格是最老的，从讨黄巾，治兵鲁阳，破卓阳人，攻城野战，功勋卓著。“坚薨，复随孙策在淮南，从攻庐江，拔之，还俱东渡。策到横江、当利，破张英、于麋等，转下秣陵、湖孰、句容、曲阿，普皆有功，增兵二千，骑五十匹。进破乌程、石木、波门、陵传、余杭，普功为多。策入会稽，以普为吴郡都尉，治钱唐。后徙丹杨都尉，居石城。复讨宣城、泾、安吴、陵阳、春谷诸贼，皆破之。策尝攻祖郎，大为所围，普与一骑共蔽扞策，驱马疾呼，以矛突贼，贼披，策因随出。后拜荡寇中

① 陈寿：《三国志》，中华书局1959年版，第1209—1210页。

② 陈寿：《三国志》，中华书局1959年版，第1283页。

郎将，领零陵太守。从讨刘勋于寻阳，进攻黄祖于沙羡，还镇石城。”[①] 程普几乎参加了孙策开辟江东的所有战役。其计略才能、临战处置智慧和勇武无畏，无人可比。策薨，与张昭等共辅孙权，周旋三郡，平讨不服。后与周瑜为左右督，赤壁之战大败曹操，攻南郡，赶走曹仁。程普为孙吴奠基江东立下了汗马功劳。

黄盖：“黄盖字公复，零陵泉陵人也。初为郡吏，察孝廉，辟公府。孙坚举义兵，盖从之。坚南破山贼，北走董卓，拜盖别部司马。坚薨，盖随策及权，擐甲周旋，蹈刃屠城。”[②] 黄盖也是从鲁阳治兵、洛阳破卓磨炼出来的智勇双全战将。“诸山越不宾，有寇难之县，辄用盖为守长。”[③]“凡守九县，所在平定。”[④] 随周瑜拒曹操于赤壁，献火攻之计，可见其智；亲往曹营诈降，可见其勇；“当官决断，事无留滞”[⑤]，可见其才。可谓人才难得！

韩当：“韩当字义公，辽西令支人也。以便弓马，有膂力，幸于孙坚，从征伐周旋，数犯危难，陷敌擒虏，为别部司马。”[⑥] 韩当追随孙坚，治兵鲁阳，进军洛阳，“勤苦有

① 陈寿：《三国志》，中华书局 1959 年版，第 1283 页。

② 陈寿：《三国志》，中华书局 1959 年版，第 1284 页。

③ 陈寿：《三国志》，中华书局 1959 年版，第 1284 页。

④ 陈寿：《三国志》，中华书局 1959 年版，第 1285 页。

⑤ 陈寿：《三国志》，中华书局 1959 年版，第 1285 页。

⑥ 陈寿：《三国志》，中华书局 1959 年版，第 1285 页。

功”[①]。“及孙策东渡，从讨三郡，迁先登校尉，授兵二千，骑五十匹。”[②]参加征刘勋，破黄祖，讨山越诸战役，为孙策开辟江东立下战功。孙权时代，韩当配合周瑜赤壁抗曹，协助吕蒙袭取南郡，与陆逊、朱然一起大败蜀军于夷陵。“在外为帅，历将士同心固守，又敬望督司，奉尊法令，权善之。”[③]为孙吴立国江东创下了不朽功业。

朱治：“朱治字君理，丹杨故鄣人也。初为县吏，后察孝廉，州辟从事，随孙坚征伐。中平五年，拜司马，从讨长沙、零、桂等三郡贼周朝、苏马等，有功，坚表治行都尉。从破董卓于阳人，入洛阳，表治行督军校尉。”[④]朱治也是孙坚鲁阳治兵所识拔起来的重要人才。“会坚薨，治扶翼策，依就袁术。后知术政德不立，乃劝策还平江东。”[⑤]可见，朱治是一位颇有战略眼光的政治家，正是朱治“劝策还平江东”，明确了孙吴立国江东的战略方向。“权年十五，治举孝廉。后策薨，治与张昭等共尊奉权。”[⑥]孙权对朱治这位开国元勋十分尊崇，“治每进见，权常亲迎，执版交拜，飨宴赠赐，恩敬特隆，至从行吏，皆得奉贽私觌，其见异

① 陈寿：《三国志》，中华书局 1959 年版，第 1286 页。

② 陈寿：《三国志》，中华书局 1959 年版，第 1285 页。

③ 陈寿：《三国志》，中华书局 1959 年版，第 1286 页。

④ 陈寿：《三国志》，中华书局 1959 年版，第 1303 页。

⑤ 陈寿：《三国志》，中华书局 1959 年版，第 1303 页。

⑥ 陈寿：《三国志》，中华书局 1959 年版，第 1303 页。

如此。”[①]

孙坚通过鲁阳治兵北讨董卓所造就凝聚起来的人才群，为孙策、孙权兄弟所继承，在孙策开辟江东和孙权建立吴国中发挥出巨大作用。

再说孙坚治兵鲁阳为孙吴立国江东所赢得的良好政治声誉。

众所周知，在鼎立三国中，政治上曹魏立国靠的是曹操不失时机地迎汉献帝都许所占据的挟天子以令诸侯的政治优势，蜀汉立国则靠的是刘备的皇族血统，那么孙吴立国靠的是什么呢？我认为孙吴立国靠的是孙坚治兵鲁阳大败董卓所赢得的忠于汉王朝的良好政治声誉。

孙坚治兵鲁阳，以“卓逆天无道，荡覆王室，今不夷汝三族，悬于四海，则吾死不瞑目”[②]的忠勇气概，大败董卓攻入洛阳，并辅之以“扫除汉宗庙，祠以太牢”[③]“修诸陵，平塞卓所发掘”[④]之感天地泣鬼神的深情举措，从而赢得了良好的政治声誉。这种声誉为当时社会各方所承认。陈寿评价孙坚“勇挚刚毅，孤微发迹，导温戮卓，山陵杜塞，有忠壮之烈”[⑤]；裴松之也认为“孙坚于兴义之中最有

① 陈寿:《三国志》，中华书局 1959 年版，第 1304 页。

② 陈寿:《三国志》，中华书局 1959 年版，第 1097 页。

③ 陈寿:《三国志》，中华书局 1959 年版，第 1099 页。

④ 陈寿:《三国志》，中华书局 1959 年版，第 1097 页。

⑤ 陈寿:《三国志》，中华书局 1959 年版，第 1112 页。

忠烈之称”[①]。史家的观点得之于历史事实的社会公认，连曹操控制下的汉朝廷也不能不承认，建安二年夏汉献帝遣议郎王浦奉戊辰诏书册封孙策，称：“董卓逆乱，凶国害民。先将军坚念在平讨，雅意未遂，厥美著闻。策遵善道，求福不回。今以策为骑都尉，袭爵乌程侯，领会稽太守。”[②]对孙策来说，父亲赢得的良好政治声誉，是最值得引以自豪的又颇具感召力的政治资本。“袁术僭号，孙策书责而绝之”，称：“曩日之举义兵也，天下之士所以响应者，董卓擅废置，害太后、弘农王，略烝宫人，发掘园陵，暴逆至此，故诸州郡雄豪闻声慕义。”[③]这里虽然没有直说其父姓名，但尽人皆知“诸州郡雄豪闻声慕义”是以其父孙坚为代表的。以张紘、张昭为代表的避难江东的中州士人，之所以拥护孙策，更多的也是看在其父忠于汉室的良好政治声誉上。这些士人内心深处大都牢固地珍藏着挥之不去的忠于汉室的情结。孙策恳请张紘出山辅佐自己，紘初不肯，后见策“忠壮内发，辞令慷慨，感其志言，乃答曰：‘……今君绍先侯之轨，有骁武之名，若投丹杨，临兵吴、会，则荆阳、扬可一，仇敌可报。据长江，奋威德，诛除群秽，匡辅汉室，功业侔于桓、文，岂徒外藩而已哉？’”[④]《张紘传》注

① 陈寿：《三国志》，中华书局 1959 年版，第 1110 页。

② 陈寿：《三国志》，中华书局 1959 年版，第 1107 页。

③ 陈寿：《三国志》，中华书局 1959 年版，第 1105 页。

④ 陈寿：《三国志》，中华书局 1959 年版，第 1103 页。

引《吴书》载:“紘以破虏有破走董卓，扶持汉室之勋；讨逆平定江外，建立大业，宜有纪颂以昭公义。既成，呈权，权省读悲感，曰:‘君真识孤家门阀阅也。’”[①] 张紘所表露出来的思想代表了最有政治头脑的避乱江东士人群体的价值取向。孙策、孙权苦心经营的孙吴军事政治集团，若没有该群体的加入和道义上的支持，要想鼎立一方将是十分困难的。

孙坚治兵鲁阳，进军洛阳，大败董卓，所赢得良好政治声誉的作用是无形的，却是最深刻的，最无可估量的。

要之，孙坚“治兵鲁阳”是东汉末年特殊历史背景下发生的一桩影响历史走向的重大军事政治事件。

① 陈寿:《三国志》，中华书局 1959 年版，第 1244 页。

北朝时期的鲁阳蛮

北朝时期，在鲁山山区分布着众多的蛮族群落。鲁山当时称“鲁阳”，置过镇，设过郡。所以这些蛮族群落，在史籍中统称“鲁阳蛮”。

关于鲁阳蛮的来历，《北史·蛮传》说：“蛮之种类，盖盘瓠之后。在江淮之间，部落滋蔓，布于数州。东连寿春，西通巴蜀，北接汝、颍，往往有焉。其于魏氏（曹魏），不甚为患，至晋之末，稍以繁昌，渐为寇暴矣。自刘、石乱后，诸蛮无所忌惮，故其族渐得北迁。陆浑以南，满于山谷，宛、洛萧条，略为丘墟矣。”鲁阳恰在陆浑以南。这里说，鲁阳蛮是西晋灭亡，天下大乱之时，从江、淮间北迁而来的。胡三省注《资治通鉴》则追溯得更远：“自春秋之时，伊、洛以南，巴、巫、汉、沔以北，大山长谷，皆蛮居之。文公十六年，庸人率群蛮以叛楚。庸则汉之上庸县也。哀公四年，楚人袭梁及霍，以围蛮氏，执蛮子赤。梁则河南之梁县；霍则梁县南之霍阳山也。汉高帝用巴渝蛮以定三秦，则板盾蛮也。后汉祭遵攻新城蛮、柏华蛮，破霍阳聚，则春秋蛮氏之聚落也。”鲁阳山区正处在伊、洛以南，汉、沔之北。梁县在今汝州西南杨楼杨古城一带，霍阳聚在今汝州西南与鲁山东北交界之处。梁、霍与鲁阳连境接界。这是说，鲁阳蛮本系自春秋以来就居于此地的土著蛮族群落。

因鲁阳控扼宛洛捷径三鸦路，这种地理优势，加上鲁阳蛮的族群力量强大，在北朝历史上显得特别活跃。他们的活动及其政治倾向受到各级政府乃至最高当局的关注。以致在北朝的史籍《北史》《魏书》《周书》《北齐书》中有关鲁阳蛮的记载不绝于书。

北魏文成帝兴光元年（454），蛮王文武龙请求降顺魏朝廷。文成帝下诏书予以褒奖抚慰，给予文武龙南雍州刺史的官职和鲁阳侯的爵位。史书没有明确记载文武龙为鲁阳蛮王，但从封爵“鲁阳侯”来看，文武龙是鲁阳蛮首领的可能性极大。

孝文帝太和十七年（493），襄阳蛮首雷婆思等十一人率千余户北迁，向魏朝廷提出定居鲁阳太和川的要求。孝文帝下诏表示同意，并给予口粮。从此雷婆思部蛮人也就成了鲁阳蛮的一支。次年冬十月庚午，孝文帝又专为蛮族事宜颁发诏书："比闻缘边之蛮，多有窃掠，致有父子乖离，室家分绝。可诏荆、郢、东荆三州，勒诸蛮人，勿有侵暴。"这一年的一月，魏朝廷在鲁阳设置荆州，十月庚午诏书中讲到的三州诸蛮中明确有荆州蛮人，实即鲁阳蛮。

宣武帝景明三年（502）四月，鲁阳蛮人柳北喜、鲁北燕等聚众反叛魏朝廷。各地蛮族也群起响应。围攻湖阳。魏游击将军李晖光驻守湖阳北城，指挥防御蛮人进攻。蛮人集聚越来越多，势力越来越大。宣武帝下诏，令抚军将军李崇为使持节、都督征蛮诸军事，讨伐鲁阳蛮。鲁阳蛮有众数万，占据险要地势，抗拒官军。李崇连续发动多次进攻，打败蛮人，擒获鲁北燕，并将之斩首。然后把万余户参与反叛的鲁阳蛮，强迫迁往河北诸州及边防六镇。北方气候寒冷，自然条件恶劣。这万余户鲁阳蛮，处于饥寒交迫之中。他们思念自己的家乡，遂群起南下，欲重返鲁阳。魏朝廷发现之后，立即派军队追讨堵截。自北而南追至黄河，将欲逃归的鲁阳蛮堵在黄河北岸，杀之皆尽。这是鲁阳蛮最大的一次反叛行动，自身损失也极为惨重。永平年间（508—511）郦道元试守鲁阳郡，改变过去对蛮人一味镇压、杀戮、迫移而为抚慰、教化的政策。郦道元在鲁阳办学校，设教职，引导蛮族子弟入学接受儒家文化教育。这种做法得到朝廷的肯定。宣武帝下诏："鲁阳本以蛮人，不立大学。今可听之，以成良守文翁之化。"郦道元把与鲁阳蛮的关系处理得很和谐、融洽。史称"山蛮伏其威名，不敢为寇"。郦道元成功处理同鲁阳蛮关系的经验得到推广。桓叔兴在东荆州（治所在今泌阳）前后招抚大阳蛮归附者一万七百户，请置郡十六、县五十。宣武帝令郦道元前往核实安置。

孝明帝在位，胡太后临朝称制。朝廷内部的矛盾和斗争加剧。孝昌元年（525）尚书令、侍中、领军将军元叉与其弟元爪合伙谋反，先遣其从弟元洪业率六镇降户反定州，又派人扇动鲁阳蛮诸部进攻都城洛阳门户伊阙，叉、爪在洛阳作内应。民族斗争与宫廷政治斗争交织在一起。鲁阳蛮为人所利用。事败，叉、爪被朝廷赐死于家。鲁阳蛮与朝廷的关系又紧张起来。不久，鲁阳蛮反于三鸦。魏朝廷命寇祖礼为都督前往征讨。鲁阳蛮顽强抵抗，寇祖礼战死。

孝武帝永熙三年（534），高欢举兵反魏。时韩贤为广州刺史，广州治鲁阳。魏朝廷怕韩贤响应高欢，派使者征韩贤入朝。韩贤密令鲁阳群蛮各举烽火，像有动荡不稳之状，以迷惑使者。这是鲁阳蛮与地方官员密切配合的一个例子。

北齐文宣帝天保七年（556）夏四月，仪同三司娄睿讨伐鲁阳蛮，大破之。这是北朝史籍关于鲁阳蛮的最后一条记载。

北朝时期的鲁阳蛮，是以地域为称的蛮族之一支。蛮族自称是盘瓠之后，可能是由一个崇拜狗图腾的原始部落繁衍开来的。蛮族人民的习俗是“布衣，徒跣，或椎髻，或剪发”“便弩射”“虎皮衣盾”“兵器以金银为饰”。新修《鲁山县志》说：“蛮为北方民族对南方民族的称呼，当时指不服管辖的反抗者”，是不够准确的。

蛮族酋豪利用南北朝对峙的形势，发展他们自己的势力。鲁阳蛮在北朝，或反叛，或合作，以其独特的方式参与当时的社会政治生活。他们的存在和政治态度是北朝历届中央政府所不敢忽视的。他们在社会经济活动和政治斗争中与汉族人民密切交往，交错杂居，互通婚姻，所以到了北朝后期，有关他们的记载越来越少。到隋唐之际，他们就基本上与当地汉族人民融合为一体了。

元德秀任鲁山县令留下琴台胜迹

《新唐书》卷一百九十四《元德秀传》载："元德秀，字紫芝，河南人。质厚少缘饰。少孤，事母孝，举进士，不忍去左右，自负母入京师。既擢第，母亡，庐墓侧，食不盐酪，藉无茵席。服除，以窭困调南和尉，有惠政。黜陟使以闻，擢补龙武军录事参军。德秀不及亲在而娶，不肯婚，人以为不可绝嗣，答曰：'兄有子，先人得祀，吾何娶为？'初，兄子襁褓丧亲，无资得乳媪，德秀自乳之，数日湩流，能食乃止。既长，将为娶，家苦贫，乃求为鲁山令。前此堕车足伤，不能趋拜，太守待以客礼。有盗系狱，会虎为暴，盗请格虎自赎，许之。吏白：'彼诡计，且亡去，无乃为累乎？'德秀曰：'许之矣，不可负约。即有累，吾当坐，不及余人。'明日，盗尸虎还，举县嗟叹。玄宗在东都，酺五凤楼下，命三百里县令、刺史各以声乐集。是时颇言帝且第胜负，加赏黜。河内太守辇优伎数百，被锦绣，或作犀象，瑰谲光丽。德秀惟乐工数十人，联袂歌《于蔿于》。《于蔿于》者，德秀所为歌也。帝闻，异之，叹曰：‘贤人之言哉！’谓宰相曰：‘河内人其涂炭乎？’乃黜太守，德秀益知名。”

大唐盛世皇帝唐玄宗李隆基称赞元德秀所作的《于蔿于》为“贤人之言哉！”。玄宗、肃宗两朝宰相房琯，每见德秀，叹息曰：“见紫芝眉宇，使人名利之心都尽。”成语“紫芝眉宇”即来源于此，形容人德行高洁。秘书少监苏源明常语人曰：“吾不幸生衰俗，所不耻者，识元紫芝也。”（以上见《新唐书》）前守秘书省校书郎裴敬在《翰林学士李公墓碑》中称：“唐朝以诗称，若王江宁、宋考苏、韦苏州、王右丞、杜员外之类。以文称者，若陈拾遗、苏司业、元容州、萧苏曹、韩吏部之类。以德行称者，元鲁山、阳道州。以直称者，魏文贞、狄梁公。以忠烈称者，颜鲁公、段太尉。以武称者，李卫公、英公。”

李华在《元鲁山墓碣铭并序》中说：“世有明哲，承而述之，幼挺全德，长为律度。神体和，气貌融，视色知教，不言而信。《大易》之易简，黄老之清净，惟公备焉。”“涵泳道德，拔清尘而栖颢气，中古以降，公无比焉。”“又其恶万金之藏，鄙十卿之禄，富贵之辨，吾得其真。至哉元公！越轶古今，冲邃冥冥，纯朗朴浑，范於生灵。”“上以简神明，中以铺光烈，下以耸示后人。”“天地元醇，降为仁人。隐耀韬精，凝和葆神。道心元微，消息诎伸。载袭先猷，竭尽报亲。贞玉白华，不缁不磷。纵翰祥风，蜕迹泥尘。今则已矣，及吾无身。仰德如在，瞻贤靡因。”李华还专门作《三贤论》，把他和萧颖士、刘讯并称唐朝当世三贤。称赞他：“德秀志当以道纪天下”“于孔子之门，皆达者欤！”“使德秀据师保之位，瞻形容，乃见其仁”“皆可为人师也”。

元德秀族弟和学生、唐代文学家元结在《元鲁县墓表》中说：“元大夫弱无所固，壮无所专，老无所存，死无所余，此非人情。人情所耽溺喜爱，似可恶者，大夫无之。如戒如惧，如憎如恶，此其无情，此非有心，士君子知焉不知也？”“生六十余年而卒，未尝识妇人而视锦绣，不颂之，何以诫荒淫侈靡之徒也哉？未尝求足而言利、苟辞而便色，不颂之，何以诫贪猥佞媚之徒也哉？未尝主十亩之地、十尺之舍、十岁之童，不颂之，何以诫占田千夫、室宇千柱、家童百指之徒也哉？未尝皂布帛而衣、具五味而食，不颂之，何以诫绮纨粱肉之徒也哉？於戏！吾以元大夫德行，遗来世清独君子、方直之士也欤！”元结还在《元德秀赞》诗中称：“英英先生，志行卓异。口唾珠玑，衬怀奎壁。家而孝弟，国而忠赤。至今鲁山，琴台百尺。”

肃宗朝官中书舍人卢载在《元德秀诔》中赞德秀：“谁为府君，犬必舀肉。谁为府僚，马必食粟。谁死元公，馁死空腹”。唐代著名的文学家皮日休有《七爱》诗、孟郊有《吊元鲁山》全诗十章，五言古体，110句，称颂他。而一代大书法家、刑部尚书、太子太师、鲁郡公颜真卿和散文家、雕刻家李阳冰则用无声的语言给予元德秀崇高的赞美。

唐代以后文人骚客给予他很高评价的人很多，如宋代大文豪欧阳修称赞他“其志凛凛与秋霜争严，真丈夫哉！”（《新唐书》）。司马光称“德秀性介洁质朴，士大夫皆服其高”（《资治通鉴》）。宋代大理学家、思想家、文学家真德秀因十分仰慕元德秀，而将自己的名叫作真德秀，字景元（取“高山仰止，景行行止”之意）。一代大文豪苏轼也发出“恨我不识元鲁山”的感慨。《孝论》《报恩仪文》《镡津文集》（卷第三《广孝章第六》）还将元德秀列为中国古代历史上大孝子之一，成为后代学习的榜样。许多佛家经典如《佛祖历代通载》将元德秀列为佛家尊崇和效法的对象，佛历将元德秀之死作为大事予以记载。江苏南京小苍山的随园有副对联称赞元德秀：“廉吏可为，鲁山四面墙垣少；达人知足，陶令归来岁月多。”

李华在他的《元鲁山墓碣铭并序》中称赞元德秀善为文章，“所著文章，根元极则《道演》，寄情性则《于蔿于》，思善人则《礼咏》，多能而深则《广吴公子观乐》，旷达而妙则《现题》，穷於性命则《蹇士赋》，可谓与古同辙、自为名家者也。”《新唐书·卓行篇》载：“《于蔿于》者，德秀所为歌也。帝闻，异之，叹曰：‘贤人之言哉！’。”《新唐书·卓行篇》还称赞元德秀“善文辞，作《蹇士赋》以自况”。《旧唐书·元德秀传》则称赞元德秀“琴觞之余，间以文咏，率情而书，语无雕刻。所著《季子听乐论》《蹇士赋》，为高人所称。门人相与谥为文行先生。士大夫高其行，不名，谓之元鲁山”。李华将他与萧颖士、刘迅合称“三贤”，特作《三贤论》，文中称元德秀“作《破阵乐辞》以订商周”。元德秀还著《神聪赞》一篇，内容是称赞其学生马宇（号马孺子）。马宇也因此而名闻当世，被郭子仪看重，跨入仕途。（见李翱著《秘书少监史馆修撰马君墓志》）。清初时大思想家、文学家顾炎武在《日知录》中将元德秀的《于蔿于》列为中国古代讽喻的代表作之一。根据《唐书》《唐摭言》《唐才子传》等记载，元德秀在归隐陆浑后，常与其好友和门人弟子赋诗唱和，创作的作品远不只这些。由此可见，称元德秀为一代文学家诚不为过。只可惜其著作大都失传，不能让我们一睹为快。留传至今的有《归隐》诗一首：“缓步巾车出鲁山，陆浑佳处恣安闲，家无仆妾饥忘爨，自有琴书兴不阑。”（《全唐诗补遗》）

元德秀不仅是大唐盛世的地方官典范，而且对后世地方官的官德产生了深远的影响。元德秀令鲁期间经常抚琴的高台被后世奉为名胜称“元鲁山琴台”，为历代士人登临瞻拜。

欧阳詹诗赞鲁山县令赵郡李胄①

唐德宗贞元十二年（796）前后，赵郡（治所在今河北赵县）李胄（字恭国）任鲁山县令。关于李胄的身世生平，史籍没有留下多少文字。可知的仅《全唐诗》收有他一首诗《文宣王庙古松》："列植成均里，分行古庙前。阴森非一日，苍翠自何年。寒影烟霜暗，晨光枝叶妍。近檐阴更静，临砌色相鲜。每愧闻钟磬，多惭接豆笾。更宜教胄子，于此学贞坚。"另外，韦应物写有一首《赋得暮雨送李胄》诗："楚江微雨里，建业暮钟时。漠漠帆来重，冥冥鸟去迟。海门深不见，浦树远含滋。相送情无限，沾襟比散丝。"这首诗很有名，被多种唐诗选本选解。韦应物逝于贞元八年（792），此时李胄还未到鲁山任职。李胄后来官做到户部员

① 本文原载《平顶山日报》2014 年 4 月 9 日"文化"专栏。

外郎，近年出土有李胄妻《郑氏墓志》。

李胄在鲁山县令任上，于贞元十二年（796）三月三日举行“修禊”活动，邀请四年前进士考试荣登金榜（时称龙虎榜），正在长安候缺的欧阳詹参加。修禊是古已有之的消灾祈福仪式，《后汉书 · 礼仪志》载：“是月（农历三月）上巳（初三），官民皆洁于东流水上，曰洗濯祓除，去宿垢，为大洁。”“祓除”，就是除去旧病。后来演变成中国古代文士雅聚的经典范式，其中以发生在东晋会稽山阴的“兰亭修禊”最有名。东晋永和九年（353）三月三日，王羲之和谢安、孙绰等 42 位文人学士、社会名流，在浙江山阴的兰亭作“修禊”之会。各人分坐于曲水之旁，借着婉转的溪水，以觞盛酒，置于水上。他们一边喝酒一边发表议论。即兴写下了许多诗篇，推举王羲之写一篇序。王羲之遂乘兴作《兰亭集序》，文采灿烂，隽妙雅迪，书法更是遒媚劲健，气势飘逸，被后世推为“天下第一行书”。

欧阳詹，字行周，福建晋江潘湖欧厝人。从小喜爱安静，常一人独处，在山湖溪河边流连忘返。青少年时代，欧阳詹在家乡潘湖资福院从隐士罗山甫等读书。在潘湖北岸的狮山岩、龙首山，九十九溪的吟啸桥上，欧阳詹不时执书一卷，高声吟唱，完全忘记自己与身边的世界。泉州城北清源山赐恩岩、南安高盖山（今诗山）白云书室也都留下欧阳詹读书的身影。欧阳詹还曾到好朋友名士林藻和林蕴兄弟的家乡莆田求学五年，在广化寺灵岩精舍、福平山等地读书。薛播在建中、兴元年间两次出任泉州刺史，很赏识欧阳詹的才华，经常带他到城西九日山与同来的隐士秦系和姜公辅等人交游，谈文论道。席相继薛播之后任泉州刺史，他对欧阳詹同样器重，凡观游宴集一定邀请欧阳詹参加，让他写诗记下当时的盛况。席相还引荐欧阳詹到福州谒见福州观察使常衮，常衮赞叹不已，用灵芝、芙蓉来比喻欧阳詹的才学。从此，欧阳詹的名声更大了。整个福建都在传播他的文词，甚至京师都有了他的文名。欧阳詹本无心科举功名，想长期在家读书，奉养双亲。后来因为双亲严命，亲友激励和常衮、席相等长官的提携，才决心参加科举考试。贞元二年（786），欧阳詹西上长安，前往参加进士考试。这是泉州士子前所未有的举动。在长安，欧阳詹待了六年。这六年，他借钱租房读书，生活虽穷困，但意志不衰。贞元八年（792），欧阳詹终于与当时著名青年文士贾稜、韩愈、李观、崔群等 22 人同登金榜，当时称“龙虎榜”。贾稜第一名，欧阳詹第二名，韩愈第三名。正是在等待吏部分配的闲暇日子里，欧阳詹应李胄之邀来到鲁山参加滍滨修禊活动。

唐代的鲁山县城南滨滍水，滍水发源于伏牛山腹地之大尧山，自西向东贯穿鲁山全境。鲁山境内的滍水中上游一带，为尧部落的祖部落玄嚣青阳氏繁衍生息之地。青阳氏之后豢龙氏曾居于此。到了夏代，尧之后裔刘累氏族居此，周代姬昌也首封此地，有着修禊祈福祛灾的古老传统。李胄的滍滨修禊搞得很朴素，这暗合欧阳詹尚俭重道的品格。欧阳詹以其如椽大笔写下《鲁山令李胄三月三日宴僚吏序》。文曰:“三月三日以酒食出于野，曰:‘禊饮’，古俗也。有唐今上御宇之九年，年定三节：一以二月一日之中和，终取九月九日之重阳，次取此日之禊饮，赐群臣大宴，登高临流，与时所宜。洎四方有土之君，亦得自宴僚属。贞元十二年暮春，月哉生明一日，则其日也。临汝鲁山令赵郡李胄恭国，今宴于县南滍滨，先宴曰:‘夫宴者，古所以示慈惠，而期合欢者也。国家赐以斯宴者，情亦古情焉。况食在充肠，不在充目；酒在行礼，不在溺神。歌发其所自和，舞发其所自乐，穷八珍，竭千钟，强发扬，课丝竹，则有劳有逸，岂合欢之意欤？于是首设一席，肉一肩，酒一壶，命自天子命佐二者。次一席，酒肉亦如之，命自己命以为吏者。次一席，酒肉亦如之，命乡闾许以耆年有德者。’肉既饱，酒既酣，因化育之宿洽，有歌谣者进，有舞蹈者作，皆诚激乎中，章乎形容，婆娑慷慨，与习而为者不类。然后渔者请以其舟，酿者请以其器，圃者请以其蓄，弋者请以其鲜。啐浊尝漉，浮泛漪澜，风恬日和，川晴野媚，以熙以怡，万心一之。至义之门，大顺之家，父兄子弟，一族一堂之中，不是过也。非仁德淳化，其孰能至于是邪？旅游之子，实窥盛事。兹宴也，虽溥于天下，百里不同风雨，恐他邑之景物此辰，不得似公之邑也；一方不同教化，恐他邑之欢乐此辰，不得似公之邑也。故序之。”并赋诗《赠鲁山李明府》一首:“外户通宵不闭关，抱孙弄子万家闲。若将邑号称贤宰，又是皇唐李鲁山！注曰：以前有贤令元鲁山也。”赞赏李胄治理下的鲁山，治安状况良好，百姓悠然自得，官民关系融洽，堪比元德秀为令时。欧阳詹《鲁山令李胄三月三日宴僚吏序》和《赠鲁山李明府》堪称鲁山政治史和文化史上的重要文献。

贞元十四年（798），欧阳詹先生四试吏部，被授予皇家高等学府国子监四门助教。任职后，谆谆善诱生员，积极推荐人才。贞元十五年（799）冬，韩愈以徐州从事（佐史）来京朝拜皇帝。欧阳詹认为韩愈大材小用，率国子监生员跪伏宫门，力荐韩愈为国子监博士。史称唐代自设四门助教一职以来，能举荐贤士的，没有一个超过欧阳詹先生。欧阳詹先生著有《欧阳行周文集》约 10 卷，收赋、诗、记、传、铭、颂、箴、论、述、序、书等各种体裁作品 141 篇。欧阳詹的文章以古文运动“文以载道”的理论来创作，精于说理。唐末李贻孙说他的文章“新无所袭，才未尝困。精于理，故言多周详；切于情，故叙事重复，宜司当代文柄，以变风雅……”

欧阳詹考中进士对福建产生深远的影响。闽南人中进士，是从欧阳詹开始的。明代理学名臣蔡清为《欧阳行周文集》作序时认为：欧阳詹中进士后，福建文士才开始向慕读书，儒学风气开始振兴。欧阳詹的影响绵延不绝。传到杨时、李侗辈，分河洛之派。传到朱熹，正学大明，道统有归。蔡清认为，没有欧阳詹的影响，福建不可能有“海滨邹鲁”的称谓。宋朝理学家朱熹为欧阳詹故居撰联：“事业经邦，闽海贤才开气运；文章华国，温陵甲第破天荒。”今泉州文庙西庑的泉州历代名人陈列馆内，塑有 38 尊泉州历代名人蜡像，欧阳詹排在第一位，被誉为“八闽文化先驱者”。

梅尧臣《鲁山山行》"解题"质疑[①]

朱东润先生主编的《中国历代文学作品选》，选注了北宋著名诗人梅尧臣在宋仁宗康定元年（1040）知襄城县时的三篇作品。其中《鲁山山行》一首的"解题"有不切实之处。这里试谈一下自己的看法。

《鲁山山行》，朱先生的"解题"谓："此诗为宋仁宗康定元年（1040）梅圣俞知襄城县时所作。鲁山，一名露山，在河南省鲁山县东北接近襄城县西南边境。"此解有两点失实：其一，将"鲁山"释为山名，与诗的内容不符。到过鲁山县的人都可以看到鲁山（露山）是兀立在沙河（古称

① 本文原载《许昌师专学报》1985年第4期。

滍水）北岸的一座周围不超过十里，海拔高仅 349 公尺的孤峰，东、西、南三面为平川，北面为一低矮的土坡。明嘉靖《鲁山县志》载“原县之东一十八里平原突起山峰，俗呼露山”。诗中说的“千山高复低”“好峰随处改”，显然不会是指这座孤山。此外，“鲁山”因坡度太陡，山顶面积狭小，加上是石山，没有可供耕种的田土，所以除山脚四周有几处村落外，山腰山顶均无民居遗迹。“人家在何许？云外一声鸡”也难说是写此山的。我认为，诗题《鲁山山行》中的“鲁山”二字是指县名，而非山名。诗题中的“鲁山”是作为后面“山行”中的“山”字的地域修饰成分出现的，意为游览鲁山县境内诸山之行。鲁山县境诸山，可以包括名为“鲁山”的孤峰在内，更多是指鲁山县西部石人山以及西北部、西南部的一些山峰。假若作者是单指“鲁山”孤峰的，只需像李白《青溪行》、杜甫《渼陂行》那样，题为“鲁山行”或“露山行”就成了，不会写作《鲁山山行》。其二，“鲁山”（露山）虽位于鲁山县城东偏北十五华里处，但并不“接近襄城县西南边境”。因宋仁宗时襄城县与鲁山县之间尚隔着郏城县（今郏县）和龙兴县（今宝丰县），襄城县与鲁山县根本不接壤。据《宋史·地理志》“龙兴，熙宁五年（1072）省为镇，入鲁山”，是三十年后的事。即使到了此时，襄、鲁之间还隔着郏城县，襄城县西南边境距“鲁山”这座孤峰仍足有百里之遥，故很难说是接近。

宋朝抗金名将牛皋[①]

牛皋，字伯远，宋汝州鲁山（今属平顶山市）人，抗金名将，其故里在鲁山县熊背乡石碑沟村。

牛皋青年时代为县中射士，精通技击，擅长骑射。靖康二年（1127）十二月，侵占西京洛阳的金军南出骚扰汝州。牛皋激于民族义愤聚众抗击金军，屡战屡胜，受到京西道总管翟兴的重视，荐举为保义郎。保义郎又称“右班殿直”，是初级武官。

建炎二年（1128）八月，杜充代宗泽任东京（今河南省开封市）留守兼开封府尹。有众 70 万的“没角牛”杨进盘踞鲁山，叛宋自立，扰乱京西（指以洛阳为中心的豫西地区），袭杀宋廷京西北路制置使翟进。京西道总管翟兴命牛皋率部讨伐杨进。牛皋三战三捷，杨进部众望风瓦解。牛

① 本文原载平顶山市炎黄文化研究会编《鹰城十大历史名人》。

皋因功晋升荥州（今河南省荥阳市）刺史、中军统领。“统领”为中级武官。次年秋，金军再度侵扰京西一带，牛皋与敌六十余战，每战必胜，被时任东京留守的上官悟擢升为同统制兼京西南路提点刑狱。宋代屯驻地方的各支大军设统制、同统制、副统制为统兵官，属高级武职。建炎四年（1130）四月，深入江南追击隆裕太后的一支金军主力走荆门（今属湖北）、襄阳（今湖北襄阳）、唐州（今河南唐河）、叶县（今河南叶县）北归。牛皋侦得情报，遂率部设伏于叶县北通汝州必经之道滍水渡口宝丰宋村，一举歼灭这支金军主力两万多人，沉重打击了南侵金军的嚣张气焰，在南宋抗金史上书写下光辉的一页。宋村战胜被史家评价为岳飞朱仙镇大捷、吴阶和尚原大捷的先声。牛皋因此再升和州防御使、五军都统制，正式跻身高级将领之列。不久牛皋又大败金军孛堇所部于鲁山邓家桥，转升京西道招抚使。

建炎四年（1130）冬，伪齐皇帝刘豫乞师于金国，寇掠京西地区。牛皋设伏兵于要道，以逸待劳。等敌兵全部进入伏击圈，牛皋所部蜂拥而出，前堵后截，全歼金齐联军，俘虏伪齐将领郑务儿。牛皋因功升迁安州（今湖北省安陆）观察使，不久又出任蔡州（今河南上蔡）、唐州、信阳军（今河南信阳）镇抚使，知蔡州，加爵亲卫大夫，成为一名方面大员。这时岳飞受命统管江西、湖北军务，筹划从襄汉进军中原，收复失地。牛皋奔赴临安（今浙江省杭州市）晋见高宗赵构，力陈刘豫必灭，中原可复之策。为了集中兵力，壮大声威，高宗赵构遂将牛皋所部划归岳飞指挥。牛皋年长于岳飞，加之战功卓著，岳飞为能同这样一员猛将共事而快慰，遂任命牛皋为唐、邓、襄、郢四州安抚使，不久又改任神武后军中部统领。牛皋对岳飞仰慕已久，深为自己终于成为岳家军部将而高兴。伪齐将领李成、王嵩狐假虎威，勾结金军侵占襄阳、随州。岳家军部将张宪、徐庆久攻随州不下。岳飞命牛皋前往增援。牛皋令所部仅带三日粮饷，粮未尽而城已克。斩杀王嵩，得降卒 5000 人，收复随州。接着牛皋又乘战胜之威，以骑兵克襄阳，败李成，打开了北进中原的大门。

绍兴四年（1134）冬，金军攻淮西，连破濠州（今安徽凤阳）、滁州（今安徽滁县）。伪齐皇帝刘豫之子刘麟以甲骑八千为先锋，兵临庐州（今安徽合肥），江防告急。岳飞遣牛皋率两千骑兵渡江北上，驰援庐州，自统大军为后继。牛皋来到庐州，临阵呵斥金将："宋将牛皋在此，尝四败金兀术，尔辈何敢进犯我大宋疆土？"金军将士本来就惧怕牛皋声威，今日闻听此言，无不失魄丧胆，不战而逃。牛皋率部追击三十余里。金军自相践踏，死者大半。牛皋斩杀金军副都统及千户五人，百户数十人。庐州父老乡亲得以避免金军铁蹄蹂躏，无不箪食壶浆以迎牛皋。南宋军威大振。牛皋进位中侍大夫。绍兴五年（1135）五月，牛皋随岳飞镇压洞庭湖杨幺起义军，于水中擒获杨幺。南宋朝廷令牛皋出任武泰军承宣使、行营护圣中军统制，后改任湖北、京西宣抚司左军统制，加龙神卫四厢都指挥使。

绍兴十年（1140）金人出尔反尔破坏南北议和，重新侵占已归还宋朝的河南、陕西等地。岳飞命牛皋率部出师河南。牛皋所部在蔡州焚敌积聚，兵锋直指汴京近郊，成功收复淮宁府（今河南汝南）、颍昌府（今河南许昌）。在岳家军郾城、颍昌大破金军都元帅领行台尚书事宗弼诸战役中，牛皋功居第一，升官捧日天武四厢都指挥使、成德军承宣使、提举一行事务。绍兴十一年（1141），宋朝廷主和派占上风，高宗下诏撤兵议和。牛皋被迫随岳飞饮恨班师，转任宁国军承宣使、荆湖南路马步军副总管。

岳飞遇害后，牛皋心怀激愤，时常流露出对朝廷主和派的不满。绍兴十七年（1147）三月三日上巳节，都统制田师中宴会诸将，牛皋应邀赴宴，席间突感不适，急归府第，遂卧床不起，中毒症状明显。他对身边亲人感慨："皋年六十一，官至侍从，幸不啻足。所恨南北通和，不以马革裹尸，顾死牖下耳。"次日卒。当时社会上即传田师中受秦桧指使而毒杀牛皋。牛皋墓在杭州西湖栖霞岭。墓前树有清代陈希贤撰写的《重修宋辅文侯牛公墓记》碑刻，叙述牛皋抗金战功甚详。还有明代铸的田师中跪像。鲁山牛皋故里、宝丰宋村牛皋大败金军处北花山上有牛皋衣冠冢。鲁山县城东关和宝丰宋村建有牛皋祠。

牛皋出身寒微，但在国难当头山河破碎之日，能奋起抗争，且屡建军功，其不愿做亡国奴的爱国精神和超人智勇不能不令人叹服。更可贵的是在其年长于岳飞，资深于岳飞，官高于岳飞的情况下，能以抗金大局为重，受岳飞节制，配合默契，这种高风亮节足以垂范千古。

为忽必烈建言大计的鲁山郝经[1]

郝经是元代著名的学者、历史学家和政治谋略家，字伯常，原籍泽州陵川（今山西省陵川县），金朝末年由其父郝思温携家移居河南之鲁山（今河南省平顶山市鲁山县）。当时的鲁山乡民为躲避战火多挖地窖藏身，乱兵一旦发现窖口就点燃柴草熏灼，藏身地窖中的乡民时常因烟熏窒息而丧命。一次郝经的母亲许氏也遭遇此难，年仅九岁的郝经处变不惊，忙用筷子撬开母亲的牙关，灌下用蜂蜜调和的寒菹汁，使母亲大脑缺氧状况得以缓解而复苏。通过这件事，乡邻都感觉郝经这孩子非同寻常，能干大事。青年时代的郝经胸怀大志勤奋好学，因家贫白天忙着砍柴卖柴换回米面度日，夜晚则全身心地投入学习，往往读书到三

① 本文原载《平顶山日报》2015 年 5 月 20 日“文化”专栏。

更方才罢休，学识长进很快。金朝灭亡，蒙古顺天路（今河北保定）守将张柔、贾辅延揽郝经为上宾，以教授子弟。张、贾二家都有万卷以上的藏书，郝经如鱼得水，一边教书，一边钻研经史子集，人文治道，天文地理，无所不通。智由识启，才随智长，郝经在燕赵间名声大著，被识者誉为“才器非常”。

1251年，忽必烈以蒙哥汗胞弟身份设王府于金莲川（在今河北沽源县北），获悉郝经才名，诚邀至府，咨询治国安民学问，郝经分门别类谈了数十条自己的见解，忽必烈听了很高兴，就把郝经留在身边以备顾问。蒙古大举攻宋，蒙哥汗率大军入蜀，命忽必烈统东线偏师南下配合。情报人员获取南宋朝廷“谨边防，守冲要”的七道应对奏议献给忽必烈，忽必烈交给部属阅议对策。郝经谈了自己的看法：“古之一天下者，以德不以力。彼今未有败亡之衅，我乃空国而出，诸侯窥伺于内，小民凋敝于外。经见其危，未见其利也。王不如修德布惠，敦族简贤，绥怀远人，控制诸道，结盟饬备，以待西师。上应天心，下系人望，顺时而动，宋不足图也。”忽必烈很赞赏郝经从长计议的政治眼光，令其拿出详细的意见。郝经针对南宋朝廷的七道奏议，写成《七道议》七千言，供忽必烈参考。忽必烈命郝经出任江淮荆湖南北等路宣抚副使，率领归德军，先期进至长江一线，宣布恩信，招降纳叛，瓦解南宋守军。蒙哥汗在蜀，师久无功，东线怎么办？经过深思熟虑，郝经向忽必烈呈上《东师议》，陈述自己的看法：“经闻：图天下之事于未然则易，救天下之事于已然则难。已然之中复有未然者，使往者不失而来者得遂，是尤难也。国家以一旅之众奋起朔漠，斡斗极以图天下，马首所向无不摧破。灭金源，并西夏，蹂荆襄，克成都，平大理，躏轹诸夷，奄征四海，有天下十八，尽元魏、金源故地而加多，廓然莫与侔大也。惟宋不下，未能混一，连兵构祸逾二十年。何曩时掇取之易，而今日图惟之难也？夫取天下，有可以力并，有可以术图。并之以力则不可久，久则顿弊而不振；图之以术则不可急，急则侥幸而难成。故自汉唐以来，树立攻取，或五六年，未有逾十年者，是以其力不弊，而卒能保大定功。晋之取吴，隋之取陈，皆经营比攸十有余年，是以其术得成，而卒能混一。或久或近，要之成功各当其可，不妄为而已。”指出蒙古军政之不足为训者：“国家建极开统垂五十年，而一之以兵，遗黎残姓，游气惊魂，虔刘劘亵，殆欲歼尽。自古用兵未有如是之久且多也，其力安得不弊乎！且括兵率赋，朝下令而夕出师，躬擐甲胄，跋履山川，阖国大举，以之伐宋而图混一。以志则锐，以力则强，以土则大，而其术则未尽也。苟于诸国既平之后，息师抚民，致治成化，创法立制，敷布条纲，上下井井，不挠不紊，任老成为辅相，起英特为将帅，选贤能为任使，鸠智计为机衡，平赋以足用，屯农以足食，内治既举，外御亦备。如其不服，姑以文诰，拒而不从，而后伺隙观衅以正天伐。自东海至于襄邓，重兵数道，联帜接武，以为正兵。自汉中至于大理，轻兵捷出，批亢抵胁，以为奇兵。帅臣得人，师出以律，高拱九重之内，而海外有截矣。”然后针对忽必烈的处境谋划了事半功倍的方略和应该注意的事项，忽必烈很是满意。

1259年，郝经正跟随忽必烈南下渡淮，直迫南宋长江防线，蒙哥汗在合州（今重庆合川）钓鱼城前线崩逝的凶讯传来。诸将欲还，忽必烈不肯，一鼓作气攻下鄂州。把持宋廷朝纲的奸佞贾似道甚为恐慌，密遣心腹将王哀来到忽必烈军帐，请求称臣纳币，忽必烈仍不允准。郝经及时提醒忽必烈：“今国遭大丧，神器无主，宗族诸王孰不窥伺，倘或先发制人，抗阻大王，势且腹背受敌。不如与宋议和，即日北归，别遣一军迎先帝灵舆，收取帝玺，召集诸王会丧，议定嗣位，那时大王应天顺人，自可坐登大宝了。”忽必烈大悟，遂与南宋定议，令纳江北地归蒙古所有，并岁奉银绢各二十万，乃退兵北旋，不失时机地抓住汗位继承权。忽必烈之得以建立大元王朝，成为元世祖，全赖郝经这一建言。次年，忽必烈仿照中国历代正统王朝建元立极的体例即皇帝位，“法《春秋》之正始，体太易之乾元，炳炳皇猷，权舆治道，可自庚申年五月十九日建元为中统元年。”建元既定，乃敕修官制。此前成吉思汗起自朔方，部落野处，设官甚简。至此酌定内外官制：总政务的叫作中书省，握兵权的叫作枢密院，司黜陟的叫作御史台，其次有寺、监、院、司、卫、府；外官有行省、行台、宣抚、廉访，亲民长官有路有府有州有县。一代规模创始完备，正式进入历代正统王朝序列。以郝经为翰林侍读学士，佩金虎符，充国信使出使宋廷，通报大元开国，且谈判议和。临行，忽必烈召见于内殿，赐饮葡萄酒，说："朕初即位，庶事草创，卿当远行，凡可辅朕者，请无所保留。"郝经又奏言十六事，事事关乎治国理政基业，为元王朝统一天下化野为文奠定根本。

郝经率领大元使团一路南下进入宋境，宋廷权奸贾似道为蒙蔽皇上，不令郝经所率元廷使团至临安，而将之扣留于真州（今江苏仪征）。郝经多次上书宋帝"极陈战和利害，且请入见及归国"，都被贾似道阻断。郝经御下素严，由于长期被困，使团成员多生怨言。郝经对他们说："一入宋境，死生进退听其在彼，我终不能屈身辱命。汝等不幸，宜忍以待之。我观宋祚将不久矣。"至元五年（1268）秋天，被困已达九年的郝经为了使元朝廷知道他的处境，曾在绢帛上写一首诗绑在北返的大雁腿上："霜落风高恣所如，归期回首是春初。上林天子援弓缴，穷海累臣有帛书。至元五年九月一日放雁，获者勿杀，国信大使郝经书于真州忠勇军营新馆。"表达了绝不屈身辱命的志气，希望来春大雁北返能将信息传至朝廷。郝经整整被贾似道扣留十六年，到了1275年忽必烈欲命丞相伯颜统军南伐，特遣礼部尚书中都海牙与郝经的弟弟行枢密院都事郝庸一起入宋，追究扣留使团之罪。贾似道恶行败露，受到窜死僻荒的惩罚，宋廷速遣总管段佑以礼护送郝经北返。郝经在归途中得病，忽必烈知道后特令枢密院偕御医南下迎接。次年夏天，郝经终于回到燕京，忽必烈亲于朝堂之上设宴慰劳。

郝经崇尚气节，为学讲求实用。被扣留期间，日以著述为事，欲托言垂后，毫不懈怠。凡著成《春秋外传》《周易外传》《太极演》《玉衡真观》《续后汉书》《通鉴书法》《学古录》《行人志》《陵川集》等，共数百卷，给后人留下了一笔丰赡的文化财富。其文风格豪放，长于议论，说理透辟；其诗奇崛高古，为世人所重。

王磐与忽必烈认同中华文化祖宗的政治取向①

一、王磐

河南鲁山人。金哀宗正大四年（1227）进士。元世祖忽必烈智库主要成员。

二、尧庙与王磐《尧庙碑》

黄帝是中华人文初祖。尧是中华文明始祖、儒家道统

① 本文原载 2016 年 10 月 28 日《第三届“尧文化与尧山旅游研究”学术年会论文集》。

始祖。中华文明萌芽后，到尧帝时建立起较为系统的政治制度，制定出历法。儒家经典《尚书》第一篇为《尧典》。儒家道统“祖述尧舜，宪章文武”。

尧庙，天下多有，且各有缘由。以河南鲁山尧祠为最古，以山西临汾尧庙最为驰名。王磐《尧庙碑》是临汾尧庙的支撑性文物，在忽必烈正式建立元朝之前的1269年受命撰写。

三、中华原生信仰之“祖宗崇拜”

中华原生信仰之“祖宗崇拜”，是以血缘祖宗崇拜为根源、以文化祖宗崇拜为灵魂的信仰。以血缘祖宗崇拜的原始信仰，经文明孕育期和文明形成初期的实践锤炼，到文明轴心期经儒家的总结升华，拓展到文化祖宗崇拜的新境界，形成家有家祭，方有方祭，国有国祭的完整体系。

家祭以祭祀中堂祖宗牌位所列五代以内的直系血亲，来体现血缘祖宗崇拜；以祠堂祭祀和宗谱追溯本族先贤名人，来体现文化祖宗崇拜。传统地方志将一个地方的祭祀场所明确为“忠烈祠”“乡贤祠”“名宦祠”，祭祀历代忠烈在本地留下的遗迹，祭祀本地历代先贤，祭祀历代履职本地为民所敬的官员，就完全是文化祖宗崇拜了。国祭在朝廷有“历代帝王庙”的祭祀，在各地有对三皇五帝的公祭。更是文化祖宗崇拜。今天天水、淮阳祭伏羲，宝鸡、随州、炎陵祭炎帝，黄陵、新郑祭黄帝……是古代国祭的延续和发展。

儒家旨在将祖宗崇拜内凝为每个人每个家庭尊祖敬宗的精神支柱，外化为华夏一统的凝聚和传承的氛围，而这种内凝和外化是通过家祭和公祭仪礼来承载的。

四、王磐《尧庙碑》是忽必烈认同中华文化祖宗的表征

历史上的北方民族政权，都有一个认同中华文化祖宗的取向问题。谁认同得早谁认同得彻底，谁的政权就可能更稳固也更长久。

忽必烈是蒙古政权最早认识到这个问题的政治家。蒙哥汗元年（1251）忽必烈受命总领漠南汉地军国庶事，即着手延揽汉儒，建立金莲川幕府。“蒙古兴六十年，至忽必烈始延揽文学之士，待以殊礼。”以汉儒为主的智库，坚定了忽必烈治汉地得用汉法的文化取向。至元二年（1265）元代第一通儒许衡就给忽必烈上《时务五事》：“考之前代，北方之有中夏者，必行汉法乃可长久，故后魏、辽、金历年最多。他不能者，皆乱亡相继。”行汉法在文化层面精神层面的表现是对中华文化先祖的崇拜和礼敬祭祀。王磐在《尧庙碑》中指出：“谨按祀典，诸前代帝王，三年一祭。其时以春之仲月，其地以当时所居国邑。祭伏羲于陈州、神农于亳州、轩辕于坊州、少昊于兖州、颛顼于开州、高辛

于归德府、唐尧于平阳府。”这些忽必烈不仅都听进去了，而且抓紧落实了。

忽必烈自中统元年（1260）称大汗到至元三十一年（1294）驾崩，掌政35年，占蒙古政权162年寿命的五分之一还强；若从其至元八年（1271）称元朝皇帝算起，他的在位时间，占了元朝97年国祚的四分之一。无论怎么算，忽必烈统治时期都是蒙古政权最辉煌的时期，这与其认同中华文化的取向是有着密切关系的。

至于元朝的不永，原因在于能够影响忽必烈决策的汉儒智库在其驾崩之前凋零了，忽必烈在其身没能将这种文化取向制度化，在其后更缺乏持续性继承。换句话说，忽必烈之后统治元朝的蒙古族上层在认同汉法的文化取向上还不够坚决也不够彻底。

张三丰与鲁山南华观①

鲁山老城南门里有中州著名道观南华观。其位置在今鲁山一高老校区（鲁山文庙）西、老县委院（县档案局新楼）南。因观内大殿供奉道家“四大真人”之一的“南华真人”庄子而得名。

道教中的四位真人为道家创始人老子的四大弟子，“南华真人”庄子位居第一。庄子姓庄名周，字子休，宋国蒙人。与梁惠王、齐宣王同时，做过蒙地的漆园吏，蒙地在春秋和战国前期属宋（今商丘），战国后期属梁（今商丘）。故刘向《别录》称其：“宋之蒙人也。”陆德明《经典释文·序录》称：“梁国蒙县人。”此后他一直隐居，生活贫困，但学识渊博，著《庄子》一书。司马迁《史记·老庄

① 本文原载《平顶山日报》2019 年 11 月 13 日“文化”专栏。

申韩列传》称其书“十万余言，大抵率寓言也。作《渔父》《盗跖》《胠箧》以诋孔子之徒，以明《老子》之术”。庄子在先秦道家学派中地位很像儒家学派中的孟子。后世儒家尊孟子为“亚圣”，与儒家学派创始人孔子连称“孔孟”。庄子可视为道家的亚圣，是老子思想的最好继承者，在历史上“老庄”并称，共同建立了以“道”为核心的思想体系。但庄子的思想与老子又有所不同，老子贵柔，主张戒盈防满，在现实关系中求得自身的长保。庄子则认为现实关系是对人的自然本性的严重束缚，主张超脱现实关系而尽情逍遥。庄子同样将“道”视为生天生地的本体，但他又认为并不代表“道”具有物质性，不过是脱离物质而独立存在的精神。他多次强调道是产生万物的本体，但它是非物质的，并举例说“道通一气”，但道并不是气，气是自道派生的。最后庄子将道集中“虚”上，他在《人间世》中说“唯道集虚。虚者，心斋也。”即追求“道”的最高精神境界，在务“虚”上下功夫，做到外天下、外物、外生、朝彻、见独，从而修道、得道。进而把老子的思想推向一个新的层次。庄子的“南华真人”名号是唐玄宗于天宝元年（742）追封的。古代道家把修真成道，洞悉宇宙和人生本原，真真正正觉醒觉悟的圣人称为“真人”。“真人”一词原本就出自庄子之口，《庄子·大宗师》曰：“古之真人，其寝不梦，其觉无忧，其食不甘，其息深深；不知说生，不知恶死，其出不欣，其入不距。”魏晋道家进一步将之明确为“真人者，体洞虚无，与道合真，同于自然，无所不能，无所不知，无所不通”。

唐玄宗李隆基诏封庄周为“南华真人”，明定《庄子》为《南华真经》，是其强化道教作为大唐国教地位的重要举措。大唐王朝创建伊始的武德三年（620）五月，晋州人吉善行向唐高祖李渊进言称：他于平阳府浮山县东南羊角山遇见一位白衣老者，老者对他说：“为吾语唐天子：‘吾为老君，即汝祖也。’”李渊认可此说，下诏在其地立老子庙，尊奉老子李耳为祖宗。到唐太宗李世民继位，正式册封老子为道教教主“太上老君”。唐高宗李治又于乾封元年（666）亲幸亳州老君庙，追号“太上玄元皇帝”。武则天为高宗皇后时虽不乏崇道的激进表现，于上元元年（674）12月“上意见十二条，请王公百僚皆习《老子》，每岁试于有司”。可一旦成为千古一帝的女皇，便改崇道为崇佛，以显示自己为天子的大周王朝之不同于大唐。到了李隆基重振朝纲，自然要从意识形态上来一番拨乱反正，于开元二年（714）3月亲祀已崇称“玄元皇帝庙”的老子庙，开元二十一年（733）正月诏令天下士庶之家藏《老子》一本，每年贡举减少儒家经典《尚书》《论语》的考试题目增加道家经典《老子》的考试题目，开元二十九年（741）诏令东西二京及诸州各建一所玄元皇帝庙，天宝元年（742）再次亲祀玄元皇帝庙并晋升老子这位李家祖宗玄元皇帝为“上圣”，同时诏封庄子为“南华真人”，《庄子》为《南华真经》，使之处于道教“亚圣”地位。正是在这样的政治背景下，鲁山建起了主供南华真人庄子的“南华观”。

鲁山南华观自唐玄宗天宝年间建起后，即成为中州名观，香火甚盛，历五代、宋金而不衰。元至正六年（1346）进行了一次整修，由一进主供南华真人庄子的大殿，扩建为三进大殿，增建了二进三清殿和三进玉皇殿，气势更加宏伟。进入明朝，鲁山南华观因与神龙见首不见尾而被明朝廷高看一眼的仙人张三丰结缘，更是名满天下。

张三丰本名通，字君实或君宝，辽东懿州人（就是今天的辽宁阜新）。元季儒者、道士。善书画，工诗词，中统元年，曾举茂才异等而任中山博陵令。游宝鸡山中，有三山峰，挺秀仓润可喜，因号三峯子。遂因“峯”字和“丰”的繁体字“豊”形近而错称为“张三丰”。传说张三丰丰姿魁伟，大耳圆目，须髯如戟。无论寒暑，只一衲一蓑，一餐能食斗米，或数日一食，或数月不食，事能前知，游止无恒。明太祖朱元璋洪武初年，张三丰至武当山，拜玄帝于天柱峰，并遍游诸山搜奇揽胜。有问其仙术，竟不一答；问经书，则津津乐道不绝于口。登山轻捷如飞，隆冬卧雪中，鼾声如雷。常语武当山乡中人：“此山异日必大兴。”此“时五龙、南岩、紫霄俱毁于兵，三丰与其徒去荆榛，辟瓦砾”于武当展旗峰北结庐而居，供奉玄帝香火。又于黄土城卜地结草庵，名曰会仙馆（永乐年间复修此馆而改称遇真宫）。并使弟子邱玄清、卢秋云、刘古泉、杨善澄等分住五龙观、南岩、紫霄宫等处。明太祖朱元璋闻其名，于洪武十七年（1384）下诏征张三丰入朝，不赴。遂下令张三丰弟子沈万三与邱玄清再请张三丰，亦不赴。洪武二十三年（1390），张三丰离开武当出游，不知所终。次年，朱元璋又遣专使觅之，仍不得。 而此时，张三丰则云游于豫、陕、川、鄂、滇、黔一带，“踪迹亦奇亦幻”。张三丰先居陕西宝鸡金台观， 传太极于弟子王宗岳， 始开太极拳由道门传入民间之先例。据《明史·张三丰传》载：一日他“自言当死，留颂而逝。县人共棺殓之。及葬，闻棺内有声，启视则复活”，更添神秘性。此后入蜀会献王朱椿，劝其长生修道；蜀王亦作诗二首《赠张三丰先生》《送张三丰先生遨游》赠之。经江州（今重庆市）老君洞，留诗词联句；停成都青羊宫，遗《青羊宫留题》，述修道真伪之要，曰：“觅故人天涯不见，叹迷途要学神仙。有一等守顽空的，有阴无阳是孤练。有一等用鼎器的，舍生忘死谈采战。各执一端，玄关不知在那边。莫把无为来妆扮，尽都是空门面，怎得个云朋霞友也，混俗和光过几年。访道须要访先天，先天，是神仙亲口传。神仙，神仙，只在花里眠。”《峨眉山志》载：张三丰自成都青羊宫上青城山，又到鹤鸣山， 转而又到峨眉山，晤旧友。明初时，曾于夔府开元寺僧广海善，临别时留诗一首、草鞋一双、沉香少许而去，后广海以此得永乐帝赏赐玉环千佛袈裟。后张三丰入滇晤沈万三，同炼内丹服食大药。于洪武二十五年（1392）回襄汉经平越， 见福泉山山形奇绝， 遂于高真观后结茅为亭，朝真礼斗，候诏飞升。寓福泉山高真观时，曾留下了《北斗大法》《无根树词》《打坐歌》及手碑《龙行大草》。明《张仙遗事》（万历二十四年守道王恩民、司理李珏编）

、《黔记》（郭子章辑）、《贵州通志》（万历三十一年曹学全编辑） 均载：张三丰寓高真观，与指挥张信善，指其南月山右地曰：“远远长龙自北京，脉流城历建僧台， 前峰凹处堪为冢。若葬真泉步玉阶。”即葬此后必封侯世禄。已而别信曰：“武当山再会。”信留，闭之室中，未已，寂然不知所往。张信从之，后果以功封隆平侯， 监修武当宫观， 果再会其人焉。明成祖朱棣亦十分崇敬张三丰， 欲谒张神仙。永乐五年， 遣给事中胡偕、内侍朱祥斋玺书香币往访。书中称“久仰真仙，渴恩亲承仪范”“拱候云车风驾惠然贲临，以副拳拳仰慕之怀”。（见《大岳太和山志》卷五）。后又多次遣使访求，“遍历荒徼，积数年不遇”（《明史·张三丰传》）。明成祖未怪反而益崇。现存于武当山的龟驮大石碑上也有文证其诚心可鉴。永乐十五年（1417）敕命于张三丰结庵故居处营建宫观 290 余间， 赐额“遇真宫”， 宫中供奉张三丰尊像。自永乐十年（1412），命隆平侯张信、吏部侍郎郭淮、驸马都尉沐昕等人督率地方官员及三十万军民大举修造武当宫观，历时十四年， 耗资难以计数， 建成拥有九宫八观、三十六庵堂、七十二岩庙、三十九桥、十二亭的庞大道教建筑群，其规模宏伟壮丽，天下无匹。“既成，赐名太和太岳山，设官铸印以守，竟符三丰言。”（《明史·张三丰传》）。明英宗天顺三年（1459）赐封张三丰为“通微显化真人”，明宪宗封其为“韬光尚志真仙”，明世宗四十二年（1563），加封为“清虚玄妙真君”。张三丰认为古今仅正邪两教，所谓儒、释、道三教仅为创始人之不同，实则“牟尼、孔、老皆名曰道”，而“修己利人，其趋一也”，又称“一阴一阳之谓道，修道者修此阴阳之道也，一阴一阳一性一命而已矣，《中庸》云‘修道之谓教’。三教圣人皆本此道以立其教也”。他还认为：“玄学以功德为体，金丹为用，而后可以成仙。”后人编有《张三丰先生全集》，收入《道藏辑要》。

张三丰的游踪曾至伏牛山。方城县炼真宫《重修炼真宫碑记》记载：“永乐二年（1404），副都纪赵得铭募人资助，肇造三清、祖师、关王殿宇圣像及桩塑群真仪容以为尊承道教之归。时张三丰真人寓居是宫三载有余。在此修炼，因不修边幅，号称邋遢张。”现存有“神仙洞”遗观，为其当年修炼之处。清《南召县志》卷二记载：南召县太山庙乡口子河里有“张三丰故里石碑”，碑后有其草庵遗址。民国六年（1917）在此处立“张三丰初居此地，而道成于天宝观”石碑一通。相传在与方城、南召相毗连的鲁山县，张三丰驻足于南华观，夜欲读书而无灯盏，遂于斋堂粉壁上画明月一轮，刚一收笔，已月光满室，其明如昼。于是“南华夜月”遂成为鲁山一景，列入鲁山八景之中。后人多有歌咏者，如明宪宗成化十五年（1479）任鲁山训导的六安州英山县人黄桂林作诗《南华夜月》云：“碧天云散渺晴空，月映南华秋水浓。太乙殿移冰镜里，步虚人在玉壶中。鹤惊入画腾银汉，蟾跃金波隐玉璁。清胜那须方外觅，人间应有广寒宫。”明朝晚期任鲁山知县的远安进士张斗枢诗《南华观有感》：“三丰面壁拥金波，照彻南华蝶梦多。此去仙家遗迹远，空留素影对婆娑。”明末本县学人孔兴鲁有《游南华观》诗：“仙宫良夜泠娟娟，宝鉴长明不夜天。一自蟾光随彩笔，松筠清影总堪怜。”

明清至民国，鲁山柞蚕养殖缫丝织绸业繁盛，鲁山西关有丝行数百家，县城周边及山区乡镇遍布织户数千家。众丝行掌柜和工徒依托南华观结立民间神社“三皇社”，施行行业自我协调，自我保护，自我约束，自我规范，自我管理，共谋发展。社首轮流坐庄，承办每年社日的社宴，请戏班唱社戏，礼神祈福。今存民国十四年（1925）的《南华观三皇社恢复掌柜徒弟缫丝碑记》，真实反映了这种传统。这块碑记是民国十四年（1925）十二月由武宪文、王善兴等二十一家社首共立，碑圆额无座，高 160 厘米、宽 56 厘米、厚 19 厘米。九行，满行 38 字，楷书：“天下事有似同而实异，似类而实殊者，莫如我鲁之两社焉。一社在二郎庙，一社在南华观。二郎庙一社特管匠人，南华观一社特管掌柜，而徒弟寓焉。无论织绸，无论刷经，无论缫丝，凡与人雇工者，皆系匠人。即一机一框而自织自缫者，皆系掌柜。两社旧章由来已久。惟缫丝一事，自昔光景平稳，多在山内，我社无问，而伊社自视为已有。近今光景荒乱，多归城关，而伊社更视为固有。独不思缫丝与织绸无异，掌柜与匠人有别，如自己无钱买茧，与人缫丝，即系匠人，应归伊社。如自己有钱买茧，自己缫丝，或用徒弟缫丝，均系掌柜，应归我社，此理之昭然可见者也。奈伊竟社思缫丝为固有，不分掌柜匠人焉，理谬何哉！为此争质几乎成讼，幸荣城关绅商，从中理处，开会议决。日后凡有掌柜徒弟缫丝者，永归我社，与伊社无干。诚恐代远年湮，致生事端，因勒于珉，以垂不朽云。社首：史福绥、武宪文、王义兴、李德聚、王金堂、徐世贤、长顺恒、史焕章、芦福祥、梁文远、郑习学、江玉、李振南张绍先、张金贵、晋生玉、唐荷恩、杨永全、罗守仁、李宗毅、梁玉琴仝立。大中华民国拾四年嘉平月　吉日。”由这篇关乎鲁山缫丝织绸业和社会经济生活的重要文献，我们可以看出南华观在民间的广泛影响和人们对张三丰的信仰和崇拜。

鲁山彭遐龄与牛金星、李自成①

明朝末年，鲁山出了一个名叫彭遐龄的人。彭遐龄生于万历四十五年（1617），幼极聪慧，十个月会说话，三岁能背唐诗，五岁开始读儒家经典《尚书》，十岁便学《礼记》。其父在彭遐龄身上寄托了无限的希望，特聘宝丰举人牛金星至家坐馆教导他。

牛金星，字聚明，汝州宝丰（今宝丰）人。祖居宝丰石桥大牛庄，后迁居城南小牛庄。牛金星出身下层知识分子家庭，其五世祖由岁贡任县学博士，其父为鲁王府“纪善”。“纪善”属八品官，职责是“掌讽导礼法，开喻古谊，及国家恩义大节，以昭王善”。牛家祖茔在宝丰城北郭外敖水之阳（今宝丰一高老校区院内）。少年时代的牛金星在祖辈的

① 本文原载《平顶山日报》2015 年 4 月 18 日“文化”专栏。

影响下向往功名，读书刻苦，被录取为县学生员，迈上科举之路第一步。万历四十七年（1619），宝丰知县范廷弼主持修建文峰塔，牛金星以生员身份捐款 100 文，希冀宝丰文风昌盛，祈求自己前程光明。天启七年（1627），牛金星参加河南乡试，考中举人，跻身绅士之列，并在宝丰、鲁山设馆授徒，以谋生计。这时的明王朝已病入膏肓，吏治黑暗，贿赂公行，社会矛盾日益激化，统治阶级内部倾轧加剧。牛金星痛感天下将乱，科举前程黯淡，遂广泛涉猎天官、风角之术等神秘文化书籍和《孙子兵法》等军事学著作。

牛金星看中彭遐龄的天资聪颖勤奋好学，便悉心教授。彭遐龄 15 岁考中秀才，18 岁就已精通五经，赴省城开封参加河南乡试，因答卷不慎违例，而未能成为正取举人，被列入备取副榜。彭遐龄转而参加武举考试，竟然获得河南乡试武举第一名解元。河南巡抚认为彭遐龄是一位不可多得的文武全才，特向朝廷保荐重用，但苦于文书呈来转去迟迟碍碍而没有结果。崇祯十二年（1639），彭遐龄再次以五经科参加河南文举考试，仍被置于副榜，无奈只得接受同宗归德府夏邑彭尧谕礼聘，坐馆教授生徒。彭尧谕以能诗著名，被誉为“西园公子”，与侄子彭舜龄常侃侃而谈，品评邪正，深遭奸宦魏忠贤余党的忌恨。巡按御史从彭尧谕诗作中断章取义，诬告其有谋反之心，将叔侄二人逮捕下狱。彭遐龄愤然率领同情彭氏叔侄的夏邑绅民，赴巡按御史衙门击登闻鼓鸣冤，不料也被关入夏邑县狱。

也就在这一年，辞馆家居的牛金星因家事与姻亲发生矛盾，并恃酒负气打了县吏，招致大祸。姻亲与县令串通，罗织罪款，上报巡按御史。牛金星被革去举人，充军卢氏。卢氏与李自成盘踞的商洛山区毗连。牛金星在卢氏结识了江湖郎中尚絅。尚絅把牛金星推荐给李自成，极言“牛金星知兵书战策，精阴阳避忌青囊风角之术”。崇祯十三年（1640）冬，李自成率部攻破卢氏，解获牛金星。李自成与牛金星彻夜长谈，牛金星的学识、韬略使李自成大开眼界。李自成诚邀牛金星加入起义军。为求生存，牛金星表示愿意追随李自成以成大业。

崇祯十四年（1641）正月，李自成在牛金星策划下取得攻克洛阳的胜利。牛金星以知识分子的政治远见，建议李自成“禁淫杀，据中原，收人心”。提出“杀一人如杀我父，淫一人如淫我母”的口号，来约束起义军将士，改变过去“所破城池多不守”的状况。牛金星还把李自成提出的“均田免粮之说”制度化，制订“贵贱均田之制”，对农民实行“五年不征，一民不杀”。接着牛金星又“依李唐制度”规划农民政权，建立政权机构。“凡五营二十二将。又置上相、左辅、右弼、六政府侍郎、郎中、从事等官。要地设防御使，府曰尹，州曰牧，县曰令。”从而一定程度上克服了流寇主义，加强了集中领导，使李自成军显现出发皇气象。在夏邑狱中的彭遐龄风闻这个消息，遂给老师牛金星修书一封，买通狱卒送出，求先生设法营救出狱，表示一定追随先生，共同辅佐闯王成就大业。牛金星接到彭遐龄的求救信，立即报给李自成，李自成早已听说过彭遐龄的学识、武艺，欣然于崇祯十四年（1641）三月二十七日派兵破归德（今商丘），次日攻克夏邑，救出彭遐龄。彭遐龄连夜被人送到李自成军帐。

彭遐龄并非真心要加入李自成军以扰动天下，只是借助李自成的力量跳出牢笼而已。一旦获得自由，彭遐龄竟思谋起该如何为国除乱来了。他在衣带间暗藏金鞭，欲击杀李自成一鸣惊人。彭遐龄来到大军帐，诡言奉承李自成："时危矣！官吏皆贪污，祸生民。大王提百万师，崛起垅亩，攻城略地，所至辄克，大王必正天下矣。"李自成听得此言，甚是高兴，失声仰笑。彭遐龄趁机猛然抽鞭朝李自成头颅击去，李自成俯首以膀子扛彭遐龄。彭遐龄手中的金鞭，重重砸在李自成座椅之上。彭遐龄正要再击李自成，李自成一声大呼："彭遐龄要杀我！"牛金星也急呼："彭遐龄要杀大王！"彭遐龄提鞭跑出帐外，跨马疾驰而去，纵辔催马，走险道，越河川，日驰五百里，入太行山，抵山西东界，得以脱身。

此后，崇祯十五年（1642）十二月李自成军占领襄阳，牛金星建议李自成重用已搜罗来的知识分子，"获举人，即授以官"，使李自成有了建立政权的意识。崇祯十六年（1643）三月十日，李自成在牛金星辅佐下由奉天倡义文武大元帅晋号新顺王，改襄阳为襄京，修宫殿，立官制。设左辅、右弼及吏、户、礼、兵、刑、工六政府，搭起中央政权的架子。牛金星任左辅之职。为了犒赏牛金星的辅佐之功，李自成特命牛金星之子牛佺出任襄阳府尹，并下令于牛金星故里宝丰县置宝州，委任已参加义军的湖广夷陵举人陈可新为宝州州牧，建立新顺地方政权体系。“议兵所向”，牛金星提出“现取河北，直捣京师”的战略构想。崇祯十七年（1644）正月，李自成北上关中，在西安开国，国号大顺，年号永昌，以牛金星丞相，任命六政府尚书。二月，李自成军顺利进兵北京，三月十九日，破城而入。被胜利冲昏了头脑的牛金星，以天祐阁大学士的首辅身份忙碌于编制大顺仪制，更定《大顺汇典》，筹备李自成登基大典事宜等这些面子工程，而对如何站住脚跟，实现稳妥接收旧政权，特别是防备满清的乘虚而入，缺乏周到的谋划。以致北京城四十天事实上的无政府状态，四月二十九日李自成登基称“万岁”，次日便弃城西撤。可谓“成也牛金星，败也牛金星”。牛金星在李自成遇难后，先是隐身投降清军且被任为黄州知府的儿子牛佺衙门，后潜回故里，藏身宝丰香山寺，了却残生。若不是李自成失败，身为大顺丞相的牛金星以其文才肯定会有大部头著作传世，而今只有两篇疑似出自其手笔的文献《代大顺王李自成拟正告明廷诏》和《代吴襄拟招子三桂书》，可领略其文采之非同一般。清军占领中原后，经人举荐，彭遐龄曾一度入值内三院，后外放江宁府江浦县（今江苏）主簿，因郁郁不得志，而落落寡合，牵扯进“谋伪造牌印私逃缉获”案，顺治七年（1650）卒，享年34岁，留有《卧岚诗草》一卷。

牛金星、彭遐龄师徒生逢衰世，常规的进身道路被阻断，严酷的社会现实与其不平凡的先天禀赋之间形成尖锐的冲突，济世抱负的正向力与痛感压抑的负向力扭曲其人生目标选择，扰乱其行为定力，铸成其人生蹉跌和失败。

杨呈芳——明代鲁山最后一任知县

明朝国祚 276 年，有案可稽的鲁山知县共 75 位。这 75 位知县中最后一位是杨呈芳。杨呈芳系永平府（治所在河北卢龙）榆关县（今河北榆关）人，因榆关县属山海卫（今山海关）管辖，所以也称山海卫人。崇祯十年（1637），杨呈芳拜别父母，背井离乡，千里迢迢来鲁山上任。

这时的明王朝已临近末日，风雨飘摇。农民反抗官府的斗争一浪高过一浪，李自成、张献忠渐成气候。鲁山是豫西大县，地当南北要冲，为李自成起义军所注目。在杨呈芳到任前四年，即崇祯六年（1633）十二月初，李自成所部从渑池南渡黄河进入豫西，第一次光顾鲁山，城虽未破，但满县皆惊。崇祯八年（1635），李自成再次兵临鲁山，猛攻五昼夜，因有官军自北面来，而撤围退走。此后土寇蜂起，天灾人祸，四野凋敝，民不聊生。杨呈芳就在这种局面下接任了鲁山知县。

杨呈芳出身耕读之家，深知民生疾苦，饱读诗书，才华横溢，考中进士，忠君爱国。他来到鲁山，目睹破败之象，忧心如焚，决心以唐代鲁山令元德秀为榜样，努力营造人和氛围，尽快改变鲁山面貌。他从安抚百姓、稳定秩序入手。对流离失所者，招其回乡，免税免赋，给种给牛，鼓励垦荒，恢复生产；动员村镇百姓，组织起来防匪防盗，山林啸聚者日减；严肃吏治，约束衙役、营兵，不得扰民害民；帮扶贫困生员，使其安心读书，完成学业。经过杨呈芳辛勤治理，两年初见成效，基本实现政和民安。接着杨呈芳从长计议，探寻久安之策。为确保一县安全，加固城垣势在必行。他深入民间，询访大家的意愿，就加固城垣达成共识。众绅衿父老相约："鲁城，当万山之冲，居必争之地，浅薄不堪守，关系非轻，加固乃急务，不可迟延。"于是有力者出力，有财者输财，缙绅大户分段负责，杨知县统揽全局。崇祯十二年（1639）入秋开工，历时半年，至冬末完成。竣工之日，全城士庶，安全感陡增，奔走相贺，请人撰文刻碑，以示纪念。至今由宝丰进士刑科给事中王之晋撰写的《鲁山县大筑城垣记》，还全文保存在清代《鲁山县志》中。

修好城垣，杨呈芳把兴学校、倡文风提上议事日程。他亲至唐代贤令元德秀留下的遗迹琴台拜谒，见"荒丘蔓草，几成乌有"，很是伤感。欲修复琴台及以琴台为依托的琴台书院，又不忍心再增加百姓负担，遂捐出自己一年俸银，购料雇工兴建。崇祯十三年（1640）春二月动工，历三月而成，“创殿堂三楹，户垣基址，一一举备”。干成这件事，杨呈芳深感欣慰，乘兴挥毫撰书了《重修琴台记》。叙述他修复琴台的动机曰：“越二年，访唐元鲁山弹琴处。得于县北百步之外，人去台空，不计年所。余登眺焉，于今岁久月深，倾圮极矣。不佞忝司兹土，敢令其剥落若此！抚躬自问，虽不能齐先生之品，而未始不心先生之心。事上驭下，总以先生为师范。……”畅抒竣工之后的快乐心情说：“俯仰古今，芥视六合，四顾河山，平看城堞，听途者之行歌，羡农樵之互唱。黄童白叟，天籁自鸣，不依稀雅乐之余韵乎！因景先生之为人，玉壶同清，甘霖比润，挥指五弦，百里和平，众浊而独清，众醉而独醒，至起玄宗‘贤哉’之叹。人人思紫芝眉宇，即传至今日，尚称元鲁山而不名先生之名。《于蔿于》一歌，凛凛有生气，犹霭霭阳春也，宁云神爵五凤间循良粹品哉！不佞虽为执鞭，实欣慕焉。”此言此行告诉我们，其人心地纯正，辞采可观，是一位难得的优秀知县。

无奈明王朝大厦将倾，非杨呈芳一县一吏所能支撑。杨呈芳的勤政爱民竟遭到守城营兵千总詹思鸾的忌恨。就在杨呈芳修复琴台完工不久的崇祯十三年（1640）六月二十五日，詹思鸾怂恿兵丁哄抢街市，包围县署，要挟杨呈芳立即补足前任所欠粮饷，不然就弃城向李自成投降。杨呈芳沉着冷静，阳从阴拒，以观其变。拖到十一月十三日，时机成熟，杨呈芳密令把总李一鸣擒杀詹思鸾，平息了这场事变。不料一年之后的崇祯十五年（1642）四月初十日，驻守南城的詹思鸾余党再次暴乱，拦截过往行人，抢掠街巷铺面。杨呈芳闻讯速至南城，好言相抚，但暴乱兵丁不听劝阻，一哄而上，乘乱刺杀杨呈芳于城楼之下。杨知县殉难，明朝廷没有再派员知鲁，鲁山完全陷入无政府状态。乱兵散，土寇至；土寇散，“流寇”至，烧杀抢掠，暗无天日。百姓失去屏护，能逃的，逃难出城，避居西山，朝不保夕；逃不掉的，坐以待毙，苟延残喘，度日如年。覆巢之下无有完卵，杨知县数年辛勤经营毁于一旦。“宁为盛世犬，不做乱世官。”杨呈芳生不逢时，悲哉！所幸，杨呈芳无愧于青史，青史没有忘记杨呈芳。杨呈芳呈其芳菲于鲁山，鲁山葆其英名千古流芳。

康熙年间赴黑龙江参加雅克萨之战抗击沙俄侵略的鲁山人[①]

17 世纪中叶，沙皇俄国乘中国明清易代之机侵入我国黑龙江流域，强占雅克萨。黑龙江、乌苏里江流域自古就是中国的领土，自秦汉以后，历朝均在此设官统辖。雅克萨在今黑龙江省漠河县兴安镇古城岛对岸，居住在雅克萨城寨的达斡尔族同胞面对沙俄侵略者，宁死不屈，用猎枪、梭镖抗击侵略者的枪炮，沙俄侵略军血洗雅克萨，661 位达斡尔同胞被杀，360 人被俘，幸免于难的只有 15 人。沙俄侵略者盘踞雅克萨，修筑城堡，四处烧杀抢掠，无恶不作。黑龙江流域的中国人将沙俄侵略军称为“罗刹”。“罗刹”

① 本文原载《平顶山日报》2013 年 11 月 20 日“文化”专栏。

是佛经中用来称“食人恶魔”的。

明朝灭亡，清军入关。康熙皇帝一亲政，就把抗击沙俄侵略提上议事日程，采取了一系列诸如开拓道路，设置驿站，扼要屯兵戍卫，预备炮具船舰等加强黑龙江流域边防守备的措施。康熙二十一年（1682）九月，派都统彭春、副都统郎坦以猎鹿为名，到雅克萨侦察地形后，上疏“罗刹久据雅克萨，恃有木城，若发兵三千，携红衣大炮二十具，即可攻取”。康熙大帝批示：“据郎坦等奏，攻罗刹甚易，朕亦以为然。”遂决策进剿入侵沙俄军。康熙二十二年（1683）九月，大清政府勒令盘踞在雅克萨等地的沙俄侵略军撤离中国领土。侵略军不仅不予理睬，反而窜至瑷珲劫掠。清将萨布素率兵将之击败，并将黑龙江下游几处侵略军建立的据点予以焚毁，使雅克萨成为孤城。盘踞在雅克萨的沙俄侵略军仍不回撤，负隅顽抗。为彻底剿灭入侵沙俄军队，康熙二十四年（1685）正月二十三日下诏，命都统彭春、副都统郎坦赴瑷珲，总统黑龙江诸军，全权处置收复雅克萨事宜。为了增强战斗力，先期已命康熙七年（1668）安置在山东、河南、山西三省的福建藤牌兵500名，由左都督何祐率领，建义侯林兴珠、护军统领佟宝参赞军务，奔赴盛京，会合选调的驻扎盛京八旗精锐500名，一起归彭春统一指挥，参加收复雅克萨之战。三月，2500名清军在彭春、郎坦统率下，从瑷珲出发，分水陆两路挺进雅克萨。

此次参战的500名藤牌兵主力为康熙七年（1668）安置在河南鲁山滍水南岸屯垦的福建同安藤牌兵。这支藤牌兵原为郑成功部将施琅所统抗清义军班底，施琅降清任同安副将、同安总兵时进一步壮大。后来施琅提升为福建水师提督，同安藤牌兵仍为其所统带。康熙七年（1668）召施琅进京咨询对台方略，施琅建议从速进军台湾。当时朝廷重臣怀疑施琅为郑氏故将，其进取台湾恐怕出于个人打算，因议决："海洋险远，锋涛莫测，驱逐制胜，计难完全。"遂裁撤水师提督，调施琅入京任内大臣，隶汉军镶黄旗，并将其所统各军内调，安置于山东、河南、山西等省屯垦。于是，同安藤牌兵 806 名战士、43 员将官由总兵林顺率领来到河南鲁山，安置在土地肥沃、水利条件优越的滍水以南、彭河以西屯垦，寓军于农。鲁山县专门为之设置了县辖行政区新兴里，使他们得以落籍鲁山，成为鲁山人。后更定新兴里为闽兴屯，再后定名闽兴里。

藤牌兵起自明嘉靖年间俞大猷、戚继光的抗倭斗争。藤牌兵所使用的藤牌为山中老藤制成，呈圆盘状，中心凸出，边沿高起，直径约 1 米，重约 4 公斤，内编两根藤条用于手臂执持。据林家后人传说，制作好的藤牌需在桐油中浸上半年，再晒上半年，如此十余次。陆战时可做盾牌，兵器极难破入，水战时还可漂浮乘人，作船只用。到了明末，郑成功抗清，则充分发挥闽人灵巧多变、刚勇善斗、重义轻生的身体特点与个性特点，组建了一支完全可作为战斗主体的藤牌军。清人计六奇在《明季南略》中作如下描述：当清军骑兵进攻时，藤牌军"严阵当之，屹然不动，俱以团牌自蔽，望之如堵。清军三却三进，郑阵如山，而清之长技尽矣。遥见郑兵背后黑烟冉冉而起，欲却马再冲而郑兵疾走如飞，突至马前杀人矣。其兵三人一伍，一兵执团牌蔽两人，一兵砍马，一兵砍人，其锋甚锐，一刀挥铁甲军马为两段”。

康熙二十四年（1685）为备战雅克萨，从山东、河南、山西三省调集的500名藤牌兵，其中400名来自鲁山。参赞军务的建义侯林兴珠是总兵林顺的侄子，因其为侯爵，在洛阳有府第。据嘉庆《鲁山县志》记载，将官中朱冲、林建、金得、陈昂等带领藤牌兵参加了雅克萨之战。据鲁山沙渚汪林顺后裔林应选所藏《闽豫林氏近支宗谱》之《进征罗刹路程》记述应调藤牌军正月初一从鲁山出发，正月二十八到达北京。二月初一林兴珠前往玉泉山见驾；两天后，带领400名官兵到玉泉山操演。康熙观看之后，十分满意，特赐宴慰问全体将士，还为每人发了赏银。根据日志记载，藤牌军在京休整三日后，于农历二月初八开始了万里远征。从初十开始到十六，每日行程40公里，二月十七日行45公里到达“天下第一关”山海关。随后，以每日数十公里速度推进，他们过凉水河、绥中、宁远州、锦州、盛京等地。三月十三日，到达老边上木城下营。“过此边门，日行至晚，俱是荒山，到站方有木墙草屋，绝无货物、吃食之类，且多陷泥难行。”此后数天路程越来越难走，在深山泥泞的小路上盘旋，“此山多蛇”“唯见豺狼熊虎”“农历四月初行10公里后遇大江，无船渡水，掘大木剜成小船来往渡兵……”藤牌军于农历五月十九进入作战区域。藤牌军在整整百天时间里，长途跋涉万里，可谓历经艰难困苦。

五月二十二日，彭春率领的包括鲁山藤牌军在内的2500名清军抵达雅克萨城下，当即向沙俄侵略军头目托尔布津发出通牒。托尔布津恃巢穴坚固，有兵450人，炮3门，鸟枪300支，拒不从命。通过观察，林兴珠发现，雅克萨城纯粹是木头搭建的木城。“其城门开一方洞，高三尺，阔二尺，仅可容一人低头弯腰进入。城内有木塔，高十余丈，木屋层楼，盘旋而下。其中木屋用大木横搭，缝中塞着青苔，上用木片遮挡。城门外有一水沟，沟外又加木栅，防守相当坚固。”清军于五月二十三日分水陆两路列营攻击。以藤牌军为主力的陆军布于城南，集战船于城东南，列炮于城北。五月二十四日，沙俄救兵赶到。藤牌军勇猛拦击生擒其6将。当夜，藤牌军越三重壕沟，直迫雅克萨城下，并堵住要口，防止敌人黑夜突围。二十五日黎明，清军发炮轰击，侵略军伤亡甚重，势不能支。藤牌军堆柴火于城下，准备用火烧城。一座木头城，如果用火攻，显然顷刻间就会被烧为灰烬。托尔布津见大势已去，奔逃无路，只好遣使乞降，请求在保留武装的条件下撤离雅克萨。经彭春同意后，俄军撤至尼布楚（今涅尔琴斯克）。清军赶走侵略军后，平毁雅克萨城，即行回师。

沙俄侵略军被迫撤离雅克萨后，贼心不死，继续拼凑兵力，图谋再犯。康熙二十四年（1685）秋，莫斯科派兵600增援尼布楚。当获知清军撤走时，侵略军头目托尔布津率大批沙俄侵略军再次窜到雅克萨，重新筑起雅克萨城。俄军这一背信弃义的行为引起清政府的极大愤慨。次年初，康熙接到奏报，即下令反击。七月二十四日，清军 2000 多人再抵雅克萨城下，将城围困起来，勒令沙俄侵略军投降。托尔布津不理。八月，清军开始攻城，托尔布津中弹身亡，改由杯敦代行指挥，继续顽抗。八月二十五日，清军考虑到沙俄侵略者死守雅克萨，必待援兵，且考虑隆冬冰合后，舰船行动、马匹粮秣等不便，于是在雅克萨城的南、北、东三面掘壕围困，在城西河上派战舰巡逻，切断守敌外援。侵略军被围困，战死病死很多，826 名侵略军，最后只剩 66 人。雅克萨城旦夕可下，俄国摄政王索菲娅急忙向清请求撤围，遣使议定边界。清答应所请，准许侵略军残部撤往尼布楚。雅克萨反击战结束后，双方于康熙二十八年（1689）七月二十四日缔结了《中俄尼布楚条约》，规定以外兴安岭至海格尔必齐河和额尔古纳河为中俄两国东段分界线，从法律上肯定了黑龙江流域和乌苏里江流域广大地区属于中国领土，拆除俄国在雅克萨和额尔古纳河南岸修筑的据点，撤出侵入的军队。清前期签订的《中俄尼布楚条约》属于平等条约，具有重大的历史意义。

雅克萨之战，鲁山藤牌军大显神威，为国立功。据嘉庆《鲁山县志》记载：原副总兵林建，“康熙二十四年调征罗刹，以功授北直隶保定府参将”；原副将金得，“以征罗刹功，授四川威茂州参将”；左都督同知朱冲，以征罗刹功，镇守古北口。

鲁山清代政绩卓著三知县[①]

大清王朝入主中原267年，派来鲁山任知县的官员几近百位，其中3人最为著名。他们是康熙时的鲁山知县傅燮诇、乾嘉之际鲁山知县董作栋、道光年间鲁山知县郑子砚。

康熙时期拨乱反正的鲁山知县傅燮诇

康熙十四年（1675）清廷吏部派傅燮诇（1643—1706）来鲁山任知县。论功名，傅燮诇既不是进士也不是举人，只是个监生，且是个荫监生，即在其高官父亲庇荫下获得

① 本文原载《平顶山日报》2018年12月19日“文化”专栏。

的监生名义。傅燮诇出身于灵寿一个持续明清两代数百年的簪缨之家。明朝永乐初年，其祖上护驾朱棣迁都北京有功。携家由南京上元县（今南京市）定居灵寿县北关村。灵寿县在明清时代属真定府。真定府则直隶于京师，是北京的外围重镇，清雍正元年（1723）改名正定（今属河北）。至明末清初，傅家在灵寿已历十世，枝叶繁茂，兴旺发达。

傅燮诇的祖父傅永淳（1586—1667），明天启壬戌（1622）科进士，以“辅君以存百姓”的为官宗旨，任职地方知府知县时，兴修水利开36堰，浇灌旱田万亩，建书院四区，择俊秀以培养；衙斋肃穆无人告状，人称“冰爷”。崇祯四年（1631），任河南道监察御史。七年（1634）巡按陕西，严词奏劾五省总督陈奇瑜的失职行为，升任兵部侍郎。十三年（1640）掌督察院，肃史治，修纲宪，定军规，却请托，使督察院机制健全，责任明确。一心励精图治的崇祯皇帝看重傅永淳直无偏倚的品格，升其为吏部尚书。傅永淳虽力图拯救大厦将倾之明朝廷，可惜势单力孤，无力回天，任职不足四个月，便毅然辞职还乡，以观世变。

傅燮诇的父亲傅维鳞（1608—1667），字掌雷，傅永淳长子，少而颖异，读经史过目成诵，作文赋诗挥笔立就。与真定府梁清标、柏乡魏裔介同学于恒阳书院时，受真定知府范志完赏识，选拔为三杰生员，崇祯十五年（1642）中举，为燕赵著名才子。顺治三年（1646）开进士科，维鳞考中进士第56名，殿试列二甲53名赐进士出身，选为庶吉士，入内翰林国史院庶常馆进修。因所著馆课清俊绝伦，提前二年破格授内翰林秘书院编修；又因政绩卓异，顺治四年（1647）获封儒林郎内翰林秘书院编修加一级，同时嘉封其父母。顺治五年（1648）维鳞奉命典试江南，旋晋左春坊左中允兼内翰林宏文院编修，得分修明史。顺治御试三院，维鳞文行超卓，列第三名。顺治十年（1653），维鳞因直言冒犯执政大臣而被调离京师，出任按察副使东昌路兵备道，驻守临清（今山东临清市）。时临清为水、陆要冲，河东股肱所寄。因战祸城垣塌陷，逃人出没，为荒乱之地。维鳞赴任后缮修城防，供储粮赈饥民，缉捕逃士，安抚流亡，赖以活命者数万人。凡有大军经过，则设法供应，不令民间输米。又因屯田之令无功而为民害，维鳞撰《屯田苦民书》提出改革措施，投御史上奏朝廷，尽除屯田苛政，齐民得以安居。任职二年“治行为全国第一”。士民立碑颂其功德。顺治十二年（1655）十月，维鳞奉旨召为大理寺少卿，旋升太仆寺卿，又升通政使。甫五日，适左副都御史缺，吏部尚书及未提名，皇上亲点维鳞升任左副都御史。维鳞赴任后，上《谏游幸劝学疏》，洒洒数百言，意极忠恳，毫无忌讳，满臣司译为其咋舌，给谏陈协厉声曰：“此十四年来第一疏也。”维鳞复密陈边海机务，后悉如其所料。顺治十四年（1657）颁发《封通奉大夫都察院左副教御史加一级傅维鳞诰命》。傅维鳞在都察院知无不言，不避权贵，谏劝皇帝，语极恳切，每一疏出，争相传诵。顺治十五年（1658）三月，维鳞奉命赈济广平、大名两府后，民颂其公平，旋晋升太子少保户部左侍郎加一级。顺治十六年（1659）冬，维鳞请假归里治理亡母坟茔。归家期间见灵寿连年遭灾，百姓赋役沉重，生活困苦不堪，乃率士民具呈请蠲荒赋。顺治十八年（1661）正月，维鳞假满回朝补工部右侍郎，旋晋左侍郎，七月迁工部尚书。康熙元年（1662）冬十一月五日早朝，雨雪霏霏，冰凝丹墀，维鳞滑坠阶下，摔伤左臂。康熙闻知，遣内大臣多次慰问，复遣御医诊视，再赐御制药饵、被褥等物。维鳞在工部供职六年，内主部务，外督陵工，劳瘁成沉痼之疾。康熙五年（1666）六月，具疏恳请回籍养病，蒙旨准："回籍调理，病愈起用。"于康熙六年（1667）五月二十日卒于家。著有《明书》177卷和《四思堂文集》等。傅燮诇为傅维鳞次子。

傅燮诇，字去异，号浣岚。体貌魁梧，性行直爽，博览群书，才情广逸，诗词敏赡，以父得荫胄监官生，充镶红、正蓝两旗练习。期满授河南鲁山县知县，康熙十五年（1676）到任。撰联"一命恭承新雨露，十传喜继旧家风"，表达要继承父祖任职地方时的优良传统，力争在鲁山干出一番成绩。鲁山县处于中原腹地伏牛山东麓，战略地位重要，历来为兵家所必争，是明朝末年社会动荡的重灾区。傅燮诇来任知县时，清朝虽已入关三十余年，但鲁山的境况却并不乐观，民户萧条，田土荒芜。朝廷所令闽地海民、降兵到鲁山垦田，也多不入轨道，时萌动荡苗头。傅燮诇在《鲁阳纪事》的开篇写道："予以康熙丙辰莅鲁山，任鲁邑。"叙当时的县情谓："当明末流寇之所蹂躏，地多荒芜，城中居民不满二百家，（全县）在籍人丁不及四千户。明时赋税五万有奇，本朝仅三千余两。”“朝廷安插闽海来归者，驻邑南山下，绵亘三十余里，无土著者，故多奸宄潜藏。”其在《初至鲁阳述所见》一诗中更形象地记下社会动荡给鲁山社会造成的民生凋敝，人口流失，田园荒芜的惨状：“鲁阳城外三十里，望之黄草连天起。北山重叠接南山，滍河瀼河溢流水。参差远树隐孤村，茅屋倾颓但遗址。鹄面寥寥三五人，褴褛衣衫不蔽体。试为停车问旧踪，路旁长跪挥双涕。欲言唏嘘不成声，一一为予说端委。昔日流氛焰炽天，金戈百万皆屯此。奴使少壮伺刍牧，可怜老弱多饥死。死者枕藉弃道旁，饥民相视翻成喜。死人暂饱饥人肠，饥人死复填人齿。或杀或殍或逃亡，举家烟火皆荒圯。”清朝入主中原之后，境况虽有所改善，但尚未根本改观：“皇家定鼎三年后，此地方能靖封侯。自古人情恋故乡，逃者往往归田鄙。流离艰苦倍尝恨，半是土著半迁徙。生计于今虽渐蕃，较之往昔还无希。昨年遭水更供兵，籽粒无收难救馁。哀哀四境尽残垣，唯希长吏垂慈耳。”面对如此情势，傅燮诇深感任此鲁山知县的担子不轻：“闻言使我心恻然，牧民之责方伊始。概括斯言书坐隅，触目惊心何可已。”所幸鲁山是唐代名垂青史的良吏元德秀施民善政的地方，“仪型幸有元紫芝，莫负皇仁与赤子。”傅燮诇决心以元德秀琴台善政为榜样，继承父祖良好的地方官施政传统，以实行救民于水火，不辜负朝廷的重托和百姓的希冀。

傅燮诇亲率吏员，招抚流民，贷给牛马耕种，鼓励开垦荒田，恢复农业生产。《鲁阳纪事》称：“见野多旷土，遂招徕流移，假以牛种。来者接踵，成百家之村百五十区，予为定其乡名，分为三里：邑之西南为新安，东南为鸿泽，东北为鸿集。缓其升科，寸土皆垦。”他发现鲁山山民在生产黑木耳上很有一套成功技术。黑木耳生产既能富民，又能顶替粮食完纳赋税。特作《木耳歌》予以鼓励：“引曰：鲁民虽不逐末，然所藉以完赋者，不专在田，兼侍木耳。伐木在山，总谓之‘茬’，一岁曰试，再岁曰横，三岁曰罢。夏月雨后采拾，商贾辐辏，居之以射利。夫耳菌类，必湿热始生之。今年五月，霖雨数日，人往往曰：‘耳成可期。’爰为是歌：前年斫茬在山麓，昨年斫茬在深谷。隔岁罢茬茬已老，去岁横茬茬正好。连朝霖雨润荐湿，茬头生耳不胜拾。有耳完赋诚从容，更愿多雨无伤农。”社会经济恢复了，社会秩序稳定了。傅燮诇修学宫、立义学，为百姓办实事办好事。百姓既安居又乐业，且有了文化素养上的提升和道德层次上的追求。鲁山县经济繁荣，社会和谐，面貌一新，傅燮诇在《鲁阳四咏》诗中予以描绘：“鲁阳春咏：四面高峰列障，数间茅屋成庄。到处深林鸟语，行来夹路花香。鲁阳夏咏：篱外鹿眠芳草，围中莺啄含桃。晓起推窗一望，麦畦千顷翻涛。鲁阳秋咏：平野霜林烂漫，抱城溪水涟漪。窗外梅开独早，天边雁到偏迟。鲁阳冬咏：荒草风寒宜猎，枯林雪霁堪樵。更爱园头紫竹，迎风带雪萧萧。”一幅自然生态优美，社会秩序清平，百姓悠闲生活的景象，与《初至鲁阳述所见》相较，可谓天壤之别。但傅燮诇始终不忘初心，时时到元紫芝琴台凭吊，以鞭策自己。他到琴台种树，写下“唐世名廉余音远，遗台高峙碧嶙峋。当年逸致还堪想，此日徽音尚在民”。他在《琴台怀古》诗中说：“层台百尺倚城边，仙令风流历岁年。春望柳翻千树浪，朝看云织万家烟。琴声已逐前朝歇，德泽还从故老传。惭愧于今千载下，可能无负鲁阳天。”

傅燮诇任鲁山知县八年后的康熙二十二年（1683），获考绩优等，援文林郎河南鲁山县知县，妻梁氏封孺人。这已是具有正式进士功名身份知县的政治待遇了。接着朝廷提拔傅燮诇出任四川邛州（今四川西昌）知州。傅燮诇告别鲁山之际，鲁山县闽兵屯官朱冲、陈荣等，乡绅粟民良、阎有伦等同立“文林郎升奉直大夫知四川邛州事傅公去思碑”，作为永久纪念。傅燮诇在邛州知州任上政绩卓异，再升奉天府（今辽宁沈阳）治中，又升刑部贵州司郎中。在刑部判案持平，有“铁面无私”之称。康熙三十二年（1693），迁任福建汀州府（今福建长汀）知府。康熙三十三年（1694），汀州府春荒，百姓流离失所，傅燮诇多方设法筹粮，并捐俸煮粥赈济逃难百姓，施救万余人。康熙三十四年（1695），汀州民获丰收，争先恐后完纳积欠的皇粮国税。傅燮诇见太平桥坏废无法通行，就身先士卒捐出俸禄带动绅商士民等捐资纠工建造石桥，年终竣工。士民感德，于桥左置“傅恩主书院”以志不忘。卸职归里后，汀州士民置生祀于临汀书院，并建恩主傅公香灯胜会，每逢傅燮诇诞生日进行庆祝活动。晚年家居的傅燮诇专心著述，辑成《词觏初编》二十二卷，后附《诗余类选》五卷、《诗余合集》六卷；整理旧著成《琴台遗响》《绳庵诗稿》《抑庵诗稿》《循庵诗稿》四本诗集；另著有《词韵印证》《鲁阳逸闻补遗》《盛京述见》《灵邑杂志》《绳庵词》《藏书类补》《史异纂》等。《史异纂》十六卷后被收入《四库全书》。其中《琴台遗响》是其在任职鲁山知县期间的词作，《鲁阳逸闻补遗》是任职鲁山知县期间所搜集的鲁山历史文化资料。

历代盛世都离不开地方官吏的尽职尽责，“康乾盛世”自然也不例外。傅燮诇算是为“康乾盛世”的政治兴盛和文化繁荣尽了一份自己的力量。

乾嘉之际善于建章立制的鲁山知县董作栋

清朝乾嘉时期的鲁山知县董作栋是一位不可多得的好官，他善于通过建章立制来规范社会秩序，从而把一个繁难大县治理得井井有条，在鲁山历史上留下了很好的口碑。

董作栋，字工求，一字幹甫，号书巢，浙江余杭人。生于乾隆三年（1738）十月，卒于嘉庆十五年（1810）二月。董作栋出身耕读世家，自幼向学，其童年是在苦读中度过的。吴锡麒《敕授文林郎鲁山县知县董君墓志铭》（收入《有正味斋骈体文续集》卷七，下文简称《墓志铭》）中说他“爱敬性成，颖悟天授”，是个早慧少年。可惜天有不测风云，正在董家为董作栋学业进步高兴之际，一个沉重打击迎面而来，董父去世，原本就不富裕的董家失去了顶梁柱，董作栋不得不为柴米油盐而奔波。旧时书生最常见的职业就是教书，于是董作栋也开馆授徒，一方面供生计之用；另一方面更加勤学，以期博得功名。这时，董作栋遇到了他人生中的贵人——陈梦麒。陈梦麒，字天石，号南园，湖南湘阴人，乾隆十三年（1748）进士，二十一年（1756）任余杭知县。陈梦麒是余杭历史上的一个好官，嘉庆《余杭县志》中说他“除莠安良，宵小屏迹。其兴废举坠，自学官及近城祠宇、道路，咸以次葺治。果于为政，任人不疑。听政六年，操未尝改”。董作栋以后成为受人敬重的名吏，正是受到了陈梦麒的影响。董作栋家住余杭城北陋巷中，有一年冬天，陈梦麒微服出行，听到寒夜中的读书声，立时精神大振，细询之下，对董作栋大为赞誉，“以为是可谓贫而乐道者”。陈梦麒特相招延，“命其子师事焉”，并资助董作栋完婚，娶吴氏为妻。董作栋虽勤学，但久久未能中举。陈梦麒离开余杭调任乐清知县后，董作栋又就馆于径山及瓶窑骆氏。骆氏号称钱塘藏书家，董作栋在授徒之余，大量阅读，学问日益精进，终于“甲午（乾隆三十九年，1774）举于乡，戊戌（乾隆四十三年，1778）成进士”（《墓志铭》），选授直隶庆云县知县。不幸的是董作栋又遭丧母之痛，在家居丧，未能赴任。

乾隆五十七年（1792）六月，赐进士出身、文林郎董作栋由吏部派来鲁山任知县，在鲁山 6 个年头，嘉庆三年

（1798）卸任。乾嘉之际是清王朝由盛而衰的转折期，社会矛盾丛生，鲁山又是一个地形复杂的大县。董作栋上任伊始，以深入民间把握社情民意为要务，从事关国计民生之处切入，抓住突出问题建章立制，化解矛盾，消除不安定因素。

赋税钱粮的征收是维持政权运转的物质基础，同时也事关百姓的生计，是官民双方关注的焦点。鲁山旧分十里，户籍隶属混乱，既有居于此而隶于彼者，也有居于彼而须纳粮于此者，每年夏秋两季赋税钱粮征收的工作量很大，不得不在每里设置几十名单头负责催征，不能完成征缴任务的，要求单头赔垫，这无疑既增加了百姓负担，又加剧了社会矛盾。董作栋到任，各里单头纷纷求脱不干。为了从根本上解决这个问题，董作栋决定废除单头代催制度，施行顺庄法。乾隆五十八年（1793）三月，董作栋亲赴各乡，安排手下挨户清查登记造册，重新划分区段，更定里名，明确先后顺序。开征钱粮时，只需粮差顺路挨户滚催即可。若有民户迁移，则责成保甲查明，据实开除添补。这种“顺庄法”的实施，减少了办理环节，官民两便，行政效率显著提高。

鲁山县山区面积大，“七山二水一分田”，容易发生旱灾。水自西向东一线而出，水及其支流两岸的田地是鲁山百姓衣食所系。董作栋经过实地踏勘，把兴修水利作为治理鲁山的头等大事来抓。他任鲁山知县六年，在水及其大小支流两岸开凿灌溉渠道 30 多条，总长度 60 余里，可灌溉田地数万亩。为了使有限的水利资源发挥最大的效益，董作栋于乾隆五十九年（1794）以点带面为其中灌溉面积最大的丰润渠制定了使用管理规则，即《丰润渠规五条》："一、照理渠堰，买渠人按十股轮流经管。每股经管一年，周而复始。经管人每年在十股渠分内支稻谷十二石。二、添换佃地人户，宜由渠长与管事之人同地主妥议添换，不许佃户私自顶替。三、田中使水，每年另雇放水二人，从上流挨下开放，周而复始。无论地主佃户，均不许私开水口放水。即放水人亦宜秉公均放，不得徇情放水。人工饭食应在佃地家，照所佃地亩均摊。四、每年修补渠堰，务必于正月十五日以前修补完缮，开闸放水至稻熟，田中不需水时阖闸。五、水田或与他家旱地为邻，或当道路之冲，各宜修理田畔。倘田水泛滥致有浸坏，皆各由照理不慎。水从谁人地出，则唯谁佃户是问。"

刻石立碑。设置了渠长、管事人、放水人等职务，明确了管理责任、管理费用的负担和使用规则、维护清淤等，非常精细严谨。刻石立碑，事事有章可循。

鲁山地处宛洛捷径之上，往来商旅多宿西关客店。向来县衙公事所用驮骡多向住宿过客雇取，雇得时往往误人行程，雇不到时又误己公事，很不方便。董作栋为了解决这个问题，于乾隆六十年（1795）闰二月，召集西关 11 家客店主人商讨妥善办法，议定由县衙给每家客店买一匹骡子和置备驮鞍的资金 15 两白银，由客店买官骡一匹，长期喂养，如有疲毙，自行补换。县中公事需用时，挨户轮流差遣，日给草料豆工食银 3 钱，相当于雇取客骡的价钱。

县中不用时，客店可自行支配雇于往来商旅盈利。这个办法照顾到了客店、县衙公事、商旅行程三方面的利益，施行后人皆称善。

鲁山东北乡一带盛产煤炭，因下窑采煤多有生命危险，本地人不愿为之，一些窑户工头不得不千方百计招诱外地人来此下窑挖煤。一些地痞无赖见机就专门诱骗贫困无助良民卖于窑户工头取利。这些受骗者一旦被骗下窑，被叫作“死拨子”，永无出来之日。窑户工头在窑下设置“拨房”对受骗者严加看管，受骗者从此失去人身自由。因此，时常有被骗者家人到县衙省府击鼓告状，使鲁山的名声受到损害。为此，嘉庆元年（1796）董作栋亲至东北乡各煤窑视察，解救出外地受骗者300多人，并根据其返乡路程的远近给足盘缠，令其安全返乡。严令各窑户工头取消“拨房”，不许强拉诓买，所需窑工应公平雇用。各窑户发誓具结，永远遵行，若有复蹈前辙者，即绳之以重法，永远不许开采窑煤。

董作栋除了建章立制加强对社会方方面面问题的治理外，还十分重视教育文化事业。乾隆六十年（1795）九月，董作栋捐出自己的俸银用于鲁山学宫的修缮。同时还聘请中州著名学者武亿到鲁山纂修《鲁山县志》。这部县志重视采辑金石遗文和墟聚遗迹，穷究本县各种事物渊源，且列举鲁山历代特产，有很高的文献价值，是保存至今的一部重要志书。另外，董作栋还为元结墓设置了墓田，规定“按年收租，于清明节前三日备足供品，县官亲诣致祭。如遇公出，委捕厅代行祭礼”。

董作栋做了两任鲁山知县，曾充甲寅（乾隆五十九年，1794）恩科河南乡试同考官，后因病离职。其墓志铭中如此写道：“攀辕襁属，祖道风驰，人尽怀恩，号洪佛子，民思立社，报束长生。”虽然一般来说墓志铭中多溢美之词，但从董作栋的政绩来看，倒不夸张。其离职时间，一些资料（如 1994 年版《鲁山县志》第 851 页）中说是嘉庆元年（1796），不准确。嘉庆二年冬出版的《大清缙绅全书》中，鲁山知县依然是董作栋，说明他的离职时间不会早于此年，应在嘉庆二年底或是嘉庆三年初，最晚不会超过嘉庆三年秋，因为嘉庆三年秋出版的《大清缙绅全书》中，鲁山知县已是别人。董作栋为官一任，造福一方，得力于他高水准的文化素养、丰富的行政智慧和行政能力。建章立制是衡量官员行政能力的一把重要标尺。建章立制能够把行政智慧转化为符合当地实际的规章制度，而规章制度的确立和遵循，可以在一个地方的治理中发挥事半功倍的恒定效力。

因病去职后的董作栋回乡定居，《墓志铭》中说他“在公惟思溥利于民，归田即思垂法于里。虽不言生产，而特急乎圭腴；虽仅足饔飧，而犹筹乎亲串”，可见董作栋虽年过花甲，但仍热心公益事业，受到里人敬重。清朝康熙年间，余杭曾三次纂修县志，嘉庆八年（1803）吴县（今苏州）人张吉安出任余杭知县后，有感于“自龚令（指龚嵘）后至今一百二十余年，未有续初继业者”（《（嘉庆）余杭县志·新修余杭县志序》），遂下定决心修订新版《余杭县志》。嘉庆十年（1805），《（嘉庆）余杭县志》的编纂工作正式开始，张吉安担任主修，延请当时的著名学者仁和（今杭州）人朱文藻“纂旧续新，重加编次”。不料，朱文藻没有最终完成编纂任务便于嘉庆十一年（1806）驾鹤西去。于是，张吉安再延请海盐人崔应榴、乡贤董作栋担任续纂工作，崔、董二人“互相讨论，繁者削，讹者订，阙者补”，经过一年时间的努力，终于在嘉庆十三年（1808）编成此书。县志修成两年后（1810），董作栋即与世长辞，享年 73 岁。董作栋死后，家人请吴锡麒作《敕授文林郎鲁山县知县董君墓志铭》，墓志铭中记董作栋后人情况如下：“配吴孺人。子三人：长荣纬，乾隆己酉（1789）科选拔贡生，是科乡榜副榜，分发四川直隶州通判；次荣光，附贡生；次荣名，廪贡生。女一人，适同邑附贡生王粹然。”另据《（光绪）余杭县志稿》（褚成博纂），嘉庆二十三年（1818）睿皇帝六旬万寿恩科，董荣名中举人，于道光十年（1830）任巴东知县。

道光年间实心为民的鲁山知县郑子砚

清末鲁山元紫芝琴台有“元郑二公祠”。“元”自然指该琴台的创始人、唐代著名廉吏、开元二十三年（735）任鲁山县令的元德秀，字紫芝，敬称“元鲁山”者。那“郑”

又指谁呢？由《咸丰六年岁次丙辰邑侯郑公祠碑记》知，所谓“郑公”者乃清道光十三年（1833）至十八年（1838）任鲁山知县之郑銮，字子砚。郑銮，江苏兴化人，生于乾隆四十六年（1781），嘉庆十二年（1807）考中举人，嘉庆二十二年（1817）分发广东先后任吴川、仁化二县知县，后以母老改署河南柘城、宜阳等县。由所撰《跋郑燮临兰亭叙》称“板桥世大父”看，“大父”者即祖父也，可知郑板桥是他的祖父，他是郑板桥的孙子。

郑板桥因一幅“难得糊涂”而被今人家喻户晓，人们更多关注的是他的“六分半”书法和绘画墨竹，其实他也是清代一位名满天下深受百姓爱戴的好官。郑板桥于康熙三十二年（1693）生于江苏兴化一家道中落生活拮据的书香门第。3 岁时生母汪夫人去世，乳母费氏是一位善良、勤劳、朴真的劳动妇女，给了郑板桥悉心周到的照顾和无微不至的关怀，成了郑板桥生活和感情上的支柱。郑板桥二 20 岁考取秀才，40 岁赴南京参加乡试，考中举人。乾隆元年（1736），到北京参加礼部会试，接着于太和殿前丹墀参加殿试，中二甲第 88 名进士，特作《秋葵石笋图》并题诗曰“我亦终葵称进士，相随丹桂状元郎”，喜悦之情溢于言表。吏部分派郑板桥任河南范县知县，他重视农桑，体察民情、与民休息，百姓安居乐业。乾隆十一年（1746）郑板桥自范县调署山东潍县。潍县原本繁华大邑，但因灾荒连年，救灾便成了郑板桥主持潍县政事的一桩要务。他开仓赈贷，令民具领券供给，又大兴工役，修城筑池，招远近饥民就食赴工，以工代赈。籍邑中大户开厂煮粥轮食之。尽封积粟之家，活万余人。秋以歉收，捐廉代轮，尽毁借条，活民无算。乾隆十三年（1748），朝廷派大学士高斌和都御史刘统勋为特使到山东放赈，板桥随之。秋大熟，潍县灾情渐趋缓解，饥民也由关外络绎返乡，板桥作《还家行》纪其事。为防水浸寇扰，捐资倡众大修潍县城墙。秋末书《重修潍县城记》。乾隆皇帝出巡山东，郑板桥为书画史，参与筹备，布置天子登泰山诸事，卧泰山绝顶四十余日，常以此自豪，镌一印章云“乾隆柬封书画史”。乾隆十六年（1751），海水溢岸，板桥亲至潍县北边禹王台勘灾。郑板桥作官意在“得志则泽加于民”，因而他理政时能体恤平民和小商贩生活之艰辛，改革弊政，从法令上、措施上维护他们的利益。板桥宰潍期间勤政廉政，“无留积，亦无冤民”，深得百姓拥戴。潍县富商云集，人们以奢靡相尚。郑板桥则力倡文事，作养人才，留下了许多佳话。相传“难得糊涂”横幅即作于此时。乾隆十七年（1752），郑板桥主持修葺潍县文昌祠、城隍庙，撰《重修文昌祠记》《新修城隍庙碑记》。在《重修文昌祠记》和《新修城隍庙碑记》里，板桥力劝绅民修文洁行，在潍县百姓间产生了相当大的影响。郑板桥在潍县任上著述颇多，其《潍县竹枝词》四十首尤为脍炙人口。“民于顺处皆成子，官到闲时更读书”，郑板桥官潍七年“吏治文名，为时所重”。乾隆十八年（1753）郑板桥61岁，因为民请赈触怒大吏而去官。去潍之时，百姓遮道挽留，家家画像以祀，并自发于潍城海岛寺为郑板桥建立生祠。去官以后，板桥跻身“扬州八怪”以卖画为生，往来于扬州、兴化之间。乾隆十九年（1754），郑板桥游杭州，复过钱塘，至会稽，探禹穴，游兰亭，往来山阴道上。乾隆三十年（1765）十二月十二日，板桥卒，享年73岁，葬于兴化城东。板桥二子均早卒，以堂弟郑墨之子鄗田嗣。郑銮当为板桥嗣子鄗田之子。郑銮虽在郑板桥去世之后16年才出生，未及亲享其教诲，但所受郑板桥世誉、行事及传世著作和书法绘画作品风格等遗泽的滋润肯定是很深的。

郑銮，道光十三年（1833）春从宜阳调任鲁山知县，在鲁山五年，善政极多，被绅民誉为“今日元鲁山”。《咸丰六年岁次丙辰邑侯郑公祠碑记》云：“（郑銮）在官五载，内外肃然，而官民相得宛如一家。”“去鲁之日，士绅祖帐、农工商贾及乞丐壶浆杯酒，遮道祖饯。时天雨初晴，妇孺牵衣，泥水中号泣走送。侯亦悲不自胜；挥泪下车，一一慰劳良久，始扶老挈幼而去。侯去，鲁诗云‘三千里筵传酒盏，万千人泪湿衣襟’，盖实录也。”鲁人为立《郑公德政碑》《郑公去思碑》。考其为民办实事好事的善政，主要有以下几端：其一，筹资修筑段店岭上崎岖不平的山路十数里，使北乡梁洼一带广大区域乡民来往县城更加便利，受到百姓交口称赞，遂将这条路取名“郑公路”。其二，捐俸修建县学考试院，并增加全县书院学生膏火之资，还为赴省参加举人考试的秀才们筹措考费，以振兴鲁山学风。其三，最为普惠的是在鲁山全县设立27处留养局，专门收容社会上无依无靠的老弱病残者，使他们老有所养、病有所医、死有所葬。道光十五年（1835）许坊举人许梦兰所撰《梁洼创建留养局碑记》对此有记载：“癸巳春，邑侯郑子砚夫子，以维扬望族来令此邦。其廉明严正，一以其家板桥先生令潍县之治为宗，而尤以慈惠为心……以四方残丐余生颠连道路为忧，爰命诸方各设留养一局，俾疾则养之疗之，死则埋之。”可见郑銮完全是遵奉着乃祖郑板桥的为官理念和做官风格行事的。郑銮卸任归里以后，还与鲁山绅民保持着密切的联系。鲁山绅民甚至时刻盼望着有朝一日郑銮能重来鲁山知县事。日日思夜夜盼，19年后的咸丰四年（1854）盼来的却是郑銮嗣子寄来的郑公去世的《讣告》。于是便将元公紫芝祠旁的三楹讲堂辟为郑公祠，以纪念之，立碑曰：“计侯去鲁距今十八九年矣，吾民无日不尸祝，望复来。及甲寅冬，其嗣君书来，得侯讣而民之望始绝。闻者皆泣然流涕，曰：‘我公不复归矣！’以我侯大有造于鲁，吾民报公宜如何？城北琴台唐元公紫芝祠在焉，祠旁有讲堂三楹，咸曰郑侯德泽入人之深，今日元鲁山也，食报宜与紫芝公并。又其地踞一邑胜概，云山排闼，花柳沿堤，曩尝为侯公馀觞咏之所。以我鲁人不忘公，知公亦不忘鲁人。今者云驭逍遥，安知不于风晨月夕来兹凭吊，与紫芝公把臂登台，远挹群峰，俯视列雉，见夫环滍川带瀼水，万家烟火，四境桑麻，而感慨欷戏！于昔日弦歌之声，今犹有存焉乎。爰即讲堂为郑公祠，迎神之日，列肆几筵，满城香火，鼓吹仪从，老少欢胜。呜呼！公何施于民而致民若是，民又何私于公而念公若是？夫献匾联送屏帐，小民媚兹之，文强于暂不可要于常也。汉之桐乡朱邑祠，唐之狄梁公生祠，馨香百代，更不可幸而致也。今观我民之于侯临民者，可深长思矣！”可谓一往情深！

郑銮在鲁山知县任上不仅为官清廉方正，而且还纂修了一部《道光鲁山县志》，惜此志今仅存卷三卷七两卷，藏上海图书馆。卷三《纪事、沿革表》，卷七《土地志》，下领山川、水利、古迹、官廨、里甲、风俗、物产、桥梁、茔墓、留养局十个小目。观此两卷内容，极翔实，且记述有法。其《纪事、沿革表》，仿宋《景定建康志》、《咸淳毗陵志》例，合纪事、沿革为一表。旧志大事仅自明初起，且多遗漏，兹编补而正之。“纪事”征诸正史；“沿革”之地理、封藩、五行等本朝大事除据旧志外，必凭档案表分时代、纪事、统隶、郡、县五栏，自夏帝孔甲七年始至清朝止。文辞简明，条目清晰。“山川”皆山山相连，很有系统，每山一条，多所考证，本于《水经注》，加以实地考察。每条出处均予标明，或出自旧志，或出于新采。若有错误，则加按语进行考辨，十分周详。“水利”共记水渠 59 条，均注其自某处引某水灌田若干。“风俗”以文风、民藏、富室、僧道四细目记述。“物产”目最为赡富，亦最具价值。此专记特产，多有以前诸旧志不载之品种，计有稻、石炭、山茧、楮皮纸、药草、木耳、春鹅、秋鹅、雉、果子狸、白花蛇、水晶、文石、紫石、石髓、松烟、漆、兰、竹、映山红、茉莉、榆叶梅、瑶草等共 23 种，每种一条详述之。如“山茧”条：“山茧成于山蚕，山蚕者仇犹也，食栎叶，即橡树也。其先正月上甲卜蚕，二月上壬居蚕，或竹筐戾蚕，或火炉烘蚕，咸如经法。唯古之浴蚕也腊八浸子，稍浸即出，此则否，折栎干扫蚁蠕盈升，扦水三日，寒光薄而蚁健，由是移之树，由是饲之叶，以眠，以醒，以丝，以茧，举于栎收功而人不与焉。《蚕经》未之著，《要术》不及编，故备言之。”叙其操作之法，如此具体细致，实为非常珍贵的柞蚕生产珍贵资料。又如“水晶”条：“晶不必皆产于水，统谓之水晶者，从元胎也。西山所产皆墨晶、茶晶，由山水冲激而出，巨者围尺许，小者亦径寸，多六觚棱，天然不假雕琢。土人或呼为‘石’，或呼为‘老君鋬’，不知爱惜，见者终不一顾。贾胡知之，劚为镇纸，切为印章，近且制酒器，作叆叇矣。货恶其弃于地，吾故表而出之。”此种矿产，为前志不载，亦甚珍贵。它如楮皮纸、松烟之制作，诸种植物之形状，均多所描绘，美不胜收。此“物产”目，不仅在《鲁山县志》中特突出，即在整个河南方志中亦属罕见。就此而论，郑銮《道光鲁山县志》虽为残本，但残中藏宝，犹为善本也。

道光十九年（1839），年届花甲的郑銮从鲁山卸任，荣归故里兴化。归里后的郑銮购下兴化城南升仙荡先祖郑板桥“聊借一枝栖”之“拥绿园”近旁的李鱓“浮沤山馆”废址一区，将二者合建成一座简单朴雅的园林，更号“筱园”。筱园仅以花草点缀，有芍田、梅岭之设。设梅岭者，因其曾任知县之广东仁化在梅岭下也。梅岭有“草亭翼然其上”，可供“过者犹思当年名胜”。在筱园里，郑銮过着临书作画、整理旧著、莳花种竹、不问外事的生活。他的书法作品儒雅婉媚，在当时已为世人争相宝藏。其在画界的名声更与著名画家黄子仲、金子石并称“兴化三才子”。在整理旧著上，郑銮把在广东任职期间的诗文编成《岭海集》，在商丘柘城的编成《梁园集》，在汝州鲁山的编成《鲁山集》。这些著作感情充沛，文笔流畅，据实书写深情讴歌当地的风土民情，丰富了当地文化的积淀。如其留在商丘“张许二公祠”的名联：“尽孤城四百余战，功艰李郭，力障江淮，恸当时妾醢僮烹，列帐呦呦闻鬼哭；同毕命三十六人，祠号协忠，史称双庙，问何日须张眦裂，登堂凛凛见神威！”留在宜阳的诗作：“洛阳山色接宜阳，夹道峰峦峙两行。行到宜阳山更好，锦屏十二列青苍。”至今仍为人们所珍视。郑銮虽律己甚严，不问外事，但在帮助故旧，奖掖尚在寒门苦读的学子等事情上却是不遗余力的。时任兴化知县的魏源和乡贤刘熙载都是郑銮的好朋友，他们二人常到筱园做客，据说魏源的《海国图志》和刘熙载的《艺概》，有一部分便是在筱园里写就的。咸丰三年（1853）郑銮病逝，享年 72 岁。鲁山绅民在咸丰四年（1854）于琴台书院为其立郑公祠后，还于咸丰九年（1859）将其牌位供入鲁山名宦祠，四时祭祀。

清朝这三位鲁山知县之所以能够名留青史，其共同之处在于：一是文化素养高，施政能力强；二是勤政爱民办实事，富于行政智慧；三是为鲁山县文化软实力的积累做出了历史性的贡献。

考据学大家武亿受聘主纂鲁、宝、郏三县志①

清朝中期乾嘉年间朴学（也称考据学）大盛，宗师多出南方，出身北方者如凤毛麟角，而武亿则被誉为中州朴学开创者。学者姚鼐在《武亿墓表》中说："今中州士知读古书、为汉学，自君始。"学者孙星衍赞誉武亿："中州读古书，崇经学，搜访碑刻，备一方掌故，多自亿为倡始。"武亿堪称一代大家。

武亿（1745—1799），字虚谷，号授堂，河南偃师人。出身书香世家。其父武绍周，字梦卜，博学通古，雍正癸卯中进士，官至吏部郎中，是位干练清廉的循吏，深受时

① 本文原载《平顶山日报》2019 年 11 月 13 日"文化"专栏。

人赞美，对武亿影响也最大。1745 年武亿出生于乃父在京官邸，幼承家教，酷爱读书，年十二，就“遍览九经、诸子，为文下笔千言”，塾师教他经史，能“举疑义以相质难”。但未及弱冠，父母相继谢世，使他“哀痛毁瘠，以读书自励”。由于“亿父故清宦，官中外卅余年，家无儋石储”，武亿又不问生计，衣食几乎不能自给，父母故去，生活贫困，又“值洛、伊暴溢，宅舍尽圮，亿就高架木为小屋，读书其中”，条件虽然恶劣，但仍力读不辍。乾隆三十五年（1770）应乡试，获中第六名举人。但由于“乡居讲学，力求博通，鲜所师承”，学问一直未能精进，应会试皆不中，直到遇到朱筠。朱筠博学宏览，以经学、六书训士，是“乾嘉朴学的开国元勋”，“乾嘉朴学家的领袖”。武亿对其推崇备至。乾隆四十二年（1777）武亿第三次参加会试，武亿经曹锡宝的介绍留北京馆朱筠邸。在朱门下“就日下书肆购异书，所得金石古文，皆为考证，学日益进”，朱筠负海内文望，门下士多一时贤俊阔达不羁之才（如《文史通义》的作者方志学的创始人章学诚等就出自朱筠门下），武亿与之交游开阔了视野，学问大进，“通贯经籍，讲学依据汉儒师哲，不蹈宋明人空虚臆说之习”，奠定了深厚的汉学根基。同时，科举上也取得突破，乾隆四十五年（1780），武亿第四次参加会试得中三甲第十名，“赐同进士出身，以知县归班用”。

乾隆五十六年（1791）武亿走上仕途，任山东博山县（今山东淄博博山区）知县。他以读书用世为志，将儒家经术用于现实治理。其政绩主要体现在四个方面：其一，爱民如子，革除币政。在博山，武亿“问土俗利弊，免琉璃入贡，革煤炭供馈，里马草豆不以累民。决辞无留狱，祈雨即沛”，“有奸民与商贾杂居寺观，为诸不法事，君严惩之，俗遂革”。可以说，武亿在轻徭薄赋，维护地方治安方面做出了一定贡献。其二，洁身自好，廉洁奉公。武亿初到博山就立誓清廉为官，绝不贪腐。“有以贿干者，未敢进，亿廉知之，值迅雷，曰：‘汝不闻雷声乎？吾矢祷久矣。’贿者惶悚而止”。其三，重教风化，学风敦厚。他痛诋道释二氏，汰裁佛寺，勒令僧尼蓄发还俗。到远僻村落，亲讲乡约，因加教谕，以敦厚风俗。并捐钱在城东范文正祠旁创建范泉书院，“亲临讲课，口授指画，示以训诂文字，通经术，树风节之要，士皆勤奋”。从而使博山“舆情大洽”。其四，嫉恶如仇，惩恶扬善。博山自明代起发展为手工业商贸重镇，车马辐辏，市井繁华，“街帘卷鼓，奋裙吹唇；睥睨公卿，喧秽杂沓。非嗜利之牙侩，则欢博之酒徒”，社会阶层分化，居民关系复杂，官僚富豪以强凌弱现象时有发生，武亿不畏权贵，嫉恶如仇，惩恶扬善，为人称颂。这其中痛杖和珅番役最为人称道。乾隆五十七年（1792），朝廷内部和珅专权并领步军统领事，听信妄言认为山东长清王伦起义被扑灭后，王伦并没有死，只是下落不明，便秘派番役四处寻找王伦踪迹。番役曹君锡、杜成德以缉捕为名，招结无赖 11 人，横行州县。这伙人来到博山后在市肆中手持铁尺，肆意饮博，无人敢问。武亿闻报下令拘捕，先是杜成德恃强倔强，后又拿出提督发的牌照进行威胁。武亿质问他们：“既是牌照命令你们与地方官府合力捕盗，为何来博山已三日不向我报到？而且牌照上明明写着只差遣二人，为何成群结队，耀武扬威？”杜成德等无言以对。武亿依法一一杖之，民皆称快。山东巡抚吉庆知道此事后，担心“将累上官”，以“任性行杖”劾革武亿官职。武亿被罢官的消息传出后，博山城乡男女老少千余人来到山东巡抚衙门前上访，“乞留我好官”，未能得到满意答复，“则日为（武亿）运至薪米，门如市焉”。吉庆无奈，亲到京师欲挽回局面，终因和珅把持朝政，执掌吏部，未能如愿。

武亿罢官后，因为清贫，无资回乡，又“不欲以己事累博山父老”，故应东昌启文书院之聘，开始了自己的讲学生涯。后又主持偃师二程书院，讲学汝州春风书院，传道授业，诲人不倦。以小学、经史、古文伦品教谕生徒。武亿自幼酷爱金石之学，在讲学授徒的同时，仍坚持潜心研究，遂成为清代乾嘉朴学大师中著名的金石学大家。主要金石学著作有《授堂金石三跋》《金石续跋》《钱谱》等。经学家江藩在《国朝汉学师承记》中说：“（武亿）酷嗜翠墨，游历所至，如嵩山泰岱，遇有石刻，扪苔剔藓，尽心模拓，或不能施毡椎者，必手录一本。”又说：“偃师杏庄，去所居十余里，民家掘井，得晋刘韬墓志，长二尺有余，重几（近）百斤，先生肩之以归。”乾隆甲寅年（1794），武亿曾应著名学者阮元之邀，参校《山左金石志》。武亿对恩师朱筠门下学兄章学诚开创的方志学，也极为看重。他曾教育子孙：“读书当期有实用，而实用莫过于地志之学，谓山川地势关津要害，能了如指掌，庶胸中包罗有物。”他参与了偃师知县汤毓倬、翰林院编修孙星衍主持的《偃师县志》的编纂事宜，负责金石部分，著成《偃师金石录》二卷，《偃师金石记》四卷，《偃师金石遗文补录》等，刊刻于乾隆五十三年（1788）。

正是慕武亿成功编纂《偃师县志》的名声，乾隆六十年（1795）冬，鲁山知县董作栋与宝丰知县陆蓉利用在汝州行馆相会之机，酝酿共同聘请武亿主纂鲁山、宝丰二县志，即速设志局于鲁山元紫芝琴台，先纂《鲁山县志》，接着纂《宝丰县志》。《鲁山县志》至嘉庆元年（1796）秋完成。董作栋在为《鲁山县志》定稿所写《序》中称：“予于乾隆壬子岁（乾隆五十七年，1792）承乏是邦，披阅旧志，进邑之贤士大夫询问掌故，思加订正。自维谫陋，日从事鞅掌期会间，数载以来，未惶惧及。偃师武子虚谷，好古多闻人也，自山左解绶归，著述自娱。去年冬，余介邑茂才李居来，走币达书，以志事相属，虚谷惠然肯来。邑之士大夫鼓舞兴起，遴选尤才者能者，分司采访、校雠。予与虚谷，悉心参酌，凡诸体例一仿史裁归于，证前书之舛漏，扬近事之芳懿。矢诚矢公，阅一寒暑而卒业。为目二十，为卷二十有六。……盖将览山川之夸险，察风俗之淳浇，与夫物产所宜，嗜欲所尚，以上合于太史輶轩之采，简毕所登土地、人民、政事。于是乎在其获前贤之遗碣，求断简之逸闻，要以视景行考因革，靳于裨益政治，而不徒修文章润色之工。”书前开列《凡例》九则，其中三则最能体现本志书的体裁特点。其五“旧志所载诗文，今归入建置、古迹。依范致能《吴郡志》例，文繁不杂，最为典据”。恢复了《艺文志》本体，专著录书目。其六“采辑金石遗文，与县中墟聚、里居、山川、关隘，对证互见。实为史志所未载，反得散见于此，是以不惮博引详稽，取为方志之要”。这一条之精神贯注于全书，为本志一重大特点。举凡山川、古迹、物产、里甲以至衙署、书院、义学、寺观等目无不于金石遗文中博引详稽，穷究其历史渊源。名家手笔，功力非凡，可见一斑。如物产之香稻，引《文选》之张衡《南都赋》“滍皋香杭”谓“古代滍水之泽产香稻米”。其八“前志多自为叙论，抄袭一律，望之刺目。今一概扫弃，因文见义，览者自详”。

武亿纂《鲁山县志》于嘉庆元年（1796）成书后，当年就刊刻了出来，称“嘉庆《鲁山县志》”。然后如约次第纂修《宝丰县志》，“自草创以迄刊布凡十阅月”，到嘉庆二年（1797）完成。嘉庆《宝丰县志》结构严谨，仍沿用史书体例，图、表、志、传、记五体并用。资料搜集广泛，《兵防志》最为典型，从隋唐府兵，至金巡捕，元土兵，明屯兵，皆有详细记述，脉络系统清晰，远出一般志书之上。武亿长于金石考据，搜罗金石最勤。该志书二十四卷，金石即有六卷，占全书四分之一，自周迄明末，搜采殆尽。武亿历来主张金石文字与经史对证互解，利用金石资料补缺纠谬，效果显著。宝丰知县吴县陆蓉为该志所作《序》曰：“虚谷中州名士，畏荣好古，耽道研精。其为志也，叙事典而详，辨物瞻而约。复以金石可备参考，乃命其徒求钟鼎于应滨，摹碑碣于蔓草，是以选义引证，多所裨益。非所谓操斧伐柯，取则不远者耶！当其屏浮词，绝臆论，凡若爱古薄今，而诸生有辨疑问难者，亦必参酌，以存其说，虚怀若谷，益可想见其为人矣！”

支伟成《清代朴学大师列传》之《金石学家列传》第十八《武亿传》有“修鲁山、郏县、宝丰三志，藉以自给”之语。嘉庆《郏县志》今佚，唯存章玉森《序》，而《序》中不言武亿纂修该志事。武亿纂没纂修过郏县志成了疑问。但《清史稿艺文录·史部·金石类》著录有“《郏县金石志》一卷、《宝丰金石志》五卷、《鲁山金石志》三卷”，“此三种皆为编纂其县志时所撰”。其他资料也有说武亿纂有《郏县志》者。似乎武亿确实纂修过《郏县志》。仔细推敲章玉森嘉庆七年（1802）《重修郏县志序》称：“前令毛君，尝开局倡修，莫获卒业。岁庚申，予承乏兹土，以诸务未理，无遑及此。今岁稍暇，爰商诸外翰张、刘二君，延邑中宿学之士，搜集讨论，共成是编。”章玉森是庚申岁即嘉庆五年（1800）到郏县知县任的。“前令毛君”者乃浙江余姚毛师沆，毛师沆乾隆五十二年（1787）来任郏县知县，嘉庆五年（1800）章玉森来接郏县知县之前卸任。在鲁山知县董作栋、宝丰知县陆蓉聘请武亿修志时，毛师沆还在郏县知县任上。极有可能武亿修成鲁山、宝丰二县志之后，毛师沆见其效果甚佳，于是趁势“开局倡修”礼聘武亿来郏纂郏县志的，但仅完成《郏县金石志》，“莫获卒业”。郏县志没能最终完成的原因是什么？据《清史稿》卷四百八十一《武亿传》载：“嘉庆四年十月，仁宗（即嘉庆帝）谕朝臣密举京外各员，内操端洁、才猷干济、于平日居官事迹可据者，得赴部候旨召用。亿在所举中。十一月，县令捧檄至门，而亿先以十月卒矣，年五十有五。”郏县知县毛师沆聘请武亿纂修郏县志，刚开个局，尚未来得及终稿，武亿突然病逝了。也恰在此时，毛师沆卸任郏县知县，遂将最终完成这次修志的事留给了下任章玉森。章玉森刚上任，无暇顾及修志之事，三年后来接续修志之事时，已弄不清楚所接收半拉子志稿的详细来由了，因此在《序》中没有言及武亿纂修郏县志之事。不过，武亿在纂修了《鲁山县志》和《宝丰县志》之后，还曾于嘉庆三年（1798）应安阳知县广东长宁举人赵希璜的邀请，帮助其纂修《安阳县志》。武亿由于有纂修《偃师县志》《鲁山县志》《宝丰县志》的实践经验垫底，驾轻就熟，《安阳县志》完成得很顺利，且成为县志楷模，受到四库全书馆总纂官大学士纪昀（字晓岚）的高度评价：“试阅其目，井井有条，多合古意。先以图、次以表，挈其纲要；次以志、次以传、次以纪，析其目矣；殿以艺文，乃仿古人之目录，不似近人之附载诗文，其体例不亦善乎？而每条必有考证，不徒杂袭旧文，其叙述不亦确乎？”从而奠定了武亿在我国方志学史上的崇高地位。

乾嘉考据学大师偃师武亿与其鲁山二弟子李洲、李渡①

清朝中期乾嘉年间朴学（也称考据学）大盛，宗师多出南方，出身北方者如凤毛麟角，而武亿则被誉为中州朴学开创者，于金石学、方志学尤长。学者姚鼐在《武亿墓表》中说："今中州士知读古书、为汉学，自君始。"学者孙星衍赞誉武亿："中州读古书，崇经学，搜访碑刻，备一方掌故，多自亿为倡始。"武亿堪称一代大师。

武亿（1745—1799），字虚谷，号授堂，河南偃师人。出身书香世家。其父武绍周，字梦卜，博学通古，雍正癸卯中进士，官至吏部郎中，是位干练清廉的循吏，深受时人赞许，对武亿影响很大。乾隆十年（1745）武亿出生于乃父京官寓所，幼承家教，酷爱读书，年十二，就"遍览

① 本文原载《尧神》2016 年第 2 期。

九经、诸子，为文下笔千言”，塾师所教经史，他能“举疑义以相质难”。不幸的是武亿未及弱冠，父母相继谢世，他“哀痛毁瘠”，仍“以读书自励”。由于“亿父故清宦，官中外卅余年，家无儋石储”，父母故去，生活益发贫困，又“值洛、伊暴溢，宅舍尽圮”，亿乃架木板于污泥中，诵读不辍。冬日劈朽木生火御寒，斧伤手足，流血殷地，终不废读。乾隆三十五年（1770）应乡试，获中第六名举人。但因“乡居为学，力求博通，鲜所师承”，屡应会试皆不中。乾隆四十二年（1777）武亿第三次到京参加会试，经曹锡宝介绍留北京馆朱筠邸。朱筠博学宏览，以经学、六书训士，是“乾嘉朴学的开国元勋”，“乾嘉朴学家的领袖”。武亿在朱筠门下“所得金石古文，皆为考证，学问益进”。武亿乃性情中人，师徒相处甚为相得。武亿状貌魁梧，有兼人之食量，兼人之力气。因少年失怙，性喜哭，一年在朱筠家过除夕，朱筠问武亿：“你客居我这里过年，不能同家人团聚，拿什么来排遣寂寞呢？”武亿回答：“别无它求，但求醉饱而已。”朱筠就安排厨房给武亿烹制了两个猪肘子、一只鸡、一只鹅，和汤饼馎饦等食物，外加蒙古酒一斗。武亿闭门恣啖，食尽酒罄。至夜，朱筠过来看他，问：“醉饱矣，还有什么要求吗？”武亿答：“哭！”朱筠说：“那你就哭吧！”于是武亿放声痛哭。朱筠负海内文望，门下士多一时贤俊阔达不羁之才（如《文史通义》的作者方志学的创始人章学诚等就出自朱筠门下），武亿与之交游开阔了视野，学问大进，“通贯经籍，讲学依据汉儒师哲，不蹈宋明人空虚臆说之习”，奠定了深厚的汉学根基。乾隆四十五年（1780），武亿第四次参加会试得中三甲第十名，“赐同进士出身，以知县归班用”。

乾隆五十六年（1791）武亿赴任山东博山县（今山东淄博博山区）知县。在博山武亿以读书用世为志，勤勉为政，案无留牍。其政绩主要体现在四个方面：其一，爱民如子，革除币政。在博山，武亿“问土俗利弊，免琉璃入贡，革煤炭供馈，里马草豆不以累民。决辞无留狱，祈雨即沛”，“有奸民与商贾杂居寺观，为诸不法事，君严惩之，俗遂革”。可以说，武亿在轻徭薄赋，维护地方治安方面做出了一定贡献。其二，洁身自好，廉洁奉公。武亿初到博山就立誓清廉为官，绝不贪腐。“有以贿干者，未敢进，亿廉知之，值迅雷，曰：‘汝不闻雷声乎？吾矢祷久矣。’贿者惶悚而止。”其三，重教风化，学风敦厚。他汰裁佛寺，勒令僧尼蓄发还俗。到远僻村落，亲讲乡约，因加教谕，以敦厚风俗。并捐钱在城东范文正祠旁创建范泉书院，“亲临讲课，口授指画，示以训诂文字，通经术，树风节之要，士皆勤奋”。从而使博山“舆情大洽”。其四，嫉恶如仇，惩恶扬善。博山自明代起发展为手工业商贸重镇，车马辐辏，市井繁华，“街帘卷鼓，奋裙吹唇；睥睨公卿，喧秽杂沓。非嗜利之牙侩，则欢博之酒徒”，社会阶层分化，居民关系复杂，官僚富豪以强凌弱现象时有发生。武亿不畏权贵，嫉恶如仇，惩恶扬善，为人称颂。其中痛杖和珅番役最为人称道。乾隆五十七年（1792），朝廷内部和珅专权并领步军统领事，听信妄言认为山东长清王伦起义被扑灭后，王伦并没有死，只是下落不明，便秘派番役四处寻找王伦踪迹。番役曹君锡、杜成德以缉捕为名，招结无赖 11 人，横行州县。这伙人来到博山后在市肆中手持铁尺，肆意饮博，无人敢问。武亿闻报，亲率衙役前往拘捕，先是杜成德恃强倔强，衙役不敢上前，武亿一掌推倒杜成德，缚之以归。到了县衙大堂，杜成德兀自不服，将提督发的牌照掷向公案，瞋目大叫："我们奉提督府牌缉拿要犯，汝何官，敢问我邪？"立而不跪，武亿命衙役从后边踹其腿弯一脚，杜成德被踩趴在地。一顿棍杖之后，武亿质问他们："牌照上明明写着只差遣你们二人，这十一人是哪来的？牌照明文写着所至报有司协缉，而你们已来博山三日却不向我报到，是不奉法！我要惩治你们对博山的骚扰罪，你能把我怎么样？"杜成德等无言以对，叩头哀求放了他们。此事传到省城济南，一班小人纷纷在巡抚吉庆耳旁指责武亿干事鲁莽，弄不好会拖累省上主官。吉庆本是一个畏势怕事之人，听了此言立即派员往博山探查虚实，其中有一个名叫刘大经者与武亿有矛盾，撺掇吉庆以"滥责无罪"之名直书其事劾奏武亿。和珅接奏嘿嘿一笑："这是明言我的属下不谨慎，而暗地里为武亿开脱呀！"封还其奏。吉庆则望风承旨，换成"任性行杖"，空言入奏，罢免了武亿的官职。武亿被罢官的消息传出后，博山城乡男女老少数千余人聚集到山东巡抚衙门前上访，"乞留我好官"。吉庆敷衍百姓说："你们回去吧！我会努力把你们的好知县还给你们。”吉庆看这事难以下台，就趁朝见皇上的机会把武亿带到京城，谋求为武亿复职，但遭遇总管吏部事务和珅的否定。没办法，吉庆只得以安排武亿主持东昌启文书院讲席来塞责。这时，武亿的故友秀水王复出任偃师知县邀其归里。武亿遂回到故乡，与老友商榷政事，考校古书，不复有出山之念。后主持偃师二程书院，讲学汝州春风书院，传道授业，诲人不倦。以小学、经史、古文伦品教谕生徒。武亿自幼酷爱金石之学，在讲学授徒的同时，仍坚持潜心研究，遂成为清代乾嘉朴学大师中著名的金石学大家。主要金石学著作有《金石三跋》《金石续跋》《钱谱》等。经学家江藩在《国朝汉学师承记》中说：“（武亿）酷嗜翠墨，游历所至，如嵩山泰岱，遇有石刻，扪苔剔藓，尽心模拓，或不能施毡椎者，必手录一本。”又说：“偃师杏庄，去所居十余里，民家掘井，得晋刘韬墓志，长二尺有余，重几（近）百斤，先生肩之以归。”乾隆甲寅年（1794），武亿曾应著名学者阮元之邀，参校《山左金石志》。正是在这期间，鲁山李洲、李渡兄弟慕武亿学问大名，投到他的门下，成为入室弟子。

李洲，字居来，号碧川。天性浩落，嗜好吟诗，工画山水，言谈风雅，所至倾倒座人。武亿授以经疏、《说文》、《广韵》、《玉篇》诸书，遂深通文字、声韵之学。李洲著成《论语小学音释》和《谐声表》。李渡，字于岸，号阴泉。跟着武亿学习古文，著成《群经音义表》《说文谐声表》《方音考》《乐律表》等。武亿曾令其留意访求洛阳、偃师间碑石刻文，一次李渡返乡路过伊阙，细察石窟佛龛题识多有《中州金石记》尚未收录者，欣然留住月余，制作长长的木梯，在石窟内上下攀沿岩壁，找尽一切险僻幽隐不易被人发现处的题识刻字，把它们都拓了下来，在武亿的指导下，编成《伊阙石刻记》一书。乡人将李洲、李渡兄弟二人比作苏轼、苏辙，武亿则认为李渡的文章风格犹如苏洵，并推荐给知名学人品评，于是李渡的名声遍中州。李洲、李渡兄弟在武亿门下不仅帮助师傅整理金石学专著，还给编纂《偃师县志》金石部分的师傅打下手，协助完成《偃师金石录》二卷，《偃师金石记》四卷，《偃师金石遗文补录》等。正是因为李氏兄弟对师傅武亿成功编纂《偃师县志》名声的传扬，乾隆六十年（1795）冬，鲁山知县董作栋与宝丰知县陆蓉利用在汝州行馆相会之机，议定共同聘请武亿主纂鲁山、宝丰二县志。于是，董作栋置备了丰厚的礼物，并修书一封，请李洲带着到偃师面见恩师武亿拜托修志事宜，武亿很高兴地跟着弟子来到鲁山，设志局于鲁山元紫芝琴台，编纂《鲁山县志》。组织起来的纂修班子，包括“总纂”武亿、董作栋，“参订”鲁山县学教谕谢珍、训导符元德，“分纂分校”19 人李洲、李渡以廪生的身份排在前三位，而担任“采访”的 50 人中有翰林院检讨、卸任归里知县和举人等。从《纂修姓氏》这个名单可以看出，武亿是把爱徒李洲、李渡作为身边左右助手的。《鲁山县志》嘉庆元年（1796）十月完成，李洲、李渡又跟着师傅武亿接修《宝丰县志》《安阳县志》。《宝丰县志》历时十个月，于嘉庆二年（1797）完稿。《安阳县志》嘉庆四年（1799）刊出。也就在嘉庆四年十月，武亿去世。恩师下世以后，李洲、李渡兄弟自为师友，坚持研治经、史、小学，以振兴朴学为己任。在科举道路上李洲、李渡兄弟走得都不是很顺利。李渡则九赴乡试不第，年仅 45 岁就于嘉庆十五年（1810）离开人世。李洲于嘉庆十二年（1807）获取优贡生资格，嘉庆二十一年（1816）参加河南乡试仅仅名列副榜。鲁山后学张宗泰在为李洲《松阴精舍文集》所作《序》说："鲁山李碧川先生负高明伉爽之才，生平跌宕自豪，动以古人自期待，视尘世事无足撄其念虑者，而又立身自有本末，故其学行最为乡邦人士所推重。忆余幼时尝偕朋辈一造其室。初相见犹落落然，已而渐相款洽，遂交好无间。先生家蓄善本书四万卷，得以恣情翻阅，时复承其绪论，故以余之蹇劣无似，亦得稍悉古今学术源流，而不至见弃于四方有道君子者，抑先生之赐实多。先生素性通脱，不甚问家人生理，兼之食指日繁，家遂中落。中年以后，贫病交迫，居常郁郁不适，故其寿仅逾杖乡而止。"道光二年（1822），李洲病逝，享年 60 岁。著名学者河南夷山书院主讲江苏娄县姚椿为其撰写了墓志铭，今存姚椿《晚学斋文集》中。所幸李洲有孝子李仲存尚能承其家学，将乃父遗文编成《松荫精舍文集》三卷，诗作 37 首编成《松荫精舍诗集》一卷，于道光十八年（1838）刊印传世，至今洛阳市图书馆还藏有二书本子。

河南巡抚杨海梁为鲁山进士潘业书斋题字①

潘业，字惕若，号敬亭，是清朝乾嘉道年间（1736—1850）河南学者，原籍洛阳，移居汝州鲁山良里马庄（今鲁山县辛集乡马庄村）。出身寒素，胸怀奇志，发奋苦读，自学成才，于乾隆五十一年（1786）参加河南乡试，以优异成绩考中第七名举人，获得由时任河南巡抚毕沅领衔颁发的“经魁”匾牌。嘉庆六年（1801）奔赴京城参加会试、殿试，录取为三甲第94名进士。

潘业留心史籍，在京遇四库馆苏州朋友，携出《在园杂志》抄本一卷，收有明崇祯十五年（1642）正月米脂令

① 本文原载《平顶山日报》2014年7月2日“文化”专栏。

边大绶所著《虎口余生》记载“掘李自成祖墓”事甚详，因录以归里。潜心编辑已故中州著名学者宝丰李桥水先生家传，为先生记述明清易代史事的《述往》题词曰：“古来史之可信者，十尝不及四五焉。所见异辞，所闻异辞，所传闻又异辞，固已。而又徇以爱憎、毁誉之私情，本以行状、家传之增饰，淆以妒心仇口之污蔑。杀青染翰之余，其得实者有几哉。即如一孙传庭也，或云不知所终，或云赴战而死，此疑之在当时者也；一李襄城国桢也，或云殉节，或云降贼，此疑之在后世者也。正史之修必采野史，作野史者多当时耳闻目见之人，而其不可据也犹如此，况后代之珥笔者乎？虽然天崩地坼，乾坤易位，令无一有心之士搜罗记录，则当日轶事，后世益蔑无闻，杞文、宋献伤之者，宁独尼山夫子乎！李桥水先生著《述往》，所载皆宝丰事，云多得之故老，其可信者宜多。牛金星事，持论最平。独论孙白谷，则似因其勇于杀戮而有憾辞者。岂爱憎毁誉之情，犹有所未尽泯欤？”对《述往》“牛金星里籍和汪乔年掘李自成祖墓”一条加注，引用了从《在园杂志》抄录的材料。

嘉庆八年（1803）经吏部引见，潘业受派遣赴福建汀州府长汀县任知县。长汀为闽西重镇，地处闽赣粤三省的边陲要冲，汉代置县，唐开元二十四年（736）建汀州，成为福建五大州之一。自盛唐到清末，长汀均为州、郡、路、府的治所。这里世称“客家首府”，客家与土著杂处，民情极为复杂，素以难治著称。潘业在长汀任上，“御下严，听讼勤”，教养兼施，匪盗敛迹，百姓乐业，文风昌盛，社会和谐。三年任满，吏部考核政绩优异，但他厌倦官场迎来送往等俗务劳神耗时，恋念家乡山水，遂放弃升迁机会，卸任归里。他在《因公行县》诗中表达了这种倦政归里的心志：“半通墨绶一官微，滋味仍然是布衣。无可奈何甘蠖伏，不如归去羡鸿飞。”长汀绅民挽留不住，只得精制“功侔砥柱，谔飞满城”匾牌相赠。

潘业家乡马庄处于鲁山、宝丰边界鲁山一方。东有交界岭，西有元和岭，南耸釜山，北依荆山，山岭之上林木葱郁。村北荆山之坳一泓清泉潺潺南泻，在村南釜山北麓汇成一汪潦北湖。真可谓山水绝佳，山明水秀。更有宛洛古道从村后经过，东连宝丰，西达鲁山，不封不闭，信息畅通。潘业回到家乡，青袍布袜，绝迹城市，精研学问，专心著述，成《听雪山房诗文集》《听雪山房诗集》和《闽说略》《台湾外志》等。《闽说略》对其对为官地福建山川地理、气候物产、人文风俗的记述，为后人研究福建历史文化留下了丰富材料。《台湾外志》是其在长汀任上搜集到的有关台湾风土人情资料的研究专著。读书为学之暇，潘业携竹杖，或漫步于潦北湖畔，观赏春兰秋菊；或攀登荆、釜山巅，寻奇探幽。倦乏则依石危坐，静观云岚卷舒；兴来昂首长啸，高声吟哦。真乃优哉游哉，无拘无束。嘉庆二十五年（1820）潘业受聘于宝丰杨老庄杨家为杨淮业师五年，把杨淮培养成道光间豫省著名学者。杨淮编有《国朝中州诗钞》传世。

道光十二年（1832），河南巡抚杨海梁亲赴南阳调研淅川由南阳府属县升格直隶河南布政使司厅事宜，特意安排行经宝丰、鲁山，拜访了潘业。

杨海梁，名国桢，海梁是其字，四川崇庆州人。出身名门，其父杨遇春为乾、嘉、道三朝名将。在抗击廓尔喀入侵后藏，平定张格尔喀什噶尔叛乱，消灭白莲教、天理教诸战役中，经历大小战斗数百次，皆能靠前指挥，亲冒矢石，或冠翎皆碎，或袍袴皆穿，未尝受毫发之伤，世称“福将”。为反对外来侵略维护多民族国家统一和领土完整及稳定社会秩序，做出过巨大贡献，官至陕甘总督。杨海梁初以举人入资为户部郎中，出任颍州知府，道光三年（1823）擢升河南布政使，皇帝对他的叮嘱是“‘理财、用人’四字是汝专责，要在公勤，勉为好官，勿忘面谕”。道光七年（1827），河南巡抚程祖洛因“丁母忧”离职，恰在这时杨遇春取得了平定张格尔喀什噶尔叛乱的胜利，朝廷推恩，就地擢升杨海梁接任河南巡抚。杨海梁在河南布政使任上“志在公勤，勉为好官”，于道光四年（1824）积极支持巡抚程祖洛修葺郏县三苏祠墓的决策，并捐俸赞助。《清史稿·河渠志》载：道光八年（1828），河南巡抚杨国桢言：“汤河、伏道河并广润陂上游之羑河、新惠等河，向皆朝宗于卫，因故道久湮，频年漫溢。现为一劳永逸之计，因势利导，悉令畅流。又南阳白河、淅川、丹江水势浩瀚，俱切近城根，亟应筑碎石、磨盘等坝二十余道，分别挑溜抵御。”均如所请行。同年，由巡抚杨海梁等捐献俸银三千七百余两重修的少林寺竣工。在西方加紧向中国实施鸦片侵略的时候，作为方面大员的河南巡抚杨海梁反应灵敏，于道光十一年（1831）六月十三日奏上《查禁种贩鸦片章程》，表明了自己力主禁烟的态度。杨海梁在河南巡抚任上还决策重修河南贡院，有道光十一年《重修河南贡院记》。此碑由“河南巡抚杨国桢撰文、河南布政使林则徐书丹”。道光十二年（1832）杨海梁经充分调研，上奏朝廷准于将南阳府属下的淅川县升格为淅川厅直隶河南布政使司管辖，强化了对淅川这个地处鄂、豫、陕三边社情复杂县份的掌控。

杨海梁亲至鲁山良里马庄潘府拜访潘业的时间当在道光十二年（1832）春夏之交。他虽出身名宦之家，又身为方面大员，但对学问一往情深，曾利用政务之暇著称音韵学专著《十二经音训》。故而对学问人十分敬重，于是有拜访潘业这一安排。杨海梁在潘府观赏了潘业书房藏书和潘业的著作，目睹了潘业家乡秀美山川，特别是远山近岭之上如云翠林，生机盎然，遂挥毫为潘业书斋“听雪山房”写下“绿云多处”四个径尺大字。字字端严，而不乏飘逸之气。

河南辛亥革命英烈赵伯阶鲁山就义考

赵伯阶在辛亥武昌首义成功后，为谋取响应，实现河南独立，而献出了年轻的生命。但直到今天，关于赵伯阶烈士就义的时间和就义情形，还存在着不同说法。本文试做考证以就正于方家。

《河南文史资料》第六辑“辛亥革命专辑”所收耿玉儒写的《赵伯阶事迹》载:“同盟会员赵伯阶，汲县城里机房街人。1882 年生，1907 年加入同盟会。清光绪年间，任开封城防营书记时，准备起义，因叛徒告密，被捕入狱。1909 年就义于鲁山，时年 27 岁。”“赵伯阶入狱后即行绝食，以示抗议。不久，清政府下令对赵伯阶‘赐死’，当问他有什么遗言要留时，他说:‘只求保全身体而死，以表忠孝两全。’行刑者用麻纸层层糊住他的七窍，糊到第七层，窒息而死。”“民国成立后，赵淑杰（伯阶弟）于 1912 年冬，赴鲁山将伯阶灵柩运回汲县。孙中山曾拨白银二百两作为安葬费，汲县举行了隆重的葬礼。墓在汲县北乡比干庙村北。”

此文所说赵伯阶“1909 年就义于鲁山”。就义的情形是被行刑者用传统的湿麻纸塌糊鼻口窒息而死。这与同书所收李静之撰《刘积学传略》记述有出入。《刘积学传略》云：“武昌首义消息传到开封后，同盟会员和革命群众大受鼓舞，积极准备在开封举事响应。因已联络的新军协统应龙翔迟疑不敢行动，致被巡抚宝棻扣押。策动新军失败后，同盟会分部通过刘粹轩的建议，决定仍在开封进行起义准备外，把重点放在分派同志到省城外各地联系农民武装，策动就地起义，并支援开封的起义。适刘积学从北京回到开封，他就偕同孙豪、魏士骙、赵伯阶等去汝、鲁、宝、郏、襄、密等县发动农民武装，策应南阳义军，计划控制豫西南。”武昌首义发生在 1911 年 10 月 10 日。首义成功的消息传到开封后，赵伯阶被同盟会河南分部指派随刘积学去豫西南活动。关于这一点，同书所收张钫《辛亥革命的片断回忆》也说：当时河南同盟会同志为谋河南革命早得胜，“派刘积学、海连璧、孙豪、赵伯阶、段厚甫、魏士骙等到叶县，发动汝、鲁、宝、郏、襄、密一带绿林和地方武力，以控制西南”，策援省城革命活动。1929 年编印的《河南新志》卷十五《人物・忠烈》也有记载：“赵琴堂，字伯阶，河南汲县人。早年入庠，肄业本省高等学堂。旋设河南公立法政学堂，借作同盟会支部谋革命。嗣由友人介绍，得充河南巡防步二营文案，驻防鲁山。辛亥事起，烈士匆匆旋里，措资南下。适刘烈士纯仁邀集同志，谋就中州响应，闻赵烈士归，往就计议。咸以中州形势，洛阳为最，西联秦晋，东踞虎牢，北依黄河，南通宛鄂，据以响应，当可有成。议定后，刘烈士赴洛，赵烈士返鲁防次，分途倡义，互为声应。”尽管三文所叙繁简有异，但赵伯阶于武昌首义成功后，参与了河南策划响应的革命活动。也就是说赵伯阶的就义时间不在1909年，而在1911年10月10日以后。

那么赵伯阶就义于1911年10月10日以后的什么时间？就义的情形又是如何呢？李静之《刘积学传略》称：“刘（积学）、孙（豪）、赵（伯阶）等已联系好的农民武装就决定以孙豪为司令，赵伯阶为参谋，攻打宝丰。”“孙、赵围攻宝丰时，孙受骗进城洽商和平光复宝丰，被杀害。赵伯阶指挥攻城，适南阳镇谢宝胜派的清军赶到，内外夹击，寡不敌众，赵伯阶阵亡。”这里的“宝丰”当为鲁山。1992年河南大学出版社出版的陈传海、徐有礼编著《河南现代史》记载：“孙豪、赵伯阶等奔走于鲁山、宝丰、郏县等地，于1912年2月23日聚众万人攻打鲁山。鲁山知县诱骗孙豪进城商议其投诚条件，孙进城后被杀。赵率队继续攻城。南阳镇总兵谢宝胜率队来解鲁山之围。义军受内外夹攻，赵伯阶牺牲。”1995年7月中州古籍出版社出版的

《叶县志》也取是说。该书第二十七篇《人物》第二节《近现代人物·孙豪》记述道："孙豪、赵伯阶等奔走于宝丰、鲁山、郏县等地，深入农村，发动群众，联络绿林，约40余天，聚众数千人，共推孙豪为统带，赵伯阶为参谋，围攻鲁山县城。"1912年2月23日，孙豪受骗遇害后，"赵伯阶闻讯愤极，急忙督队攻城。此时正遇南阳镇守总兵谢宝胜派清兵援鲁，内外夹击，赵伯阶部因粮弹俱尽，赵在撤退中战死。"按照这种说法，赵伯阶是1912年2月23日同孙豪一起率领联络起来的民间武装力量围攻鲁山县城时，孙豪受骗进城被杀，赵伯阶率队攻城不利，撤退过程中阵亡的。但依据地方档案资料撰述的《新编鲁山县志大事记》对此事的记载则谓："1912年（民国元年）2月23日（正月初六），叶县革命党同盟会员孙浩，联络汝州（今临汝县）、宝丰等地义军，攻打鲁山县城。事前曾和城内县署骑兵排长丘明德及巡防营书记官赵伯浩联系，约为内应，攻打数日，未见内变。孙浩旋即进城与县知事田务本及巡防第二营管带张殿荣会商，令开城门，宣布鲁山独立。田知县一面声称：此时已奉上峰公文，满清已倒，民国已立，勿用宣布独立。况恐义军进城难以驾驭，危及自身，故未应允。且将孙浩留城，假意以礼相待。以免详报省府，请示办法。此时，城外义军成分复杂，多乌合之众，无革命大志，见城内既无响应，又不见孙浩回归，便解散而去。知县田务本及管带张殿荣随即将孙浩、丘明德处死于西门外。孙刑前高呼：'干革命没有怕死的，死有仪容。'赵书记官被活活用棉纸贴死。”这段记述更合情理，只是把孙豪误写成了“孙浩”，巡防营书记官是“赵伯浩”而不是赵伯阶，城外也没有一个赵伯阶。从《河南新志》记载赵伯阶“由友人介绍，得充河南巡防二营文案，驻防鲁山”，文案即书记官来看，“赵伯浩”明显是赵伯阶的笔误。这样一来赵伯阶就义的情形就不是“阵亡”，而是被鲁山知县田务本“用棉纸贴死的”。如此就与《赵伯阶事迹》所记就义情形基本一致。还有《河南新志·人物·忠烈》记载赵伯阶的就义情形：“殆洛阳事败，刘烈士西走遇害，赵烈士在鲁，因山川间阻，久未知闻。时鄂省北伐队奋勇军据南阳，派代表贝某赴鲁联络，而共和已宣布矣。先是赵烈士与巡防营长张殿荣同舟，劝其起义。张首鼠两端，计遂中止。且以时局陡变，（张）潜抱野心，勾同匪类，接济军火，借博厚利，继以反正不果，恐事泄见罪，遂谋杀烈士以灭口。适奋勇代表贝某至，张乃诬烈士通匪献城，下之狱，更唆使鲁山县知事，暗用麻楮糊口鼻毙之，伪报病死。”“麻楮”就是麻纸，与“棉纸”意同。“楮”有代指纸的意思。用棉纸糊鼻口令人窒息而死，是清代处死人的一种办法。由此可见，赵伯阶在 1912 年 2 月 23 日配合孙豪围攻鲁山之役中是作为内应争取管带张殿荣起义，遭首鼠两端的张殿荣诬陷，被暗杀而死的。

综之，河南辛亥英烈赵伯阶的生平应谓：赵伯阶名琴堂，伯阶是其字，河南汲县城里机房街人。1882 年生，早年入县学，后考入开封河南省立高等学堂，1907 年加入同盟会，由友人介绍谋职河南巡防步兵二营书记官，驻防鲁山。辛亥武昌首义成功，同盟会河南分部实施四路策应开封起义计划，争取河南独立。赵伯阶受命与刘积学、孙豪等组成南路军领导核心，欲联络汝、鲁、郏、宝诸县民间武装，控制豫西南。1912 年 2 月 23 日在做内应配合孙豪围攻鲁山县城时，遭首鼠两端的巡防营管带张殿荣诬陷，被用棉纸糊鼻口暗杀而死。年仅 29 岁。民国成立，清帝退位，孙中山先生拨银二百两，作赵伯阶烈士安葬费。其弟赵淑杰于是年冬赴鲁山将其灵柩运回汲县安葬。墓在汲县北乡比干庙村北。

第七辑　民俗文化篇

河南鲁山是牛郎织女七夕民俗文化的故乡①

河南省鲁山县辛集乡露峰山（又称鲁峰山、鲁山）及其周边，积淀着丰厚的牛郎织女七夕民俗文化遗存。位于露峰山南半腰的牛郎洞，西南麓的牛郎故里——孙义庄，西坡山溪中的织女潭，东北麓五里历代绵延不衰的农历七月七日乞巧盛会，峰顶瑞云观的牛郎织女祠，构成了牛郎织女七夕民俗文化的有机整体。我认为这里应该是中华大地上历史最久远、传播最广泛的牛郎织女七夕民俗文化的故乡。

中华牛郎织女七夕民俗文化萌生于原始社会末期民族

① 本文原载《中国牛郎织女文化之乡河南鲁山》，大象出版社 2009 年版。

饲养业和手工纺织业的出现，发展于春秋战国时期以家庭为生产单位的农耕文明的形成，完备于秦汉时期以大量自耕农为主体的农业文明的成熟。经历了从人间到天上，又从天上回到人间的演化过程。

在距今约5000—7000年前的仰韶文化时期，原始农业已有了一定发展，我们的祖先还学会了饲养家畜家禽，所饲养的家畜中有了牛；同时，摸索出用麻线织布的手工技术。在氏族里饲养家畜家禽和纺线织布的活计都是由妇女承担的。随着原始农业的进一步发展，在其后的龙山文化时期，男女的分工有所变化，饲养大牲畜的重体力劳动转入男性之手，妇女专司纺织和家禽饲养。同时，先民逐渐注意到日月星辰等天象变化四时运行与农作物生长之间的关系，开始通过观测日月星辰的运行规律制定历法，来指导春种秋收夏耘冬藏，即“观象授时”。夏代有了历法，商代认识了许多星座。到西周时期给已确定的28个星座命出的名字中，人间的牵牛郎和纺织女到了天上，有了牵牛、织女二宿之名。

春秋时期，随着铁器的出现，开始使用牛耕。牛耕技术加速了“井田制”的瓦解。战国时期，牛耕技术得到推广，以一夫一妻小家庭为生产单位的男耕女织的农业文明出现。到秦汉时代，男耕女织的自耕农成为农业生产的主体。这时的人们在忙碌之暇，仰望星空，把分隔于河汉两边的牵牛、织女二星宿与世俗的艰辛生活联系起来，注入追求婚姻自由和美满家庭的情愫。牛郎织女的故事有血有肉地形成了。牛郎织女从天上回到了人间。由此说来，牛郎织女七夕民俗文化的故乡肯定在中华大地上农耕文明最先发展最早发达起来的区域。

众所周知，中国历史上农耕技术最先出现、农耕文明最早形成于气候、地理条件十分优越的中原嵩山周围地区。这里地处亚热带与暖温带交接地带，豫西山地向黄淮平原过渡地带。寒暖适宜，雨量适中，四季分明；山水相间，河川沃野，土质易耕。因此嵩山北面的伊洛盆地，东面的洧水、溟水、颍水川地，南面的汝水、滍水川原，都是先民最早开发农耕的区域，也是春秋战国、秦汉魏晋农业文明最发达的所在。鲁山县露峰山位于滍水中游北侧。滍水中下游两侧有开阔的冲积川原，土壤肥沃，适宜农耕。近代以来在滍水中下游两岸发现的仰韶文化、龙山文化遗址有数十处之多，相当密集。夏商周三代鲁山境域一直属于洛阳都畿之区。周公初封于西鲁，其故城在露峰山西 40 里昭平台水库中的邱公城，这里是滍水上游与中游的分界；成王封其弟于应，其故城在露峰山东 15 里滍阳古城，与露峰山同处滍水中游北侧。近年在露峰山西北 20 里滍水支流禹王河畔发现一处大型西周文化遗址，出土文物甚丰。在滍水两岸春秋战国、秦汉魏晋时期的文化遗址更是不胜枚举。史籍明确记载：刘邦以这里丰富的物产做军实，一举打败秦南阳太守，打通武关道，顺利攻克咸阳，灭亡秦朝。刘秀在滍水中游南侧的昆阳一战消灭王莽主力，奠定东汉王朝的根基。孙坚从长沙北上进攻董卓，以滍水中游为后防基地，成功攻入洛阳。大量的文化遗址出土文物和文献记载所包含的信息标明这里的农耕文明异常发达。

露峰山与鲁山境内伏牛山山脉其他山地过去盛产柞蚕。用鲁山所产柞蚕丝织成的绸缎是一个享誉海内的品牌，叫“鲁山绸”。精工细做的鲁山绸自古就有“天蚕吐丝，仙女织绸”的美誉。露峰山前开阔的川原，北依露峰，南朝滍水，背风向阳，土壤肥沃，富含农作物生长所需各种微量元素，保墒保肥，水利条件优越，被远近誉为肥得流油的“肉脑地”，是整个滍水流域乃至豫西地区的上等良田。先民很早就看中了这片土地，代代居民在这里男耕女织形成了勤劳致富的优良传统，无论种粮、种菜，还是种果、养蚕，都能有一个好收成。即使在旱涝灾荒之年，也鲜有衣食之忧。所以这里是整个滍水流域乃至豫西地区最富庶的地方。露峰山及其周边最具孕育牛郎织女七夕民俗文化的客观基础，在这里积淀下牛郎织女七夕民俗文化的完整遗存是自然而然的。

我们可以得出这样的结论：在最有可能产生牛郎织女七夕民俗文化的中原嵩山周围地区，唯一有牛郎织女七夕民俗文化完整遗存的鲁山县露峰山及其周边，当然就是牛郎织女七夕民俗文化的故乡。

关于鲁山温泉①

在河南省鲁山县尧山脚下，有一条东西走向绵延百里的温泉链。这条温泉链上的上、中、下三汤和碱厂汤温泉水温高（61—63℃）、水量大（每眼泉每小时涌出量在10—50立方米）、水质好（所含微量元素有20—50种）。目前开发才刚刚起步。

一、正名

鲁山温泉原本叫什么？现在叫什么最好？

“名不正，则言不顺；言不顺，则事不成。”正名很重要。

鲁山温泉原本叫“皇女汤”。《水经注》载：“滍水又东

① 本文系根据2010年3月12日在平顶山市政协温泉文化研讨会上的发言整理。

经胡木山，东流又会温泉口。水出北山阜，炎势奇毒。疴疾之徒，无能澡其冲漂。救痒者咸去汤十许步别池，然后可入。汤侧有石铭云：皇女汤，可疗万疾者也。”

为什么叫“皇女汤”？这个“皇女”指谁？这个皇女指东汉明帝刘庄的第九个女儿（共十一女）刘臣。明帝驾崩，章帝刘炟一即位就于建初元年（76）封刘臣为鲁阳公主。因此，鲁阳县就成了刘臣的汤沐邑，鲁阳县的温泉自然也就归刘臣享用了。应该说，“皇女汤”其实是“公主汤”。之所以叫“皇女汤”是因为《后汉书》在《皇后纪》后附《皇女传》载：“皇女臣，建初元年封鲁阳公主。”

弄清了鲁山温泉原本叫什么，再来看“皇姑浴”这个名称科学不科学。“皇姑”指什么？是皇帝的姑母，还是皇帝的姑娘？若指皇帝的姑母，刘臣是由其父明帝的继位者章帝刘炟下诏封为鲁阳公主的。章帝刘炟与皇女刘臣是兄妹关系，哪来姑母之说？若指皇帝的姑娘，那何胜称公主好呢！叫“公主浴”或“公主汤”，名副其实，且响亮高雅，冠冕堂皇，何乐而不为！

二、继承

鲁山温泉有哪些文化内涵需要继承？

《河南通志》载：“温泉在鲁山县，旧名皇女汤。商后尝浴其处。载《水经》。下泉水热如沸，中泉平温，上泉微温，俗呼为上、中、下汤。”这里的“商后”不是像有人解释的“商汤之王后”，而是指商汤本人。三代时是把国王本人称为“后”的。商汤怎么会到鲁山温泉洗浴呢？《逸周书·殷祝解》云:“桀与其属五百人徙于鲁，鲁士民复奔汤。”说明商汤在攻灭夏桀的战争中，夏桀失败后，曾带着五百随从逃到鲁地（今鲁山）一带躲避，商汤追击到这里，发现了鲁山温泉，并洗浴其中。后世就把“汤王”奉为“温泉神”。应该说，鲁山温泉具有中国温泉文化的源头性质。

西晋末年尚书郎王廙作《洛都赋》，谓:“鸡头温水，鲁阳神泉。不爨自沸，热若焦然。烂毛纶卵，煮绢濯鲜。”“痿瘵痱疴，浸之则痊。功迈药石，勋著不言。”“鸡头温水”指的是汝州温泉，因汝州温泉附近的崆峒山称“鸡头山”。这里把鲁山温泉与汝州温泉并提，且称鲁山温泉为“鲁阳神泉”，其功用涉及生活、生产、保健，足见在魏晋时代，京师洛阳的达官贵人对鲁山温泉是颇为垂青的。

北魏郦道元任鲁阳太守，著《水经注》，引前人对鲁山温泉的详细记述:“故杜彦达云：然如沸汤，可以熟米，饮之愈百病。道士清身沐浴，一日三饮，多少自在。四十日后，身中万病愈，三虫死。学道遭难逢危，终无悔心，可以神牢志存。”鲁阳神泉是何等有益于健身养性啊！

五代以后国都东移，鲁山温泉逐渐被冷落了。宋人晁冲之《题鲁山温泉》诗虽仍将之与临潼华清池温泉相提并论，但言:“君不见汝海之南鲁山左，亦有此泉名不播。征夫问路说汤头，可怜亦是陈惊坐。”鲁山温泉成为养在深闺人未识的仅供当地民间无偿享用的自然资源。

三、创新

鲁山温泉应打造成休闲度假游的品牌，再创辉煌。

随着经济社会发展，旅游业持续升温。进入新世纪，旅游业正由以观光游为主向以休闲度假游华丽转身。拥有温泉资源而及时觉醒的地方走在了前边。广东清远开发温泉 11 处，2004 年接待游客 208 万人次，收入 6.24 亿元。湖南郴州温泉区 2004 年接待游客 280 万人次，总收入超 10 亿元。北京小汤山温泉区开发单位有 40 个，固定资产 18.6 亿元，年直接经济效益 1.9 亿元。2005 年该区已累计投资 50 亿元，当年温泉企业收入达 6 亿元，占了全区旅游总收入的三分之一。京东京西跟着打“温泉度假”招牌的酒店已有 384 家。

2006 年是温泉旅游业大发展的关键一年，通过中国矿联“中国温泉之乡”评审的有广东恩平、大庆林甸、海南琼海、北京小汤山。中国首部温泉旅游地方标准出台、全国首套温泉旅游高等教材编撰、第二届中国温泉旅游高层论坛举行、第三届泛珠三角温泉旅游高峰论坛举办。

2010 年重庆启动“温泉主题年活动”。“五方十泉”“万人同泡”举行 40 项温泉游活动。巴南区举办“第三届温泉旅游文化节”，九龙坡区举办“都市休闲温泉旅游季”。

我们干什么？我们能干什么？我们干了些什么？

有“神泉”之誉的鲁山温泉

在鲁山县境内沙河（古称滍水）上游分布着四个温泉群。这四个温泉群各相间十公里左右，沿沙河上下呈一线排列，构成一条温泉链，世称上汤、中汤、下汤、碱汤。我国古代有把温泉称“汤”的习惯。“汤”的本义是热水，《论语·季氏》“见不善如探汤”，《正义》释曰：“探汤者，以手探试热水。”因温泉从地下涌出即为超出常温的热水，所以称温泉为“汤池”“汤泉”“温汤”。

上汤温泉群地处赵村乡上汤村，位于沙河南岸。因温泉出露三步一坑，五步一池，错乱无序，故称“乱汤”。水温 63℃，每小时涌出量为 53 立方米。中汤温泉群在赵村乡中汤村，分南北两组。南者在沙河南岸，水温 49℃，每小时涌出量 10 立方米；北者在沙河北岸，水温 62℃，每小时涌出量 15 立方米。二者隔沙河相距 1 公里。下汤温泉群在下汤镇，位于沙河北岸，水温 61℃，每小时涌出量 34 立方米。碱汤温泉群在下汤下游沙河南岸，属瀼河乡，水温 37℃，每小时出水量 20 立方米。

鲁山温泉的开发利用历史悠久。鲁山古称鲁、鲁阳。应该说尧部落在滍水上游繁衍生息时就有可能发现了这里的温泉。起码说在夏代后期，御龙氏刘累居鲁就已发现了这里的温泉。确凿的发现者是商朝的开国君主商汤。商汤追击逃到鲁地的末代夏王桀时，曾在这里的温泉洗浴。于是人们就奉“汤王”为温泉之神，将之供奉在温汤庙中。其后，周公姬旦封于鲁，这里的温泉曾为周公父子所享用。西汉以降，鲁山温泉被誉为“鲁阳神泉”。东汉章帝刘炟于建初元年（76）封其父明帝刘庄的第九女刘臣为鲁阳公主。汉代鲁阳县城在今昭平台水库中的邱公城。因下汤温泉距鲁阳故城最近，所以就成为鲁阳公主刘臣的专有温泉，世称“皇女汤”，竖有碑铭。东汉鲁阳属南阳郡，南阳为南都帝乡。张衡受命撰写《南都赋》，曾沿滍水而上，考察过鲁阳温泉，直至滍水的发源地尧山。他在《南都赋》中写道：“汤谷涌其后，淯水荡其胸。”“汤谷”就是指鲁山温泉所处的滍水河谷。魏晋时代鲁阳地处京都洛阳的畿辅之区，鲁山温泉深受皇家重视，人们对其疗疾功效尤其看重。西晋王廙《洛都赋》称：“鸡头温水，鲁阳神泉。不爨自沸，热若焦燃。……瘘瘵痱疴，浸之则痊。功迈药石，勋著不言。”“鸡头温水”指位于梁县（今汝州）崆峒山下的广成温汤，即今汝州温泉。“鲁阳神泉”即指鲁山温泉。

对鲁山温泉记载最详细的典籍是北魏郦道元的《水经注》。北魏朝廷将鲁阳县治自邱公城下迁至今鲁山县城，并设置广州鲁阳郡，州、郡治所均在新鲁阳县城。郦道元于宣武帝永平年间任职鲁阳太守，对滍水及其沿岸的温泉进行了实地踏勘，将之写入《水经注》。《水经注》卷三十一《滍水》曰："滍水又东，温泉水注之。水出北山阜，七源奇发，炎热特甚。阚骃曰：县有汤水，可以疗疾。汤侧又有寒泉焉，地势不殊，而炎凉异致。虽隆火盛日，肃若冰谷矣，浑流同溪，南注滍水。滍水又东经胡木山，东流又会温泉口。水出北山阜，炎势奇毒，痾疾之徒，无能澡其冲漂。救痒者咸去汤十许步别池，然后可入。汤侧有石铭云：皇女汤，可以疗万疾者也。故杜彦达云：燃如沸汤，可以熟米，饮之，愈百病。道士清身沐浴，一日三饮，多少自在。四十日后，身中万病愈，三虫死。即《南都赋》所谓'汤谷涌其后者'也。"

唐宋时代的地理志书对鲁山温泉都有记载，但更多关注的是"皇女汤"，即下汤温泉。因下汤温泉距县城较近，且其周围已形成市镇，道路畅通，便于县城官吏、士人、客商前往洗浴。北宋诗人晁冲之游鲁山温泉，作诗《题鲁山温泉》，将鲁山温泉与骊山温泉相比，感慨鲁山温泉虽没骊山温泉名气大，却为农人、征夫所享用。明清时代上、中、下三汤温泉被列入鲁山八景，称"汤谷温泉"。省府州县志书对上、中、下三汤的记述不绝于书：鲁山温泉"俗呼为上、中、下三汤，居民引为沐浴，能愈疮痍宿疾。”“温泉有上、中、下三，相去各二十里。初出奇热，可沦猪羊，下流数武，可以溉田。今下汤温泉去县西五十里，有浴室，僧人司之。”“今县治西五十里，名下汤，又有上汤、中汤，居民宰鸡猪，洗山茧丝，并于此。”明人江溥赋诗曰:“岩前滚滚燠通神，和气氤氲蔼若春。暖浪能削沉痼疾，清波堪浣世间尘。”

今人用现代科技手段对鲁山温泉进行测定分析，认为：泉水无色无味，稍带硫磺气。各泉群均属低矿度中到弱碱性含放射性元素的S04—Na型水。为矿泉水中的放射性热氡泉，氡浓度9—98爱曼/升。此外还含有苏打、硫磺等成分。用此水沐浴对人体有益无害，皮肤与氡及其分解物氡离子接触，在皮肤表面形成一层放射性薄膜，对人体有医疗作用。低含量的硫磺、苏打可以杀菌、消毒，清洁皮肤。对人体保健，特别是治疗风湿性关节炎、神经衰弱、牛皮癣、皮肤瘙痒等多种疾病有效。

鲁山温泉是大自然赐予鲁山人的一宗可持续开发的资源，一笔取之不尽用之不竭的财富。人们已经享用了数千年，今后还可以世世代代享用下去。

鲁山三宝

我国传统社会崇尚地方特产名产的意识很强，往往视特产、名产为“宝”。本地人因有某种特产、名产而引以自豪；外地人则通过特产、名产对某地产生好感而知之，识之。朝廷、官府对各地的特产、名产更是了如指掌，征之，享之；文人雅士得知某地有某种特产、名产，则会前往观之，赏之，歌之，咏之。从而使特产更特，名产更名。远的如东北三宝：人参、貂皮、乌拉草；宁夏五宝：枸杞、甘草、贺兰石、羊皮、发菜；福州榕城三宝：漆器、雨伞、角梳。近的如南阳三宝：独玉、烙画、出师表；汝州三宝：汝帖、汝瓷、汝石。

鲁山县地处豫西八百里伏牛山脉东段，淮河支流沙河上游，七方环山，东南一方为沙河东出之川口。这里恰恰在亚热带湿润区与暖温带半湿润区的分界线上，四季分明，夏秋雨量充沛，冬春相对温暖。地域辽阔，面积达 2432 平方公里；全景式的地形地貌，七山二水一分田。多样的地形，适宜的气候，使鲁山县物产丰富，特产、名产众多，远近知名。鲁山特产、名产中堪称为“鲁山三宝”的精品是鲁山花瓷、鲁山中草药、鲁山柞蚕丝绸。

鲁山花瓷产于鲁山段店窑，是唐代诸窑瓷器中的上品。这种瓷器是在黑釉、黄釉、黄褐釉、天蓝釉等釉面上再点以呈色不同的釉料，经高温焙烧后这些釉点会泛出紫红、天蓝、月白、褐绿或暗黑等纷繁的花色彩斑，在底釉的衬托下显得更加绚烂多彩。北京故宫博物院陶瓷馆藏有一件传世佳品花瓷羯鼓，就出自鲁山段店窑。这一件鲁山花瓷羯鼓在黑色底釉上散落着月白色和天蓝色斑点，釉艺精美，做工考究。羯鼓是唐代从西域传入的少数民族乐器。精通音律的唐玄宗李隆基称其为“八音之领袖，诸乐不可比”。羯鼓传入中原后，用中原名瓷烧制鼓身，奏起来尤其动听，艺术效果极佳。李隆基最欣赏的是鲁山花瓷羯鼓。他在与宰相宋璟谈论羯鼓时称：“不是青州石末，即是鲁山花瓷，撚小碧上，掌下有须朋肯之声。”这段话保留在唐代音乐文献《羯鼓录》中。

鲁山中草药自秦汉时代起就很有名。东汉末年南阳张仲景在抗击大疫中实践创制的医方所用中草药有不少出自包括鲁山在内的伏牛山区。这些医方都收入了他的名著《伤寒杂病论》，张仲景因之世称医圣。到唐宋时代，鲁山成为中原“天然药库”，几乎形成了“无鲁药不能成方”的局面。诗人宋之问在其《游陆浑南山自歇马岭到枫香林以诗代书答李舍人適》一诗中赞美鲁山伏牛山区盛产中草药:“晨登歇马岭，遥望伏牛山……石髓非一岩，药苗乃万族。……”文学家元结原本居住于洛阳，他父亲元延祖以“鲁山多灵药，遂家焉”，从此成为鲁山人。宋代《政和证类本草》中载明产自鲁山的中草药不少，如“薏实生鲁山平泽”,“恶实，别名牛蒡，生鲁山平泽”。有人考证明代李时珍《本草纲目》所收1500多种中草药，有上千种在鲁山境内都有出产。中草药最讲究货出地道，同一种药出在水土、气候条件不同的地方，其质量和药力是大不相同的。鲁山出产的中草药许多都是地道、纯正、名贵、珍奇的中草药品种，如辛夷、茯苓、连翘、金钗、百合、赤芍、桔梗、酸枣仁、天花粉、瓜篓仁、山茱萸、丹参、苦参、杜仲、香附子、车前子、全虫、天麻、枳壳、旱莲草、良姜，等等。

鲁山柞蚕丝绸。鲁山广阔的浅山区很适宜柞树生长。柞树的叶子可以养一种山蚕，叫柞蚕。柞蚕是中国的特产。鲁山有着悠久的养殖柞蚕的历史。早在春秋时代，鲁山、汝州、嵩县一带山区就居住着一支曼姓蛮族，据专家考证，这是一支很善于养蚕的族群。鲁山的柞蚕养殖到明清达到鼎盛。县境内有蚕坡数百万亩，浅山区的村镇呈现一派“人人养蚕，家家抽丝，户户织绸”的繁盛景象。在当时国内外市场上，称产于鲁山的柞蚕丝为“鲁山丝”，称产于鲁山的柞蚕绸为“鲁山绸”。直到民国初年这种盛况不减。据记载，民国十年（1921）鲁山年放养柞蚕 25000 多筐，产茧 40000 担，缫丝 4000 担 280000 斤。每斤丝时价值银币 8 元，可换购小麦 480 斤。280000 斤丝可换购小麦13400 万斤。当时鲁山人口不足 20 万。单养蚕一项即可保证全县百姓温饱有余。县城周围 50 个村庄拥有织绸机 4800 台，县城内 7 家练绸作坊年漂练“鲁山绸”26 万匹。城西关五里长街有丝绸行 230 多家，收购外销“鲁山绸”。上海“久成”“大丰”等钱庄在鲁山设有分庄，从事鲁山丝绸营销业务。“鲁山绸”在国际市场上也享有盛誉。在外商的广告中把鲁山丝绸誉为“天蚕作丝，仙女织绸”“厚薄坚柔任卷舒”“天然纤维皇后”。欧洲瑞士好士门公司家传 11 代专营鲁山丝绸。1914 年“鲁山绸”还参加了美国旧金山万国博览会。

除这三宝外，鲁山的特产、名产还有不少。如鲁山香稻，在汉唐盛世曾誉满神州。东汉张衡在《南都赋》中饱含深情地颂扬鲁山“滍皋香杭”。唐代宋之问在描绘“药苗乃万族”时还赞美“粳稻远弥秀”。其他如鲁山黑木耳、鲁山良姜、鲁山猴头等也很有特色。

随着时代的变迁，特别是计划经济几十年“六亿人民吃饭是头等大事”，强调“以粮为纲”“开荒种粮”；强调“一大二公”“整齐划一”。各地的特产、名产大多相继衰落，以至湮灭无闻了。而今市场经济是竞争经济，竞争呼唤品牌。品牌意识与日俱增。传统社会的特产、名产其实也是品牌。随着市场经济的发展，市场经济体制的完善，各地竞相把传统的特产、名产挖掘出来，打造成既具有历史根基又经过现代包装的知名品牌，抢占市场，大获其利。相信在不久的将来人们走出贫困，走出浮躁，追求平和，追求绿色和舒适的时候，鲁山“三宝”和其他特产、名产也一定会再展风采。

鲁山——中原天然中药库

大自然孕育出人类，也孕育出供人类饮食充饥及疗疾保健的水、天然有机动植物和天然无机矿物。人类与大自然是统一的、平衡的。中华民族先民最早明白了这个道理，在创建原始农业和原始畜牧业以解决人的衣食的同时，还通过“神农尝百草”创立了古老的中华传统医学。中华医学理论把每一个生命个体的人视为小宇宙，小宇宙处于大自然这个大宇宙之中，是大宇宙的一个有机组成因子，小宇宙无时无刻不受大宇宙的左右和影响。“天人合一”，小宇宙与大宇宙是联动的。当小宇宙与大宇宙处于平衡状态的时候，小宇宙的运动是正常的、健康的；当二者某一方的变化打破二者的平衡，小宇宙的运动就会出现问题，就会生出疾病。但这疾病可以通过协调小宇宙与大宇宙关系的办法来治疗，使不平衡恢复平衡。中华医学治疗疾病所用药物完全出自大自然的原生动植物和矿物。人类进步到今天，逐渐认识到以近代科技和工业文明为前提、以人与自然的对立为理论基点、以各种器械和化学合成药物为主要手段的西方医学不仅不能包治百病，对不明病因、病源的疑难杂症束手无策，相反还会引发一些意想不到的危及人的生命的医源性、药源性疾病。正因为如此，不少原本对中医中药抱有成见的国家和民族也开始重新审视中医中药这种最符合生态平衡规律的绿色医学。他们纷纷为中医中药立法，使中医行医和使用中药合法化。国际社会对天然动植物药的需求日益增加。如今，世界中药年销售额已达 160 亿美元，并且正以每年 10%—20% 的速度增长。国际中药市场前景看好。

鲁山县地处八百里伏牛山东段。境内“七山二水一分田”。“七山”中丘陵、浅山、深山、平川、峻涧各种地形、地貌齐全。这里又恰恰在亚热带湿润区与暖温带半湿润区的分界线上。特殊的地理位置、全景式的地形地貌、四季分明的气候、多样的生态环境，使这里成为众多中草药的最佳适生地，自古就有中原“天然药库”之誉。汉魏时代鲁山名鲁阳，属南阳郡，被尊为“医圣”的南阳张仲景遇大疫精研医理，用中原所产草药救治中原百姓，著成《伤寒杂病论》一书。该书所载医方的数百味药物大部分都出自伏牛山区。到了唐代，鲁山所产中草药更是盛名远扬，被尊为“灵药”。文学家元结的父亲元延祖原居洛阳，“以鲁山多灵药”，遂举家迁移于鲁山，于是元结成为鲁山人。

诗人宋之问自洛阳来鲁山，留下题为《游陆浑南山自歇马岭到枫香林以诗代书答李舍人適》的诗篇，描写行走在鲁山山间所见：“晨登歇马岭，遥望伏牛山。孤出群峰首，熊熊元气间。……粳稻远弥秀，栗芋秋新熟。石髓非一岩，药苗乃万族。……”歇马岭是汝州寄料与鲁山背孜之间的界山，南行越歇马岭进入鲁山境。伏牛山指伏牛山脉东段主峰尧山即石人山。“药苗乃万族”极言鲁山盛产中草药。据专家考证，明代李时珍《本草纲目》共收录1500多种中草药，其中千余种在鲁山境内都有出产。中草药最讲究货出地道。同一种药物出在水土、气候不同的地方，其药力和药效差别甚大。鲁山出产的中草药很多是地道、纯正、名贵、珍奇的中草药品种，如：辛夷、茯苓、猪苓、山楂、木通、连翘、金银花、金钗、百合、赤芍、桔梗、桃仁、杏仁、酸枣仁、天花粉、瓜篓仁、地丁、夜明砂、黄芩、细辛、薏仁、何首乌、麝香、鹿角、鹿血、白花蛇、熊胆、黄精、五灵脂、山茱萸、牵牛子、四叶参、丹参、苦参、龙胆草、天冬、南星、黄柏、杜仲、木香、草乌、香附子、车前子、牛蒡子、菟丝子、旱莲草、淫羊藿、豨莶草、全虫、山药、冬凌草、野菊花、益母草、天麻、白薇、枳壳，等等。历代鲁山百姓在采集野生药材中积累了丰富的经验，形成传之久远的民谚：“正月茵陈二月蒿，花期挖根质量糟。小满前后采菖蒲，立夏元胡找不到。半夏芒种到夏至，五月端五夏枯草。霜降以后刨山药，知母黄芩年余抱。秋天上山采桔梗，立冬宜把五加找。”尽管随着人口增多，盲目垦荒，山区植被破坏严重，水土涵养恶化，野生中草药生态环境不良，品种和产量急剧减少，但直至 20 世纪 80 年代鲁山中草药的种类和储量仍比较可观。

可是近二十年来，由于政府重视不够，职能部门引导乏力，特别是受浮躁心态影响，利益驱动促使，人们把精力都投向了挖煤窑、淘铁沙上，中草药的采集、种植被冷落在了一边，鲁山中草药在中药材市场上的声誉日渐式微。如今国家搞原产地域保护产品鉴定，焦作四大怀药、西峡山茱萸、方城裕丹参、南召辛夷、嵩县柴胡、卢氏连翘榜上有名，鲁山中草药却没有一种进入保护产品行列，真令人痛惜不已。南阳西峡有一家宛西制药厂，他们生产的六味地黄丸是保护产品、名牌产品。这家企业成为振兴南阳区域经济的支柱企业，由于宛西制药厂的带动，西峡县 40 万农村人口的一半成了药农，还涌现出了南召辛夷花、西峡山茱萸、桐柏桔梗、方城裕丹参、内乡黄姜、邓州麦冬、唐河半夏、社旗板蓝根等中药材生产基地。2003 年南阳市各县区中药材种植面积已达 164 万亩，实现产值 18 亿元。相比之下，难道就这样眼睁睁地看着大自然惠赐给我们的祖宗留给我们的久负盛名的鲁山中草药，在国内外中草药市场蒸蒸日上的今天一蹶不振吗？

盛唐名瓷——鲁山花瓷[①]

鲁山段店有唐代瓷窑遗址，所产瓷器称“鲁山花瓷”。“鲁山花瓷”乃盛唐名瓷。如今鲁山段店唐代瓷窑遗址已是国家重点文物保护单位。

一、“鲁山花瓷”之“鲁山”

“鲁山花瓷”之“鲁山”，原指唐代鲁山县。唐太宗贞观元年（627）改鲁阳县为“鲁山县”。“鲁山县”之名源自县城东十八里有一耸立的秀峰名“鲁山坡”（也称“鲁峰山”，俗称“露山坡”）。自唐贞观元年（627）起至今，“鲁山”用作

① 本文原载《平顶山日报》2011 年 3 月 2 日“文化”专栏。

县名已1390年了。说鲁山县是“千年古县”，最名副其实。

在唐贞观元年（627）之前，鲁山县本名“鲁阳县”。“鲁阳县”之得名系因县治（即县城）位于“鲁山”之阳。因广义上的“鲁山”不仅指城东十八里孤峰鲁山坡，而是西南自尧山发脉，顺木札岭向东北方向延伸，经蒸馍顶、焦山、钢山，至鲁山县与汝州市、汝阳县交界之岘山，再折向东偏南，历五垛山、铁山、娘娘山，到恃山南折至鲁山坡，这条大致呈“Π”形山系的总称。县城不管是秦汉魏晋时期在昭平台水库中的邱公城，还是北魏孝文帝拓跋宏迁至今县城，都处在这条弯环山系南侧怀抱里。山南曰“阳”，故名“鲁阳县”。鲁阳置县始于秦始皇二十六年（前221）统一六国实行郡县制。“鲁阳县”之名前后用了848年。而在名“鲁阳县”之前春秋战国时期的550年，不论是前期属郑，还是后来属楚，都是名“鲁阳邑”的。鲁阳县是由鲁阳邑演变而来。但自尧帝起到西周末年的一千三四百年，鲁山县就已有了“鲁县”之名。《左传》曰:“有陶唐氏既衰，其后有刘累，学扰龙于豢龙氏，以事孔甲，能饮食之。夏后嘉之，赐氏曰御龙，以更豕韦之后。龙一雌死，潜醢以食夏后。夏后飨之，既而使求之，惧而迁于鲁县。”不过那时的鲁县并非政区之称，而是指鲁地。夏代“尧之裔孙刘累奔鲁”，周代周公姬旦的初封地“鲁”，都在鲁山这块地方。

鲁——鲁阳——鲁山的“鲁”字本意是什么？长期以来人们对“鲁”的释义多依许慎《说文解字》“鲁，钝词也。从白，鱼声”。汉孔安国对《论语》“参也鲁”的注释即谓“鲁，钝也”。汉刘熙《释名》把许慎对“鲁”字的释义用来解释鲁这个国名，曰：“鲁，鲁钝也。国多山水，民性朴鲁也。”明清两代《鲁山县志》的纂修者依之，言：“鲁，《释名》曰：‘鲁，鲁钝也。国多山水，民性朴鲁也。’故邑之士民言多率直，无矫饰。”还说“士多椎鲁之习，民余质朴之风”“民多笨拙，少黠慧，株守田畴，不谙货殖”。这种对“鲁”的解释，是说“鲁”之名源于此地群山阻隔，风气闭塞，民性质直鲁钝。但若深究起来，这种解释是不能令人信服的。因为泱泱中华，“国多山水，民性朴鲁”者，何止鲁山县呢？其实，以“鲁”名山，以“鲁”名地，自有其来历。考之秦汉隶书及其以前的古文字，“鲁”字写作“上止下从”，“旅”也作“上止下从”。说明“鲁”“旅”原本是一个字。“旅”有“祭”义。《尚书·禹贡》“蔡蒙旅平”，《传》曰：“祭山曰旅。”《周礼·天官·掌次》“王大旅上帝”，《注》曰：“大旅上帝，祭于圜丘。国有故而祭，亦曰旅。”可见在上古时代，祭祀山岳，祭祀苍天，以及国之祭祀，都叫作“旅”。就是说“鲁”字也具祭祀之义。《汉书·地理志》载：“南阳郡鲁阳，有鲁山。古鲁县，御龙氏（刘累获氏号）所迁。”张衡《南都赋》载：“远世则刘后甘厥龙醢，视鲁县而来迁，奉先帝而追孝，立唐祠于尧山。”我们从“刘累立尧祠于尧山以祭尧”起码可以说：尧山之所以又名鲁山，尧山所在地之所以名鲁县，是因为尧之裔孙刘累在这座山上祭祀尧而得。正是有了“鲁山”这个山名，接着就衍生出了鲁山环抱着的“鲁”“鲁阳邑”“鲁阳县”“鲁山县”这一系列地名。

可见鲁山县之“鲁”是与华夏民族原生性信仰——祖宗崇拜伴生的，是中华五千年文明变迁史的一个表征。

二、“鲁山花瓷”是盛唐名瓷

“鲁山花瓷”是我国陶瓷史上唐代的一个陶瓷品种，其品名先由民间称起，后由唐玄宗李隆基亲口钦定。

据《羯鼓录》记载：“宋开府璟，虽耿介不群，亦深好声乐，尤善羯鼓。乐部行王询云：‘南山起云，北山起雨，即开府所为也。’始承恩顾，与上论鼓事，曰：‘不是青州石末，即是鲁山花瓷。’撚小碧上，掌下须有朋肯之声。”《羯鼓录》是唐宣宗大中年间（847—859）黔南观察使南卓所编著唐代音乐珍贵史料书。这段话中的“宋开府璟”指宰相宋璟，“上”指唐玄宗李隆基。我自1985年调到平顶山工作，在研究地方历史文化中发现了这条史料。1990年撰成《唐玄宗与鲁山花瓷》一文，在当年4月27日《平顶山日报》发表。称：“鲁山花瓷是唐代瓷器之上品。这种瓷器是在黑釉、黄釉、黄褐釉、天蓝釉等釉面上再施上呈色不同的釉料，经高温焙烧后泛出紫红、天蓝、月白、褐绿或暗黑等纷繁的花色彩斑。北京故宫博物院和河南省博物馆的陶瓷专家根据《羯鼓录》所载，从50年代到70年代对鲁山段店窑进行了反复调查、发掘，采集到五块羯鼓残片，其质地、釉色与故宫博物院所藏花瓷羯鼓完全一致，从而认定传世花瓷羯鼓就出自鲁山段店窑，段店窑就是鲁山花瓷的核心产地。”

中国陶瓷史上历代名瓷众多，但真正经皇帝之口定名的却极少。“鲁山花瓷”不说是唯一，恐怕也差不多。汝瓷，据说是由宋徽宗指令“雨过天晴云破处，那般颜色做将来”，但并没有说出“汝瓷”之名。只是到了清朝，乾隆皇帝为宫廷所藏十六件汝官瓷一件一件作诗，才写上“汝瓷”。而“鲁山花瓷”却是在唐玄宗与宰相宋璟讨论乐器羯鼓优劣时，亲口言说的。文化价值不可估量！

唐宋名瓷多以州名为称，而“鲁山花瓷”却是隔过了州以“鲁山”县为名的。这是因为唐朝盛世之鲁山县是东都河南府属下汝州的一个大县。鲁山县在隋朝和唐贞观元年（627）之前是设过“鲁州”的。更为重要的是，开元二十三年（735）任鲁山县令的元德秀是唐玄宗李隆基发现并表彰的亲民爱民贤良县令的典范。在当时，无论朝堂、官场，或民间，谁人不知元德秀，谁人不知鲁山县！“鲁山县”之名遂因贤令元德秀在全国一两千个县中特立独出叫响于天下。而宰相宋璟与唐玄宗李隆基讨论鼓乐又恰恰在这段时间，就无怪乎他们直称“鲁山花瓷”了。

三、传世“唐鲁山花瓷鼓”的正名应叫“汉震鼓”

过去人们一般把故宫博物院陶瓷馆收藏的传世唐鲁

山花瓷鼓叫作“唐鲁山花瓷羯鼓”，因为她出自《羯鼓录》嘛！无可厚非。连我1990年写小文《唐玄宗与鲁山花瓷》时也是把她称作“唐花瓷羯鼓”的。民间俗称则谓：“花瓷腰鼓”“花瓷拍鼓”，或直称“花鼓”。近来，我把《羯鼓录》原文反复研究一下，发现她的正名应该叫“汉震鼓”。

《羯鼓录》在“不是青州石末，即是鲁山花瓷。撚小碧上，掌下须有朋肯之声”之后，接着说：“据此乃是汉震第二鼓也。且鼓腔用石末、花瓷，固是腰鼓。掌下朋肯声，是以手拍。非羯鼓明矣。”最后一句“非羯鼓明矣”，说明用青州石末或鲁山花瓷做鼓腔的鼓不是羯鼓，“乃是汉震第二鼓”。

“汉震鼓”的意蕴是什么？据《周易·说卦》：“万物出乎震。震东方也。”《周易·杂卦传》：“震，起也。”《尔雅·释诂》：“震通妊，通娠。生也。”“震，亦通振。”可见震的含义是“生”，是“起”，是振奋。这样一来，“汉震鼓”的意蕴就很明白了。羯鼓是从西域传进来的。我猜测，汉震鼓则是汉人本土固有的。羯鼓的声音比较碎急，而汉震鼓则粗犷浑厚持重有力，能够充分振奋（生、起）大汉之声威。大唐是个既充满自信又敞开胸怀的大器朝代，所以唐玄宗李隆基与宰相宋璟“兼擅两鼓”。

今天，中华大地涌起弘扬优秀传统文化浪潮，鲁山县已制定出打造“花瓷之都”的战略，规划了花瓷小镇。相信在汉震鼓点的激励下，“鲁山花瓷”定能再创汉唐盛世的辉煌。

从曲阜孔府宴席到鲁山揽锅菜①

曲阜孔府有一套独特的菜谱和烹饪方法，通常称“孔府菜”。孔府菜宴席一般有三种规格：孔府燕菜全席、孔府“三大件”席、孔府“十大碗”席。

孔府燕菜全席，又叫“高摆酒席”，用于招待皇帝和最高政要。宴席的主宾位置不围桌而坐，留一空缺，齐桌围并排摆上四个“高摆”。高摆是燕菜全席上特有的装饰品，江米面做成一尺来高、碗口粗细的圆柱形，摆在四个大银盘中。高摆表面和盘里密密麻麻镶满由莲子仁、瓜子仁、核桃仁等各种不同颜色、不同形状的细干果精美图案。在圆柱正面各镶出一字，四个字连起来构成酒宴祝词，如“寿比南山”之类。每桌要上以燕窝领衔的一百三十六道

① 本文原载《平顶山日报》2011年3月2日“文化”专栏。

菜，每道菜都有一个非常讲究的名字，如有一道菜叫“带子上朝”，是一只鸭携着一只鸽。孔府“三大件”席，用于招待一般客人和主家过节享用。以海参、鱼翅、鸭子为主菜，每件附带有四冷碟、四热碟、四饭菜，最后上甜食、点心、水果。这样每桌总计有三十九道菜。孔府“十大碗”席，是节庆时犒劳仆人的。每桌上十碗菜，有海参、鱼肚、红肉、清鸡丝、瓦块鱼、白肉、海米白菜、肉饼、八仙汤、甜饭。

清朝末年袭爵第七十六代衍圣公的孔令贻是个美食家，喜欢吃“渣菜”。所谓渣菜是指从正规宴席上撤下混倒在一起的剩菜，隔顿热一热再吃。孔令贻说渣菜百味和合，特别是剩一剩发点酸，口感极好。孔令贻不仅吃自家宴席的渣菜，而且赴孟、颜、曾三家宴会时，也不忘捎回一些渣菜享用。曲阜城里有两家大户孙家和蒋家，在清朝做过道台，与孔令贻过从甚密。每逢他们家有喜庆宴席，孔令贻就会叫下人拿着盆去讨渣菜。两家主人不好意思真给渣菜，就现做几道宴席上的菜，混在一起烩烩，设法做得像渣菜一样，让带回去。如果做得不像渣菜，孔令贻就不爱吃。

鲁山县居住着孔子一支后裔，称“鲁山派”。鲁山派系孔子第三十五代孙孔若思于唐光宅元年（684）任汝州刺史卸任后定居鲁山繁衍下来的。是五代以前落籍外地的十二支孔子后裔（十二派）中较早的一支，在全国孔氏家族中地位尊崇，经常派年高德昭者回曲阜参加春秋祭扫和合族修谱。光绪年间一次孔氏鲁山派族长回曲阜参加大祭，拜谒了衍圣公孔令贻，谈起饮食起居，不经意间了解到孔令贻吃渣菜的嗜好，孔令贻还与其共享了一次从蒋家讨回的渣菜，感觉味道确实不错，回鲁山后就依样画葫芦让厨师试着做起一锅煮的杂烩菜来。用鲁山山区农家养的隔年肥猪大肉煮成的肉块、高汤，炸成的酥肉、丸子，佐以地产猴头、木耳、金针、鹿茸，加上油炸豆腐、粉条子，放在锅里一揽子杂烩，遂做出五味和合风味独特的杂烩菜来。经过一些时日，这种一揽子铁锅杂烩菜的做法慢慢从鲁山孔家传出，在鲁山及周围县份流布开来。时至今日，豫西滍水、汝水流域乡民不论饥荒穷富，过年除了年三十晚上吃顿饺子，就是大年初一中午的馒头就杂烩菜。

这种菜因是从鲁山孔家传出的，制作方法上是把备好的料菜一揽子放在锅里用高汤烩制而成，因此人们就把它叫作“鲁山揽锅菜”。

从军屯营盘到商业集镇的张官营[①]

张官营镇为鲁山县沙河南东部重镇，311 国道叶县至鲁山段穿境而过，镇区西依犨邑故城。

犨邑在夏商周三代作族姓小国之都千余年。进入春秋时代，公元前 678 年楚文王“封畛域汝”，把滍、汝流域纳入楚国版图，犨邑成为楚国“方城之外”的一个属邑，楚康王封伯州犁于犨。康王死，子郏敖继位，伯州犁出任太宰，辅佐楚王郏敖。公元前 541 年楚令尹公子围命伯州犁在犨筑城，控扼南通江汉平原，北达洛阳盆地的古道夏路，从此犨城成为“方城之外”的军事重镇，并以犨城为端点筑起一条与方城平行的长城，以加强方城的纵深防御功能。秦统一六国于此置犨县属南阳郡，犨城成为南阳郡的北部

① 本文原载 2012 年 12 月 8 日《中国平煤神马报》。

门户。公元前207年，沛公刘邦受楚怀王熊心之命西进攻秦，6月与南阳太守吕齮战于犨东。吕齮大败，刘邦乘胜跟进，围南阳，逼武关。刘邦犨东大胜后，秦南阳、丹水守将皆不战而降，史称“刘邦引兵而西，无不下者”。犨东一战是灭秦的关键一战，刘邦手下名将张良、萧何、曹参、樊哙等几乎都参加了，众志成城挫败秦军士气，打通了经南阳，走武关，越秦岭，取咸阳的武关道，迅速完成了灭秦大业。犨东之战古战场正在张官营镇区所在地。汉承秦制继续在这里设置犨城县，历汉魏西晋北朝至隋朝800年而不衰。历史车轮滚滚向前，自唐起犨城在行政地图上消失600年后，推翻元朝建立大明的朱元璋于洪武二十五年（1392）亲御都城左顺门诏令指挥葛川：“伊王于明年出阁河南，你可先于（滍、汝流域）五百里地内屯垦，多种小麦，以便家口就食。”于是葛川奉命率领所部移师汝州、襄城、鲁山、郏县、叶县等处，“设置百户二十，典仪所六，屯垦营盘七十二”，垦种无主荒田，以其收获物供给住在洛阳的伊王府。张官营周围军屯营盘比较集中，占了七十二营盘的一半还多。在张官营镇辖区内就分布着季官营、梁官营、洪营、陈营、吴营、大吴营、小吴营、聂营、小聂营、小营、肖营，还有西邻磙子营乡的磙子营，东邻叶县任店镇辖区内的郭营、王营、高营、宋营、灰河营、柳疙瘩营、汪营、千兵营、辉岭营、史营、中旗营、刘旗营、尚武营、前营、后营、高旗营，及田庄乡的段营、牛营、黄营等，据说这30多处营盘都归张官营统管。明嘉靖四十四年

（1565）张官营的张姓营官受命带领部署参加戚继光平倭之役，立下战功，因此张官营张姓祠堂留下楹联：“征倭记宗功，荣膺百户家声远；屯田袭父职，延脉三川世泽长。”横批：“犨河旧家。”明朝张官营及其周围的营盘一直属汝州卫直管。清朝废除卫所制度，张官营及其周围的营盘归汝州直管。民国时期，撤销汝州建制，改原汝州的附郭县为临汝县，张官营及其周围的营盘仍归临汝县管辖，先后为临汝县第七区、第十区。这种状况直到民国二十三年（1934）以后才得以改变，民国二十四年（1935）正式划归鲁山管辖，置张官营镇。

张官营及其周围数十里的营盘地区地势平坦，土壤肥沃，河道纵横，水利条件优越，盛产小麦、玉米、高粱、小米、红薯等粮食作物，还有产量相当可观的芝麻、油菜、大豆、蔬菜等经济作物及蒲公英、木贼、莲子、地黄、夏枯草等中草药。其中犨河萝卜个大脆甜，营养丰富；营东大白菜品种优良，芯实个大，口味鲜美。

张官营地处古宛洛商道上，北通滍阳、汝州，南接拐河、方城，又恰在沟通叶县、鲁山两座沙河沿岸县城的车马大道中段，自明朝中期商品经济日趋繁荣以后，从这里过往的商旅日增，信息通达，逐渐形成辐射方圆百里的商埠。农历单日有集市，每年正月十六、三月十九、六月六、八月十三有盛大古刹会市。凡逢集日，人流量少则数千，多则上万；逢大会少则上万，多则数万乃至数十万，引得极会做生意的晋商、秦商纷纷来此置业设行，开铺做买卖。

秦、晋商人聚集多了，还自发建立具有商会性质的山陕会馆，聚拢人气，弘扬商德，约束商户，规范经营。山陕会馆内建有供奉忠义化身关帝的殿堂和定时集会娱乐的戏楼。即便到了清末民初时期，张官营镇区还有众多的油坊、染坊、酒馆、屠行等作坊及行商客栈和坐贾铺面。其中“原泰久”杂货铺、“德茂祥”金货铺日进斗金最为昌盛；“万益堂”“福寿堂”“福升堂”三大中药铺，药产地道，炮制精良，名医坐诊，誉闻百里之外。进入 20 世纪，英美烟草公司开辟中原烟区，由于这里水土、气候适宜烟草生长，烤出的烟叶成色好、香味佳，深受许昌、汉口乃至上海等地烟商垂青，他们来此设置烟磅收购外运，同时也带动本地卷烟业发展起来。兴旺时张官营镇区建起“大东”“元封”“新民”等卷烟厂，生产“广播牌”“好乐牌”“人头狗牌”香烟，产量可观，远销上海、汉口、重庆等地。

富生礼仪。清朝康乾盛世时，张官营镇傅家“七世同居”，子子孙孙 150 多口，共同劳动，共同生活，和睦相处，其乐融融，成为当朝盛事。地方政府逐级上报，直达朝廷。乾隆皇帝阅奏，龙颜大悦，御书“敦睦传家”匾额赐给“七世同居”的傅家家长——秀才傅麟瑞，以示表彰，同时还赐予《御制“七世同居”诗并序》：“河南巡抚梁肯堂奏：‘鲁山县生员傅麟瑞七世同居，子孙一百五十余人。’诗以赐之。中州夙号民风古，麟瑞今闻实可嘉。‘七世同居’如许世，百人共爨胜杨家。雍雍敦睦倡乡里，噶噶致祥表近遐。敢曰休徵因奏运，安民调化敬唯加。”地方政府在镇区中央街衢建起“皇赐‘七世同居’石牌坊”一座，以供过往官民、客商瞻仰。张官营傅家由此成为全国知名的和睦大家庭典型。

乡间集镇和民间家庭是社会的基本细胞，正是像张官营这样繁荣兴旺的集镇和张官营傅家这样富足和睦的家庭，烘托起了康乾盛世天下太平的气象。

第八辑　碑刻文化篇

鲁山境域著名古碑刻摭谈[①]

今天鲁山境域在汉代分属南阳郡，唐宋时代属汝州，是古都洛阳的南部门户。历代文化名人在这里留下了众多碑刻。这些碑刻有的至今仍保存完好，有的虽已毁坏不存，但在有关文献中已有著录。本文试选取其中一部分作些许考察，以期有助于对鲁山境域历史文化的研究。

汉碑

州辅碑。今本郦道元《水经注》卷三十一《滍水注》载:“滍水南有汉中常侍、长乐太仆吉成侯州苞冢。冢前有碑，基西枕冈。城开四门，门有两石兽。坟倾墓毁，碑兽

① 本文原载《平顶山师专学报》1991 年第 1 期。

沦移。人有掘出一兽，犹全不破，甚高壮，头去地减一丈许，作制甚工，左膊上刻作‘辟邪’字。门表堑上起石桥，历时不毁。其碑云：‘六帝四后，是咨是诹。’盖仕自安帝，没于桓后。于时阉阉擅权，五侯暴世，割剥公私，以事生死。夫封者表有德，碑者颂有功，自非此徒，何用许为？石至千春，不若速朽，苞墓万古，祇彰消辱。呜呼！愚亦甚矣。”编著《歧路灯研究资料》的栾星先生在叙述《歧路灯》作者李绿园的家乡环境时，依此确定该碑为“吉苞墓碑”。考此碑位置在今平顶山市郊区曹镇乡西部鱼齿山麓。这里在唐、宋时代属汝州龙兴县，明、清时代属汝州宝丰县。该碑已佚，碑文残字摹本存《汝帖》内。北宋赵明诚著《金石录》，称此碑谓“汉吉成侯州辅碑”。《金石录》卷一《目录》一载“第七十四《汉吉成侯州辅碑》，永寿二年十二月”。从而可知此碑树于东汉桓帝永寿二年，即公元156年。

唐碑

唐元结墓碑。《金石录》卷八《目录》八载“第一千五百五十六唐《元结碑》，颜真卿正书”。卷二十八《跋尾》十八载：“右唐《元结碑》，颜鲁公撰并书。案《唐书》，结，后魏常山王遵十五世孙。而《碑》与《元氏家录序》皆云‘十二世’，盖《史》之误。又《碑》与《元和姓纂》皆云‘结高祖名善祎’而《家录》作‘善禘’，未知孰是也？”《目录》和《跋尾》均未书该碑树立年月。《金石萃编》所载碑文，谓“元结葬于大历七年十一月”。《校碑随笔》即定此为建碑之年月。唐代大历七年，即公元772年。墓主元结，字次山，唐代文学家，汝州鲁山县人。天宝进士，曾参加抗击史思明叛军，立有战功。后任道州刺史、容州都督兼御史中丞、本管经略使。为诗注重反映政治现实和人民疾苦，散文也多涉及时政，风格古朴。死葬鲁山县泉陂原，碑即立于墓前。元季为兵火暴毁，文字残缺。明万历四十二年（1614）经鲁山县教谕广西灌阳唐庆云移至县城儒学文庙院内，现存鲁山县高级中学碑亭。碑高1.83米，宽0.96米，厚0.26米。四面环书，共42行，行334字，述元结生平、政绩和文学成就甚详，是研究元结的重要资料。该碑撰书皆为颜真卿。《唐书·颜真卿传》载“颜真卿，字清臣，琅琊临沂人，少孤，博学工词章。开元中举进士，擢制科，天宝末出为平原太守，历选刑部尚书、太子太师，赠司徒，谥文忠。真卿立朝正色，刚而有礼。天下不以姓名称，而独曰鲁公。善正草书，笔力遒婉，世宝传之”。《墨池编》评价其书法曰：“鲁公尤嗜书石，大几咫尺，小亦方寸。碑刻遗迹，存者最多。观《中兴颂》，则宏伟发扬，状其功德之盛；观《家庙碑》则庄重笃实，见其承家之谨；观《仙坛记》则秀颖超举，像其志气之妙；观《元次山碑》则淳涵深厚，见其业履之纯。余皆可以类考，点如坠石，画如夏云，钩如屈金，戈如发弩，纵横有象，低昂有态。自羲、献以来未有如公者也。”

唐元鲁山墓碣。《金石录》卷八《目录》八载“第一千五百七十七《唐元鲁山墓碣》，李华撰，颜真卿正书，李阳冰篆额，建中四年秋”。此碑树于建中四年，即公元783年。墓主元德秀，字紫芝，河南（今河南洛阳市）人。少孤，事母孝，举进士，不忍去左右，自负母入京师。既擢第，母亡，庐墓侧，食不盐酪，藉无茵席。家苦贫，乃求为鲁山令。爱民如子，勤勤恳恳，政绩卓异。岁满去职，爱陆浑佳山水，乃定居。陶然弹琴以自娱，房琯每见德秀，叹息曰：“见紫芝眉宇，使人名利之心都尽。”天宝中卒，天下高其行，称曰“元鲁山”。撰者李华，字遐叔，唐代著名散文家。少旷达，外若坦荡，内实谨重，尚然许。开元进士，官监察御史、右补缺。其文大抵以《五经》为泉源，文辞绵丽，与萧颖士齐名。晚去官隐山阳，天下士大夫家传墓版及州县碑颂，时时赍金往请。篆额者李阳冰，字少温，唐代著名文字学家、书法家。乾元时为缙云县令，官至将作监。工篆书，得法于《峄山石刻》，变化开合，自成风格，后来学篆者多宗之。墓主的德行，撰者的文采，书者篆额者的精湛书法艺术，堪称“四绝”，故此碑被誉为“四绝碑”。《旧唐书·李华传》载“华尝为《鲁山令元德秀墓碑》，颜真卿书，李阳冰篆额，后人争模写之，号为‘四绝碑’”。

宋 碑

元鲁山琴台记。《金石录》卷十《目录》十载“第一千八百九十四《元鲁山琴台记》，宋整撰，正书，无姓名。大中八年正月”。此碑树于唐宣宗大中八年，即公元854年。元鲁山琴台在汝州鲁山县，即今平顶山市鲁山县。《旧唐书·元德秀传》载：“玄宗在东都，酺五凤楼下，命三百里县令、刺史各以声乐集。是时颇言且第胜负，加赏黜。河内太守辇优伎数百，被锦绣，或作犀象，瑰谲光丽。德秀惟乐工数十人，联袂歌《于蔿于》。《于蔿于》者，德秀所为歌也。帝闻，异之，叹曰‘贤人之言哉！”’谓宰相曰：‘河内人其涂炭乎？’乃黜太守。”元德秀精通音乐，善抚琴。琴台是元德秀令鲁山期间弹琴与民同乐的地方。《集古录·元鲁山琴台记》载：“琴台者，故县令元德秀之所立。”《太平寰宇记》载：“琴台在（鲁山）县故子城东南墙上，广二百步。即唐开元中元德秀为令弹琴于此。”此碑已佚。撰者宋整生平失考。

这些古碑刻，无论从金石学、考古学，还是文献学角度，抑或从书法艺术史角度看，都有很高的价值。是鲁山境域历史文化的一个重要组成部分。

《元次山表墓碑铭》校勘

按：我手中收藏的康熙《鲁山县志》、乾隆《鲁山县志》、嘉庆《鲁山县志》及新修《鲁山县志》都录有颜真卿撰书的《元次山表墓碑铭》，另外，聂文郁《元结诗解》附录有抄自《颜鲁公文集》第十一卷的《唐故容州都督兼御史中丞本管经略使元君表墓碑铭》。相互参照细读，发现有不少歧异之处，特别是原碑缺损部分的文字，各本出入甚大。为了弄清碑文的本来面目，我以80年代的拓片为底本，以以上诸本为参校本，对碑文进行标点校勘，就各本歧异之处作校勘记于后。拓片中缺损字用［ ］标示，各本无歧异者补入其中，不出校勘记；有歧异者，以己意断之，补入其中，在校勘记中罗列各本之文字。拓片中不缺，而各本有歧异者，加（ ）标示，亦出校勘记，揭明各本之不同。

唐故容州都督［兼］御史中丞本管经略使元君表墓碑铭并序

金紫光禄大夫、行湖州刺史、上柱国鲁郡开国公颜真卿撰并书

［呜］呼！可惜哉，元君！君讳结，字次山，皇家忠烈、义激、文武之直清臣也。盖后魏昭成皇帝孙曰常山王遵之十二［代］孙。自遵七叶，王公相继，著在惇史。高祖善祎，皇朝尚书都官郎中，常山郡公。曾祖仁基，朝散大夫，褒信令，袭常山公。祖利贞，霍王府参军，随镇，改襄州。父延祖，清静恬俭，历魏成主簿、延唐丞，思闲，辄自引去，以鲁县商余山多灵药，遂家焉，及终，门人谥曰“太先生”，宝应元年，追赠左赞善大夫。

君聪悟宏达，倜傥而不羁。十七［始知］[①]书，乃［受］学于宗兄先生德秀，尝著《说楚赋》三篇。中行子苏源明骇之曰：“子居今［而作］（真淳）[②]之语，难哉！然世自浇浮，何伤元子。”天宝十二载举进士，作《文编》，礼部侍郎阳浚曰：“［一］第汙元子耳，有司得元子是赖。”遂

① 始知 此二字嘉庆《鲁山县志》（以下称嘉庆《志》）以原碑字迹漫漶，留空。

② 真淳 乾隆《鲁山县志》（以下称乾隆《志》）作“异淳”，“异”字与原碑不符，误。《颜鲁公文集》（以下称《文集》）、康熙《鲁山县志》（以下称康熙《志》）作“真惇”，“惇”与原碑不符，误。

登高（科）[①]。

及（羯胡）[②]首乱，逃难于猗（玗）洞[③]。因招集邻里［二百］[④]余家奔［襄阳］。玄宗异而征之，值君移居（讓溪）[⑤]，乃寝。乾元二年，李光弼拒史思［明于河］[⑥]阳。肃宗欲幸河东，闻君有谋略，虚怀召问，君悉陈兵势，献《时议》三篇。上大［悦，曰］：“卿果破朕忧。”遂停。乃拜君右金吾兵曹，摄监察御史，充山南东道节度参［谋］，仍于唐、邓、［汝］、蔡等州，招缉义军。山棚高晃等率五千余人一时归附，大压贼境。于［是］，思明挫锐，不［敢南］[⑦]侵。前是，泌南战士积骨者，君悉收瘗，刻石立表，命之曰“哀丘”。将［吏感焉，无］[⑧]不勇励。［玺书频］[⑨]降，威望日崇。时张瑾杀史翙于襄州，遣使请罪，君

---

① 科《文集》、康熙《志》作“第”，与原碑不符。

② 羯胡 康熙《志》、乾隆《志》作“禄山”，与原碑不符。

③ 玗《文集》作“犴”，与原碑不符。

④ 二百“二”字漫漶，嘉庆《志》留空。

⑤ 讓《文集》、康熙《志》、乾隆《志》、新修《鲁山县志》（以下称新《志》）均作“瀼”，与原碑不符。

⑥ 明于河“河”字嘉庆《志》留空。

⑦ 敢南“南”字嘉庆《志》留空。

⑧ 吏感焉无“感焉无”三字嘉庆《志》留空。

⑨ 玺书频“书频”二字嘉庆《志》留空。

为［闻奏，特蒙嘉纳，乃真拜君监察，仍授部］[①] 将张远帆、［田瀛等十数人将军。属荆南有专杀者，吕湮为节度使，湮辞以无兵。上曰：“元结有兵在泌阳。”乃拜君水部员外郎，兼殿中侍御史，充湮节度判官。君起家十月］[②]，超拜至此，时论荣之。

属道士申泰芝诬湖南［都防御使庞承鼎谋反，并判官吴子宜等皆］[③] 被决杀，推官严郢坐流。俾君按覆，君建明承鼎，［获免者百余家。及吕湮卒，淮西节度使王］[④] 仲

---

① 闻奏特蒙嘉纳乃真拜君监察仍授部 此十五字因碑残字毁，嘉庆《志》留空。其中“监察”，乾隆《志》作“监察御史”，与原碑相比多出“御史”两字。

② 田瀛等十数人将军属荆南有专杀者吕湮为节度使湮辞以无兵上曰元结有兵在泌阳乃拜君水部员外郎兼殿中侍御史充湮节度判官君起家十月，其中“数人”二字与“有专杀者吕湮为节度使湮辞以无兵上曰元结有兵在泌阳乃拜君水部员外郎兼殿中侍御史充湮节度判官君起家十月”四十九字，碑残字毁，嘉庆《志》留空。

③ 都防御使庞承鼎谋反并判官吴子宜等皆 其中“都”字，乾隆《志》、嘉庆《志》有，他本均无。按拓片每行字数推之，应有“都”字。“防御使庞承鼎谋反并判官吴子宜等皆”十六字因碑残字毁，嘉庆《志》留空。

④ 获免者百余家及吕湮卒淮西节度使王 此十六字因碑残字毁，嘉庆《志》留空。其中“及吕湮卒”，诸本皆补作“及湮卒”，但按拓片每行字数计，应有“吕”字，酌补之，供参考。

（昇）[1] 为贼所（拴）[2]，裴茂［与来瑱交恶］[3]，远近危惧，［莫敢谁何？君知节度观察使事，经月，境内］[4] 晏然。今上登极，（节使）[5] 留后者，例加封邑，［君逊让不受，遂归里养亲，特蒙褒奖，乃拜著］[6] 作郎，遂家于武昌之樊口，著《自释》以见意。其略曰：少习静［于商余山，著《元子》十卷；兵起逃］[7] 难于猗（玕）[8] 洞，著《猗（玕）[9] 子》三篇；将家（讓）[10] 滨，乃自称浪士，著《浪说》［七篇；及为郎时，人以浪者亦］[11] 漫为官乎？遂见呼为漫郎，著《漫

---

① 昇 康熙《志》作“鼎”，与原碑不符，误。

② 拴《文集》作“擒”，与原碑不符。

③ 与来瑱交恶 此五字损毁，嘉庆《志》留空。

④ 莫敢谁何君知节度观察使事经月境内 其中“敢谁何君知节度观察使事经月境内”十五字碑残字毁，嘉庆《志》留空。

⑤ 节使《文集》作“节度使”，比原碑多出一个“度”字。

⑥ 君逊让不受遂归里养亲特蒙褒奖乃拜著 此十七字碑残字毁，嘉庆《志》留空。其中“里”字，诸本皆脱，按拓片每行字数计，应有“里”字，酌补入，供参考。

⑦ 于商余山著元子十卷兵起逃 此十二字因碑残字毁，嘉庆《志》留空。

⑧ 玕《文集》作“犴”，与原碑不符。

⑨ 玕《文集》作“犴”，与原碑不符。

⑩ 讓《文集》、康熙《志》、乾隆《志》、新修《鲁山县志》（以下称新《志》）均作“瀼”，与原碑不符。

⑪ 七篇及为郎时人以浪者亦 此十一字因碑残字毁，嘉庆《志》留空。

记》七篇。及家樊上，渔者戏谓之聱叟，以［君之漫其犹聱也］[①]；又以君漫浪于人间，或谓漫叟。岁余，上以君居贫，起家为道州刺史。[初，道州为西原][②]贼所陷，人十无一，户才满千。君下车行古人之政，二年间，归者万余家。贼亦［怀畏敛迹，不］[③]敢来犯。

既受代，百姓诣阙，请立生祠，仍乞再留观察使。奏课第一，转容府都督兼［侍御史］[④]本管经略使，仍请礼部侍郎张谓作《甘棠颂》，以美之。容府自艰虞以来，所管皆固拒［山谷］[⑤]，君单车入洞，亲自［喻抚］[⑥]，六旬而收复八州。丁陈郡夫人忧，百姓诣使请留，大历四年［夏］[⑦]四月拜左金吾卫将军，兼御史中丞，本管使如故。君矢死陈乞

---

①君之漫其犹聱也 此处碑残字毁，嘉庆《志》留空七个字。按拓片每行字数计，这里确实应有七个字，但其他本子皆于脱失。现谨据元结《自释》原文酌补此七字，供参考。

②初道州为西原 此六字碑残字毁，嘉庆《志》留空。他本仅作“州为西原”四字，按拓片每行字数计，这里应有六个字。酌补“初道”二字，供参考。

③怀畏敛迹不 此五字碑残字毁，嘉庆《志》留空。他本均为“怀畏不”。按拓片每行字数计，尚缺两字。酌补“敛迹”二字，供参考。

④侍御史 此三字碑残字毁，嘉庆《志》留空。

⑤山谷 此二字碑残字毁，嘉庆《志》留空。

⑥喻抚 康熙《志》《文集》作“抚喻”，乾隆《志》作“抚育”，皆与原碑不符。

⑦夏 嘉庆《志》留空。

者再三，优诏（哀）[①] 许。七年春正月，朝京师，上［深］礼重，方加位秩，不幸遇疾。中使临问者相望。夏四月庚午，［薨］于永崇坊之旅馆，春秋五十，朝野震悼焉。二子以方、以明，能世其业，名虽著而宦未立。以其年冬十一月壬寅，虔葬君于鲁山青岭泉陂原，礼也。

［呜］呼！君，其心［古］，其行古，其言古。躬是三者而见重于今，虽拥旄麾幢，（揔）[②] 戎于五岭之下；弥纶秉宪，对越于九天之上，不为不遇。然以君之才之德之美，竟不得专征方面，登翼太阶，而感激者，不能不为之太息也。

君雅好山水，闻有胜绝，未尝不枉路登览而铭赞之。感中行见知之恩，及亡，至今分宅以恤其子，其不［偷也，多］[③] 此类。中书舍人杨炎、常衮皆作碑志以抒君之德业。故吏大历令刘衮、江华令瞿令问；故将张满、赵温、张协、王进兴等，感念恩旧，皆送［丧］[④] 以终葬，竭资礱石，愿垂美以述诚。真卿不敏，尝忝次山风义之［末］，尚存［ ］[⑤] 往，敢废无愧之辞。铭曰：

次山斌斌，王之荩臣！义烈刚劲，忠和俭勤；炳文华

---

① 哀《文集》、康熙《志》作“褒”，与原碑不符。

② 揔 各本皆作“总”，误。“总”为“総”“總”的简化字，而“揔”同“摠”无简化对应字。

③ 偷也多 此三字漫漶，嘉庆《志》留空。

④ 丧《文集》作“哭”，误。

⑤ 漫漶难识，嘉庆《志》留空。新《志》作“盥”，误。

国，孔武宁屯。率性（直方）[①]，秉心真淳。见危不［挠］，临难［遗身。侃侃令德］[②]，今之古人！奈何清贤，［赍］[③]志莫伸。群士立表，垂声不泯。

① 直方《文集》、康熙《志》作“方直”，与原碑不符。

② 遗身侃侃令德 其中“侃侃令德”，《文集》、康熙《志》作“允矣全德”，与原碑有异。

③ 赍《文集》、康熙《志》作“素”，与原碑不符。

关于鲁山《元结墓碑》的三个问题①

颜真卿撰书《元结墓碑》的字数是多少

现存于鲁山县一高老校区（原文庙）院内的颜真卿撰书《元次山表墓碑铭》，简称《元结墓碑》，已于2006年5月25日，由国务院公布为第六批全国重点文物保护单位。

该碑碑文文献价值甚高，欧阳修等修的《新唐书》依之撰成《元结传》；中国现代学贯中西文史兼通的史学大师陈寅恪先生，为证明《柳氏传》中天宝十二年（753）知贡举者礼部侍郎“杨度”为“阳浚”之误，在广征《新唐书》《唐语林》《李义山文集》《唐才子传》等书后，复取颜

① 本文原载《平顶山日报》2016年5月4日“文化”专栏。

真卿《元结墓碑》为证，仅此碑即先格《金石萃编》《八琼宝金石补正》之考录，最后请刘节查北平图书馆藏善拓颜书此碑，始得定谳，并驳正徐松校作“杨浚”之误。《元结墓碑》的书法更是传世颜体碑帖名品，为历代书家所珍视，在宋《宣和书谱》、欧阳修《集古录》、赵明诚《金石录》、陈思《宝刻丛编》、清钱大昕《潜研堂金石文跋尾》、毕沅《中州金石记》、王昶《金石萃编》和欧阳甫《集古求真补正》等书中均有详细著录;《宣和书谱》论颜真卿书法:“至其千变万化各具一体，若《元次山铭》之深厚，亦其所得者愈老也”，清翁方纲《复初斋文集》称:“《元结碑》乃鲁公之正书上品。”

颜真卿是以满怀对逝者好友元结深深崇敬与惋惜的心情，撰文并书丹《元结墓碑》的。运笔上巧妙把握藏锋、露锋、中锋、裹锋的分寸，使笔画清劲丰肥，并参以篆、隶、魏碑笔意，以收笔笔精到、字字不俗、精气摩云、充满生力的艺术效果。与作者其他作品相比，该碑结字方正谨严，庄重磊落，左右竖画略呈弧形，显得更加圆润敦厚;章法上字与字，行与行间空隙较小，平添几分致密美意;用墨上笔满墨浓，苍润结合，使之更加质朴凝重。做到了用墨、结字、章法很好地融为一体，完美蕴含了对元结的深情厚谊。

此碑早期善拓本极少，元明间拓本藏北京图书馆。但关于该碑的字数，至今说法不一。《中国名胜词典》（上海辞书出版社 1986 年版）称:“碑文共一千三百六十字。”《平顶山市志》（河南人民出版社 1994 年版）说：“全文共 1383 字，现缺 203 字。”鲁山县人民政府 2011 年 3 月 1 日所立《全国第六批文物保护单位——元次山碑简介》中说：“全文原有 1377 字，今存 1147 字，缺失 230 字，存字率 80%。”

鲁山颜真卿撰书《元结墓碑》碑文究竟有多少字？笔者仔细研究拓片发现，实为 1376 个字。该碑为四面环书，竖行排列，共 42 行，每行满 34 个字，竖直横平，字字对照，非常规整。按行数和满行字数算当有 1428 个字。但事实上标题行上空 1 个字，下空 9 个字；署名行上空 2 个字，下空 7 个字；铭文前空 5 个字，后空 7 个字；正文内逢“皇家”、“皇朝”、“玄宗”、“肃宗”、“上”（指皇上）、“优诏”以及“先生德秀”前，为示敬皆留有空格，计十处留 2 个字，一处留 3 个字。减去这些无字的空格，字数应为 1374 字。但铭文“次山斌斌”中的第二个“斌”字是省书为“〃”的，不占字格，实多出 1 个字；“今之古人”四个字写得较小，只占三个字格，这样又多出 1 个字。1374 个字加上这 2 个字，碑文实为 1376 个字。

该碑原树于青条岭泉陂原元结墓前，移置鲁山县城文庙过程中正面左下角损坏一小块。明朝万历四十二年（1614），“庆云唐师”为使这一书法珍品不至于再遭雨淋日晒，出资建亭遮护。从正面看该碑左下角（从背面看为右下角）字迹损毁严重，加上其他边沿缺损，共失去 223 个字，行中漫漶不清难以辨识的字有 10 个。还有 3 个字虽笔画较清楚，但系古体，历来识别分歧甚大。因此该碑现存清晰可辨的字为 1140 个。

颜真卿撰书《元结墓碑》是何时移置于鲁山文庙的

众所周知，现藏于鲁山一高老校区（文庙）颜碑亭内的元结墓碑，原本立于鲁山县梁洼镇泉上村西北青条岭下元结墓前，是什么时间移置今址的？在明万历四十二年（1614）李正儒《创建颜碑亭记》里已称：“旧在青条岭上，辇来桥门（注：古代太学周围环水，有四门，以桥通，故名。这里用以指县学，即文庙。），不知何许时矣？”今天更是说法不一。

河南人民出版社 1994 年 10 月出版平顶山市地方史志编纂委员会编《平顶山市志》第五十九篇《文物胜迹》第二章《墓葬》第一节《历史人物墓》九《元结墓》称：“位于鲁山县梁洼镇泉上村北 15 公里（疑有误，当为 1.5 公里）青条岭下。墓前原置唐大书法家颜真卿撰并书的墓碑，元代因战乱移入鲁山县文庙保护。明代嘉靖十年（1531），鲁山知县夏文璧曾另刻碑竖于目前。”

从事鲁山县文物考古工作二十年，离职前任鲁山县文物保护管理所所长的张怀发先生，在《元次山碑近考》（见《尧神》2012 年第 4 期）一文中说：“明代鲁山知县夏文璧于嘉靖十年（1531）在元次山墓前立有一碑，题‘唐节度使元次山之墓’。笔者认为，很可能是这时夏知县将唐碑移往县城文庙，又在墓前补立一碑。”所依据文献资料似为明嘉靖三十一年（1552）《鲁山县志》载：“唐人元次山墓在县北许坊保青条岭、泉陂之间，有颜真卿亲书墓志铭碑，元季为兵爆毁，文字残缺，见移置儒学文庙中”之“见”字，“见”者现也。

中州古籍出版社 1994 年 9 月出版鲁山县地方史志编纂委员会编《鲁山县志》第一篇《大事记》载：明万历四十二年（1614），“是年，庆云乡（注：‘乡’字，衍。）唐师出布帛五千，把颜真卿为元结书丹（注：不只是书丹，其文也为颜真卿撰写。）的墓碑移于文庙，并筑亭保护。”因官修新志具有权威性，以至网上《百度百科》之《元结碑》也尊是说。

在以上“元代说”“明嘉靖十年说”“明万历四十二年说”三种说法中，“明万历四十二年说”之不然最明显。因为明万历四十二年（1614）一向爱好古物的庆云唐师有感于“旧在青条岭上，輂来桥门不知何许时矣？”的《元结墓碑》“历烈日骤雨中，已残什之二三，余碣半留，犹腾纸价。奈蠡绣苔驳，将化石为乌有”。遂出资构筑亭以妥善保护之。鲁山文士李正儒（注：于次年考中万历乙卯科举人。）撰《创建颜碑亭记》已明言：“旧在青条岭上，輂来桥门不知何许时矣？”显然《元结墓碑》不是这年头经“庆云唐师”之手移置于文庙的。

至于“明嘉靖十年说”一移一立，似有可能，但若仔细考究起来，也有可疑之处。元结墓碑若真是在嘉靖十年

（1531）移置文庙的，到万历四十二年（1614）庆云唐师筑亭保护时也仅过去83年，高寿若90多岁的健在者对这样一件县域文化大事不会不记忆犹新，而留下“辇来桥门不知何许时矣？”缺憾的。况且，从大明开国到嘉靖十年，已历160余年，难道在一个半世纪里就没有有识之士关注青条岭下旷野之上“元季为兵爆毁，文字残缺”的《元结墓碑》这宗颜真卿书法珍品的命运吗？

最后来论“元代说”。鲁山县城文庙原有一通元顺帝至正四年（1344）四月刻立的《鲁山县加修宣圣王庙记》碑，南阳府唐□撰写的碑文在叙述至正元年（1341）秋七月来鲁山任县尹的刘毅重视文教，修缮文庙等政绩时，还言及其“饰元紫芝琴台、次山碑，慕其风，立其祠”。这里的“次山碑”当指元结墓碑。“饰”在这里有“饬”意，“饰元紫芝琴台、次山碑”就是整饬、整治、整修元紫芝琴台、次山碑。这里将整治次山碑与整修元紫芝琴台相提并论，我想肯定不仅仅是把元结墓碑在原地加以整治而已，应该是将其移置于县城妥当地方保护了起来。这个妥当的地方在鲁山县城哪里？应在“立其祠”处。乘为其立祠之机，将其墓碑移置祠内，是很名正言顺的事。刘毅慕元紫芝、元次山之风，为二人所立祠名“二贤祠”。清乾隆八年（1743）鲁山知县徐若阶修《鲁山县全志》卷四《建置志》有记载：“二贤祠，元尹刘毅立，祀紫芝、次山，今失所在。”嘉庆元年（1796）武亿纂《鲁山县志》抄录徐志所言，强调“旧盖未有祠宇，自毅始建也”。刘毅所建纪念元紫芝、元次山的二贤祠，清人已难觅其处，但新编《鲁山县志·大事记》中有“元至正元年（1341），刘毅主持于琴台旁建二贤祠，纪念元德秀、元结”的记载。说二贤祠建在琴台旁，大概是依据《鲁山县加修宣圣王庙记》碑所称“饰元紫芝琴台、次山碑，慕其风，立其祠”顺势而言的，不能说没有一点儿来历。然而，我认为二贤祠是建在文庙的。理由是：自古地方文庙有建名宦祠、乡贤祠的规制，而元紫芝是鲁山唐代第一名宦，元次山则是鲁山唐代第一乡贤，在文庙建二贤祠祀祭鲁山唐代第一名宦和第一乡贤，是再顺理成章不过的事了。只是刘毅在鲁山文庙建起二贤祠十年后，中原就爆发了红巾军反元大起义，二十四年后元顺帝就被朱元璋领导的明军赶出了大都（今北京），明朝取代了元朝。在政权更替的过程中，新政权必然会采取一些清除旧政权影响的举措。这样一来大元鲁山县尹在文庙中所立专门用于纪念元紫芝、元次山的二贤祠就有可能不分青红皂白地被拆除，而将元紫芝归位到名宦祠中，将元次山归位到乡贤祠中，原本由刘毅从青条岭移置安放在文庙二贤祠中的元结墓碑，自然就会被闪在了文庙院中。从元至正元年（1341）刘毅在文庙建二贤祠，将元结墓碑移置到二贤祠内，到明万历四十二年（1614）“庆云唐师”捐资筑亭保护，中间经过了二百余年，且其中自元至正十四年（1354）到明洪武元年（1368）是政权更替的大动荡时期，人们求生而不得，难知“辇来桥门不知何许时矣？”就再正常不过了。由此，我还觉得嘉靖《鲁山县志》所言元结墓碑“元季为兵爆毁，文字残缺”，不是发生在青条岭元结墓前，而是发生在鲁山文庙二贤祠被拆掉之时。“元季”者，元朝末年也。“为兵爆毁”之“兵”既可能指元兵，也可能是明兵。若元结墓碑仍立在青条岭下元结墓前，无论是元兵，还是明朝的军队，是不会一下子深入那个穷乡僻壤去爆毁一块墓碑的。在县城就不同了，县城是一县权力中心所在，要夺取一县政权，就得派兵攻取县城，这样在县城发生攻守战事就难以避免，有战事就有可能“爆毁”一切，不要说一块石碑了。另外，一县文庙为一县文化精粹所寄，要清除旧政权在思想文化领域的影响，文庙内一切由旧政权增饰的设施当然就首当其冲在爆毁冷落之列了。

总之，已被列入全国重点文物保护单位的现藏于鲁山一高老校区（文庙）颜碑亭内的元结墓碑，极有可能是元至正四年（1344）鲁山县尹刘毅“饰元紫芝琴台、次山碑”，立二贤祠于文庙时移置于此的。

筑亭保护颜真卿撰书《元结墓碑》的“庆云唐师”是何许人也

在颜真卿撰书《元结墓碑》保护史上，明万历四十二年（1614）“庆云唐师”捐资五千，“构亭栖之”，功不可没，自当重重书一笔。

时为鲁山县学生员的李正儒撰《创建颜碑亭记》，始曰：“唐元次山先生表铭，颜鲁公笔也。旧在青条岭上，辇来桥门不知何许时矣？历烈日骤雨中，已残什之二三，余碣半留，犹腾纸价。奈蠡绣苔驳，将化石为乌有。庆云唐师性嗜古，具有空中楼阁，拊髀曰：‘何物颜筋，忍令与珷玞同碎哉！’出泉布五千，构亭栖之。躬督其事，不日而新，亭翼翼起，断石残碣，俄成伟观，烈日骤雨弗祟矣！”尾称：“后之吊古君子，纸价相高者，倘知借庇于师否？师讳世宾，家世粤西灌阳，癸卯乡举也。”“师”是明清科举时代县学生员对学官“教谕”“训导”的敬称。李正儒在《记》文中已揭明唐师名世宾，“庆云”当是其字，从“灌阳人”知其故里在今灌阳，“癸卯乡举”是说他是万历三十一年（1603）癸卯科举人。查清康熙三十三年（1694）《鲁山县全志》卷四《职官》记载“历任教谕”，明朝有“唐士宾，广西人”，但排在正统十二年（1447）任鲁山教谕的姚裕之后，成化十七年（1481）任鲁山教谕的陈孜之前，“唐士宾”是不是“唐世宾”，令人生疑。清乾隆八年（1743）《鲁山县全志》卷五《职官志》在《儒学》之《历宦教谕》中有“唐世宾，广西人”，排序与前《志》同。应该说“唐士宾”与“唐世宾”是同一人，系修志者笔下不慎，不仅将“世”写成“士”了，而且把任期排序也弄颠倒了。本应排在成化十七年（1481）任鲁山教谕陈孜之后的唐世宾倒排在了其前。

考之《灌阳县志》及《灌阳唐氏族谱》，唐世宾家居灌阳文市镇昭仪村。昭仪唐家在灌阳可称得上名门望族，创造过兄弟同登科、父子皆中举、祖孙三代科名的家族辉煌。仅在明朝万历年间，唐世宾同辈兄弟中就有六人考取了举人。唐世熙中万历十九年（1591）辛卯科举人，官福建南平知县。唐世宾中万历三十一年（1603）癸卯科举人，任鲁山教谕。唐世辅也于是科中举，任直隶怀柔（今北京怀柔区）知县。唐世照万历四十年（1612）壬子科中举，后来官做到湖广蕲州知州。唐世熊万历四十三年（1615）乙卯科举人，初任富川县教谕、翰林待诏，崇祯间转任直隶省永平府（今河北秦皇岛一带）知府、山东盐运使。唐世珪考中天启元年（1621）丁酉科举人。其中万历三十一年（1603）同科中举的唐世宾、唐世辅二人为亲兄弟，兄弟同科中举在广西一时传为佳话，十分荣耀。唐世宾在鲁山任职教谕之后，升迁为四川渠县知县，政声颇好。

唐世宾对颜真卿撰书《元结墓碑》情有独钟，还有一层地缘亲情关系。灌阳县地处广西东北边境，与湖南道县为邻邦，唐世宾家居之文市镇昭仪村距离道县更近，且交通便捷。道县在唐代为道州治所，元结于广德二年（764）至大历三年（768）在道州任刺史五年，度过了一生中46岁到50岁的最佳时光，在道州留下了极好的政声和众多遗迹。元结在道州心系百姓，注重教化，廉洁自律。元结任道州刺史期间，正是道州历史上最困难的时期之一。作为一个政治家，作为一个称职的地方官员，元结不仅坚持以民为本，做到勤政爱民，而且严格要求自己，做到为政清廉。他认为，无论太平盛世，还是战争年代，一个州民生的好坏，都与刺史好坏有着直接关系。于是，他对道州历任刺史的政绩作了一番详尽的了解，得出的结论是好的不多，差的不少。为了告诫自己和后来的刺史“守土爱民”“专守法令”，写了一篇《道州刺史厅壁记》，刻于刺史厅堂之上。元结在这篇题记中，对如何当好刺史作了简要的论述，提出当好刺史要“文武才略，清廉肃下，明惠公直”的基本政治素质。不然的话，一州的老百姓和五切“生类”，都要受其所害。后来，这篇题记不仅惊动了文坛，而且震动了政坛，影响很大。唐、宋、明都有人摹刻。元结在道州留下的遗迹除了“刺史厅壁”，还有九井塘、黄龙庙、响石、窊樽亭、石鱼湖、东门村、营溪、右溪、潇水、菊圃等。这些都给予自幼好学上进的唐世宾极大的影响。所以当他来到元结故里任职倍感亲切，由衷地愿意为先贤做点事情，看到停放在文庙院中的《元结墓碑》“历烈日骤雨中，已残什之二三，余碣半留，犹腾纸价。奈蠡绣苔驳，将化石为乌有”时，于心不忍，遂发出“何物颜筋，忍令与珷玞同碎哉！”的感叹，于是“出泉布五千，构亭栖之”，了却了一桩心愿。

河南鲁山存世颜真卿撰书《元次山表墓碑铭》著录考校保护事表

唐人元结，字次山，原籍洛阳，经其父迁居鲁山商余山，遂为鲁山人。元结文武兼备。文则著作丰富，影响深远；武则护国安邦，抗击史思明叛乱，保全豫南十五城，擢任道州刺史、容州都督兼御史中丞本管经略使。病逝后，葬于鲁山青条岭泉陂原。颜真卿为之撰书《唐故容州都督兼御史中丞本管经略使元君表墓碑铭并序》，世称《元次山表墓碑铭》《元结墓碑》或“颜真卿碑”“颜鲁公碑”。该碑碑文史料价值甚高，《新唐书》依之撰成《元结传》；该碑书法是传世颜书碑帖名品，为历代书家所珍视。今值此碑申报“国保”之机，特作其《著录、考校、保护事表》，以纪其盛。

公元 772 年（唐代宗大历七年）

四月二十日，元结病逝于京师长安（今西安市）。十一月二十六日，归葬鲁山青条岭泉陂原。颜真卿为其撰书《表墓碑铭》1376 字，大书深刻，立于墓前。

公元 1063 年（宋仁宗嘉祐八年）

欧阳修著《集古录》，收录颜真卿撰书《元次山表墓碑铭》。其卷五《跋尾》称："唐《元次山铭》（岁月缺）：右《元次山铭》。颜真卿撰并书。唐自太宗致治之盛，几乎三代之隆。而惟文章独不能革五国之弊。既久而后韩柳之徒出。盖习俗难变而文章变体又难也。次山当开元、天宝时，独作古文，其笔力雄健，意气超拔，不减韩柳之徒也，可谓特立之士哉！"

公元 1069 年（宋神宗熙宁二年）

欧阳修子欧阳棐作《集古录目》，载："容州都督元结碑，湖州刺史颜鲁公撰并书。元结，字次山，官至容州都督、本管经略使。碑以大历中立，在鲁山县。"

公元 1086 年（宋哲宗元祐元年）

吴县进士朱长文著《墨池编》，评价颜真卿《元结墓碑》书法艺术风格称："观《元次山碑》，则淳涵深厚，见其业履之纯。点如坠石，画如夏云，钩如屈金，戈如发弩。纵横有象，低昂有态。自羲、献以来，未有如公者也！"

公元 1129 年（宋高宗建炎三年）

赵明诚著《金石录》。卷八《目录》第 1555、1556 录有《唐元结碑》，颜真卿正书。卷二十八《跋尾》："右《唐元结碑》，颜鲁公撰并书。案《（新）唐书·列传》：结，后魏常山王遵十五世孙。而《碑》与《元氏家录序》皆云'十二世'，盖《史》之误。又《碑》与《元和姓纂》皆云'结高祖名善祎'，而《家录》作'善禘'，未知孰是也。"

公元 1344 年（元顺帝至正四年）

《鲁山县加修宣圣庙记》载："至正之元秋七月，敕仪封簿刘毅来尹是邑……饰元紫芝琴台、次山碑，慕其风，立其祠。"

公元 1596 年（明神宗万历二十四年）

曾任山东冠县知县、兵礼二科给事中的汝州进士张维新纂《汝州志》，于卷一《陵墓》列"鲁山县唐元结墓"。谓"在县青条岭泉陂之原。为唐经略使，葬此。颜真卿书有墓铭"。卷四《艺文》录《元结墓铭》（颜真卿）："次山斌斌，王之荩臣！义烈刚劲，忠和俭勤；炳文华国，孔武宁屯。率性直方，秉心真纯；见危不挠，临难遗身。侃侃令德，今之古人！奈何清贤，赍志莫伸。郡士立表，垂声不泯。"

按：这里的"郡士"当为"群士"之误。

公元 1614 年（明神宗万历四十二年）

广西灌阳唐庆云来任鲁山县学教谕，见唐颜真卿撰书之《元次山表墓碑铭》"历烈日骤雨，已残什之二三，不忍'颜筋'与碑石同碎"，遂捐俸 5000，构建"颜碑亭"。鲁山贡生李正儒撰《鲁山县学创建颜碑亭记》，刻石嵌于颜碑亭之右侧壁上。

公元 1671 年（清康熙十年）

顾炎武嗜金石，当其足迹所经荒山颓址，遇有古碑遗碣，必披蓁菅，拭斑藓读之，手录其要。著《金石文字记》，收录颜真卿撰书《元结墓碑》，于建碑之年月谓“大历 年十一月”。

公元 1680 年（清康熙十九年）

直隶灵寿（今在河北）傅燮诇来任鲁山知县，得睹颜真卿撰书《元结墓碑》真容，兴奋异常，挥毫赋诗《颜鲁公字碑歌》一首。歌曰：“书家自昔推颜筋，压倒唐世能书人。古隶森然存法则，笔锋圆健如有神。近时颇重欧阳氏，未免棱角伤古意。与公相较觉公妙，银钩结构苍茫气。元结墓头一片石，乃是当年鲁公笔。十字才存七字真，其余剥落土花蚀。断处怏睹彝鼎文，存处惊看龙虎踞。无乃造化忌其全，似有鬼神呵护密。鲁人相移入泮宫，后生瞻仰为师式。我爱此碑文字奇，摩挲往往忘眠食。拓得一纸悬中堂，顿尔光辉生满室。”

公元 1694 年（清康熙三十三年）

鲁山知县陕西富平进士王雍主纂《鲁山县志》，卷七《艺文・墓志铭》收录《元次山墓志铭》署“唐颜真卿鲁公撰”。无撰书年月及墓主元结、撰书者颜真卿职衔。

公元 1707 年（清康熙四十六年）

鲁山知县临湘（在今湖南）举人余庆祚命人对鲁山文庙颜碑亭进行修葺。申文莲撰《重葺唐名贤碑亭题辞》以记之，刻石嵌于颜碑亭左侧壁上。

公元 1708 年（清康熙四十七年）

御制《佩文斋书画谱》卷二十八《书家传》录宋朱长文《墨池编》对颜真卿《元次山铭》的评价。卷七十四《历代名人书跋》五《唐颜真卿元次山铭》收录宋欧阳修《集古录》、赵明诚《金石录》对《元结碑铭》的《跋语》。

公元 1743 年（清乾隆八年）

鲁山县儒学教谕扶沟举人傅尔英、鲁山贡生宋足发合纂《鲁山县志》，卷四《陵墓》载："唐元次山墓，县北三十里青条岭泉陂之原，颜鲁公为书墓志。"《古迹》载："《元次山墓碑》，颜鲁公书，原在青条岭，后辇入学宫，明庆云唐师构亭栖之，孝廉李正儒作记。"卷八《艺文》收录颜真卿撰《元次山墓志铭》，无撰书年月及墓主、撰书者职衔。

公元 1771 年（清乾隆三十六年）

侍讲学士、《大清一统志》纂修官钱大昕著《潜研堂金石文跋尾》（第二集），称："《容州都督元结表墓碑》，颜鲁公书，四面刻字，与宋广平李含光及《家庙碑》式相同。后题'大历'下缺一字。据鲁公《行状》称：'大历七年除湖州。'次《碑》署'湖州刺史'，必在七年后矣。《（新）唐书・元结传》称：'曾祖仁基，宁塞令。'而《碑》云'褒信令'。又称：父延祖'再调舂陵丞'。而《碑》云：'历魏成主簿、延唐丞。'皆其异者。"

公元 1784 年（清乾隆四十九年）

原山东博山知县偃师进士武亿著《金石三跋》，称："《元次山碑》，旧在青条岭。予所见拓本，盖鲁山李居来家所藏，持以赠予者。字间有剥落，证以旧《志》所载，全文读之，始无遗缺。《碑》云：'曾祖仁基，朝散大夫、褒信令。'《传》乃作'宁塞令'。《碑》云：次山'父延祖，历魏成主簿、延唐丞'。《传》仅云：'再调舂陵丞'而已。舂陵，汉县。宋景文书唐人仍袭用旧名，使其历官所在，后世几不可考，殆非例也。《元和郡县志》：'舂陵故城在延唐县北十里。'景文传书之，其亦用古之过，而遂僻涩如是与？凡史以纪实也，作寻常文字犹不宜迁就其词，况于成一代之史，以候后世，其毋益滋之惑而大失真与？《碑》载：次山'起家为道州刺史，为西原贼所陷，人十无一，户才满千'。今《传》云：'遗户裁四千。'考次山《舂陵自序》'道州旧四万余户，经贼一来，不满四千'。《传》所书，当据次文。而《碑》云'户才满千'。真卿在当时手自传录，理亦不谬，然或更有所本与？殆亦诗人靡有孑遗之谓与？次山祖，《传》云：'讳亨，字利贞。'《碑》惟云：'利贞。'由避肃宗讳不书。"

公元 1785 年（清乾隆五十年）

河南巡抚毕沅著《中州金石记》，称："《容州都督元结表墓碑》，大历年十月立，颜真卿撰并正书，在鲁山学宫。其文与《新唐书》本传略同。宋祁当即据次为之。惟《碑》云：'祖利贞。'史云：'祖亨，字利贞。'《碑》云：'充山南东道节度参谋。'史作'西道'。《碑》云：'猗玕洞。'史作'猗犴洞'。《碑》云：'将家讓滨。'史作'瀼滨'。盖传写之误。李义山《元结文集后序》云：'见憎于第五琦、元载，故其将兵不得受，作官不至达，母老不得尽其养，母丧不得尽其哀。’《碑》独不述其事者，以同时忌讳。而《新唐书》则应采录其事，乃仅袭《碑》文，何也？《碑》云：‘葬君于鲁山青岭泉陂原。’今在县城北三十里。青岭，俗名青条岭也。《金石录》云：‘按《（新）唐书·列传》，结后魏常山王遵之十五世孙’，而《碑》与《元氏家录序》云‘十二世’，盖史之误。又《碑》与《元和姓纂》皆云：结‘高祖名善祎’，而《家录》作‘善禘’，未知孰是？”

公元 1787 年（清乾隆五十二年）

湖广总督毕沅著《金石续录》，收录《唐元公次山墓表》，作《跋》称：“此《元公次山墓表》也。墓在鲁山青条岭泉陂原。故吏大历令刘衮、江华令瞿令问等树碑，撰书皆出鲁公手。元公自是唐家贤臣，而鲁公亦赞扬尽致。所谓‘忠烈义激、文武直清’，信非溢美。碑四面环书，字大径三寸许，深厚稳重，盖鲁公得意书也。按《碑》：公以道州刺史转容州都督兼本管经略史。丁内忧，百姓诣使请留。大历四年拜金吾卫将军兼御史中丞，本管使如故。公矢死陈乞者再，优诏哀许。七年春朝京师，四月薨于永崇坊旅馆。盖公既宅忧节度使，以百姓请留具疏，故以本管使加拜金吾将军、御史中丞。及陈乞诏许，遂去官，服阙入朝，卒于京师。《碑》所云‘四年’‘七年’者，语自明悉，而《新唐书》云：‘会母丧，人皆诣节度使府请留，加金吾将军，民乐其教，至立石颂德。罢还京师卒。’于公‘矢死恳请，优诏哀许’，皆略而不书。而于‘加金吾将军’下，赞以‘民乐其教’云云。若以公遂夺情留任者然，且云‘罢还京师’者亦不合。此皆记载之谬，急宜理正者。至于‘兼御史中丞’之漏，犹其小者。公父，讳延祖，移家鲁县，故公葬焉。近碑移置学宫。”

公元1796年（清嘉庆元年）

武亿受鲁山知县浙江余杭董作栋之聘纂修《鲁山县志》。

卷十一《地理志·茔墓·元结墓》，引颜真卿撰《元次山墓志铭》：“大历四年夏四月，拜左金吾卫将军，兼御史中丞。七年春正月，朝京师，不幸遇疾。夏四月庚午，薨于永崇坊之旅馆，春秋五十。二子以方、以明，以其年冬十一月壬寅，虔葬君于鲁山青岭泉陂原，礼也。”

卷十六《艺文志》：《元子》，引颜真卿《元结表墓碑铭》：“家于武昌之樊口，著《自释》以见意。其略曰：少习静于商余山，著《元子》一卷。”《猗玗子》三篇，引颜真卿《元结表墓碑铭》：“兵起，逃难于猗玗洞，著《猗玗子》三篇。”《浪说》七篇，引颜真卿《元结表墓碑铭》：“结将家让滨，乃自称浪士，著《浪说》七篇。”《漫记》七篇，引颜真卿《元结表墓碑铭》：“结《自释》云：及为郎时，人以郎者亦漫为官乎？遂见呼为漫郎，著《漫记》七篇。”

卷十七《金石志》，收录《唐故容州都督兼御史中丞本管经略使元君表墓碑铭并序》，谓：“碑正书，大历年十一月，在县文庙。金紫光禄大夫、行湖州刺史、上柱国鲁郡开国公颜真卿撰并书。”所录碑文系志书纂修者依其所见存碑而得，留空损毁及漫漶不清字195个，大多集中在“时张瑾杀史慧于襄州，遣使请罪”与“君下车行古人之政，二年间归者万余家”之间。武亿按曰:“《铭》载:‘道士申泰芝诬湖南都防御使庞承鼎谋反，并判官吴子宜等皆被决杀，推官严郢坐流，俾君按覆。君建明承鼎，获免者百余家。’《新唐书》结本传不载此事，惟附于《严郢传》，‘方士申泰（《旧唐书》作“奉”）芝以术得幸肃宗，遨游湖、衡间，以妖幻诡众，奸赃钜万。潭州刺史庞承鼎按治，帝不信，召还泰芝，下承鼎江陵狱。郢具言泰芝左道云云，帝怒叱郢去，卒杀承鼎，流郢建州’。与《铭》符。《旧唐书·吕湮传》:‘庞承鼎因奉芝入奏，至长沙执之，遣使奏闻。辅国党奉芝，召奉芝赴阙，既得召见，具言承鼎曲加诬陷，诏鞫承鼎诬陷之罪。’据是，则泰芝不过指承鼎为诬陷，何至帝怒不已，必致之死地？以《铭》考之，泰芝乃诬承鼎谋反，《传》殆未具其实也。后承鼎竟得雪，泰芝竟以赃败流死，亦由结建明承鼎，而新旧史皆于结本传不书，其疏甚矣！《铭》载‘淮西节度使王仲升为贼所拴，裴茂与来瑱交恶’事，亦见《来瑱传》。”

公元 1799 年（清嘉庆四年）

刑部右侍郎江苏青浦进士王昶著《金石萃编》一百六十卷，收录颜真卿《元结墓碑》，“凡其文漫漶，见于他书者，则为旁注，以记其全。”所录《元结墓碑》谓元结“葬于大历七年十一月”，方若著《校碑随笔》依之定“大历七年十一月”为建碑之年月。

公元 1911 年（清宣统三年）

杨守敬著《学书迩言》，论曰:“颜鲁公书，气体质厚，如端人正士，不可亵视。”“今存者，如《元次山》《郭家庙》……体格虽小有异同，而大致不殊。”自注曰：“《元次山碑》，大历七年（772），河南鲁山。”

公元 1929 年（民国十八年）

信阳刘景向主纂《河南新志》，卷十七《古迹·金石》著录《颜鲁公碑》，称：“在鲁山县城北四十里青条岭，为元次山墓志铭碑记。”

按：纂者不审，此碑早已移至鲁山学宫之内。

公元 1943 年（民国三十二年）

河南省国民政府驻鲁山，置省政府办公厅于文庙。河南省通志编审委员会拓得颜真卿《元次山墓碑》原片收藏。

公元 1948 年（民国三十七年）

中国人民解放军豫陕鄂军政大学在鲁山文庙成立，陈赓司令员兼任校长。四月再克洛阳后，陈赓司令员回到鲁山，给军政大学学员作题为《军事政治斗争形势及青年学生的出路》的报告，亲至颜碑亭瞻读碑文，观赏颜真卿书法，嘱咐师生善待这一珍贵文物。

公元 1963 年

河南省人民政府公布存于鲁山县高级中学院内的颜真卿撰书《元次山墓碑》为全省重点文物保护单位。

公元 1981 年

鲁山县人民政府拨专款整修“颜碑亭”，以加强对这一颜真卿书法名品的保护。

公元 1984 年

聂文郁著《元结诗解》，附录《唐故容州都督兼御史中丞本管经略使元君表墓碑铭并序》，注明录自《颜鲁公文集》卷十一。其文字与碑刻相比，有出入。

公元 1985 年

金文明著《金石录校证》，著录《元结碑》。卷八《校证》五三称："《元结碑》，据卷二十八《跋尾》分目，此碑编次在颜真卿《与郭仆射书》之后。又《萃编》所载碑文谓：元结葬于大历七年十一月。《校碑》即定此为建碑之年月。"

鲁山县政协文史资料委员会编印《鲁山文史资料》（第一辑），收入杜庆彬《元结》一文，附录《元君表墓碑铭》，碑文系据碑刻抄得，缺字处参照《颜鲁公文集》补齐，有存碑拓片插页。

公元 1988 年

王刘纯等著《通用书法教程》第六章《隋唐书法》第六节专论颜真卿、柳公权书法，称颜真卿大历年间所刻《元次山碑》是颜体杰作，受到历代书论家的好评。

公元 1991 年

《平顶山师专学报》第一期发表潘民中《平顶山境域著名古碑刻摭谈》，在《唐碑》部分对《元结墓碑》作了详细论述。

公元 1994 年

鲁山县地方史志编纂委员会编《鲁山县志》。第二十八篇《文化》七《碑志》列"元次山墓碑，唐颜真卿撰"。第三十五篇《附录》二《碑文》收录《唐故容州都督兼御史中丞本管经略使元君表墓碑铭并序》，题下书“金紫光禄大夫、行湖州刺史、上柱国鲁郡开国公颜真卿撰并书”，文中留空四字。

按：所录碑文当源自碑刻，但非现存碑刻之实录，可能抄自旧志，或据旧志补空而成。

平顶山市地方史志编纂委员会编《平顶山市志》，第十九篇《文物胜迹》第四章《石刻》第一节《碑·墓志》著录《元次山墓碑》曰：“唐代文学家元结，字次山，生于唐玄宗开元十一年（723），卒于唐代宗大历七年（772），葬于鲁山北青条岭泉陂原。大书法家颜真卿亲为撰书碑铭并序。碑高190厘米、宽95厘米、厚8厘米。碑额已失，右下角残缺。碑文共42行，楷书，四面环刻，两面各17行，两侧各4行。每行33至35字不等。全文共1383字，现缺203字。颜碑历来被书法家推为临习颜书的范本。”

按：这里所说墓主元结的生年系依《碑铭》记载享年五十推得。有关碑体的数字及碑文的行数，似为实测所得，但字数计算有误。

公元1997年

潘民中、杨晓宇著《平顶山名胜古迹》，有《颜真卿碑》一题，介绍元结生平、元颜之谊、颜碑书法风格及该碑保存现状，称“书元结墓碑时，颜真卿63岁，其书法风格已达到炉火纯青的境界”。

日本“颜真卿书法考察团”到鲁山瞻拜《元次山表墓

碑铭》。

公元 2000 年

李光德编《中华书学大辞典》，设《元结墓表》条，称：“《元结墓表》：唐刻石，大历七年（772）十一月刻。亦称《元结碑》《容州都督元结碑》《元次山碑》，颜真卿撰并书，大楷。四面刻，两面各十七行，两侧各四行，行三十三字至三十五字不等。字径三四寸，笔力雄健，为颜平原（颜真卿曾任平原太守，有颜平原之称）不可多得之作。北宋《宣和书谱》载：‘论者谓鲁公书，点如坠石，画如夏云，钩如屈金，戈如发弩，此其大概也。至其千变万化，各具一体。若《元鲁山铭》（即此碑）之深厚，亦其所得者愈老也。’清翁方纲称：‘《元结碑》乃鲁公之正书上品。’后题有年月，但‘大历’下漫漶难识，故有将‘七年’读为‘十年’者。石在河南汝州鲁山，有有正书局石印本，字略缩小；商务印书馆石印本，则以原大影印；河南人民出版社亦有影印本行世。”附有拓片“真卿撰并书，呜呼可惜哉，元君君讳结”三行十五字之缩印。

按：编者在这里将《元鲁山铭》与《元结碑》混为一谈，误。元鲁山，名德秀，是元结之宗兄，曾任鲁山县令，有惠政，世称“元鲁山”，颜真卿书有《元鲁山铭》传世。

公元 2001 年

平顶山市政协文史资料委员会编《鹰城历史名胜》（平顶山文史资料第十二辑），收入宋熙然撰《颜真卿撰并书〈元结表墓碑铭〉十间考》据清人黄本骥著《颜鲁公年谱》

所言，认为颜真卿撰书《元结表墓碑铭》的时间为大历十年九月。

公元 2006 年

潘民中作《颜真卿撰书〈元次山表墓碑铭〉校勘》，勘正了各种传世文本的溢字、失字、歧异、错误。澄清了该碑实有字数，缺损漫漶字数，现存碑文字数。

国务院公布第六批全国重点文物保护单位，河南鲁山存世颜真卿撰书《元次山表墓碑铭》名列其中。

此表系据敝斋所藏有关资料筛检排列而成，粗疏漏误之处诚多，企盼博雅君子给予补正。

湛阪绿云楼谨识

2006 年 9 月 9 日

王磐《尧庙碑》研究[①]

山西临汾尧庙内有一通王磐撰文的“重建尧帝庙碑”。王磐者何许人也？该碑文字透露出一些什么信息？本文试做探讨，以就正于方家。

王磐其人

王磐是元朝初年一流的政治家，字文炳，祖籍广平永年（今河北永年县），自父王禧迁居汝州鲁山（今河南鲁山县），遂为鲁山人。《元史》卷一百六十有《王磐传》。

王磐 20 岁以前在金代大学者麻九畴门下求学。麻九

① 本文原载《平顶山教育学院学报》2015 年第 2 期。

畴隐居于郾城，王磐追随其左右，生活非常艰苦，一天只做一小盆饭，分早晚两顿吃。艰苦的生活磨炼了王磐的意志和毅力，学业长进很快。金哀宗正大四年（1227），王磐考中进士，这一年他才 26 岁。五年后蒙古军南下中原，王磐避难入襄阳，南宋荆湖路制置司久闻王磐名声，聘为议事官。宋理宗端平三年（1236），驻襄阳宋军发生内讧，一部投降蒙古军，蒙古军乘机攻破随（州）枣（阳）。王磐北归，寓居河内。元东平总管严实兴办学校，招揽人才，遣人专程延请王磐任教职。于是，天下从王磐学习者多达数百人，这些人后来都成了元朝各级政权的栋梁之材。

中统元年（1260），元廷用王磐为益都等路宣抚副使，旋以疾免。益都行省长官、江淮大都督李璮素重王磐，待之以礼。王磐甚乐益都风土，遂买田置业，有久居之意。中统三年（1262），王磐觉察李璮有图谋联宋反元迹象，设法脱身走济南，乘驿马入京，向忽必烈报告隐情。忽必烈“嘉其诚节，抚劳甚厚”。成功平定李璮之乱后，忽必烈召拜王磐为翰林直学士同修国史，继而出任真定、顺德等路宣慰使。管辖区域内的衡水县达鲁花赤忙兀贪婪残暴，百姓苦不堪言。有一个名叫赵清的人揭发忙兀的恶迹，无人敢受理，而忙兀的妻子却指使家人杀害赵清的一家老小。赵清抱着一线希望到王磐的宣慰使衙门喊冤。王磐力排一些朝廷大员的多方干预，独立办案，秉公执法，果断处死忙兀，没收其全部家产，将一半给予赵清作受害的补偿。有一个西域大商人，放高利贷，私设公堂刑讯债务人，还依仗其有钱，干预官府事务，甚至擅闯宣慰使衙门逞狂。王磐大怒，喝令左右将之拿下，鞭笞数十，然后从城墙上扔下。人们无不称快。真定发生蝗灾，朝廷派来大员督促捕捉，地方已经动员了四万人下田捕蝗，朝廷大员还嫌人少，要周边郡县派人援助。王磐说："四万人已经不少了，不要再给其他郡县添麻烦了。"朝廷大员听了大为光火，责令王磐三天捕净，不然就罢官免职。王磐亲率部属深入田间调查飞蝗生活规律，教给百姓捕蝗的有效方法，三天而真定蝗灾尽灭，朝廷大员颇感神奇。

不久，王磐重回翰林院任学士。王磐十分关注国家机构设置与民生疾苦的关系，经过认真调查分析，向宰相提出："方今害民之吏，转运司为甚，至税人白骨，宜罢去之，以苏民力。"宰相采纳了他的建议，撤销了祸害百姓中饱私囊最厉害的转运司这类机构。权奸阿合马阴谋夺取右丞相安童的权力，提出把中书、尚书两省合二为一，让安童去任名高职虚的三公。忽必烈将此议交给大臣们讨论。王磐机智应对："合两省为一，若让右丞相负总责，是可以的。否则，以不合为好，因为三公不参与政事，虚设无益。"王磐的意见得到多数朝臣的赞同，阿合马的阴谋未能得逞。朝廷议决精简机构裁汰冗员时，权臣想把监察机构按察司并入御史台或运司。王磐上奏忽必烈："各路州郡，离京师遥远，贪官污吏侵害百姓，百姓无处控告，全靠按察司为他们主持公道。如果把按察司也作为冗官取消了，小民有冤无处诉，就只剩屈死一条道了。御史台是负责纠察朝廷百官和京城附近州县官员的机关，本身的事还干不完呢，又让他来管整个天下的事，哪能管得了呢！运司的职能是营利增收，让其兼管监察的事，如同儿戏。”忽必烈认为王磐的意见抓住了根本，讲道理透彻恳切，决定按察司不得省并。曲阜孔庙，历代给民百户，以供洒扫，不负担向国家缴纳赋税，尚书省为了增加赋税收入，却把他们也登记成需要缴纳皇粮国税的编户齐民。王磐认为不妥，建言：“孔林庙户百家，岁赋钞不过六百贯，仅相当于一员六品官的一年薪俸钱。圣朝疆域万里，财赋岁入亿万，岂爱一六品官俸，舍不得用于优待孔子呢！这样做增加不了国库多少收入，而于国体损失可就大了。”王磐此言一出，当时的舆论都认为他说得对。对国家的重大军事决策，王磐也多从国力负担和百姓承受能力上知无不言言无不尽。忽必烈谋划灭宋之役，凡遇到拿不准的环节，就派人咨询王磐。王磐所陈述的意见，多被采纳。忽必烈又想东征日本，问王磐可否。王磐讲：“今方伐宋，当用吾全力，庶可一举取之。若又分力东夷，恐旷日持久，功卒难成。俟宋灭，徐图之未晚也。”元朝灭宋占领江南以后，王磐建议把安定民心重建秩序放在第一位：“约束军队，选择官吏，赏功罚罪，推广恩信，抚安新附，消弭寇盗。”其言切要，皆见施行。忽必烈决心东征日本，已经定下了出师的时间，王磐谏阻道：“日本小夷，海盗险远，打胜了也算不上多大的武功，一旦失败了却有损国威，臣以为还是不讨伐它为好。”忽必烈大怒，认为他说得很不是时候：“我已立下国法，谏阻者不赦，你是不是有什么企图啊！”王磐无所畏惧地答道：“臣赤心为国，故敢以言，苟有他心，何为从叛乱之地，冒万死而来归乎？今臣年已八十，况无子嗣，他心欲何为也？”第二天，忽必烈特派身边的人好言抚慰王磐，“使无忧惧”，还拿出内府的珍玩“碧玉宝枕”作为赏赐。后来，东征之役的结局充分证明王磐谏阻的正确性。

元朝初年，大都宫殿尚未建成，朝廷礼仪也未确立，每逢朝贺之日，群臣不分职位高低而至一哄而散，搞得忽必烈起居的蒙古包前乱糟糟的，很不成体统，执法者患其喧扰，但无法禁止。王磐遂上疏道：“按古代制度，天子宫门不应入而入者谓之阑入，是有罪的。阑入之罪，从第一门至第三门轻重不等。朝贺应有一定的秩序，宜令宣徽院排列中书、尚书两省及以下百官姓名，各依班序听通事舍人传呼引导进殿。对那些不守秩序越班进殿的，命殿中司予以纠察惩治；不应入而入者按阑入治罪。如此，朝廷之礼方能得到整肃，使朝廷像个朝廷。”从此元朝廷的礼仪制度才确定下来。元灭南宋之后，因功升迁至宰相执掌权柄者多达二十余人。朝廷研究重定官制，提高行政效率，王磐上奏：“历代制度，有官品，有爵号，有职位。官品是显示资历深浅的，爵号是标志尊荣和宠遇的，职位是掌权办事的。对有功劳的臣下，根据其功劳的大小定其爵号；对有能力的臣下，根据才能的高低安排职位。对那些平宋有功的武将，给他们相应的爵号就行了，不应把他们放在显要的行政职位上，以免误事。”王磐对官员终身制的不合理性也提出过改革意见，他说：“古代用人，二十从政，七十退休。这样既可以充分发挥他们的才干精力，又怜悯他们的衰老，保持他们的廉耻之心。而现在，从政不限年龄，衰老病疲仍赖在职位上不退休，他们自己不顾廉耻，朝廷也不以他们的行为为非。这不是好办法。”王磐对自己的主张身体力行，反复申请退职，甚至以拒绝领取俸禄来表示。80岁以后，终于获准致仕，92岁去世，“赠端贞雅亮佐治功臣、太傅开府仪同三司，追封洺国公，谥文忠。”

王磐性格刚方严整，闲居不妄言笑，每逢廷议国家大事，都能以正道立论，从不阿谀承顺。忽必烈“尝以古直称之，虽权倖侧目，弗顾也”，对元初政治多有建树，被誉为“佐治功臣”。

尧庙其碑

山西临汾尧庙所存王磐撰文“重建尧帝庙碑”，全称为“大元敕赐重建尧帝庙碑铭并序”。

上款：“翰林直学士、朝请大夫、知制诰同修国史臣王磐奉敕撰。宣授明复大师、提点光宅宫事宁若拙书。”

其序称：“皇帝临御海内，恩被动植，诚格幽明，祀典废坠，靡不修举。平阳府治之南，有尧帝庙，李唐显庆三年所建。岁年深远，室宇敝陋，潦水流行，啮餲壖垣，呀豁沟沉，渐就倾圮。有全真道师曰靖应真人姜善信，愿以道众行化河东，更择爽垲，重建庙貌。请于朝，上嘉其深远意，赐银二百锭，仍宣敕有司下太原木场，给官材二万根。师皆辞不受，勤力节用，方便劝诱。遇有劳苦，则以身先，道俗信响依归。富者输财，壮者助力，梓匠杇饰，冶锻陶甄之工各效其能。以祈福者甚众，不约而孚，不敦而劝，凡三阅岁而庙貌崇成。为地七百亩，为屋四百间，耽耽翼翼，俨然帝王之居。殆与所谓土阶三尺、茅茨不剪者，异观矣。经始于至元元年之春，落成于至元五年之八月。诏赐其额曰‘光宅之宫’，殿曰‘文思之殿’，门曰‘宾穆之门’；赐白金二百两、良田十五顷，为赡宫香火费。仍依旧诏词臣制碑文，以纪其成；翰林直学士臣磐当笔。”

其文曰：“谨按祀典，诸前代帝王，三年一祭。其时以春之仲月，其地以当时所居国邑。祭伏羲于陈州、神农于亳州、轩辕于坊州、少昊于兖州、颛顼于开州、高辛于归德府、唐尧于平阳府。盖圣人之心，其于天地万物，虽一视同仁，不以远近为亲疏。至于父母亲戚所居，松楸坟垅所在，则亦不能漠然无情，与陌路同也。是以周公封于鲁，而四世返葬于周；孔子去齐，接淅而行；去鲁，则曰：‘迟迟吾行也。’其不以乡党同于陌路也，昭然矣。由是观之，因其功德之懋而有祭，祭而必于其乡者。圣人制礼，缘人情也，因其岁年之远而有敝，敝而改图其新者，知者创物，从时宜也。善信读老庄之书，从方外之教，以虚无淡泊为宗，以因循自然为用。然而喜闻仁义之言，乐道尧舜之事，前修禹庙，数载成功，今建尧祠，三年有效，可谓智虑明敏，操守坚固，通方不滞，好谋能成者矣。尧，大圣人也，德被群生，泽流万世，即欲称道其美，是犹褒天地之大，誉日月之明，无所容其辞矣。乃述立庙之本末，而系以铭辞。”

其铭曰：“上古元气淳以腴，群圣既出如传胪。高辛登天帝挚痛，爰有真人起参墟。黄收纯衣握帝符，马如白练彤云车。璇玑玉衡拟天枢，七政循轨万物舒。耕田凿井人自娱，帝力于我何有诸？千秋万古仰范模，皎如白日临天衢。川流山峙雨露濡，圣人德泽何时枯！海南漠北声教俱，矧兹汾河其故都。邦人夸耀荣乡闾，遗庙世守无代无。迁新去故奠神居，道人精诚与神孚。觚觚金碧凌空虚，采椽土阶与古殊。岁时香火喧笙竽，神兮归来驻鸾舆。佑我圣祚恢皇图。”

下款：“至元六年十月下元日建，至大德七年八月初六日经地震倒损。泰定元年四月口日，功德主本宫提点李志和重建，大都采石局把作提领本县东祭里卫宁刊。”

王磐《尧庙碑》是临汾尧庙的旷世文物。

王磐及其《尧庙碑》研究

王磐文化素养超迈，人品高洁，官品端方。据《元史》卷一百六十《王磐传》记载，王磐“年二十六，擢正大四年经义进士第，授归德府录事判官，不赴”。“正大”为金哀宗完颜守绪的第一个年号，正大四年为公元 1227 年。这一年，王磐 26 岁，若从年龄上讲，王磐考中进士并不晚。可惜的是，此时的金朝已日薄西山气息奄奄国将不国了。按金史纪年表，哀宗不是末帝，末帝是其子完颜承麟，金是亡在完颜承麟手中的，但事实上的末帝是哀宗。因为金哀宗天兴二年（1233）四月蒙古军攻破金都汴京，哀宗逃难蔡州（今河南汝南），是年底蒙古军与南宋军联手攻破蔡州外城。金哀宗天兴三年（1234）正月初九，哀宗传位于完颜承麟，次日完颜承麟举行登基典礼，典礼甫毕，宋军突破蔡州内城南门，蒙古军也随之入城，哀宗自杀，完颜承麟死于乱军中，金朝灭亡。王磐考中进士的那一年距离金朝灭亡仅剩六年时间了。日子不太平，避难躲患惟恐不及，还做什么官呢！这恐怕正是其“授归德府录事判官”而“不赴”原因。儒家知识分子本有“达则兼济天下，穷则独善其身”的传统，于是王磐“自是大肆力于经史百氏，文辞宏放，浩无涯涘”，沉入到汲取丰富传统文化营养之中，颠沛流离以待天时。王磐生逢衰世，学成不晚，但得第却迟。中统元年（1260），蒙古人给他一个益都等路宣抚副使的官，此时王磐已年届花甲。这样的官职，不合王磐的心志，就是干也干不出什么名堂，于是乎，“居顷之，以疾免”。生不逢时，此生休矣，王磐已作好退隐田园的打算。不料，李璮谋乱，给王磐的人生轨迹提供了转机。王磐以耳顺之年深体天命的睿智审时度势，清醒地把握住机遇，顺势作出决断，引起忽必烈的重视，“即日召见”，“命参议行省事”。李璮平定后，忽必烈召拜王磐翰林直学士，同修国史。一步登天，这在蒙古政权中是汉族知识分子所能取得的最高也是最体面的职位了。不过，此时的王磐已是年逾花甲的老人。此后的王磐，或在顶层参议机密，或下地方为一路乃至数路大员。参与顶层设计以有利于国家的长治久安为出发点，分析擘画，既高屋建瓴，又以事实为据，言尽其意，以天理事理服人，深得忽必烈称许，谓：“此朕所欲言而不能者，卿乃能为朕言之。”嘉奖不已。任职方面大员则赤心爱民尽职尽责，一方面设身处地的为老百姓着想，想方设法减轻其负担；另一方面惩治官员和富商中以欺压良善为能事的贪暴之徒绝不手软。王磐虽老年得职，却丝毫不贪恋禄位，持之以恒申请“致仕”（退休）。在其本传中记载着“乞致仕，不允”，“再乞致仕，不允”，“以疾，请断月俸毋给，自秋及春，坚乞致仕”，忽必烈仍以“卿虽年老，非任剧务，何以辞焉”相挽留。直到80岁以后，王磐方得“以年老，累乞骸骨。丞相和礼霍孙为言，诏允其请，进资德大夫致仕，仍给半俸终身”。

《尧庙碑》的年代学考察。《尧庙碑》中言及的明确年代有《序》中之“平阳府治之南有尧帝庙，李唐显庆三年所建”、重建“经始于至元元年之春，落成于至元五年之八月”;《后款》中之“至元六年十月下元日建”“大德七年八月初六日经地震倒损”“泰定元年四月□日功德主本宫提点李志和重建”，共六个。唐高宗显庆三年（658），是临汾尧庙的始建年代。新旧《唐书》之《高宗纪》虽均无记载，但《旧唐书》卷二十四《礼仪志四》载：“贞观之礼，无祭先代帝王之文。显庆二年六月，礼部尚书许敬宗等奏：‘……今请聿遵故事，三年一祭。以仲春之月，祭唐尧于平阳，以契配；祭虞舜于河东，以咎繇配；祭禹于安邑，以伯益配……’”显庆三年之建平阳府治之南尧庙，当是依此奏议决定下来的事情。忽必烈“诏词臣制碑文以纪其成；翰林学士臣磐当笔”的全真道师靖应真人姜善信重建尧帝庙动工于“至元元年（1264）之春”。《元史·世祖本纪》于此无记载，但《续资治通鉴》卷一百七十七“宋景定四年（蒙古中统四年）”下记有“六月戊午，蒙古建尧帝庙于平阳”。中统四年（1263）在至元元年前一年，当是姜善信“请于朝，上嘉其深远意，赐银二百锭，仍宣敕有司下太原木场，给官材二万根”的时间，也就是忽必烈批准重建尧帝庙的时间，实际开工在次年，即“至元元年之春”。平阳尧帝庙此次重建“落成于至元五年（1268）之八月”，《续资治通鉴》卷一百七十八也做了记载：“咸淳四年（蒙古至元五年）八月丁巳，蒙古建尧庙及后土太宁宫。”这里的“建尧庙”指的应是尧庙落成。据《元史·祭祀志》记载，在尧庙落成之前，河中龙门禹庙于至元元年七月建成，忽必烈“命侍臣持香致敬，有祝文”，也就是王磐所称“前修禹庙，数载成功”；在尧庙落成之后，还于“至元十二年（1275）二月，立伏羲、女娲、舜、汤等庙于河中解州、洪洞、赵城”。至元二十四年（1287）闰二月，忽必烈“敕春秋二仲丙日，祀尧帝庙”使尧帝庙的祭祀制度化。《后款》中之“至元六年（1269）十月下元日建”，系指王磐《尧帝庙碑》的立碑时间。王磐《尧帝庙碑》于“至元六年十月下元日”立于尧庙34年后，遭遇了一场大地震，“大德七年八月初六日经地震倒损”所指即此。元成宗大德七年（1303）八月初六日平阳大地震，《续资治通鉴》卷一百九十四有记载：“八月辛卯夜地震。平阳、太原尤甚，村堡移徙，地裂成渠，人民压死不可胜计。”《元史》卷五十《五行志》记载尤详：“大德七年八月辛卯夕，地震，平阳、太原尤甚，坏官民庐舍十万计。平阳赵城县范宣义郇堡徙十余里。太原徐沟、祁县及汾州平遥、介休、西河、孝义等县地震成渠，泉涌黑沙。汾州北城陷，长一里，东城陷七十余步。八年正月，平阳地震不止。”在这样强烈的大地震中，平阳尧庙的损坏及王磐《尧庙碑》的倒毁，是可以想见的。又过了21年，到泰定帝泰定元年（1324）四月，“功德主本宫提点李志和”重刻重立了王磐《尧庙碑》。正是这通由李志和重刻重立的《尧庙碑》，取名谓“大元敕赐重建尧帝庙碑铭并序”。究其实，王磐《尧庙碑》在至元六年（1269）十月始立时，肯定不会称“大元”，因为“大元”国号是至元八年（1271）十一月，忽必烈用刘秉忠议，取《易》“大哉乾元”之意，才改国号为“大元”的，此前的国号为“蒙古”，忽必烈为蒙古大汗。

王磐《尧庙碑》体现了忽必烈认同中华正统文化承继中华正统文化的理念。蒙古人南下中原，特别是1234年灭金之后，面临着一个文化抉择问题，是固守其漠北蒙古旧俗，还是入乡随俗认同中华文化融入中华文化承继中华正统文化，直接关乎着其能否在漠南广大地域立住脚跟的问题。至元二年（1265）许衡给忽必烈所上《时务五事》中说："考之前代，北方之有中夏者，必行汉法乃可长久。故后魏、辽、金历年最多，他不能者，皆乱亡相继。史册具载，昭然可考。"忽必烈在这一点上是比较清醒的。中华正统文化有其自己的根源和统序，这个根源和统序是由以尧舜为代表的前代帝王为标志的。传统史家以尧、舜、禹为华夏信史之始，要认同中华文化承继中华正统文化，就必须承认尧舜禹在中华文化的至高无上地位，予以崇拜祭祀。王磐强调"谨按祀典，诸前代帝王，三年一祭。其时以春之仲月，其地以当时所居国邑。祭伏羲于陈州、神农于亳州、轩辕于坊州、少昊于兖州、颛顼于开州、高辛于归德府、唐尧于平阳府"。忽必烈敕赐重建平阳尧帝庙，并"诏赐其额曰'光宅之宫'，殿曰'文思之殿'，门曰'宾穆之门'；赐白金二百两、良田十五顷，为赡宫香火费"，正是遵从传统"祀典"的具体表现。遵从"祀典"的深意在于把自己建立的王朝纳入了中华正统王朝的序列之中。这在其至元八年（1271）发布的《建国号诏》作了透彻的表述："诞膺景命，奄四海以宅尊；必有美名，绍百王而纪统。肇从隆古，匪独我家。且唐之为言荡也，尧以之而著称；虞之为言乐也，舜因之而作号。驯至禹兴而汤造，互名夏大以殷中。世降以还，事殊非古。虽乘时而有国，不以利而制称。为秦为汉者，著从初起之地名；曰隋曰唐者，因即所封之爵邑。是皆徇百姓见闻之狃习，要一时经制之权宜，概以至公，不无少贬。我太祖圣武皇帝，握乾符而起朔土，以神武而膺帝图，四震天声，大恢土宇，舆图之广，历古所无。顷者耆宿诣庭，奏章申请，谓既成于大业，宜早定于鸿名。在古制以当然，于朕心乎何有。可建国号曰大元，盖取《易经》‘乾元’之义。兹大冶流形于庶品，孰名资始之功；予一人底宁于万邦，尤切体仁之要。事从因革，道协天人。於戏！称义而名，固匪为之溢美；孚休惟永，尚不负于投艰。嘉与敷天，共隆大号。”这份诏书明确地把元朝作为中华正统王朝的继承，所谓“绍百王而纪统”者是也；同时又是超迈秦汉、隋唐，直承尧舜禹，所谓“为秦为汉者，著从初起之地名；曰隋曰唐者，因即所封之爵邑。是皆徇百姓见闻之狃习，要一时经制之权宜，概以至公，不无少贬”者是也。

王磐在《尧庙碑铭》中所表达对尧的崇敬之情，与其故乡鲁山是尧文化圣地不无关系。鲁山境内有尧山，因尧部落祖居其地而得名。《大戴礼记·帝系》记载黄帝的主要子部落“青阳降居于泜水”。杜预注《左传》称：“泜水出鲁阳县西，经襄城、建陵入汝，即滍水也。盖音同字异耳。”尧部落是青阳部落繁衍出来的孙部落。由此看来，滍水上游尧山地区当然为尧部落的祖居地。另据，《史记索隐》载尧为“帝喾之子，姓伊祁氏”。尧之得姓源于尧初生时，其母寄于伊长孺家，“故从母所居为姓也”。尧姓中的“伊”当因伊水而得，正像伊尹之得姓于伊水一样。伊水发源于尧山来脉蔓渠山，位于尧山之西，距尧山不远。《帝王纪》

载："尧娶散宜氏女，曰女皇，生丹朱。"《世本》载："女皇居汝水之阳。"汝水源于尧山西麓，向北偏东流，距尧山更近。也可以佐证这一点。到了夏代，刘累在尧山立尧祠祭尧，成为中国历史上最古老的尧祠。东汉张衡《南都赋》曰："远世则刘后甘厥龙醢，视鲁县而来迁。奉先帝以追孝，立唐祠于尧山。""刘后"即刘累。"先帝"指尧帝。尧号陶唐氏，"唐祠"即尧祠。《后汉书·郡国志》也载："鲁阳有鲁山。"《南都赋》注："有尧山，封刘累，立尧祠。"故乡鲁山尧文化的熏陶，奠定了王磐崇尚尧帝的思想根基。"尧，大圣人也，德被群生，泽流万世，即欲称道其美，是犹褒天地之大，誉日月之明，无所容其辞矣。"

要之，王磐是元朝初年一流的政治家；王磐《尧庙碑》是临汾尧庙的旷世文物；《尧庙碑铭》表达出了王磐自幼在故乡鲁山就形成的对尧帝的崇敬之情，也充分体现了忽必烈认同中华正统文化、承继中华正统文化的政治理念。

鲁山犨城"屈原之寺"碑的几点思考和价值判断①

该碑的明显价值有三，其一，犨城有屈原庙见于《后汉书·延笃传》的文献记载，而该碑的发现为我们提供了实物，使犨城有屈原庙的证据更完善更扎实。考据学有一条原则"孤证不立"，就是说若仅凭《后汉书》一条材料来确认犨城有屈原庙，还不是那么有说服力的。现在好了，除了《后汉书》外，又有了这通碑的记载，可信度就立马提高了。其二，《后汉书·延笃传》记载的是"犨城屈原庙"，该碑所称为"屈原之寺"，由屈原庙变为屈原寺肯定

① 本文系根据 2017 年 10 月 24 日在"鲁山新发现犨城屈原之寺碑释读座谈会"上的发言整理，原载《尧神》2018 年第 1 期。

有一个历史过程，也就是说犨城祭祀屈原的建筑，不仅东汉时存在，而且在其后相当长历史时期内仍然存在着。其三，从东汉时的屈原庙，到后来的“屈原之寺”，再到刻立此碑时回顾犨城过去有屈原之寺，说明历代犨城人对屈原遗迹的记忆是传承有序的。

经过几天来对犨城“屈原之寺”碑文的识读研究，又有以下几点思考。

其一，该碑刻立于清同治十年（1871），距今将近一个半世纪，恰处“三千年未有之大变局”之当口。该碑下款为“□治拾年□□□未孟冬谷旦立”。“□治”为年号无疑，但首字漫漶难识。查东汉以后历朝诸帝所用年号中第二个字为“治”的有四个，即元英宗“至治”，明孝宗“弘治”，清世祖“顺治”，清穆宗“同治”。在这四个含“治”字的年号中，元英宗的“至治”只有三年，首先应当排除。明孝宗“弘治”、清世祖“顺治”、清穆宗“同治”三个年号虽都在十年以上，但明孝宗“弘治拾年”的干支是“丁巳”，清世祖“顺治拾年”的干支是“癸巳”，均与碑文“□未”不合，只有清穆宗“同治拾年”的干支是“辛未”。故把碑文下款补全应是“同治拾年岁在辛未孟冬谷旦立”。

其二，七星庙中当供奉有屈原神主或图像塑像。七星庙在大江南北黄河上下各地多有。“七星”原本指北斗七星，人格化为“七星君”，七星庙原本供奉的应是“七星君”。可是各地七星庙供奉的都是与本地关系密切的历史人物。

如最有名的陕西府谷县孤山堡城北门外约 1 公里处的国保单位七星庙，供奉有佘赛花和杨继业。原因是相传当年佘赛花和杨继业曾在此比武招亲。这也不奇怪，因为在中华传统习俗是把人间的大人物与天上的星宿相对应来看待的。有名的文人都是由天上“文曲星”照着的，出众的武将则是天上二十八宿将星下凡的。《三国志·诸葛亮传》写到诸葛亮病逝五丈原。裴松之注引《晋阳秋》有言：“有星赤而芒角，自东北西南流，投于亮营，三投再还，往大还小。俄而亮卒。”所以习惯上总是把武将地殒没，用“将星西坠”来描绘。碑文“没为星而足以入庙舍”者，当然是那些与犨城本地关系密切的著名历史人物，在本地民众心目中与这样的著名历史人物感情最深厚。结合下文“犨城村古楚遗址也闾都屈原之寺久矣不存唯　□□庙宇曾经重修留传至今。”及现存的乾隆三十三年《重修七圣庙碑记》，可想而知，犨城七星庙中供奉的当有屈原。

其三，不应排除在犨城及其周边还有单独奉祀屈原的庙宇。从该碑上款“重修关帝庙七星庙金装各庙神像碑记”我们知道，若这里的“各庙”仅指关帝庙和七星庙，这两个字就没有必要出现。可知与犨城关帝庙、七星庙同时得到重修的当还有其他庙宇。这就不能排除“各庙”中还有单独奉祀屈原的庙宇，因为犨城及其周边原本就有屈原庙、屈原寺，屈原又是历代所敬仰的忠君爱国的杰出人物。要给那些“没为星而足以入庙”的著名人物修建庙宇，在犨城及其周边首先应考虑的是重修屈原庙。

其四，犨城屈原寺当存在于北朝隋唐时期。今天一般说来寺为佛教场所，庙乃道教场所。但在北朝时期，道教场所也是称寺的，据《魏书·释老志》记载：太和十五年秋，诏曰:“夫至道无形，虚寂为主。自有汉以后，置立坛祠，先朝以其至顺可归，用立寺宇。昔京城之内，居舍尚希。今者里宅栉比，人神猥凑，非所以祗崇至法，清敬神道。可移于都南桑乾之阴，岳山之阳，永置其所。给户五十，以供斋祀之用，仍名为崇虚寺。可召诸州隐士，员满九十人。”这是因为道教是模拟佛教糅合华夏原始信仰而产生的本土宗教。东汉初年佛教传入中原，立足于洛阳鸿胪寺即后来的白马寺，故以寺称其活动场所。道教模拟佛教遂也将自己的活动场所以寺为称，只是唐朝以后佛教完成汉化，道教走上成熟后，才将二者的活动场所明确区分开来，佛教以寺、庵为名，道教则称庙、宫观。犨城在东汉后期以前有屈原庙，属于华夏名人崇拜、祖宗信仰系统，东汉末道教逐渐生成后顺势将之纳入道教崇拜系统，改造为屈原寺，成为道教活动场所是可以理解的。这样一来，鲁山古犨城屈原遗迹的传承脉络就十分清晰了。

其五，据碑文“鲁邑东南犨城村，古楚遗址也。闾都屈原之寺久矣不存，唯□□庙宇曾经重修留传至今”所记，犨城屈原之寺是得到过重修的。对“唯□□庙宇”所漫漶两字，我认为当是“七圣”，这有现存的乾隆三十三年《重修七圣庙碑记》为证。“七圣”中当包含有“屈原”，因屈原与当地关系很密切，他的忠君爱国既在历史上也无愧

“圣”的称呼，又有东汉的屈原庙和后来屈原寺的遗存。乾隆皇帝亲自厘定祀典，历朝历代凡能为民御灾捍患的忠烈，无不修复或重建祠宇，予以定时祭祀。与犨城相对的沙河北岸宋村牛皋祠就是于乾隆二十九年（1764）建起的。包括历史上被视为忠君爱国典范的屈原在内的与犨城关系密切的七圣庙宇得到重修是毋庸置疑的题中之义。

其六，此碑对研究“同治中兴”在民间的反映和影响极具标本价值。结合“扶持世道”“以立纲常之维”之语，我们应该联想到“同治中兴”。清朝道咸以降，太平天国运动与第二次鸦片战争，极大地威胁了清王朝的政治统治，使清王朝遭遇到空前严重的政治危机。与此政治危机相伴生的还是一场严重的文化危机。洋教在中华大地上的传播和教案的不断发生，特别是太平天国的拜上帝会是带有浓重西方宗教色彩的反传统运动。在传统文化人看来，它导致了中国传统文化的严重危机，特别是民间传统信仰的危机。“举中国数千年礼义人伦、诗书典则，一旦扫地荡尽。此岂独我大清之变，乃开辟以来名教之奇变，我孔子、孟子所痛哭于九原！”拜上帝会信奉的洋教是一神教，一神教具有极强的排他性，太平军所到之处民间的传统信俗无不受到严重冲击。“欲正人心、厚风俗，非崇正学以兴教化不能也。”同治朝的“扶持世道”旨在“正朝纲，明治本，绍正学，辟异端”，“卫护纲常名教，挽回世道人心”，恢复、重建、强化民间传统信仰，防止类似太平天国事件的再发生。“重修关帝庙七星庙金装各庙神像碑记”则是朝廷“扶持世道”“维持风气”“维系人心”诏谕在鲁山民间的具体落实。

其七，可以考虑于近期择日召开鲁山张官营犨城“屈原之寺”碑发现新闻发布会。规范地说，该碑本应称为《重修关帝庙七星庙碑》。但为了行文和称谓的方便，也为了突出其文物文化价值，摘取碑文中的“屈原之寺”四字，称其为鲁山张官营犨城“屈原之寺”碑也无不可。在此次认定研讨会之后，可以考虑于近期择日召开鲁山张官营犨城“屈原之寺”碑发现新闻发布会，将鲁山这一事关屈原遗迹研究和晚清社会史研究的重大文物文化发现公之于世。

跋

自20世纪80年代中期涉足伏牛山东麓地区历史文化研究，三十多年来关注最多的是家乡鲁山的历史文化。1985年在《许昌师专学报》发表《梅尧臣〈鲁山山行〉“解题”质疑》算是开端，1988年在《平顶山师专学报》发表《汉鲁阳故城考辨》后持续开掘研究题目，深挖鲁山历史文化底蕴，为家乡的文化建设尽绵薄之力。

历年来撰文出席在鲁山召开的四次高规格的墨子研讨会，被选为河南省墨子学会副会长，聘为中国墨子文化研究中心专家，应邀参加鲁山所开展的有关墨子研究的一切活动，被评为“最美墨子文化传承守望者”。参与主持平顶山市炎黄文化研究会“鹰城十大历史名人”评选，鲁山有四位榜上有名，并对刘累、元结、牛皋等做了深入研究，被鲁山县炎黄文化研究会聘为顾问。主持尧山复名的研究论证，领衔成立“尧文化与尧山旅游研究会”，相继召开了三届年会，为弘扬尧文化发展尧山文旅产业建立学术支撑。热心参与鲁山申报牛郎织女文化之乡、墨子文化之乡、屈原文化传承基地等的基础性学术研究工作，为获批出力。另外对仓颉文化、徐玉诺文化的丰富内涵也做了些探讨。

家乡养育了我，我不忘家乡。而今年逾古稀，将历年研究家乡鲁山历史文化所得结集，委托鲁山县炎黄文化研究会出版发行。感谢鲁山县政协副主席、县炎黄文化研究会会长邢春瑜为拙著作序！感谢鲁山县文联主席郭伟宁和县炎黄文化研究会执行会长袁占才为本书出版所付出的努力！

辛丑年（2021）五月二十二日